**【著者略歴】**

潮　弘憲（うしお　こうけん）

1947年生まれ。兵庫県淡路市室津・海福寺住職。立命館大学文学部心理学専攻卒業、高野山大学大学院文学研究科仏教学専攻修士課程修了。現在、種智院大学特任教授。権大僧正。

【主な編著書】『理趣三昧作法解説』（淡路声明研究会）、『褒灑陀儀則』（淡路声明研究会）、『保寿院流理趣三昧作法解説』（大覚寺青年教師会）、『理趣三昧の解説—声明と作法—』（青山社）、『理趣三昧法則』（海福寺）、『土砂加持法則』（海福寺）、『褒灑陀儀則の解説』（総本山泉涌寺）、『報恩院流土砂加持法則』（高貴寺）、『報恩院流土砂加持作法解説』（真言勧学之会）、『西院流曼荼羅供懐宝』（真言勧学之会）、『保寿院流結縁灌頂声明集・乞戒次第』（種智院大学）、『西院流結縁灌頂声明集・乞戒次第』（真言勧学之会）、『結縁灌頂声明の解説』（真言勧学之会）、『理趣経法の解説——理趣経曼荼羅と各法流の本尊と次第——』（海福寺）、『南山進流声明の解説』第一～三巻（総本山仁和寺・仁和伝法所）、『南山進流声明集 理趣三昧法会声明』CD（学校法人綜藝種智院）、『褒灑陀儀則の声明と作法』（種智院大学）

南山進流《なんざんしんりゅう》　声明大系《しょうみょうたいけい》　下巻

二〇一七年二月二二日　初版第一刷発行

著　者　潮　弘憲

発行者　西村明高

発行所　株式会社　法藏館
京都市下京区正面通烏丸東入
郵便番号　六〇〇-八一五三
電話　〇七五-三四三-〇〇三〇（編集）
〇七五-三四三-五六五六（営業）

印刷・製本　中村印刷株式会社


ISBN 978-4-8318-6229-7 C3015

# 索　引

1．主要な語を抽出し、その語の主要な箇所を示している。
2．配列は読み仮名の五十音順とした。
3．曲名は「曲名索引」として別にまとめた。

**ア——**



**イ——**



**ウ——**



**エ——**



**オ——**

ス――



セ――



ソ――



タ――

ニ――



ヌ――



ネ――



ノ――



ハ――



ヒ――

# 曲名索引

## サ——

## タ——

ナ——



ハ——

南山進流

# 声明大系

下巻

潮　弘憲　著

法　藏　館

# 南山進流　声明大系

下巻

# 第五章　御影供

## 第一節　御影供について

### 第一項　御影供とは

御影供とは、宗祖弘法大師の御影（真身の影像の意で祖師の木像、画像をいう）の御前にて、報恩謝徳のため厳修する法会である。これには二種がある。大師御入定の三月二十一日の法会を正御影供、毎月二十一日の法会をただ単に御影供、あるいは月並御影供とも呼ぶ。

なお、大師の御入定の年月日については、『空海僧都伝』（弘全和首巻・三四頁）には承和二年十月二日の日付で「至于三月二十一日後夜。右脇唱滅。（中略）生年六十二。夏臈四十一」、『御遺告』（弘全和七・二五五—二五六頁）には承和二年三月十五日の日付で「吾擬入滅者今年三月二十一日寅尅。（中略）吾生年六十二臈四十一」、『続日本後紀』巻四（国史大系・三八頁）には「承和二年三月丙寅。大僧都伝燈大法師位空海。終于紀伊国禅居」と記されており、丙寅とは二十一日である。『贈大僧正空海和上伝記』（弘全和首巻・四〇頁）だけが少し異なるが御入定を

「三年三月二十一日卒去す。時年六十三臈四十三」としている。他にも多くの資料があるが、『贈大僧正空海和上伝記』の三年三月二十一日を除いては、殆ど御入定を承和二年三月二十一日としている。

また、御影供をミエイクと読むが、普通にはミエクと読み慣わしている。

## 第二項　御影供の歴史

### 一、東寺の御影供

『初例抄』（群類四二五・二九頁）によると、「東寺御影供始」として、観賢が「延木《ママ》十年三月廿一日始東寺御影供」としている。『東宝記』第五（続々群一二・九五頁）にも「灌頂院御影供」として「始行事　長者補任に云く、延喜十年庚午長者観賢律師、三月東寺御影供を始行す」とあり、延喜十年（九一〇）三月二十一日、東寺長者観賢僧正が東寺灌頂院にて始められたのが起源であるとされている。爾来、『東宝記』によると、東寺長者が導師となり灌頂院にて厳修する。したがって、この法会を灌頂院御影供といい、勅会であり、以後、東寺長者が導師となり執行する。因みに、灌頂院の御影は壁に画かれた肖像であり、毎年三月だけ一回の御影供であった。『東宝記』第三（同一二・五八頁）に、「又北面大師御影は天福元年十月十五日、親厳僧正寺務之時、安置するところ也、仏師康勝法眼作云々」とあり、つづけて「不動堂南面妻戸内に安置たてまつる。延応二年三月廿一日、覚教大僧正寺務の時、北面に渡したてまつる」と、天福元年（一二三三）十月十五日、大師が住されていた僧坊の西院南面の不動堂に大師の木像が安置されたが、延応二年（一二四〇）に大師木像を北面に移し替えられたとある。

また、『東宝記』第六（同一二・一一八―一一九頁）に、「毎月勤行」として「御影供廿一日　延応二年庚子三月廿日寅一點、北面に於いて始めて之を行ず。（中略）影供の儀常の如し、此の時木像御影不動堂南面より北面に渡し

たてまつり訖わんぬ。爾自り以来毎月勤行す、今より退転なし」と、延応二年に大師木像を北面に移し替えられて以来、毎月二十一日に西院において御影供が執行されるようになった。

したがって、灌頂院御影供は廃止されたかというと、鎌倉時代までは延久等に執行されたとの記録があり、東寺の公式ホームページにも、併存したとの記事が見られる。

御影供がこのように御影堂で執行されるようになり、信徒が参拝しやすくなった。その後、時代によって御影供が中断したこともあったが、現在の御影供の原型は、延応年間に作られたと考えられている。

参拝者が群をなしてきたのは江戸時代よりといわれている。それも、三月の御影供に限られていたようであるが、現在のように、月並御影供にも大勢の参詣者が見られるようになったのは、明治時代に入ってからといわれている。

## 二、高野山の御影供

『高野春秋』巻五（大日仏全一三一・七三頁）に、天喜五年（一〇五七）四月朔日の條に、「御影堂始めて六口の山籠職供僧をおき、御影供を行ぜしめる」と述べられている。また、『高野春秋』巻六（大日仏全一三一・九七頁）の保延四年（一一三八）の條に「三月廿一日。正御影供之を始行す。是当に検校発願す」とあり、第十七世検校良禅が保延四年に発願し、正御影供を始行すると記録されている。ところが、『紀伊続風土記』高野山之部・巻一五（続真全三九・一五七五頁）の三月二十一日四時の條に「之を以て正御影供の始行となすは非なり。御影供は此已前に既に権輿の故に」とあり、保延四年に始行とされているが、天喜五年の如く、それ以前の権輿《けんよ》すなわち濫觴があると記されている。

水原堯栄『金剛峯寺年中行事』一帖（一四四頁）には、『続弘法大師年譜』巻三（真全三八）に、久安四年（一一

四八）三月二十一日、両界の供養法を修して始行とあるを引用し、東寺御影供を因準して久安四年頃より始まれりとしている。また、『紀伊続風土記』高野山之部・巻一五（続真全三九・一五六二頁）の二十一日六時の條に、延久四年掟文の中に三月御影供とあるを引き、「久安四年より先にほぼ始行有りと雖も其の会儀を東寺の例に倣い厳重の影供を刷うことは久安四年に始るか」と、延久四年（一〇七二）に三月御影供の記録がある如く、久安四年より前にすでに御影供は行われていた。したがって東寺にならい厳重な会儀が執行されるようになったのは、久安四年頃からという意のことが記されている。

また、平安時代には三月の御影供だけであったようであるが、鎌倉時代に入ると『金剛峯寺年中行事』首帖に、「金剛峯寺年中行事対照表」があり、文永・正応の「行事帳」には毎月のを「御影供」または「毎月御影供」とし、三月二十一日のを「恒例御影供」としている。そして江戸時代になり、三月のは正御影供と呼ばれるようになった。

以上、御影供は東寺灌頂院にて行われたのを濫觴とし、高野山にても厳修されるようになり、隆盛になると同時に、全国各地の地方寺院に伝わっていったのである。

## 第二節　御影供の法会次第

### 第一項　正御影供の法会次第

先、奠供（四智梵語・吉慶漢語五段・仏讃）

次、三礼

次、祭文

次、表白・神分

次、仏名・教化
次、唱礼
次、前讃（四智梵語・心略梵語・東方讃）

次、合殺三十七遍（三匝行道で花籠を持つ）
次、後讃（四智漢語・心略漢語・仏讃）
次、至心廻向

### 第二項　月並御影供の法会次第

先、奠供（四智梵語）
次、合殺十一遍
次、祭文
次、唱礼

次、理趣経
次、後讃（四智漢語・心略漢語・仏讃）
次、至心廻向

## 第三節　御影供法則

御影供法則は、中川善教『展観目録』に左記の写本・刊本が収録されている。

刊本は二本である。一は『合殺御影供法則』一帖折本・蓮華院蔵(171)で、「弘法大師一千御忌奉為倍増威光上梓者也　于時天保五甲午歳春二月野峯報恩院蔵板」とある。二は『御影供法則』一帖折本・安養院蔵(172)で、高野山経師八左衛門とある。

## 第四節　御影供の声明

御影供の法会次第により、仏生会の声明を解説する。

なお、御影供の声明の中、すでに解説されている声明は省略する。それらは左記であるので参照すべし。

○四智梵語　本篇第一章第五節7
○心略梵語　本篇第一章第五節9
○吉慶漢語第一～五段　本篇第二章第五節3
○仏讃　本篇第一章第五節15
○表白　本篇第一章第五節17
○神分　本篇第一章第五節18
○五悔　本篇第一章第五節6
○東方讃　本篇第二章第五節2
○合殺　本篇第一章第五節12
○四智漢語　本篇第一章第五節13
○心略漢語　本篇第一章第五節14

なお、御影供の祭文は常楽会と、表白・神分も理趣三昧と文言が異なるのみである。

# 1 祭　文

祭文はすべて御影供祭文を規範とするといわれるが、涅槃講祭文で調子・曲節等は述べているので、詳しくは本篇第四章第四節4「涅槃講祭文」を参照すべし。

『展観目録』に収録されている御影供祭文の写本はないが、刊本は左記である。なお、御影供祭文の収録が明示されている諸祭文集も列記した。

刊本は四本である。一は『校正諸講祭文』一軸・龍光院蔵（451）で御影供・明神講・大黒講・弁天講・常楽会・仏生会・諸尊講の祭文が収録されており、奥書は「文政五年壬午之夏鍥梓発行・南山経師八左衛門・弘所京都経師伊兵衛」である。二は『諸祭文』一軸・安養院蔵は涅槃講・朔日羅漢・遺跡講・舎利講・仏生会・御影供・正御影供・明神講・大黒講・弁財天・施餓鬼が収録されており、「高野山八左衛門尉開板」とある。三は『祭文集』一軸・大乗院蔵（453）は四座講・施餓鬼・仏生会・御影供が収録されている。四は『諸祭文』一軸・親王院蔵（454）は御影供・明神講・大黒講・御誕生会・弁財天・涅槃講・仏生会が収録されており、「高野山八左衛門尉開板」とある。

# 2 三　礼

## 一、出　典

『寛保魚山集』『明治魚山集』『声明類聚』に、出典について「勝鬘経文」とあるが、『勝鬘経』如来真実義功徳章

第一（大正蔵一二）を典拠とするのは如来唄（中唄）である。『智山声明大典』『密教大辞典』『豊山声明大成』等は、出典を『大方広仏華厳経』（六十華厳経）巻六・浄行品第七（大正蔵九・四三〇c—四三一a）としている。ただし、文中、依の字は於であり、一切恭敬の字がない。

## 二、調子

調子については、『寛保魚山集』『明治魚山集』『声明類聚』は『声明集略頌』を引いて「隆然略頌曰三礼如来双唯呂」とあり、三礼・如来唄すべてにわたって、双調呂曲で唱えよと指示されている。

## 三、概説

諸法会の導師・誦経導師・式士等が独唱する。きわめて静粛に低く太く荘重な声で、老僧の声の如くきわめて重々しく唱えるのを習いとする。

『要覧』に、「問曰、三礼を魚山の初にあぐること如何。答、魚山編集者（長恵）の帰依三宝の義を示すものなり」と、三礼が歴代の「魚山集」の初めに収録されているのは、編集者・長恵の仏法僧の三宝に対する帰依をあらわしていると記されている。つづけて、割注に「五音皆同入阿字に見えたり」とある。五音の宮は大日、商は阿弥陀、角は阿閦、徴は宝生、羽は釈迦（不空成就と同体）であり、衆生もすべて五仏と同一性で同じく阿字（大日の種子）すなわち大日如来の悟りの境地に入らんことを顕示していると説かれている。

また、『要覧』（五丁右）に、諸法会に三礼を用いるか否かについて、「三礼は略法用なり。よって法用ある時は三礼を用いざる是れ故実なり」と説かれ、常楽会の四座講を引き、涅槃講は四箇法要の故に式士は三礼を用いず、

遺跡講は法要なき故に御前頌（御前頌も三礼と同じく略法要に用いる故）を用いる、羅漢講・舎利講はともに法要なき故に式士は三礼を用いると述べられている。

さらに、法要ある時は何故に三礼を略すかということについては、顕立の四箇法要には如来唄を用いる。その如来唄と三礼中唄の文が全同で重複する故に、三礼を略するという。しかし、密立は二箇で唄は云何唄を用いるので、文が重複することがない故に、灌頂・曼供等の大法会には、法要ありといえども、誦経導師は三礼を用いる。顕密を混じてはいけないと述べられている。

宮二裏一行

一　一は唱えない。

『魚山精義』（一二丁右）に、「一切」の「一」の字を唱えないのは、語呂煩わしき故に「一」の字をいい消すのみとある。

『声明の研究』（二七五頁）には、唐の歌いものには、歌う上で、愉しんで「一」の字に譜をつけない風があった。「サ」の声を出すのに「イ」を発音する時に近い口形で、「サ」の発音をする。すなわち、「イ」の字を愉しむという。

大山公淳「講究会の記（一）」（『高野山時報』）に、この疑問に対し、「遍照光院前官法性権大僧正より答あり。三礼の中の一は二に対し三に対して相対を表わすこととなる。今は絶対を表わして一の声を唱えず」と記されている。「一」を唱えると、二や三と相対化し対立的に考えるために、それらを超越した絶対をあらわすために、「一」を唱えないと説かれている。

宮二裏一行

**恭**

『寛保魚山集』に、「クン、シュンとはね、このこと何れも徴の音持ち過ぎる故か。よって各々徴のさきにウの仮名を付ける事は、はねさせまじき故実なり」と。すなわち、唱えるはクウ、シュウであるが、普通に唱えるとクン、シュンとはねてしまう。したがって、羽①を唱え、その徴の先、すなわち徴②の初めにウの仮名を意識し唱え、次に同音で徴②を唱える。

衆（同二裏二行）も同じである。

宮二裏二行

**依**

羽①を唱えるのみで、②は星とも、置博士とも呼ばれ、切音不切息の約束の符号である。

宮二裏三行

**僧**

《一》

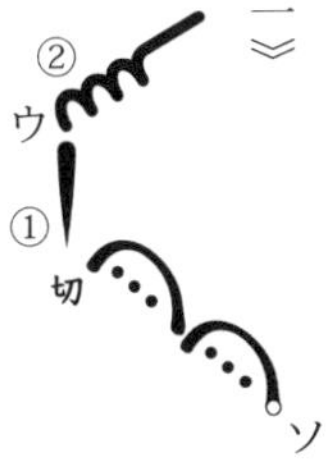


二伝がある。

**《一》**羽①を力のソリで末になるほど太く強く唱え、反宮②の初めを少し引き、次にイロで徐々に小さく五ツ唱え、末を少しソリ上げる如くやわらかく引く。

**《二》**羽①を声のソリでソリ上げ、反宮②のイロを初め少し引き、後イロを徐々に次第に小さく五ツ唱える。

『明治魚山集』『声明類聚』に、反宮の博士を「反宮より當に移るに口伝あり更に問へ」とあるを、『要覧』には切音不切息して、前の羽と同じ調子にて、次の「当」に

移るなりといわれている。また、『要覧』（六丁右）に、「反宮とは羽の半律上がる音、宮の半律下がる音にして即ち羽宮中間の音なり」と述べられている。

「講究会の記（八）」には、「反宮イロの後を少しモツを注の意とす」とあり、実唱の上ではこれが妥当かと思われる。

《二》

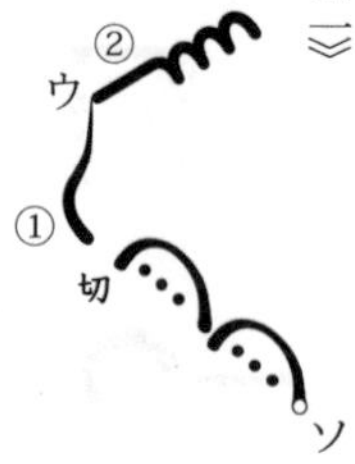


## 如来唄

三礼の次に唱える八句をいうが、博士を付しているのは四句である。調子は双調呂曲で唱える。

『寛保魚山集』『明治魚山集』『声明類聚』等には、「如来妙色身　世間無与等　無比不思議　是故今敬礼」は中唄、「如来色無尽　智慧亦復然　一切法常住　是故我帰依」は行香唄とされている。天台では、「如来妙色身世」を始段唄、「間無与等」以下を中唄という。

普通には、中唄と行香唄を合わせて如来唄または中唄といい、広義には中唄と行香唄も含めて三礼と呼ぶ。

行香唄は、アンヒャンバイと読み、『智山声明大典』（三頁）には、「行香は香を行《ひ》くを云い、此の頌を唱える間に焼香するなり」と、また「行香は座禅の時に線香を行《ひ》くを云う」と述べられている。

宮三表二行

## 與　等

『明治魚山集』『声明類聚』には、「此角与の徴と同位にすべし」と注されている。『要覧』（六丁左）は「等の角は與の徴と同位にすべし。凡て呂の声明は厳しく位階を正さざる是れ習なり」とし、木食朝意自筆本の「此角其位にすべし常にメルなり得意をすべし」との注をあげ、「一位の等差（徴角）は同音にする是れ習なり。故に〔其位にすべし〕と指す所は即ち与の徴を云うなり。〔メル〕とは下ぐることを云う。是れ則ち等の角を下げずして与の徴と同音にするを云うなり。よって〔得意をすべし〕と云うなり。〔得意〕とは徴より下らぬよう注意すべしと云う意味なり」と解説されている。

すなわち、古来「呂の声明は厳しく位階を正さず」、あるいは「律に高下あり、呂に高下なし」という口伝があり、徴角の一位の隔たりは同音に唱えるのが習いである。したがって、「等」の角②は「与」の徴①よりメル（下げる）ことをせず、徴①と角②を同音に唱える。他もすべて同である。

宮三表三行

## 住

《本譜》

《仮譜》

カカルと注されているが、押下の如く唱える。唱え方に二伝あり。

押下については本篇第一章第五節1「云何唄」の「因」を参照すべし。

# 3 仏名

導師・誦経導師等が表白・神分の終わりに、如意を持し仏名を唱えて独唱し、頂礼供養する。御影供の仏名は「魚山集」巻下に収録されている仏名をそのままに用いる。

『寛保魚山集』『明治魚山集』『声明類聚』等の巻下には、「諸表白の仏名之をもって基本とすべし。但し誦経表白の護持受者の博士少異ありと雖も大概之を以て点譜すべし」と、すべての法則の仏名はこれを基本とすると述べられている。ただし、伝法灌頂誦経導師の仏名の「護持受者」の博士少異ありとあるが、「大日如来」の博士と全同であり、不可解である。また、巻上の三條錫杖・九條錫杖の仏名には異譜が点じられており、頭助次第をとる。常楽会の仏名と殆ど同であるので、本篇第四章第四節⑩を参照すべし。

圏一巻五一左一行

ン　南　無

『声明経典』（一三七頁）に、ンについて、ナ行を発声するには、まず鼻音のンを歌い、直ちにナを歌ってンナと発声することにより、柔らかい正しいナ行の各音を発声することができ、南無の南（ナ）の上にンをつけてンナと唱えるようになったと説かれている。

「ン南無」の初重羽①②③は低く出し、モドリ④宮⑤⑥モドリ⑦宮⑧も初重羽と同音に低く唱える。『類聚の解説』（一二五頁）は、「ン南無の無の房を挙げず、この三字呂の摂在か」と高下なく同音で唱える。

圌一巻五一左二行

帰

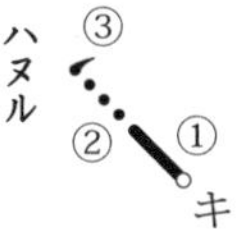


「ン南無」より「帰」を高く唱える。徴①を引き、②を律のユリで潔くユリ、終わりをハヌル③で唱える。

圌一巻五一左二行

命

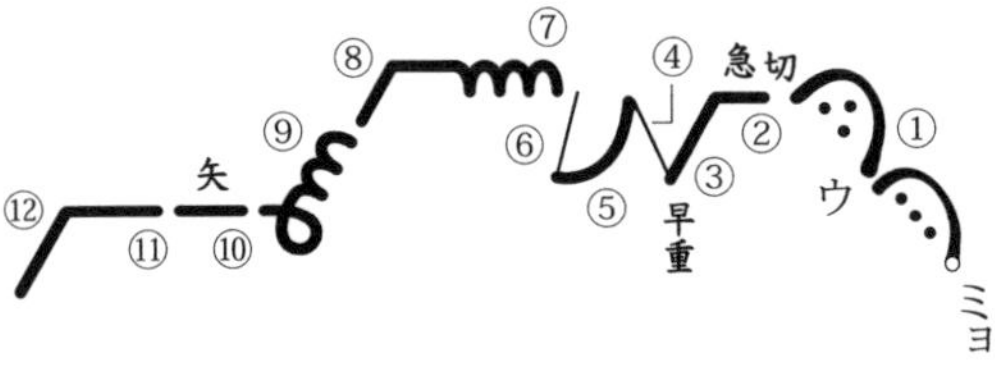


仏名が中曲ならば徴①は由下、律曲ならば由下に似たる音動である。いずれにしても唱え方は同である。角②は急の符号の故にきわめて短く早く、商③は打ち付ける如く唱え、モドリ④を早く重ね、商⑤は声の変わるまで大きくソリ、モドリ⑥を高く長く唱える。角⑦はイロ三ツとモツ一ツ、商⑧を下げ、商⑨をイロ二ツとフル一ツ、なおフルは低い音から高い音へ裏声で返すように唱え下げ、さらに極短に角⑩をツク、次に切音不切息して同音に角⑪を唱え、下げて商⑫を唱え終わる。

# ４ 教化

## 一、出典

典拠は不詳であるが、『智山声明大典』に「伝曰此教化ハ𑖪𑖽上人御作ト云々」とあり、瑜伽教如口・上村教仁筆『魚山精義』にも、「此ノ文ハ吾開山興教大師ノ御作ト伝ウ」と、いずれも覚鑁の作とされている。

『明治魚山集』『声明類聚』に収録されている教化の末文に「教化の名目は基と文殊菩薩八歳の龍女を教化したまうに因れり」とあるが、これは、『法華経』提婆品（大正蔵九・三五c）が典拠であり、その文章を趣意せしものである。

## 二、調子

『寛保魚山集』『明治魚山集』『声明類聚』は『声明集略頌』を引いて「頌曰乃至教化亦如是」とあり、その下に「此は仏名と同調なる故に云う」と、仏名と同調子の黄鐘調律曲で唱えよとの意である。

ところが、『声明類聚』頭注にも「仏名教化共に黄鐘調中曲なり」とされているし、『類聚の解説』（九七頁）も慈暁前官も中曲なりとされたとし、『声明教典』（一九二―一九四頁）も前述の如く、『声明集略頌』の「曲者律」を「曲者似律」の意と解すべきとして、仏名は中曲黄鐘調と主張されている。

## 三、概説

導師・誦経導師等が本尊諸仏の徳・経典や法会の功徳を和文の歌等で大衆に教示するために、如意を持し独唱する。

『要覧』（三七丁表）に、「教化は時に臨んで宜しく新たに作るべし、今此に載する所のものは、その作例を挙ぐるものなり」とあり、作例に片句と諸句の二種として、今の龍女・御影供等は片句、今の教化に一倍を加えたものが乞戒導師の教化等で諸句である。

罟一巻五二右一行

三業ノ

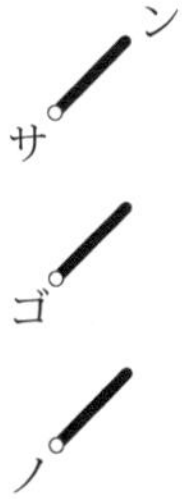


三業ノの三字ともに同長で切音せずに、三重宮で高く唱える。

罟一巻五二右一行

浄

二重徴に下げて、突由で唱える。突由前を長く、後を同音で短く唱えるのが習いである。

罟一巻五二右一行

テ

由下の前の徴は突由にせず、下へ連れて唱える。

ヲ（同五二右二行）、リ（同五二左一行）、ニ（同五三右一行）、ヘ（同五三左三行）も同じである。

罟一巻五二左一行

## ケ

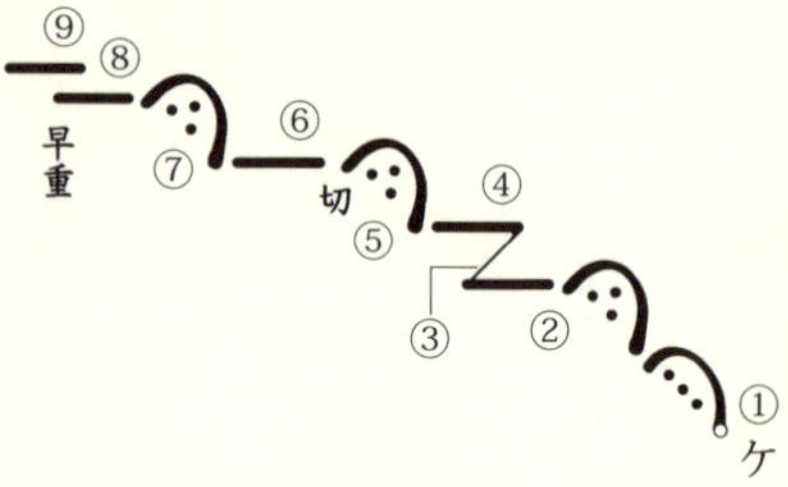


徴①の二由は由下、角②モドリ③角④の三位は同音、徴⑤は由下、角⑥は徴⑤の三ツ目のユリと同音でツク如く、徴⑦は由下、角⑧⑨は早重で早くツク如く同音で唱える。

罟一巻五三右二行

## 三会ノ下生

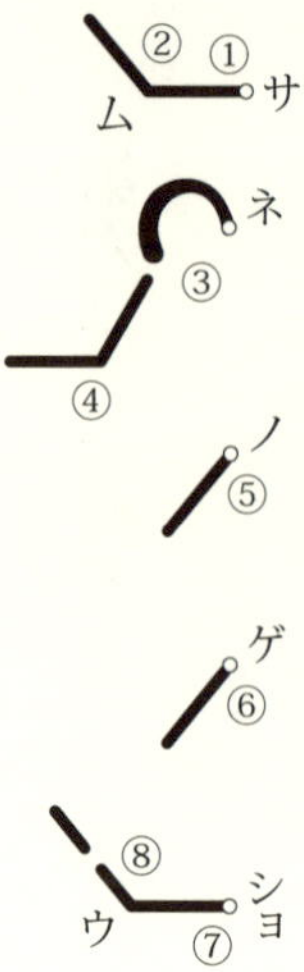


角①徴②とスクウで唱え、徴②と同音で③をマワス如く押し下げ、角④を少し上げ、その角④と同音で商⑤⑥角⑦を唱え、徴⑧を高く突由で唱える。

# 第六章　大般若会

## 第一節　大般若会について

### 第一項　大般若会とは

大般若会は『大般若経』六百巻を転読し、除災招福を祈る法会である。現在も宗派の別なく全国各地で盛んに執り行われている。

なお、転読とは、広義には全体を読む真読をいい、狭義には経題や経の初・中・終の数行を略読する読み方をいう。転読会または転経会とも呼ばれる。

『大般若経』とは、正しくは、『大般若波羅蜜多経』という。鷲峰山、祇園精舎、他化自在天、竹林精舎の四処、十六会の説法で、六百巻、二十万頌、約五百万字といわれる。すべての仏典の中で最大である（大正蔵五―七）。

紀元一世紀頃より、個々に成立したものを集大成した経典であり、内容は諸法皆空を明らかにした大乗初期の経典である。

道宣『続高僧伝』巻四（大正蔵五〇・四五七c—四五八a）によると、玄奘三蔵に勅を下し玉華寺に住せしめ、顕慶五年（六六〇）正月元日より龍朔三年（六六三）十月末に至る歳月をかけて翻訳せしめたと記されている。

## 第二項　大般若会の歴史

『大唐大慈恩寺三蔵法師伝』巻一〇（大正蔵五〇・二七六b）によると、「玉華寺都維那の寂照が功畢るを慶賀し齋を設け供養す。是日経を請い粛誠殿より嘉寿殿齋所に往き講読す」と、玄奘三蔵の『大般若経』の翻訳の功を慶賀して、玉華寺で齋を設け供養し、『大般若経』を講読したとあり、これを以て広義における大般若会の濫觴とする。しかし、これは『大般若経』の講読であり、大般若転読法会とはいえず、中国における転読会の濫觴は不明とされている。

なお、玄奘の翻訳は、初めは長安の大慈恩寺で行われたのであるが、都での雑事を嫌い、玉華寺内（最初は唐の高祖・太宗・高宗の離宮で玉華宮と称されていたが、第三代高宗の時代の六五一年に廃され玉華寺とされた）の粛誠殿（玄奘三蔵坊）に移され翻訳されたのである。

日本では、文武天皇の大宝三年（七〇三）三月十日に初めて『大般若経』が読誦（『続日本紀』巻三・一七頁）され、元明天皇の和銅六年（七一三）に大般若会が恒例（『元亨釈書』巻二一）となり、聖武天皇の神亀二年（七二五）には僧侶六百人を請し、宮中で『大般若経』が読誦された。さらに、聖武天皇の天平九年（七三七）に宮中あるいは大安寺・薬師寺・元興寺・興福寺の四大寺において、国家の安穏を願い、『大般若経』を転読（『続日本紀』巻一二・一四六頁）せしめたとされる。これが正史における『大般若経』転読の初見であるとされている。称徳天皇の宝亀元年（七七〇）七月十五日には、勅により、疫病を鎮静させるために、諸国の寺院に七日間の『大般若経』転

読を行わしめている（『密教辞典』、苫米地誠一「大般若会について」『大般若会―その成り立ちと意義―』智山伝法院選書）。

このように、大般若会は宮中から、南都の大寺へ、そして全国各地の寺院へと弘まっていったのである。特に、『大般若経』には、書写、読誦、受持の功徳が説かれており、般若守護十六善神がこの経を供養するものを護持し給うとの信仰があるところから、諸願成就の祈祷法として盛んに講讃、読誦されるようになった。そして、その読誦法も全巻丁寧に読む真読から、転読へと発展していったのである。

『性霊集』巻六（弘全和一〇・八三―八四頁）に「天長皇帝大極殿に於て百僧を屈して雩する願文」がある。天長皇帝とは淳和天皇であり、天長年間の干魃で雨乞いのために、「大般若経を転読して天中の天に供養す」とある如く、『大般若経』転読法会が行われたのである。また、『性霊集』巻八（弘全和一〇・一二七―一二八頁）に「和尚、皇帝を祈りたてまつらんが奉為に大般若経を転読する願文」も収録されている。皇帝とはいかなる天皇か不明であるが、文中に「百僧剋念して大般若経を転読し三解脱門を観念す。仰ぎ願わくは空空の一字吾が民の業を蕩し智智の二理吾が君の福を茂くせん」とあり、天皇の福の増進と民衆の悪業の滅除を祈るために『大般若経』を転読したと述べられている。このように、大師も密立の法会だけではなく、顕立の大般若会を重要視せられ、自らも『大般若経』転読法会を厳修されているのである。

苫米地「大般若会について」には、「『東宝記』『仁和寺諸院家記』『御室相承記』『醍醐雑事記』『醍醐寺新要録』『高野春秋』などには、東寺・仁和寺・醍醐寺・高野山金剛峯寺など、真言密教専修の寺院における年中恒例の行事としての大般若会の記事をみることは出来ない」と、主張されている。

ただ、『高野春秋』巻一（大日仏全一三一・一三頁）に、「天長四年　夏五月日大極殿に於て百僧を屈請して大法雩」と、『高野春秋』巻二（大日仏全一三一・二八頁）に「斉衡二年二月戊辰日。禁中に百僧を請い大般若経を大極

殿に於て転読す」の二の記録がある。天長四年（八二七）は「大極殿に於て百僧を屈請して」とあるので、大師の『性霊集』の雨乞いの『大般若経』転読法会と対応している。また、斉衡二年（八五五）も『大般若経』転読法会である。しかし、いずれも高野山の行事ではなく、大極殿における宮中での大般若会である。

『紀伊続風土記』高野山之部・巻一五（続真全三九・一五五九―一五六一頁）には、月次法会として、朔日は山王院転読大般若、十七日は天野宮大般若の二が収録されている。また、年中法会（同一五六七―一五九二頁）としては、正月八日に山王院真読大般若、正月十三日に山王院真読大般若、四月十四日に山王院夏中大般若、五月八日・九日に御社大般若、九月八日・九日に御社真読大般若、九月十三日・十四日に紀伊殿御祈禱大般若と、六の大般若会が記録されている。しかし、始行がいつの時代なのか、また右記の大般若会がいつ頃に盛んに執行されていたのかは記されていない。

水原堯栄『金剛峯寺年中行事』首帖に「金剛峯寺年中行事対照表」があり、文永六年（一二六九）・正応四年（一二九一）・慶安三年（一六五〇）・安永七年（一七七八）・享和二年（一八〇二）・現在（昭和八年・一九三三）の年中行事が各月毎に収載されている。それによると、大般若会が執行された記録は左記である。

正応四年　一月十六日に山王院理趣三昧の横に大般若転読とある。
　　　　　毎月朔日に御社大般若転読（一月朔日はなし）。
慶安三年　毎月朔日に御社大般若転読（四月・六月は欠落か）。
安永七年　一月十三日に山王院大般若為紀伊殿祈禱。
　　　　　一月十五日に山王院大般若。

記録されているのは以上であるが、正応四年の鎌倉時代頃より年中行事として大般若会が行ぜられるようになったことが窺える。

## 第二節　大般若会の本尊

大般若会の本尊は、大般若十六善神である。『大般若経』には、十六善神の名称は見当たらないが、『陀羅尼集経』巻三（大正蔵一八・八〇八c―八〇九b）に十六大薬叉として各々七千の眷属を率い、般若経の守護神として登場する。中尊は釈迦如来、右に普賢、法涌菩薩、深沙大将（身蛇帝王）、左に文殊、阿難尊者、玄奘三蔵、そしてそれぞれの後に十六善神が八神ずつ配当されている。なお、普賢、文殊が描かれていない図もある。また、阿難尊者の代わりに常啼菩薩の図もある。

ちなみに、法涌菩薩は善知識となって常啼菩薩に『大般若経』を獲得せしめた菩薩、深沙大将は玄奘がインドに向かう流沙で夢に感得した砂漠での危難を救う善神で、左手に蛇体を握る般若経の守護神、常啼菩薩は艱難辛苦して『大般若経』を求めた求道の菩薩である。

## 第三節　大般若会の法会次第

大般若会には、略法要と顕密合行立の二箇法要の二種がある。二箇法要は、普通には密立であるが、法要は如来唄・散華（中段釈迦）の顕立である。しかし、密行の釈迦法か心経法か理趣経法の供養法を修するので、顕密合行立の法会とされる。また、児玉雪玄『類聚の解説』に、「如来唄、次に散華（中段釈迦）、対揚を開く。対揚を開く時は梵音、錫杖を除く。是れ法用の通局なり」と、顕立の法要は唄・散華・梵音・錫杖の四箇法要であるが、対揚

を用いる時は、梵音・錫杖を用いないのが習いであると述べられている。

第一項　法要付大般若会

先、如来唄
次、散華（中段釈迦）
次、対揚
次、表白
次、発願
次、四弘
次、取経
　大般若波羅蜜多経初分縁起品第一を高声に読み、経文を転読。
　職衆は導師の揚経題の声を聞き一斉に大般若経を転読。
次、仏名
次、廻向

**結願作法**

次、三礼
　略法要の三礼・如来唄を用いるも結願は大方は略する。
次、発願
次、四弘
次、六百巻目読経
　大般若波羅蜜多経巻第六百と高声に読み、経文を転読。
　職衆は導師の第六百巻の高声を聞き職衆は一斉に最後の巻の大般若経を転読。
次、巻数
次、結願事由
次、神分
次、経釈
次、補闕分
次、廻向

次、修法

結願作法終わって下礼盤せず釈迦法・心経法・理趣法を修法。

職衆は導師の振鈴を聞き理趣経を読誦。讃、廻向なし。

修法なき時は結願作法の後、心経三巻、諸真言を誦じて下礼盤。

### 第二項　略法要の大般若会

先、三礼

次、表白

次、発願

次、四弘

次、取経

次、仏名

次、廻向

以下、結願作法は第一項法要付大般若会に同じである。

## 第四節　大般若会法則

大般若会法則は、中川善教『展観目録』に、左記の写本・刊本が収録されている。

写本は一本である。『大般若法則』一帖折本・普門院蔵（108）である。

刊本は三本である。一は『校正大般若法則』一帖折本・釈迦文院蔵（162）で、「明和九壬辰十月　金剛峯寺霊瑞南龍誌」とある。二は『大般若法則』一帖折本・本覚院蔵（163）で、「荘貼《ママ》所高野山花月堂保兵衛」とある。三は

『大般若法則』一帖折本・成福院蔵（164）で、「尾欠、字良」とある。

筆者も右記の刊本の『校正大般若法則』を所蔵しているが、その中に大般若法則はすでに上梓せられているが、「文句もまま体を失し声譜も詳しからず」とあり、旧記を以て補い、砂に没するところの真金を取り出したと記されている。したがって、『展観目録』だけでは不明であるが、すでに明和本以前に刊本が刊行せられていたと思われる。ただし、この『大般若法則』は法要付大般若会の法則ではなく、略法要の法則である。

## 第五節　大般若会の声明

法要付大般若会の次第により、大般若会の声明を解説する。

なお、大般若会の声明の中、すでに解説されている声明は省略する。それらは左記であるので参照すべし。

○如来唄　　本篇第四章第四節6
○散華（上段、下段）　　本篇第一章第五節2・4
○散華（中段）　　本篇第四章第四節7
○三礼　　本篇第五章第四節2

なお、大般若会の対揚は、教主句は理趣三昧・土砂加持の博士と小異がある。他の句は文言のみ異なるのみで曲節は同である。

また、表白・結願事由・経釈・補闕分は、理趣三昧の神分と同じ唱え様である。

# 1 対揚

調子は、『寛保魚山集』『明治魚山集』、宮野宥智『声明類聚』には指示されていないが、葦原寂照『要覧』の最勝講の対揚の項で、「以下盂蘭盆に至るまで大都前に同じ」と、文言と博士が少し異なる箇所があるが、大体初めの対揚と同じと述べられているので盤渉調律曲である。

なお、『寛保魚山集』『明治魚山集』、宮野宥智『声明類聚』には最勝講・大般若・法華経・盂蘭盆経・仁王経、『声実抄』には梵網経・大品経・盂蘭盆経・孔雀経・涅槃経・華厳経・報恩経・仁王経・大般若・般若心経が収録されている。

『明治魚山集』『声明類聚』には、「以上は必要の句のみ之を載す、普通の句は前々に譲て之を略す」とあり、魚山集所載の大日教主の対揚以外のいずれも必要の句のみあげられており、普通の句は前々の対揚より充当すべしと説かれている。本篇第一章第五節5「対揚」を参照すべし。

大般若対揚の必要の句は左記である。

『寛保魚山集』『明治魚山集』『岩原魚山集』

教主句　　南無十六会中般若教主釈迦尊

證誠句　　十方擁護　諸大神王

妙典句　　演説甚深　無相了義

対告衆句　證知證誠　法涌菩薩
『鈴木声明集』
教主句　南無十六会中般若教主釈迦尊
證誠句　十方擁護　諸大神王
　または　十方諸仏　證誠講演
妙典句　演説甚深　無相了義
　または　無相了義　甚深妙典
対告衆句　證知證誠　法涌菩薩
　または　所願成弁　法涌菩薩

## 擁護

圀一巻二六左三行

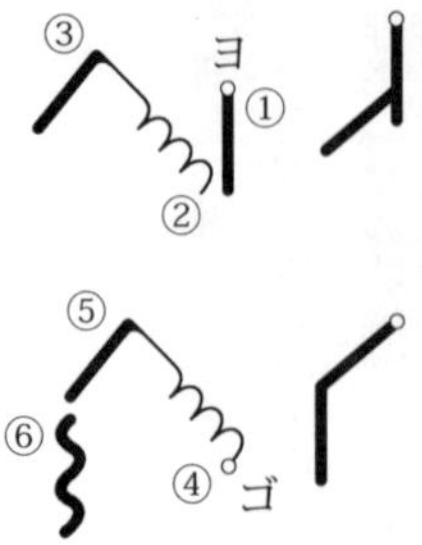


『明治魚山集』の頭注にとあり、「原本此の如くせり、今師説に由て此を改む」と、すなわち現本は宮・商・宮となっているが、寂照が寂如の説により上の如く改めたということである。

実唱は、宮①を唱え、モドリ②をイロで高く、商③を下げ、打カケ④をイロモドリで高く、商⑤を下げ、宮⑥をさらに下げて唱え終わる。

なお、「擁護」は「ヨウゴ」の読み様の他に、「オウゴ」と読む伝もある。

## 2 表白

理趣三昧の神分の如く唱えるので、本篇第一章第五節⑲「神分」を参照すべし。

ただ、大般若の表白には甲ノ句と乙ノ句がある。乙ノ句の調子は師伝によると、中曲黄鐘調と伝えられている。

理峯『私鈔略解』（続真全三〇・一四五頁）にも、「諸表白。諸祭文。仏名。諸教化皆な悉く中曲黄鐘調也」と指示

| 洋楽音名 | 十二律 | 横笛 | 乙ノ句（中曲黄鐘調） | 甲ノ句（中曲一越調） | 中音（中曲盤渉調） |
|---|---|---|---|---|---|
| イ | 黄鐘 | 夕 | | 徴 | |
| ■ | 鳧鐘 | | | 反徴 | |
| ト | 双調 | 上 | | 角 | |
| ■ | 下無 | 五 | | 三 | 徴 |
| へ | 勝絶 | | | 重 揚商 | 反徴 |
| ホ | 平調 | 干 | 徴 | 商 | 角 |
| ■ | 断金 | | 反徴 | | 三 |
| ニ | 一越 | 六 | 角 | 宮 | 重 揚商 |
| ■ | 上無 | | 三 | | 商 |
| ハ | 神仙 | 下 | 重 揚商 | 揚羽 | |
| ロ | 盤渉 | 中 | 商 | 羽 | 宮 |
| ■ | 鸞鏡 | | | | |
| イ | 黄鐘 | 夕 | 宮 | 二 徴 | 揚羽 |
| ■ | 鳧鐘 | | | 重 反徴 | 羽 |
| ト | 双調 | 上 | 揚羽 | 角 | |
| ■ | 下無 | 五 | 羽 | | 二 徴 |
| へ | 勝絶 | | | 揚商 | 重 反徴 |
| ホ | 平調 | 干 | 二 徴 | (商) | (角) |
| ■ | 断金 | | 重 反徴 | | |
| ニ | 一越 | 六 | [角] | 宮 | 揚商 |
| ■ | 上無 | | | | [商] |
| ハ | 神仙 | 下 | 揚商 | 揚羽 | |
| ロ | 盤渉 | 中 | 商 | 初 羽 | 宮 |
| ■ | 鸞鏡 | | | 重 | |
| イ | 黄鐘 | 夕 | 宮 | 徴 | 揚羽 |
| ■ | 鳧鐘 | | | | 初 羽 |
| ト | 双調 | 上 | 揚羽 | | 重 |
| ■ | 下無 | 五 | 初 羽 | | 徴 |
| へ | 勝絶 | | 重 | | |
| ホ | 平調 | 干 | 徴 | | |
| ■ | 断金 | | | | |
| ニ | 一越 | 六 | | | |
| ■ | 上無 | | | | |

されている。

岩原諦信『声明の研究』（六〇〇頁）によると、「表白の乙の部分は黄鐘調であって、甲の部分は黄鐘調から乙甲反の法則に従って甲の調子（一越）で唱える。（中略）旋法は勿論三礼の外は全部中曲である」と、乙は中曲黄鐘調、甲は中曲一越調と教示されている。私見であるが、もう少し高い調子で唱えたいのであれば、甲乙反により中曲平調で唱える。

なお、中音の角⃝は甲ノ句の商⃝と同音に唱える習いなので、甲ノ句が中曲一越調ならば中音は中曲盤渉調、甲ノ句が中曲平調ならば中音は中曲一越調とする。

さらに、この音の相関関係からいえば、中音の最後の商⃞と中音の次に唱える乙ノ句の角⃞（実際には半音の差があるが）とほぼ同音に唱える。

## 甲ノ句のイロ

嵒一巻二八左一行

**最尊ナルハ**

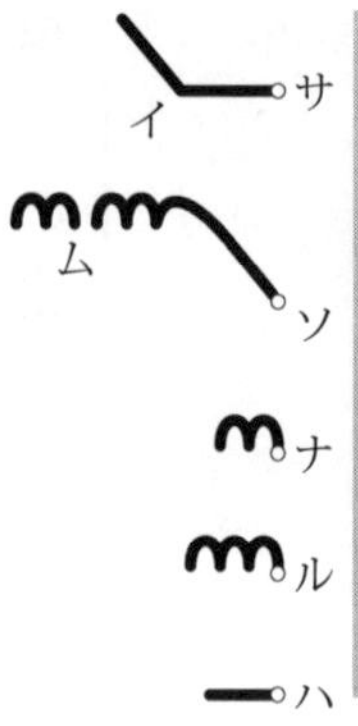


甲ノ句の中下は初めの半分の角を押さえる如くスムーズに角に下げ、後の半分の角をイロに唱える。イロは二ツ。その次にくる角もイロをつけ唱える。

四つの角をイロで唱える場合、初めの二をイロ二ツ、三番目をイロ三ツ、四番目をイロをつけずに唱えるのである。

## 甲ノ句のスカシ

[岩]一巻二八左二行

年

スカシは深い呼吸をして、腹式の正しい呼吸法で、頭の頂上から声を出すような感じで唱える。地声の最も高い声。第一篇第五章第三節第二項「声明の発声法」等を参照すべし。

「ネ」の初めをカカリで唱え、切音不切息して同音に引き、ソリ上げ声が変わると、「ム」に移りスカシで唱えマワシ、最後を太く強く押さえる。

## 中音

甲ノ句の最後の商と中音の最初の角と同音に唱える。

中音は曲節をつけず、同じ高さでヒロウ如く少し早口に読み、最後の商のみを下げて引き伸ばして唱え終わる。そして、中音の最後の商と乙ノ句の初めの角とは、ほぼ同音に唱えるのが習いである。

## 3 発願

本尊・諸衆に誓願を発し申し述べる義である。調子は、黄鐘調中曲である。唱え方は本篇第一章第五節⑲「神分」を参照すべし。

岩一巻三二左一行

至　心

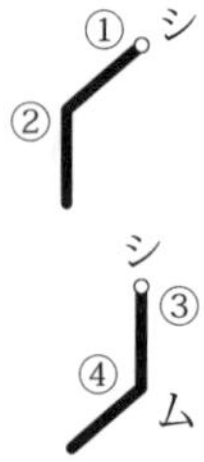


「至」を商・宮、「心」を宮・商で唱える。

実唱は、商①を唱え、宮②を下げ、宮③を②と同音に、商④を上げて唱え終わる。

『類聚の解説』（一三〇頁）に、「発願は四字一句なるが、その二句目、四句目等、二句一行に認むる時、下の四字は何声（四声）の字にもあれ、凡べて声を流して皆角ノキキに唱う、是れ師伝なり」と、四字一句で二句一行の下の四字は、すべて角のキキで唱えるのが師伝であると述べられている。

## 4 四弘

菩薩の誓願の四弘誓願である。調子は、黄鐘調中曲である。

岩一巻三二右四行

衆

由下の後、角①モドリ②角③を同音で唱え、徴④の初めを口内アタリして、同音に唱える。

罯一巻三二右四行

**邊**

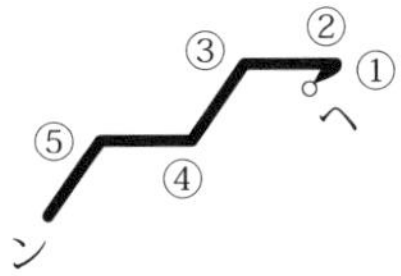


カカル①を短く唱え、切音不切息して、同音で角②を引く。商③を下げ、角④を上げ、商⑤を下げて唱える。

罯一巻三二左一行

**悩**

《一》

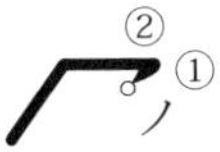


《二》

二伝あり。

**《一》**カカルで①を短く唱え、切音不切息して、同音で角②を引く。

**《二》**押下で、角から商へ押しマワス如く下げて唱える。

岩一巻三二左二行

## 法門

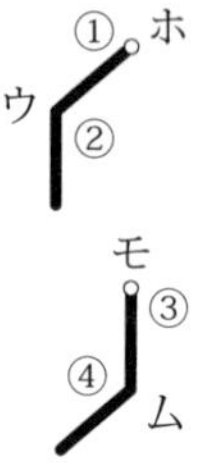


二伝あり。

《一》発願の「至心」と同で、「法」を商①宮②、「門」を宮③商④で唱える。

《二》「法」を羽②三重宮①、「門」を三重宮④羽③と唱える。

《二》の伝について、『類聚の解説』（一三〇頁）には、「之に就て口訣に云く」として、「古本皆此の如し。商宮・宮商の譜なり。然るを密花院南龍の今案を以て余教超過の法門なる故に音高き上重の譜に非れば相応せざるとて羽宮、宮羽と改む也。是れ南龍の臆説にして決して相伝無の義なり。後者此旨を可知者なり」と記されており、正しくは商宮・宮商の譜で唱えるべしとされている。

## 5 仏名

調子は中曲黄鐘調である。常楽会の仏名と殆ど同であるので、本篇第四章第四節10を参照すべし。

ただ、文言は「ン南無　帰命頂礼般若妙典　恭敬供養哀愍施摂受」と、常楽会仏名、御影供仏名と異なる。

## 6 廻向

開白の座の廻向である。この廻向より本節11の廻向まで、いずれも調子は中曲黄鐘調で、曲節は神分と同じである。唱え方は本篇第一章第五節19「神分」を参照すべし。

圏一巻三四右一行

# 所

普通は「ショ」と漢音に読むが、「ソ」と呉音に読む伝もある。しかし、『大漢和辞典』は漢音「ショ」・呉音「ソ」であるが、他の『新字源』（角川書店）は漢音「ソ」・呉音「ショ」となっている。

## 7 結願事由

結願は本来は「ケチグワン」と読むが、声明では「ケツグワン」と「ツ」を入で唱える。

## 8 神　分

放ノ句等の中下は、しばしば後の角をイロで唱える場合がある。

「降臨影向」の「影向」は、「ニョウゴウ」と唱える。調子は中曲黄鐘調である。

## 9 経　釈

「次に題目は」の「題」の角・徴はスクワズ、同音でツク如く唱える。甲ノ句あり。

「現世の今に集め」の句は、「今」で切るが習いである。

## 10 補闕文

フケツブンと読み、帰依や供養の至らざるを補うの意である。

## 11 廻　向

結願の座の廻向で、開白の座の廻向と全同である。

# 第七章　仏生会

## 第一節　仏生会について

### 第一項　仏生会とは

仏生会とは、降誕会・仏誕会・灌仏会・浴仏会・龍華会とも称され、一般には花祭りと呼ばれている。ちなみに、龍華会とは未来において弥勒菩薩が下生し、龍華樹の下で悟りを開かれるのを待つという意味から名付けられたという。

毎年四月八日（また一月遅れの五月八日の寺院も多い）、釈尊のご誕生を奉讃する法会で、いろいろな花で飾った花御堂の中に誕生仏を安置し、甘茶で灌沐するのが一般的な儀式である。

花御堂は釈尊が誕生された花々に囲まれた聖地のルンビニー園をあらわし、誕生仏は誕生の時に四方に七歩歩いて右手で天を指し、左手で地を指し、「天上天下唯我独尊」と宣言したとされる故実を示し、甘茶で灌沐するのは誕生時に龍が天から降りてきて香水を注いだということによる。なお、古くは『浴仏功徳経』（大正蔵一六・八〇〇

a）に基づき、香水による灌沐であったようであるが、江戸時代以降より甘茶による灌沐となったようである。

## 第二項　仏生会の歴史

### 一、釈尊の誕生年月日

釈尊のご誕生年度については、中村元『ゴータマ・ブッダ』には、紀元前六二四年、紀元前五六六年、紀元前五四四年、紀元前四八四年、紀元前四八三年、紀元前四八二年、紀元前四七八年、紀元前四七七年、紀元前四六六年、紀元前四六三年等が示されている。インドは歴史に関しては大雑把な国で、古代史の年代について百年、数十年の誤差しかないということは、年代の不明なインドでは驚くべきことであるという。釈尊に関しても例外ではなく、誕生年度に関しても右記の如く諸説あるが、中村元は紀元前四六三年説をとられている。

次に、ご誕生月日は、日本では四月八日とされているが、これは『太子瑞応本起経』（大正蔵三・四七三c）・『仏所行讃』（大正蔵四・一a）にはっきりと四月八日と説かれており、日本ではこれを典拠としている。経典に出る日付は、この他に、二月八日、二月十五日、四月七日等がある。ちなみに、成道は右記の他に十二月八日説（日本の成道会）、入滅は右記の他に二月十五日説（日本の涅槃会）と八月八日説がある。

インドでは釈尊の誕生・成道・入滅はすべて同じ日とされ、南方仏教でもこの日をウェーサカ（ヴァイシャーカのシンハラ語）祭、すなわち三大仏事の記念日としてお祝いをする。

このウェーサカ祭の日について、インド暦の二月であるヴァイシャーカ月の満月（十五日）とするものと、ヴァイシャーカ月の後半八日とするものとがあり、これが誕生月日の諸説生じた根源であると説かれる。

すなわち、ウェーサカ祭は、第二の月なので二月、中国暦にあてはめると三月中旬から四月中旬、後半八日説な

ので四月八日、中国の武周暦（則天武后の時代）では十一月が正月なので第二の月は十二月となり、誕生・成道・入滅の月日の諸説が生じる要因となったのである。

いずれにしても、釈尊のご誕生に関しては、日本では四月八日であるが、インド・南方諸国ではウェーサカ祭の誕生・成道・入滅という三大仏事の記念日を依り処としており、地域や宗派で用いる暦によって異なるが、三大行事すべてをインド暦のヴァイシャーカ月、すなわち二月の満月の日としている。

## 二、日本の仏生会の歴史

灌仏会は、インド・西域で盛んに行われ、中国でも四世紀頃から始まり、隋・唐の時代より広く行われるようになった。

『日本書紀』巻四（国史大系・一四七頁）には「是年初めより寺毎に四月八日七月十五日斎を設く」と、推古天皇十四年（六〇六）に、聖徳太子の奏上により、四月八日・七月十五日に寺毎に齋を設けるとあり、その四月八日は我が国における仏生会の濫觴とされている。

また、『続日本後紀』巻九（国史大系・一〇〇頁）には、仁明天皇承和七年（八四〇）四月八日に宮中清涼殿で灌仏の儀式を行うとあり、以後、宮中の行事として恒例化し、地方の寺院にも普及していった。

大師『続性霊集補闕鈔』巻一〇（弘全和一〇・一五七頁）の「故《もと》の贈僧正勤操《ごんぞう》大徳の影《えい》の讃」に、「倭曲を調へてもって義成《ぎじょう》を沐浴し、或いは漢楽を奏して詞《し》は能仁《のうにん》に享《きょう》す。三千仏の名《みな》を礼すること二十一年、八座の法華を講ずること三百余会」とある。義成とは siddhārtha の意訳の一切義成就で釈尊の幼名、能仁は śākya-muni 釈迦牟尼の意訳であり、和楽を唱え釈尊の像に沐浴し、漢楽を奏し釈尊に供養なされたと書かれている。すなわち、影とは

勤操大徳の肖像のことで、この像に対しての讃嘆文であり、勤操が文中の如き灌仏会や、仏名会に参列し、過去・現在・未来の三千仏の御名を唱え礼拝すること二十一年にわたり、法華八講の出仕は三百余会にのぼったと述べられているのである。

　この本朝の声明を唱え釈尊の像に灌沐し、中国伝来の声明を奏し釈尊に供養されたという御文章から、大師は仏生会を仏名会・法華八講とともに重要視されていたであろうことが推察できるのである。

　また、大師の書簡を集成した『高野雑筆集《ざっぴつしゅう》』（弘全和一〇・二一四頁）の中に、宛名が「国太守《くにのたいしゅ》記室《きしつ》謹空《きんくう》」という書簡が収載されている。国太守とは国司のことであり、記室は尊貴に対する脇付《わきづけ》、謹空は末文におき尊敬をあらわす語であり、具体名はわからないが、某国司に対し敬意をもって送られた書簡であるといえる。内容は要点のみ述べると、来月二日より八日まで、修法する間、国・郡の官吏は精進潔斎し、国内の殺生を禁じ、郡内の諸寺に知らせて灌仏の法を修せしめてください。この法はよく悪業による災いを除き、速やかに福報をもたらせるのであり、災害があれば必ずこの法を修するのであると書かれている。

　したがって、『高野雑筆集』の灌仏会は釈尊灌仏会であったかどうか明らかではないが、大師が灌仏の法は国の災害を除く大切な法であるということを力説されていることは、窺い知ることができる。

　ただし、『続性霊集補闕鈔』三巻の中には、偽作と思える御文章もあるというのが定説である。『性霊集』は真済が大師の御文章を集成し、もともと全十巻あったのであるが、八・九・十の三巻が散逸してしまっていた。それを仁和寺慈尊院の済暹が大師作と思える御文章を収集して、『続性霊集補闕鈔』三巻を加え十巻としたのである。

　事実、仏名会は、平安時代には『十六巻仏名経』に基づき一万三千仏の仏名を唱え礼拝していたといわれており、三千仏名を唱えるようになったのは『三巻本』により延喜十八年（九一八）以降、主に鎌倉時代になってからと伝

えられている。つまり、断言はできないが、天長五年前後に三千仏名を唱える仏名会が執行されていたとは考えられないということである。

いずれにしても、仏生会の始修は奈良時代であるが、大師の時代にも『高野雑筆集』により灌仏会が盛んに行じられていたことが推察でき、その灌仏会の中でも釈尊灌仏会、すなわち仏生会が特に重んじられていたといえると思う。

東寺では、『東宝記』第六（続々群一二・一一四頁）に、年月日は記されていないが、諸堂法会條々として、「灌仏会」として、題下に「亦仏生会と号す」と割注されており、「四月八日。金堂に於いて之を行ず。旧記に曰く。今夜講堂に於て花供事云々。仔細知らず」とあり、仏生会は古くより行じられていたことが窺える。

『高野春秋』巻一（大日全一三一・一三頁）の天長五年戊申二月二十五日の條に、「符に云く。今より以後四月八日仏生会。又灌仏会と号す。七月八日文殊会。東寺並に西寺共に之を行ずべし」と、天長五年（八二八）の條に、東寺・西寺に四月八日に仏生会を行ずべしとの官符が出されたと記されている。

高野山では、『紀伊続風土記』高野山之部・巻一五（続真全三九・一五七六頁）の四月八日の條に、金堂仏生会として、始行の時暦分明ならずとしているが、延久四年掟文に四月仏生会と記され、文永・正応の行事にはあげられているとしている。また、新別所円通寺においても勤め、道俗群参して茶菓を出すと記録されている。

水原堯栄『金剛峯寺年中行事』首帖に「金剛峯寺年中行事対照表」があり、年中行事が各月毎に収載されている。それによると、仏生会が行ぜられたのは左記の四である。

文永六年　　四月八日　　「金堂仏生会」とある。

正応四年　　四月八日　　「金堂仏生会」とある。

慶安三年　　四月八日　　「金堂仏生会」とある。
現在（昭和八年）四月八日　　「於金剛峯寺仏生会」とある。

## 第二節　仏生会の法会次第

先、奠供（四智梵語・心略梵語・吉慶漢語迦毘羅衛）
次、祭文
次、別礼伽陀
次、如来唄
次、散華（中段・釈迦）
次、仏生会式（式と讃嘆伽陀を交互に唱う）

次、讃嘆伽陀
次、灌沐頌（上臈より順次灌沐）
次、後讃（四智漢語・吉慶漢語五段・仏讃）
　仏讃は衆の灌沐終わろうとする時に唱う。
次、廻向伽陀

なお、霊瑞『密宗諸法会儀則』巻下（三〇丁裏）には、「向きに著す所の仏生会法則には北方讃を出す。然りと雖も今吉慶漢語の第二に改め換えるものなり」とあるのみで、詳細は述べられていない。しかし、おそらくは吉慶漢語は八相成道ノ讃と称され、特に第二段は、「カビラヴァスツの釈迦族の宮殿に誕生せられた時、龍王は釈尊に甘露水を灌ぎ、諸天も吉祥事を供養せられ、願わくは汝の灌頂もこの如く吉祥事がありますように」と、釈尊誕生を讃嘆する声明であることにより、北方讃よりこの吉慶漢語第二段の方が妥当と考えられ、変えられたのであろうと思われる。

この奠供の第三段については、『岩原魚山集』は北方讃であり、『密教大辞典』（声明関係は児玉雪玄が執筆）は吉

慶漢語第二段、吉田寛如『詳解魚山集』解説篇（八五四頁）も吉慶漢語第二段としている。

## 第三節　仏生会法則

中川善教『展観目録』に次の刊本一本が記載されている。『新刻五音　仏生会法則』一帖・親王院蔵(176)で、「明和元年甲申冬金剛峯寺進流末資霊瑞南龍謹誌　高野山大楽院蔵版　経師八左衛門監司」とある。

霊瑞のこの『仏生会法則』が流布しており、現在は昭和十一年十一月に、松本日進堂が霊瑞の『仏生会法則』と『弘法大師誕生会法則』を表裏に印刷し、版を重ね多く用いられている。

## 第四節　仏生会の声明

仏生会の法会次第により、仏生会の声明を解説する。

なお、仏生会の声明の中、すでに解説されている声明は省略する。それらは左記であるので参照すべし。

○四智梵語　本篇第一章第五節7
○心略梵語　本篇第一章第五節9
○吉慶漢語第一～五段　本篇第二章第五節3
○別礼伽陀　本篇第四章第四節5
○如来唄　本篇第四章第四節6

○散華（上段・下段）　本篇第一章第五節2・4
○散華（中段）　本篇第四章第四節7
○讃嘆伽陀　本篇第四章第四節11
○四智漢語　本篇第一章第五節13
○仏讃　本篇第一章第五節15
○廻向伽陀　本篇第三章第五節9

伽陀類については、本篇第三章第五節1「総礼伽陀」も参照すべし。

仏生会式は、第三篇第三章で詳述する。

## 1 祭　文

曲節は常楽会祭文と同である故に本篇第四章第四節4「涅槃講祭文」を参照すべし。ただ、常楽会は勧請ある故に、「諸徳三礼」の句を除き、「維」より唱えるが、仏生会祭文は「諸徳三礼」より唱える。

児玉雪玄『類聚の解説』（一一八頁）に、「黄金色」の「金」は「コン」と清音で唱えるとある。

『展観目録』に収録されている仏生会祭文は写本一本のみで、『仏生講祭文』一紙・三宝院蔵（444）である。

## 2 灌沐頌

調子は、中曲黄鐘調である。弘法大師誕生会法則の灌沐頌と文言に小異がある。

延付である。初め「クワ」を高く少し長く徐々になめらかに下げてすべらせて唱え、最後のンに移る。

圏二巻一〇四右一行

灌

圏二巻一〇四右一行

来

二伝あり。

《一》律曲のユリを一ユする。

《二》律曲のユリを二ユする。

「香」（同一〇四左二行七字目）も同である。

圏二巻一〇四右二行

浄

二伝あり。

《一》由らずに徴で唱える。

《二》律曲のユリを一ユする。

[岩]二巻一〇四右二行

徳

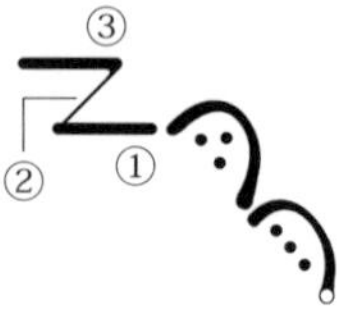


「速」（同一〇四左一行）、「光」（同一〇四左三行）、「供」（同一〇四左四行）も同である。

二伝あり。

《一》角①モドリ②角③のモドリ②を上げずに角①と同音で唱える。

《二》モドリ②を上げて唱える。

「厳」（同一〇四右二行）、「濁」（同一〇四右三行）、「台」（同一〇四左三行）、「法」（同一〇四左三行）、「方」（同一〇四左四行）も同である。

[岩]二巻一〇四右三行

令

《一》

《二》

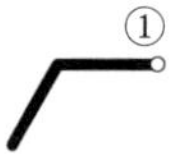


二伝あり。

《一》①をカカルと角で唱える。

《二》①を角・商で唱える。

「養」（同一〇五左四行）も同じである。

図二巻一〇五右一行

## 證寂

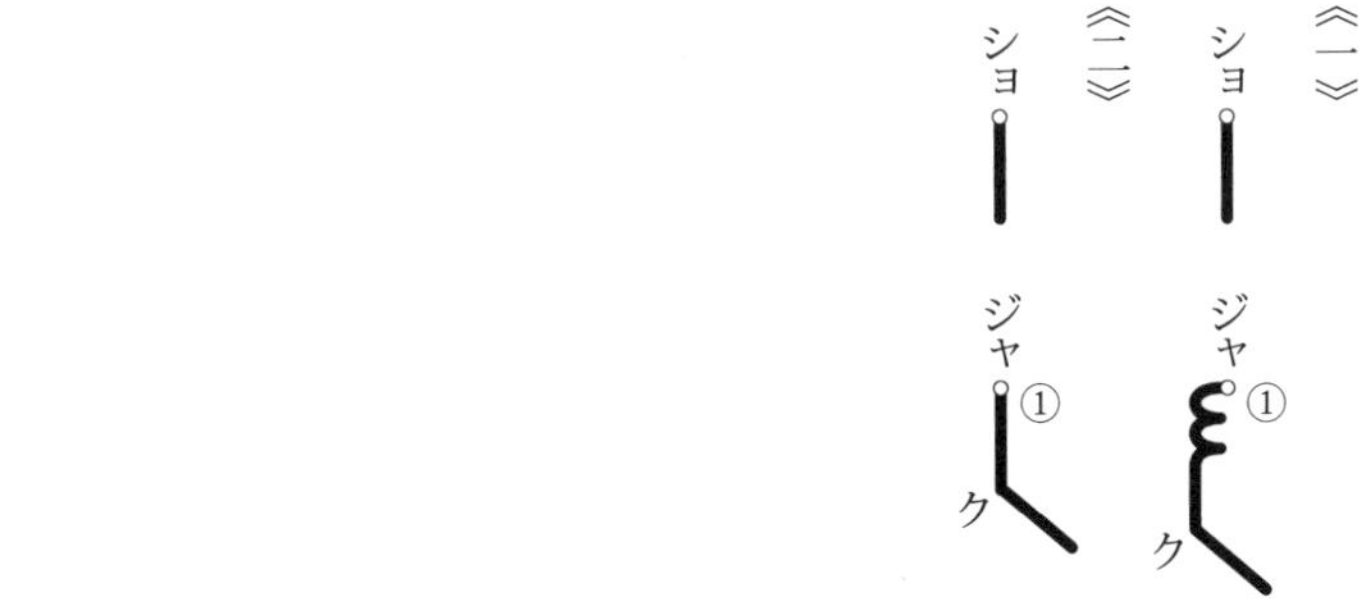


二伝あり。

《一》①をイロ二ツとモツ一ツ、次に初重羽に下げる。

《二》①を宮・初重羽と下げて唱える。

# 第八章　弘法大師誕生会

## 第一節　弘法大師誕生会について

### 第一項　弘法大師誕生会とは

宗祖弘法大師ご誕生の六月十五日に毎年行われる、大師のご誕生を奉讃する法会である。仏生会に準じて始行せられ厳修されるようになった。

降誕会とも呼ばれる。それは明治三十一年（一八九八）六月十五日、宗内有志が、京都東寺で、弘法大師誕生会を降誕会と称して厳修されたのに起因する。

### 第二項　弘法大師誕生の年月日

弘法大師のご誕生は、現在、宝亀五年（七七四）六月十五日とされ、全国各地の真言宗寺院でご誕生の祭典が執り行われているが、他に、月日の記されていない宝亀五年説、宝亀四年説と異説もある。以下、主要なる資料のみ

列挙する。

## 一、宝亀五年説

『空海僧都伝』（弘全和・首巻・三四頁）には、承和二年（八三五）十月二日の日付で、「至于三月二十一日後夜。右脇唱滅。（中略）生年六十二。夏臘四十一」と記されているのを、承和二年三月二十一日より生年六十二を逆算すると、宝亀五年（七七四）説となる。

『御遺告』（弘全和七・二五五―二五六頁）にも、承和二年三月十五日の日付で、「吾擬入滅者今年三月二十一日寅尅。（中略）吾生年六十二臘四十一」と述べられている。右記と同じく逆算すると、宝亀五年説となる。

『贈大僧正空海和上伝記』（弘全和・首巻・四〇頁）は、ご入定が承和三年三月二十一日であり少し事情が異なるが、ご誕生を「宝亀五年甲寅誕生」と記し、終わりにご入定を「三年三月二十一日卒去。時年六十三臈四十三」としている。逆算すると宝亀五年説となる。

『三教指帰』（弘全和九・一四〇頁）には、延暦十六年（七九七）十二月一日の日付で、「未就所思忽経三八春秋」と述べられている。この延暦十六年十二月一日より三八の春秋、すなわち二十四歳を逆算すると、宝亀五年説となる。

## 二、宝亀四年説

『続日本後紀』巻四（国史大系・三八頁）には、承和二年三月丙寅（二十一）の條に「大僧都伝灯大法師位空海。終于紀伊国禅居」と記され、終わりに「化去之時年六十三」とあることにより、承和二年三月より年六十三を逆算すると、宝亀四年（七七三）説となる。

### 三、宝亀五年六月十五日説

頼瑜『真俗雑記問答鈔』（真全三七・三二五頁）に、「弘法大師誕生日事　問何。答或伝云。六月十五日云々」と記され、或伝とは不明であるが、六月十五日誕生説の初見といえる。

北畠親房『神皇正統記』に、「宝亀五年甲寅六月十五日に誕生。此日唐の大暦九年六月十五日にあたれり。不空三蔵入滅す。依て彼後身と申せしなり」と、不空三蔵の入滅が大暦九年六月十五日で、日本の宝亀五年六月十五日にあたり、このことから大師は、不空三蔵の生まれかわりであるとの説が初めて見られるようになった。

いずれも鎌倉時代初期の作であり、この頃から大師は不空三蔵の後身であり、ご誕生は宝亀五年六月十五日であるとの説が定着してきたと考えられる。

## 第三項　弘法大師誕生会の歴史

『東宝記』『高野春秋』には、弘法大師誕生会についての記事は全く収載されていない。このことは東寺・高野山において、江戸中期くらいまでは、公式な年中行事としては執行されていなかったといえる。水原堯栄『金剛峯寺年中行事』二帖（一九五頁）によると、「安永七年の霊瑞手記の金剛峯寺年中行事に初めて弘法大師誕生会、金堂に於てこれを行ずる。金剛三昧院快弁検校の時之を創行と載せてある。故にこの法会は安永初頭頃より金堂で始行せられたもので、この時に童形の誕生仏、誕生会式、祭文、法則など出版刻成就のことが追記せられているから、快弁検校発願、霊瑞師が法則次第を編して始行したものであろう」と述べられている。文章の如くであり、安永七年（一七七八）に金剛三昧院快弁（第三一二世検校）が発願、霊瑞が法則次第を編纂し、金堂において初めて執り行われたとされている。

つづけて、会場は金堂であったが、大正四年（一九一五）、大師教会が建築されてより後、そこで修行されていると記されている。

『金剛峯寺年中行事』首帖に「金剛峯寺年中行事対照表」があり、文永六年（一二六九）、正応四年（一二九一）、慶安三年（一六五〇）、安永七年（一七七八）、享和二年（一八〇二）、現在（昭和八年・一九三三）の年中行事が各月毎に収載されている。それによると、弘法大師誕生会が行ぜられたのは左記の二である。

安永七年　　六月十五日に「於金堂大師御誕生会」とある。

現在（昭和八年）六月十五日に「於金剛峯寺宗祖誕生会」とある。

## 第二節　弘法大師誕生会の法会次第

先、奠供（四智梵語・心略梵語・吉慶漢語迦毘羅衛）
次、祭文
次、別礼伽陀
次、云何唄
次、散華（中段・大日）
次、弘法大師誕生会式（式と讃嘆伽陀を交互に唱う）

---

次、讃嘆伽陀
次、灌沐頌（上臈より順次灌沐）
次、後讃（四智漢語・吉慶漢語五段・仏讃）
　仏讃は衆の灌沐終わろうとする時に唱う。
次、廻向伽陀
次、称名礼

## 第三節　弘法大師誕生会法則

中川善教『展観目録』に次の刊本一本が記載されている。『大師誕生会法則』一帖・金剛峯寺蔵(173)で、「嘗依旧記艸此法則明和三丙戌之春應金剛三昧院快弁上綱命遂上梓　南山金剛峯寺霊瑞南龍　経師八左衛門刻」とある。

## 第四節　弘法大師誕生会の声明

弘法大師誕生会の法会次第により、誕生会声明を解説する。

なお、弘法大師誕生会の声明の中、すでに解説されている声明は省略する。それらは左記であるので参照すべし。

○四智梵語　本篇第一章第五節7
○心略梵語　本篇第一章第五節9
○吉慶漢語第一～五段　本篇第二章第五節3
○別礼伽陀　本篇第四章第四節5
○云何唄　本篇第一章第五節1
○散華　本篇第一章第五節2・3・4
○讃嘆伽陀　本篇第四章第四節11
○四智漢語　本篇第一章第五節13

○仏讃　　　　　　　　　　本篇第一章第五節⑮
○廻向伽陀　　　　　　　　本篇第三章第五節⑨
○称名礼　　　　　　　　　本篇第三章第五節⑩
伽陀類については、本篇第三章第五節①「総礼伽陀」も参照すべし。
弘法大師誕生会式は第三篇第二章で詳述する。

## ① 祭　文

曲節は常楽会祭文と同である故に本篇第四章第四節④「涅槃讃祭文」を参照すべし。ただ、常楽会は勧請ある故に、「諸徳三礼」の句を除き、「維」より唱えるが、誕生会祭文は「諸徳三礼」より唱える。

『展観目録』に収録されている誕生会祭文は刊本一本のみで、『弘法大師誕生会祭文』一紙・惣持院蔵(456)で、「癸巳歳我大師及一千年之華誕寺務快弁師撰誕生会祭文予敢加墨譜以冀報恩謝徳者也　南山金剛峯寺霊瑞南龍識経師八左衛門刻」とある。癸巳歳とは安永二年(一七七三)であり、弘法大師ご誕生一千年に際し、快弁が文章を撰し、霊瑞に博士を点じせしめたものである。

なお、写本に『誕生講祭文』一紙・三宝院蔵(443)があり、「文禄二年九月十日於遍照光院求之也」とある。これは『誕生講祭文』と記されているのみで詳細は不明であるが、編作の年代も文禄二年(一五九三)であり、水原の安永七年誕生会始行という説より二百七十年以前である。おそらくは弘法大師誕生を祝賀する、講式中心の誕生講の祭文であると思われる。

## [2] 灌沐頌

仏生会の灌沐頌を用いるので本篇第七章第四節[2]を参照すべし。

しかし、二句目の「浄智功徳荘厳身」を「浄智功徳荘厳聚」に、三句目の「願令五濁衆生類」を「五濁衆生令離垢」に、四句目の「速證如来浄法身」を「願證如来浄法身」と変えて唱える。

調子は、中曲黄鐘調である。

# 第九章　仏名会

## 第一節　仏名会について

### 第一項　仏名会とは

仏名会とは、仏名懺悔・御仏名・仏名懺・千仏会とも称される。その中、古くから多く用いられていた歴史的呼称は仏名懺悔・御仏名である。

『塵添壒嚢抄』第一四（大日仏全一五五・三五五頁）に、「禁中より始めて辺山に至って、仏名懺悔とて、歳暮に必ず過現未の三千仏の御名を称して、罪障を懺悔する也。譬えば年中造る所の罪障を懺悔して、三世の諸仏の智光に照らし、歳霜と共に消滅せしめる意なり」とあり、十二月に過去・現在・未来の三千の仏名を唱え礼拝し、罪障を懺悔し、その消滅を祈る法会である。

### 第二項　仏名会の歴史

我が国では、宝亀五年（七七四）十二月十五日より十七日まで、宮中において、方広悔過が行じられたのが仏名会の創始（『年中行事秘抄』）とされる。また、弘仁十四年（八二三）十二月二十三日には、勤操・空海・実恵等を請じ清涼殿において、大通方広の法が修されている（『日本紀略』前篇一四〈国史大系・三二八頁〉）。

ところが、竹居明男「仏名会に関する諸問題」（『人文学』一三五）によると、この宝亀五年の方広悔過をもって仏名会の創始とすることはできないと説かれている。端的に述べると、方広悔過と仏名会は左記の二の類似性がある故に、混用されたと主張されている。

一は、二例ともに宮中・清涼殿で行われているということと、十二月に修されているということで、仏名会と共通している。二は、この方広悔過は『大通方広懺悔滅罪荘厳成仏経（略名『大通方広経』）』を典拠とする悔過である。『大通方広経』は仏名称礼と悔過と滅罪しない人の陥る阿鼻地獄が説かれており、『仏説仏名経』（以下、『十六巻仏名経』とする）も懺悔による現世利益と、地獄を説き堕地獄の恐怖を強調して懺悔の必要性を説くという、両経の類似性による。しかし、思想的につながりがあるといっても、その名称も典拠の経典も異なることから、宝亀五年の方広悔過をもって仏名会の創始とすることはできないとされている。一方、『続日本後紀』巻七（国史大系・八一頁）承和五年十二月十五日および十八日の條に、承和五年（八三八）十二月十五日より三日三夜、清涼殿において仏名懺悔が修され、「内裏仏名懺悔此より始む」とあることから、承和五年をもって仏名会の創始とする説もある。しかし、『日本紀略』前篇一四（国史大系・三三〇頁）天長七年（八三〇）閏十二月八日の條に禁中において仏名経を懺礼するとあるにより、この天長七年をもって仏名会の創始とすべきであり、承和五年は仏名会自体の始修ではなく、清涼殿において多くの導師僧侶を請じて天皇自らが修せられたということに意義があると説かれる。ただし、承和五年の仏名会をもって宮中仏名会が恒例となり、次いで承和十三年（八四六）十月の諸国に仏名

会を行うべきことを命じる太政官符をもって、地方にも広まっていったとされている。『高野春秋』巻二（大日仏全一三一・二六頁）の承和十三年十月二十七日の條には、「官裁云く。十二月十五日より十七日に至る三ケ日夜諸国に於て仏名会を修すべし」との記録がある。『東宝記』第六（続々群一二・一一六頁）の仏名会の條にも同文があり、つづけて、割注で「其後仁寿三年十一月十三日に至る。前件の日を改め十九日より二十一日迄の三箇日に行ず可きの由、之宣下せらる」とある。

『紀伊続風土記』高野山之部・巻一五（続真全三九・一五九五頁）の十二月朔日の條に、金堂仏名会として割注に当日より三日に至る三箇日之間としており、我が国における仏名会の濫觴は『類聚国史』前篇（国史大系・四六―四七頁）に承和十三年十月より五畿七道に勅して修せしめてより恒式となると記され、つづけて「按に当山仏名会の始行は詳かならず。延久四年の所役掟文の中には之を載せず。文永正応の両行事記には詳かに之を挙ぐ。然れども之を始行とは見えず」と、高野山における仏名会の始行は明らかではなく、延久四年（一〇七二）の掟文には見当たらず、文永正応の行事記にはあげられているが、これをもって始行とするかどうか決められないとしている。

水原堯栄『金剛峯寺年中行事』首帖に「金剛峯寺年中行事対照表」があり、文永六年（一二六九）、正応四年（一二九一）、慶安三年（一六五〇）、安永七年（一七七八）、享和二年（一八〇二）、現在（昭和八年・一九三三）の年中行事が各月毎に収載されている。

それによると、いずれも十二月で、文永六年は金堂仏名会で自一日至三日、正応四年は金堂仏名会で朔日、慶安三年は金堂仏名経として自朔日三箇日、安永七年は記録されていない、享和二年は金堂仏名会で「廿四、五、六日」、現在は記録されていない。

ところで、大師『続性霊集補闕鈔』巻一〇（弘和全一〇・一五七頁）の「故《もと》の贈僧正勤操《ごんぞう》大徳の影の讃《えい》」に、「倭

曲を調へてもって義成《ぎじょう》を沐浴し、或いは漢楽を奏して詞《し》は能仁《のうにん》に享す。三千仏の名《みな》を礼すること二十一年、八座の法華を講ずること三百余会」とある。義成とは siddhārtha の意訳の一切義成就で釈尊の幼名、能仁は Śākya-muni 釈迦牟尼の意訳であり、和楽を唱え釈尊の像に沐浴し、漢楽を奏し釈尊に供養なされたと書かれている。すなわち、影とは勤操大徳の肖像のことで、この像に対しての讃嘆文であり、勤操が文中の如き灌仏会や仏名会に参列し、過去・現在・未来の三千仏の御名を唱え礼拝すること二十一年にわたり、法華八講の出仕は三百余会にのぼったと述べられているのである。

この讃の日付が「天長五年四月十三日」と記されており、この年に「三千仏の名を礼すること二十一年」というのであるから、天長五年（八二八）から二十一年を逆算すると、大同二年（八〇七）となる。年数は厳密な意味での二十一年かどうか明らかではないが、少なくとも大きな誤差はないと思える。したがって、竹居のいう天長七年をもって仏名会の創始とすべきという説は、『続性霊集補闕鈔』から見る限りは成り立たないといえる。また、この二十一年は勤操大徳御自身の仏名会への出仕であり、仏名会の始修から二十一年とはいっていないので、もっとはるかにさかのぼる可能性もあるといえるのではなかろうか。

ただし、『続性霊集補闕鈔』三巻の中には、偽作と思える御文章もあるというのが定説である。『性霊集』は真済が大師の御文章を集成しもともと全十巻あったのであるが、八・九・十の三巻が散逸してしまっていた。それを仁和寺慈尊院の済暹が大師作と思える御文章を収集して、『続性霊集補闕鈔』三巻を加え十巻としたのである。

事実、平安時代には『十六巻仏名経』に基づき、一万三千仏の仏名を唱え礼拝していたといわれるのが定説である。霊瑞『仏名会法則』の跋文にも、上古は一万三千仏の仏名会が執行されていたと述べられ、つづけて三千仏名を唱えるようになったのは『三巻本』により延喜十八年（九一八）以降、主に鎌倉時代になってからといわれてい

る。つまり、断言はできないが、影の讃を執筆された天長五年前後に、三千仏名を唱える仏名会が執行されていたとは考えられないということである。

## 第二節　仏名会の経典と本尊

仏名会の典拠である『仏名経』には、『仏説仏名経』（大正蔵一四・十二巻本）、『仏説仏名経』（十六巻本）、『仏説仏名経』（大正蔵一四・三十巻本）、『過去荘厳劫《しょうごんごう》千仏名経』『現在賢劫《けんごう》千仏名経』『未来星宿劫《せいしゅくごう》千仏名経』（大正蔵一四・三巻本）があり、鎌倉時代になってからは『三巻本』が用いられるようになった。

なお、他に敦煌写経中に『十八巻仏名経』『二十巻仏名経』もあったようであり、『三十巻本』の原型が『十六巻本』、または『十八巻本』であるとの説もある。

承和年間には、『十六巻仏名経』に基づき、一万三千仏の画像を描き掛け、一万三千仏の仏名を唱え礼拝していた。しかし、延喜十八年（九一八）に玄鑑《げんかん》の上奏により、『三巻本』により、三千仏名を唱えるようになり、以来恒規となった。

『密教大辞典』によると、宮中の道場は内殿・清涼殿・綾綺殿・仁寿殿と一定していない。宮中における仏名会の本尊は、仁寿殿の御持仏聖観音であり、左右に一万三千仏の画像二鋪を掛け、廂には地獄変相の屏風をたつと、また承和十三年の太政官符によると、諸国の政庁においては一万三千仏の画像一鋪を掛け修すと記されている。

現近は、道場に三千仏の三幅の画像を掛け仏名会を修している。

## 第三節　仏名会の法会次第

**過去上経**

先、総礼伽陀
次、礼仏頌
次、如来唄
次、散華（中段・釈迦）
次、梵音
次、仏名
次、神分
次、後誓
次、勧請
次、揚題
次、仏名
次、読経
初七仏（蹲踞して一仏毎に起居一礼。諸衆も同）。
過去千仏（導師諸衆着座して唱う。百仏毎に伽陀を唱う。略儀には五百仏毎）。
次、伽陀
次、廻向伽陀

**現在中経**

次、別礼伽陀
次、三礼
次、読経
中七仏（蹲踞して一仏毎に起居一礼。諸衆も同）。
現在千仏（導師諸衆着座して唱う。百仏毎に伽陀を唱う。略儀には五百仏毎）。
次、伽陀
次、廻向伽陀

**未来下経**

次、別礼伽陀
次、御前頌

次、読経
後七仏（蹲踞して一仏毎に起居一礼。諸衆も同）。
未来千仏（導師諸衆着座して唱う。百仏毎に伽陀を唱う。略儀には五百仏毎）。
次、伽陀

次、廻向伽陀
次、六種廻向
次、錫杖
次、仏名
次、総廻向

霊瑞『仏名会法則』跋文に、法則に文明以来二様ありとしている。二様とは衆徒様と樹下様であり、享保版は樹下様、宝暦（霊瑞）版は衆徒様であり、右記の法則は衆徒様である。これに少異がある。すなわち、衆徒様は奠供がなく、三礼は中経で、御前頌は下経で唱える。樹下様は奠供があり、三礼は下経で、御前頌は中経で唱える。また、礼仏頌に関しては、霊瑞『密宗諸法会儀則』巻下（三七丁表）に、「顕立には必ず総と別との伽陀有り。故に今礼仏の頌を以て別礼の伽陀に換うる者なり」とある。

## 第四節　仏名会法則

仏名会法則は、中川善教『展観目録』に、左記の刊本四本が収録されている。

一は、『新版 仏名会法則』一帖折本・高室院蔵（165）で「元禄十六癸未歳八月日高野山経師藤田半兵衛」とあり、内題は「仏名導師作法」である。二は、『仏名会法則』一帖折本・普門院蔵（166）で「享保七壬寅年九月吉日於高野山経師久五郎開板」とある。三は、『蔵版 仏名会法則』一帖折本・安養院蔵（167）で「享保七龍集壬寅孟冬日為声明講結衆中之蔵板而擧法用且訂博士以梓行也敢不許重刊矣　寛照墨譜　應範染禿筆」とある。四は、『新刻五音

仏名会法則』一帖折本・釈迦文院蔵（168）で「高野山大楽院蔵版経師八左衛門」である。

『展観目録』以外には、霊瑞『仏名会法則』があり、宝暦十二年（一七六二）三月の発刊である。

## 第五節　仏名会の声明

仏名会の上経・中経・下経の法会次第により、声明のみ解説する。

なお、仏名会の声明の中、すでに解説されている声明は省略する。それらは左記であるので参照すべし。

○如来唄　本篇第四章第四節6
○散華（上段・下段）　本篇第一章第五節2・4
○散華（中段）　本篇第四章第四節7
○梵音　本篇第四章第四節8
○三礼　本篇第五章第四節2
○御前頌　本篇第四章第四節16

伽陀類については、本篇第三章第五節1「総礼伽陀」等を参照すべし。

### 1 総礼伽陀

上経導師は総礼伽陀の二、三句の頃に、香呂を取り一礼して登壇する。

上経

# 2 礼仏頌

『密宗諸法会儀則』巻下（三七丁表）の礼仏頌の題下に割注があり、「顕立には必ず総と別との伽陀有り。故に今ま礼仏の頌を以て別礼の伽陀に換うる者なり」とある。すなわち、仏名会には特に別礼伽陀はないが、礼仏頌をもって別礼伽陀にかえるというのである。

仏を礼拝する偈頌である。諸衆は一句毎に次第をとり唱える。

乞戒阿闍梨声明にも礼仏頌があり、文言は異なるが、曲節は殆ど同である。したがって、乞戒阿闍梨声明の礼仏頌の口訣を参照する。

葦原寂照『三箇秘韻聞記』（続真全三〇・三一六頁）には、「礼仏の頌は乞戒の中の最も骨目也。心を臍下に止め口中能く能く繕ひ何となく発音すべし」と述べられ、乞戒声明の中でも大切な声明であるので、清浄な心をこの臍に集中し、実際に発声する口等の器官をととのえることによって、有難く荘重な声明が唱えられると説かれているのである。

調子は、中曲黄鐘調で唱える。

岩二巻六四右一行

當

岩二巻六四右一行

願

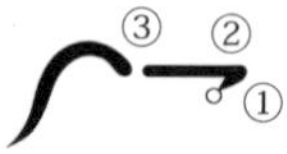


岩二巻六四右一行

生

『三箇秘韻聞記』（続真全三〇・三一六頁）に、「自然のソリ」とあるが、岩原のいう力のソリと思われる。すなわち、末になるほど強く太く唱える。

児玉雪玄『類聚の解説』（一五八頁）に、「打カケとあれども打付の如く短くカケ、一寸音を抑え、のち音を引廻す」と。すなわち、カカリ①を短くカケ、切音不切息して同音で角②を声を押さえて唱え、商③で仮名ムに移り、オシはソリ切リの如く声を引きまわす。

「眼」（同六四右二行）、「仏」（同六四右三行）も同じである。

葦原寂照『乞戒導師作法』は、「ユラヘヨ」と注されている。ユルガス如く、賓由の如くユル。

『岩原魚山集』は「宀ユ」と符号されており、賓由でユル。

**哀**　岩二巻六四左一行

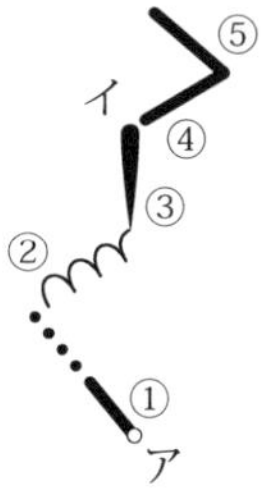


**愍**　岩二巻六四左一行

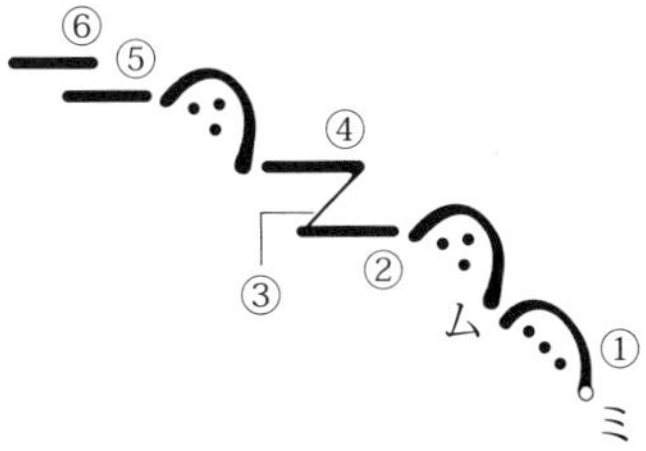


徴①を律のユリで唱え、イロモドリ②を高く、羽③を下げ、三重宮④を高く張り上げ、徴⑤を本下シで下げて唱える。

「哀」の最後の徴⑤と「愍」の初めの徴①のユリと同音で唱える。角②モドリ③角④は同音。角⑤角⑥も同音で唱える。

岩二巻六四左一行

我

岩二巻六五右二行

出　生

打付は横下シで唱える。

ただし、「奉仕尊」は打付の横下シで下げた音より下げ、「仕尊」を唱える。「見」（同六四左二行）、「身」（同六四左二行）、「奉」（同六五右一行）も同じである。

「出」と「生」の譜は開いているが、開譜合音で「哀」と同じ曲節に唱える。

## 3 如来唄・散華・梵音

如来唄・散華・梵音は、常楽会の如し。散華の中段は釈迦を唱える。

礼仏頌終わり、導師は起居礼三度して、なお香呂を持し法要の金二打する。

上経は如来唄・散華・梵音の法要があるが、中経は略法要で三礼、下経は略法要で御前頌を唱える。この法会次第は衆徒様であるが、樹下様は中経を御前頌で唱え、下経を三礼で唱える。

前掲の法会次第のほかに、上経（過去）・中経（現在）・下経（未来）を初日・中日・後日と三日間に分けて執り行う法則もあり、これは三日共に散華が唱えられ、中段替句が、初日は薬師、中日は釈迦、後日は阿弥陀とされている。

## 4 仏　名

仏名を唱え恭敬供養して哀愍摂受護持を祈る。

『類聚の解説』（一一二頁）には、「師口に曰く魚山の仏名に準知すべし。但し、五重博士は教化の如し」と述べられているが、仏名会の仏名は魚山と博士が異なり、むしろ教化の博士に近い。本篇第五章第四節3「仏名」4「教化」を参照すべし。

## 5 神分

『岩原魚山集』には、仏名よりただちに、表白なき故に次々の時の作法に移り、「令法久住利益人天の為に……」より神分を唱える次第となっている。

ただし、表白を唱える伝もあるが、享保版（樹下様）にも宝暦版（衆徒様）にも収載されていない。野口真戒『仏名会法則』には表白が収録されているが、博士は付されていない。神分は表白があるが、「令法久住利益人天の為に……」より唱えることになっている。

神分の唱え様は、他の法則と同じく、御影供の神分を規範とする。本篇第一章第五節19「神分」を参照すべし。

## 6 後　誓

ゴゼイともゴセイとも読むが、ゴゼイと読むのが師伝である。

『類聚の解説』（一一三頁）には、「後誓は後誓願の義にて、顕立て法要に於て別願たる発願、総願たる四弘誓願

に対して後誓と称す。仏名会にては上経導師神分の次に如意を取りて之を唱う。職衆は次第を取らず。師口に曰く大都前の仏名に同じと」と記されている。

岩二巻七〇左三行

聖

「聖」の博士は、羽・三重宮である。羽①を高く唱え、三重宮②をさらに高く張り上げ唱える。

「護」（同七一右二行）も同である。

岩二巻七一左三行

平　等

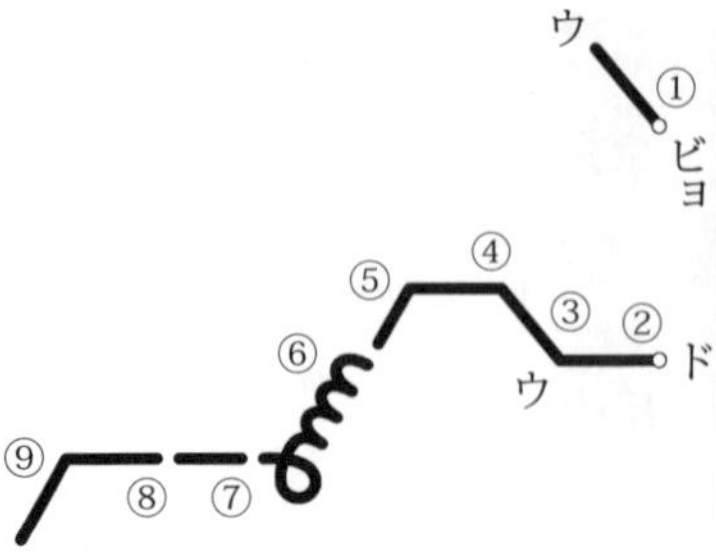


「平」の徴①と同音に「等」の角②を唱え、徴③を上げ角④を下げ、商⑤を横下シで下げる。同音に商⑥を初め少し引きイロ三ツとフル一ツ、なおフルは低い音から高い音へ裏声で返すように唱え下げる。角⑦を少し高く短く、切音不切息の後、同音で角⑧の後、商⑨に下げて唱え終わる。

## 7 勧　請

本尊諸衆を勧請する。仏名と大都同じ博士の故、仏名に準じて唱えるべし。

『密宗諸法会儀則』巻下（三七丁裏）に、「勧請呂を取り諸衆句毎に次第を取る」と記されている。

### 影　向

岩二巻六七左二行

『岩原魚山集』は、ヨウゴウではなく、ヨウギョウと仮名されている。漢音は「キョウ」、呉音は「コウ」であるので、正しくは「ヨウゴウ」と思われるが、師伝で「ヨウギョウ」か。

## 8 揚　題

経典の題名を唱え揚げることをいう。

『密宗諸法会儀則』巻下（三七丁裏）に、「呂を置き経を取り内題の処まで巻いて両手に持ち踞跪して題を揚ぐ。諸衆句毎に次第を取る。但し反音尚を経を持つ」と、経を両手に持し題を唱え、諸衆も次第をとるとある。

吉田寛如『詳解魚山集』五音譜篇下（二二二頁）の「揚題」の付記に、「ここの反音（変音）の意義は変音の法則による反音ではなく、第一行目と第三行目とを、また第二行目と第四行目とを変わった唱え方をすると解すべきである。即ち第一・第二行目の南の角━°を第三・第四行目の南は一音上げて発声すればよいのである。移調・転調に

よる反音とは異なるので注意を要する」と記されているが、『詳解魚山集』洋音譜篇の五線譜では、第一・第二行目の「南」の角と第三・第四行目の「南」の徴が同音となっている。

また、岩原諦信『声明教典』音譜篇も同音とされている。

第一・第二行目の「南」の角と第三・第四行目の「南」の徴が同音というのは、何を意味しているのか。岩原・吉田ともに、五音譜を見る限りは、博士が第一・第二行目の「南」の角と第三・第四行目の「南」の徴が同音ということは、音階は中曲で同であるが、調子が異なるということは間違いのないところである。でなければ、博士が一位の差があるにもかかわらず、同音で唱えるはずがないのである。

すると、「南」の角と徴が同音という点から、逆説的に考察すると、第一・第二行目は中曲黄鐘調であるので、第三・第四行目は必然的に中曲双調となる。

なお、黄鐘調と双調とは『声明類聚』付録に収録されている『音律開合名目』の隣次反に「黄鐘盤反順双反逆」とあり、黄鐘調は上位順の盤渉調と下位逆の双調に反音すると記されている。つまり、「揚題」の反音とは隣次反であり、一行目・二行目の黄鐘調を三行目・四行目は隣次反により双調に反音して唱えるということである。

図二巻七三右二行

## 説

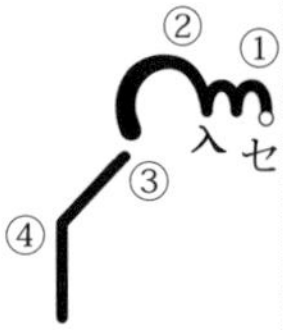


角イロ①二ツ、押下②商③宮④は神分の商宮の博士の如く唱える。押下②をスムーズに押す如く横下シで下げ、かつナマリで唱え、宮④をさらに下げてナマリで唱える。

[岩]二巻七三右二行

佛

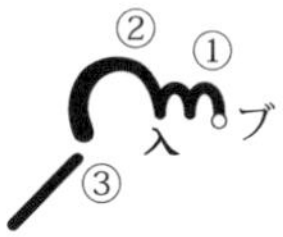


「説」の角イロ①押下②商③と同じ曲節で唱える。

## 9 仏　名

導師は、経を置き、如意を取り、独唱する。諸衆は次第を取らず。

## 10 読経　初七仏

『密宗諸法会儀則』巻下（三八丁表）に、「如意を置き経を取り蹉跪して先づ初の七仏を唱う。一仏ごとに起居礼すべし。諸衆も亦然なり。後々は導師並びに諸衆共に着座して仏名を唱う」と記され、初七仏は導師と諸衆が次第を取り起居礼するが、後は着座したまま仏名を唱える。

初七仏は揚題と同じ曲節で唱える。

## 11 伽陀

『密宗諸法会儀則』巻下（三八丁表）の「次伽陀」の割注に、「此に二様有り。本式は則ち百仏毎に一頌を唱う。若し略に就けば則ち五百仏毎に一頌を唱う合しなり」と、本義は百仏唱える毎に伽陀一頌を唱えるべきであるが、略儀には五百仏毎に伽陀一頌を唱えてもよいと記されている。

なお、奈良・河内の仏名会では、百仏毎に三仏宝号称礼と唱結懺悔を唱え、五百仏毎に唱結懺悔の金一打を聞き伽陀を唱える。

## 12 廻向伽陀

千仏が終わり廻向伽陀を唱える。曲節は土砂加持の如く唱える。

導師は、千仏の読経が終わり金一打、廻向伽陀の頭が終わり、下礼盤して本座にかえる。

## 中経

## 13 別礼伽陀・三礼

総礼伽陀に同じ。「我此道場……」を唱える。導師は、一礼して登壇。三礼を唱え起居礼する。

## 14 読経　中七仏

上経に同じ如く作法する。中七仏は導師と諸衆が次第を取り起居礼するが、後は着座したままで仏名を唱える。

## 15 伽陀・廻向伽陀

上経に同じ。

# 下経

## 16 別礼伽陀・御前頌

総礼伽陀に同じ。「我此道場……」を唱える。

導師は三礼して登壇し、呂を取り金二打。上﨟は中啓を持し平座にて御前頌の頭を発音する。導師は御前頌の間、香呂を持し、唱え終わり金一打する。

## 17 読経　後七仏

上経に同じ如く作法する。後七仏は導師と諸衆が次第を取り起居礼するが、後は着座したままで仏名を唱える。

## 18 伽陀・廻向伽陀

上経に同じ。

## 19 六種廻向

神分と同じ如く唱える。

# 20 錫杖

## 一、出典

出典について『寛保魚山集』には記載なく、『明治魚山集』、宮野宥智『声明類聚』には、「三條錫杖」の出典について「錫杖経文」とあり、第一條・第二條と第三條は第九條と流通文の趣意を取りし文でありそれらを三條錫杖というのである。

『九條錫杖経』の第一条の初めの四句は『大方広仏華厳経』（八十華厳経）巻一四・浄行品第一一（大正蔵一〇・七〇c）の文であるが、他は偽経とされ、諸説あるが明らかではない。

『声実抄』上（続真全三〇・九頁）に、「九條錫杖は華厳経説に依ると見たり。又云わく。華厳経を本処と為す。義考と云う人之を作す」と述べられている。『声明類聚』の頭注には、「此の錫杖は義考華厳経を取意して之を為す」、つづいて「或いは彌天の道安の作とも云う」とも記されているが、編者は不明である。

## 二、調子

調子は、天台『魚山六巻帖』（二三丁右）には律曲盤渉調とも平調とも記されている。また、初学用の中山玄雄『魚山声明全集』（三二丁）には、「略用四ケ條」として律曲盤渉調と指示されている。

岩原諦信『声明教典』（二〇三―二〇四頁）には、進流中曲と一致するようであるが、ユリが南山流とは異なるユリがあるから、顕家所用のものを転用されたのかもしれないと疑問を呈し、音階調子については決定は下していない。

しかし、曲節から三点のみ考証する。一は、「当願」の「願」はカカリ、角を引き、礼仏頌（中曲黄鐘調）と同じオシがある。二は、「衆生」の「生」三ユは伽陀（中曲黄鐘調）のユリと同じ如き曲節である。三は、講式（中曲黄鐘調）と同じ低音から高音に揚げて唱えるユリがある。以上の三点より、音階はきわめて中曲に近いといえるのではなかろうか。

また、調子は、『声明教典』音譜篇により、五線譜で逆に推考すると、五音の各音は盤渉調に完全に合致する。

これらのことから、「九條錫杖」の調子音階は、中曲盤渉調とするのが妥当と思われる。

## 三、概説

『声明類聚』の「九條錫杖」は二十一年目毎の奥院御廟の屋根の葺き替えの落慶法会に、あるいは三月二十一日の奥院通夜行道で用いられるところの錫杖である。また、「九條錫杖」は『九條錫杖経』の経文に少し略しているが、法会では『九條錫杖経』の全文に博士を付し唱える。

仏名会に用いられる「九條錫杖」は、奥院通夜行道での「錫杖」とは異なる。いわゆる切声（音）錫杖と呼ばれる。『声実抄』（続真全三〇・九頁）に、「切声九條錫杖は小原に之を用いる」とある。小原とは大原のことで、天台の声明の意である。

慈鏡『声決書』（続真全三〇・二六〇頁）に、天台の円珠房喜淵と金剛三昧院の空忍が大原声明と密流声明を互いに伝授するとあり、空忍は天台の魚山目録を相伝されたとあるが、切声錫杖については具体的に記されていない。

『類聚の解説』（一一五頁）には、「もと天台の声明なり。仏名会にはこの錫杖を用う。按ずるに天台の大原来迎院円珠房喜淵、高野山に登りて金剛三昧院の空忍に天台の声明を伝え、爾来野山行人方は金剛三昧院を本所として

大原流の声明を用いたりという。蓋し現時用うる仏名会の錫杖はその遺跡なるべし」と、『声実抄』『声決書』等によったのであろうか、仏名会の錫杖は大原流の声明と主張されている。

現在、天台宗で用いられている声明集である『魚山六巻帖』（二三丁右）の「九條錫杖」の頭注に、「調子＝現行は盤渉調。長音九條錫杖という曲があるので、この曲を切音錫杖という。声明懺法など法華懺法で切音で九條錫杖を唱えるのを早錫杖という」と、錫杖に長音九條錫杖と早錫杖があると説かれている。

真言宗の切音錫杖は、右記の如く、『魚山六巻帖』の長音九條錫杖によると思われる。

そこで、『魚山六巻帖』の「九條錫杖」と『岩原魚山集』の頭「手執錫杖」のみを対比すると左記である。

**『魚山六巻帖』の「九條錫杖」**

文字の左右・上下によって五音博士が異なってくるが、「手」は商、「執」は宮、「錫」・「杖」も宮である。

**『岩原魚山集』の「九條錫杖」**

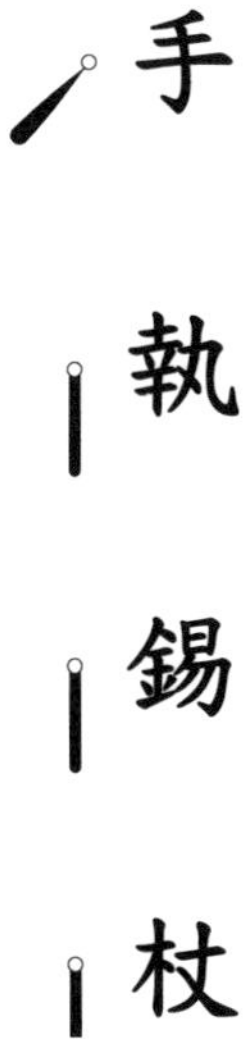


進流の博士であるので、「手」は商、「執」・「錫」・「杖」は宮である。

右記の如く、博士の表記は異なるが、天台『魚山六巻帖』と進流魚山集の「九條錫杖」は頭のみであるが、五音

は完全に一致する。もちろん、二流の「九條錫杖」の全博士はすべてが同ではなく異なる五音も多くあるが、ほぼ対応している。このことからも、『声実抄』に切声九條錫杖は大原の用と伝う伝承には、二流の五音博士を見る限りは、信憑性があるといえるのではなかろうか。

長谷寺十一世・亮汰『九條錫杖鈔』によると、九條は左記である。

第一條は「平等施会」で、十界に平等に施しをするをもって三宝を供養する。第二條は「信発願」で、清浄な心をもって三宝に供養する。第三條は「六道智識」で、六道の衆生を教化するをもって三宝に供養する。第四條は「三諦修習」で、真諦・俗諦・一乗の三諦を修習するをもって三宝に供養する。第五條は「六度化生」で、六波羅蜜の行をもって衆生を教化する。第六條は「捨悪修善」で、錫杖の音の功徳により悪を捨て善を修する。第七條は「邪類遠離」で、悪魔・外道・邪鬼・毒獣・毒龍・毒虫等も錫杖の音を聞くと毒害を失い、菩提心を起こし速やかに悟りを成就することができる。第八條は「三悪道消滅」で、三悪道で苦しんでいる衆生も錫杖の音を聞くと速やかに悟りを成就することができる。第九條は「廻向発願」で、過去・現在・未来の三世の諸仏も錫杖を執持する功徳により成仏されたのである。「流通文」は錫杖を執持し三宝を供養する。願わくは過去・現在・未来の三世の諸仏を恭敬供養す、御加護をたれたまえと祈る。

結局、仏名会で「九條錫杖」が用いられるのは、錫杖を執持し三宝に供養するという文言と、『九條錫杖経』の「第九條」と「流通文」に表現こそ異なるものの、過去・現在・未来の三千仏を恭敬供養するという文意にあるといえる。

圕二巻八六右二行

**當**

圕二巻八六右二行

**願**

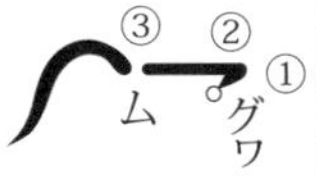


圕二巻八六右二行

**生**

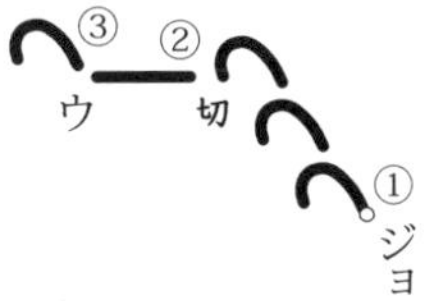


乞戒声明の礼仏頌の「當」と同であり、『三箇秘韻聞記』（続真全三〇・三一六頁）に、「自然のソリ」とあるが、岩原のいう力のソリと思われる。すなわち、末になるほど強く太く唱える。

乞戒声明の礼仏頌の「願」と同であり、『類聚の解説』（一五八頁）に、「打カケとあれども打付の如く短くカケ、一寸音を抑え、のち音を引廻す」と。すなわち、礼仏頌のオシと同じく①を短くカカリ、切音不切息して同音で角②を声を押さえて唱え、商③で仮名ムに移り、ソリ切りの如く声を引きまわす。

『類聚の解説』（一一五頁）に、「衆生　惣じてユリ・ユリ合は伽陀のユリに同也。但し伽陀よりは少し軽ろがろと云う也。又終りの徴のトメも三ツ目のユリの如くなげたるようにする也。以下皆同也」とある。

伽陀のユリは声を引き下げツク、そのユリを二ツ唱え、三ツ目は急々に速く唱える。しかし、ここのユリは声を少し引き、声を太く打ち付ける如く下げて軽々と唱える、この徴のユリを三ツ①、ただし三ツ目は少し短く唱える。次に、角②を下げ、徴③を徴①の三ツ目のユリと同で唱える。

岩二巻八六左一行

**設**

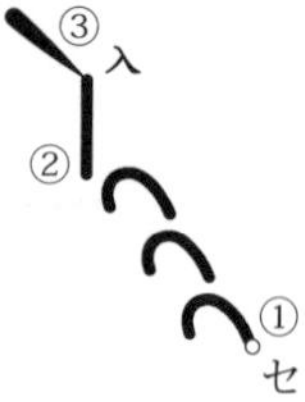


徴①の三ユは「生」のユリと同である。次に、『類聚の解説』（一一五頁）に「羽短く突出す如く云う也」と、三ユ①の後に、急に声を突き出すように羽②を高く、次に入の後徴③を下げて唱える。

岩二巻八六左一行

**如**

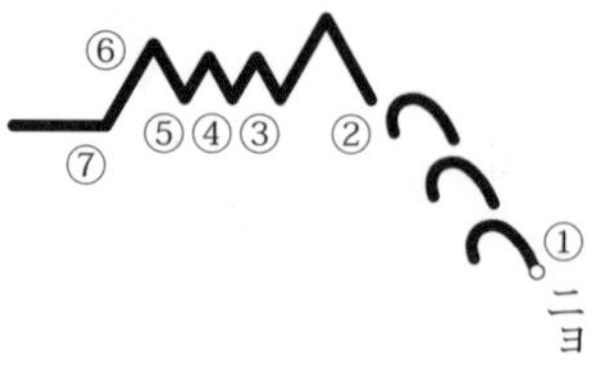


三ユ①は右記と同である。

②のユリは低い音からきわめて声を高く引き上げ、元の音に下げる。③のユリは②のユリの低い音から声を引き上げ、また元の音に下げる。③のユリの頂点は②のユリよりも低い。④のユリは③と同。⑤のユリは頂点が②と③④のユリの中間のユリを唱え、商⑥を本下シで下げ、角⑦を上げて唱える。

罟二巻九〇左二行

## 大慈大悲

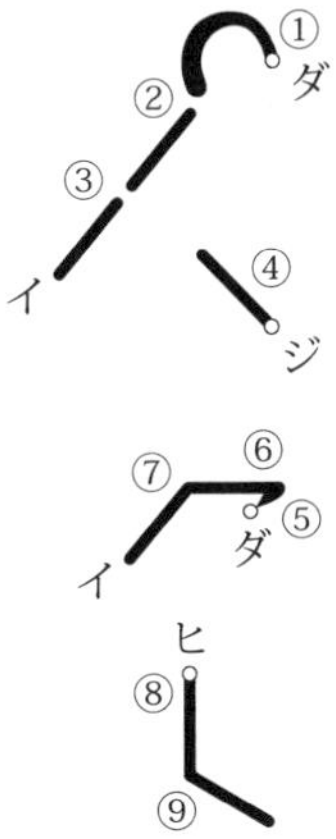


押下①で「ダァー」とスムーズに押すように下げ、下がった音より一音半下げて商②を「ア」と唱え、商③を「アイ」と押下①の初音まで高く上げ、徴④を一音高く唱え、カカリ⑤を徴④より一音下げて商③と同音で短く唱え、角⑥をカカリ⑤と同音、商⑦を横下シで一音下げ、宮⑧を一音半下げて唱え、さらに初重羽⑨を本下シで二音半下げて唱える。

罟二巻九四右二行

## 持

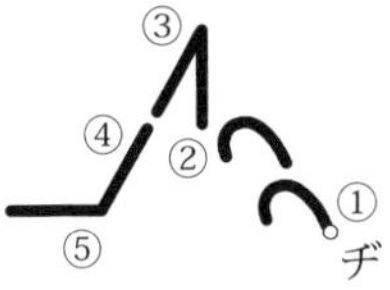


二ユ①は三ユと同である。②を高く上げ、③は横下シ、④さらに下げ、⑤を上げて唱える。

[岩]二巻九四右三行

## 已成仏

[岩]二巻九四左一行

## 現成仏

[岩]二巻九四左三行

## 當成仏

天台『魚山六巻帖』頭注（二九丁右）には、「現成仏の仏と、当成仏の成仏は発音せずというロイがあり博士がついていない」とある。また、『魚山六巻帖』頭注（三十丁右）には「現成仏は成仏の過程にある進行形である故に、当成仏は未来諸仏が成仏せざれば我成仏せずの菩薩の精神により、まだ成仏していない故にということである」と、博士が付されていない理由が述べられている。しかし、『岩原魚山集』では、現成仏の「仏」だけではなく、已成仏の「仏」も博士が付されておらず唱えないことになっている。

## 21 仏名

如意を取り、上の仏名と同じ如く唱える。

## 22 廻向

金一打。「廻向大菩提」を唱える。

# 23 総廻向伽陀

「願以此功徳……」の伽陀を唱える。

# 第十章　奥院通夜行道

## 第一節　奥院通夜行道について

### 第一項　奥院通夜行道とは

奥院通夜行道とは、弘法大師のご入定の三月二十一日に、奥院において、夜を通して厳修せられる法会である。

通夜とは、概して正当日の前日の勤行と考えるのが普通であるが、この奥院通夜行道は、二十一日の初夜・中夜・後夜と夜を通して行道をはさみ、大師に法楽をささげるのをいう。

しかし、その中、晨朝・後夜の勤行であるが、晨朝は中夜の勤行が終わってすぐであるから厳密にいえば夜であり晨朝ではなく、後夜は二十一日ではなく二十二日の後夜となる。

ちなみに、六時とは、晨朝・日中・日没・初夜・中夜・後夜であり、晨朝は午前六時より午前十時、日中は午前十時より午後二時、日没は午後二時より午後六時、初夜は午後六時より午後十時、中夜は午後十時より午前二時、後夜は午前二時より午前六時である。

なお、近年、奥院通夜行道は毎年行じられてはおらず、弘法大師御遠忌等の大法会に執行されている。

## 第二項　奥院通夜行道の歴史

『奥院興廃記』（大日仏全一二〇・一〇八頁）に、「堀河院御宇。寛治五年辛未三月廿一日奥院通夜始レ之云云。或説ニ云。寛治五年者。猶ヲ前三間二面ノ拝殿。白河院御宇之時。二月二十日。御通夜計リ也。於二寺僧ノ通夜一ニ者。承徳元年丁丑三月十九日。癸酉新御殿供養之後。同廿一日。奥院通夜始レ斯。是則中院ノ明算ノ検校阿闍梨。執務之間事也云云」と記されている。少し煩雑であるが、寛治五年（一〇九一）は堀河天皇の御宇であり、前の三間二面の奥院拝殿において、三月二十一日に通夜が始められたとある。ある説にはとして、白河院の時代には、二月二十日に、前の奥院拝殿において通夜が厳修されたとある。

また、白河院御宇之時・二月二十日・寺僧ノ通夜と不可解であるが、『紀伊続風土記』高野山之部・巻三（続真全三六・三二六頁）の三月二十一日通夜の條に、「白河上皇御通夜の事あり。高野雑日記無量壽院文庫所蔵に。寛治五年辛未二月十七日太上皇又御参詣（中略）廿日戌時供養（中略）御通夜礼懺頭維昭入寺後夜理趣調声明範入寺御纏頭小袖一領給之とあり。法皇の御通夜御座しけるに感激して。寺僧も茲年より厳重の通夜を始行すと見ゆ。奥院興廃記に。寛治五年辛未三月廿一日奥院通夜始之といふ」とある。白河院御宇之時とは、寛治五年は堀河帝の御宇であるので、おそらくは白河院が上皇の時代にということであると思われる。その白河院が寛治五年二月十七日に御登山され、廿日に御通夜に御参列。寺僧は、法皇の御通夜に御座されたのに感激して、この年から御通夜を始行されるようになったということであろうか。

『高野春秋』巻五（大日仏全一三一・八〇頁）の寛治五年の條には、「二月十九日。白河太上皇再御二幸山一。（中略）

上皇御通夜。下二賜此請僧各々于装束料一」と、白河上皇が高野山に御幸《ごこう》（上皇の外出）なされ、御通夜に列席なされたと記されている。

『紀伊続風土記』（同）には、白河上皇が二月十七日（『高野春秋』の二月十九日と異なる）御参詣、寺僧は二十日に御通夜に御座しけるに感激して、この年より厳重なる通夜を始行すと述べられている。したがって、奥院通夜は、月日は別として寛治五年に始行されたと考えて間違いはないと思われる。承徳元年（一〇九七）三月十九日の新御殿とは、奥院拝殿のことである。

『奥院興廃記』（大日仏全一二〇・一〇四頁）に、「堀河天皇ノ御宇。寛治七年。癸酉改テ二三間二面之拝殿ヲ一。作ル二七間四面之拝殿ニ一云云。但シ七間四面頗ル謬説歟。今見ニ五間四面也」と、寛治五年の拝殿は三間二面であり、寛治七年に七間四面に建て替えられたとある。しかし、七間四面は誤謬で五間四面であり、他の條では拝殿建築終了より五か年を経て供養が終わると述べられている。すなわち、寛治七年（一〇九三）拝殿が完成、それより五か年を経てということなので、概算（その年も参入し）で承徳元年（一〇九七）に落慶供養となり、ぴたりと一致する。

『高野春秋』巻五（大日仏全一三一・八二頁）の承徳元年三月十九日の條には、「奥院拝殿落慶。検校執行明算為唱導師。職衆三十口。上人衆皆参。右経創造始終五个年今夜通夜行道法事勤レ之。以為二永世之後格一矣。法式如二白河上皇御通夜法事格一也。」とあり、三月十九日に検校執行明算が導師、職衆が三十口で、奥院新拝殿の落慶供養法会が執行され、日時は記されていないが、この白河上皇御通夜の法事を規格として、通夜の法事が勤められ、これが後世の後格となったと記されている。しかし、『紀伊続風土記』（同）では割注に「承徳元年丁丑三月十九日癸酉に新御殿供養の後、同二十一日奥院通夜之を始む」とあり、承徳元年三月二十一日に奥院通夜（行道）が始められると、はっきりと延べられている。

なお、水原堯栄『金剛峯寺年中行事』首帖に、「金剛峯寺年中行事対照表」があり、文永六年（一二六九）、正応

四年（一二九一）、慶安三年（一六五〇）、安永七年（一七七八）、享和二年（一八〇二）、現在の年中行事が各月毎に収載されている。それによると、文永六年・正応四年・慶安三年は三月二十一日、安永七年は三月二十三日・二十四日、享和二年・現在は奥院通夜行道が行われていない。したがって、高野山では江戸後期より奥院通夜行道が断絶していたということになる。

## 第二節　奥院通夜行道の法会次第

**小例時作法**　旧三月二十一日午後二時より

先、金剛界礼懺

次、尊勝陀羅尼三反

次、讃

次、廻向

**初夜**

先、唱礼（五悔）

次、前讃（四智梵語・心略梵語・金剛薩埵）

次、理趣経（中曲）

次、後讃（四智漢語・心略漢語・四波羅蜜）

次、至心廻向

**中夜**

先、唱礼（九方便）

次、前讃（吉慶漢語第一・吉慶漢語第二・吉慶漢語第三）

次、理趣経（中曲）

次、後讃（吉慶漢語第四・吉慶漢語第五・吉慶梵語第一）

次、至心廻向

**晨朝**

先、尊勝陀羅尼二十一反　行道あり

次、讃

次、晨朝作法　職衆は九條錫杖

次、仏名

**後夜**

先、唱礼（五悔）

次、前讃（吉慶梵語第二・吉慶梵語第三・吉慶漢語第一）

次、理趣経（中曲）

次、後讃（四智漢語・心略漢語・仏讃）

次、至心廻向

## 第三節　奥院通夜行道法則

奥院通夜行道法則は、中川善教『展観目録』に刊本一本が収録されている。『奥院通夜行道法則』一帖折本・遍照光院蔵(185)であり、「文化十二乙亥年三月〇日に南山東南院前左学頭寛光」とある。

近年は、中川善教『奥院通夜行道法則』が、跋文には、昭和三十九年林鐘穀旦に、右記の寛光本を底本に、諸本を参勘して編纂すとして、出版されている。

## 第四節　奥院通夜行道の声明

奥院通夜行道の初夜・中夜・晨朝・後夜の法会次第により、声明のみ解説する。

なお、奥院通夜行道の声明の中、すでに解説されている声明は省略する。それらは左記であるので参照すべし。

〇五悔　本篇第一章第五節6

〇四智梵語　本篇第一章第五節7

〇心略梵語　本篇第一章第五節9

○東方讃　本篇第二章第五節[2]
○理趣経　本篇第一章第五節[12]
○四智漢語　本篇第一章第五節[13]
○心略漢語　本篇第一章第五節[14]
○四波羅蜜　本篇第二章第五節[6]
○九方便　本篇第三章第五節[2]
○吉慶漢語第一〜五段　本篇第二章第五節[3]
○吉慶梵語第一〜三段　本篇第二章第五節[4]
○仏讃　本篇第一章第五節[15]

# [1] 九條錫杖

## 一、出　典

出典については本篇第九章第五節[20]「錫杖」を参照すべし。

## 二、調　子

『寛保魚山集』では、「三條錫杖」は「三條盤渉唯律曲文梵音可順音」と梵音に準じた調子で盤渉調唯律曲でとあり、「九條錫杖」は「九條平調唯律曲文」とあり、つづいて注記として、「初三條博士如三條仮令調子平盤相替也。

依之譲彼略之也。九條錫杖平調不出者深恥辱也」と記されている。

まず、この注記の「初三條博士如三條」は、初めの三條（混乱するので以下、條を段とする）は「三條錫杖」の如く唱えよとの意と思われるが不可解である。宮野宥智『声明類聚』に収録されている「九條錫杖」は、第一段・第二段は「三條錫杖」の博士をそのままに用いるが、「三條錫杖」の第三段は第九段と流通文の趣意を取りし文の故に用いず、「三條錫杖」の経文とは異なる『九條錫杖経』の第三段を、「九條錫杖」の第三段として用いているのである。

ところが、『私案記』（続真全三〇・九七頁）には、「初の三段は三條の如し。第四段の当願衆生等」としている。すなわち、第一・第二段のみ「三條錫杖」を用いるのであれば、「第三段の当願衆生等」とすべきであるが、第三段といわずに、第四段の当願衆生として唱え様を解説している。このことは、『私案記』が編纂された時代の「九條錫杖」は『寛保魚山集』の注記の如く、初めの三段は「三條錫杖」のままに、第四段より第九段までは『九條錫杖経』の経文のままに用いたのであろうと思われる。

次に、「九條錫杖」の第一段・第二段は「三條錫杖」の第一段・第二段を用いるのであるから、「三條錫杖」と「九條錫杖」は同調子と考えるのが妥当であるが、実際には「三條錫杖」は盤渉調律曲、「九條錫杖」は平調律曲と異なる。歴代の「魚山集」には「九條錫杖」を平調律曲に唱えることができなければ深き恥辱なりとあり、古くは平調律曲で高音で唱えられていたのであろうと思われる。しかし、盤渉調律曲と平調律曲には二音半の高低差がある。さらには全曲にわたり高き博士で点譜されているので、かなり大変な高さの唱え様となるといえよう。

この「三條錫杖」と「九條錫杖」の調子の相関関係については殆どの口訣・解説書は論述しておらず、唯一、吉田寛如『詳解魚山集』解説篇（二〇九頁）だけは次の如く、「当願衆生の当の譜、は、二重の羽、三重の宮に発

声すればよいのであって、三條錫杖・九條錫杖を一貫して唯律盤渉調として唱えるのが一層音楽的と考える。よって隆然大徳の『声明集略頌』中の、三條盤渉唯律曲・九條平調唯律曲は上述の理由により、二句を一句に合一して、三條九條唯律盤とすべきである」と述べられている。すなわち、「九條錫杖」の「当」の譜を盤渉調律曲で二重の羽、三重の宮に発声すればよいというのであるから、全曲にわたって、「三條錫杖」と同じ盤渉調律曲で唱えよとの意であると思われる。事実、岩原諦信『声明教典』音譜篇の「九條錫杖」も、博士と五線譜を対照する限りは、盤渉調律曲の高さの譜で五線譜化されており、『詳解魚山集』の説が実証されている。したがって、近年は、「九條錫杖」も「三條錫杖」と同調子の盤渉調唯律曲で唱えられていると考えるべきである。

## 三、概　説

この「九條錫杖」は二十一年目毎の奥院御廟の屋根の葺き替えの落慶法会に、あるいは現在絶えているが（近年は御遠忌等の大法会に奥院通夜行道・金堂舎利会等の絶えていた法会が厳修されている）、三月二十一日の奥院通夜行道で用いられたところのまれに用いられる錫杖である。廉峯『声明聞書』（続真全三〇・二二三頁）に「初心者に左右無く教えず」とあり、また『魚山精義』（二二丁左）に、「九條錫杖は高野山御廟二十一年毎に一度づつ葺替あり。その時九條を用ふる也。之に依って習わずと雖も苦しからず。但し一反は聞くべし。（中略）九條は三條より博士を早く云ふ云云。又古来の書入に云ふ。九條錫杖は随分の秘曲也。古徳秘して失する事あり。然れども或人再興して当世に絶たず。元と初心には左右なく教えず云云」とある。すなわち、九條は絶えていたのであるが或人が再興した声明で、初心者にはむやみに伝授すべからざる奥深い曲であり、習わなくても一度は聞くべき声明であると伝えられている。

「魚山集」編纂以前の『声実抄』には、「三條錫杖」は「錫杖」、「九條錫杖」は「九條錫杖」の曲名、『私案記』には「三條錫杖」は「三條錫杖」、「九條錫杖」は「九條錫杖」の曲名、歴代の「魚山集」では『声実抄』と同じく「三條錫杖」は「錫杖」、「九條錫杖」は「九條錫杖」の曲名が用いられている。
『声明類聚』の「九條錫杖」は『九條錫杖経』の経文に全同ではなく、同文同博士はすべて略されているので、『声明類聚』そのままに唱えるのではなく『岩原魚山集』等の声明集を用いて唱えるべきである。

岩一巻九三左一行

**當**

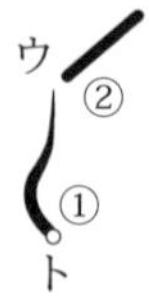


羽①は声のソリでソリ上げ、そのソリ上げた高い音と同音に三重宮②を唱える。『寛保魚山集』に、「羽ノ末喉へ引ヤウニスベシ深ハソルベカラズ」と注記されている。したがって、常の声のソリよりも、少し低くソリ上げて唱える。

岩一巻九三左一行

**願**

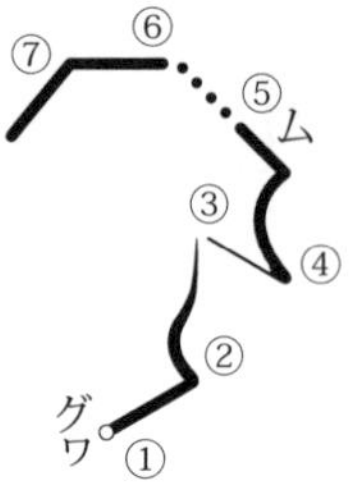


前の「當」の三重宮②と同音に、三重宮①を出し、羽②を声のソリでソリ上げ、そのソリ上げた高い音と同音にモドリ③、声を下げ羽④を声のソリで唱え、次に本下シで下げて徴⑤を律のユリ、同音に角⑥、本下シで商⑦を唱える。

**衆**

岩一巻九三左一行

「当」と同で唱える。

**生**

岩一巻九三左一行

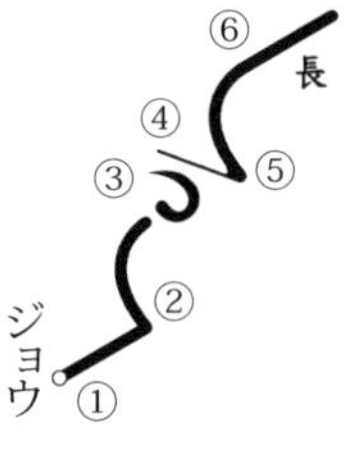


前の「衆」の三重宮②と同音に、三重宮①を出し、羽②を声のソリでソリ上げ、そのソリ上げた高い音で吹③を唱える。吹は強く太く力のソリの如く、かつ声をため、次にソリ切りを短くした如く、引かずに吹き切るように唱える。モドリ④は吹の最後の音と同音、羽⑤は声のソリでソリ上げ、そのソリ上げた高い音と同音に三重宮⑥を唱える。

**天**

岩一巻九三左一行

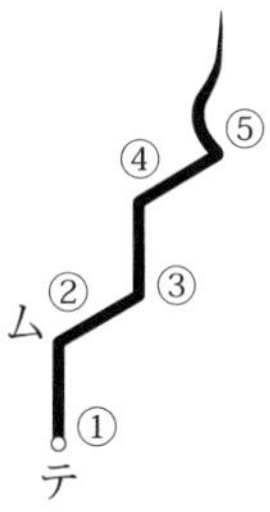


羽①はそらずに直で唱え、三重宮②は高く、羽③は低く下げ、三重宮④は三重宮②と同音に高く、羽⑤は低きより声のソリでソリ上げて唱える。

[岩]一巻九三左一行

**人**

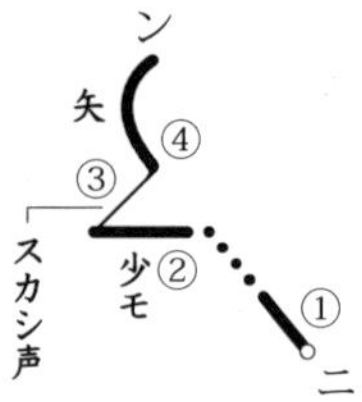


徴①と角②を常の如く唱え、モドリ③をスカシ声（音）で唱える。殆どの声明集は、徴③をスカスとしているが、正しくはスカシ声。

スカスとは、庭讃の如く正しい発声法で、頭部に響かせて出るきわめて高い声である。スカシ声とは、声帯の薄い部分である仮声帯を振動させて出る声で、下腹に力を入れず、深い呼吸をせず、喉をせばめ、胸・喉に力を入れて声を出すので、高く鼻にかかった頼りないフワッとした声。声をひっくり返したような裏声をいい、スカシ声の直前の角②を力のソリの如く強く太く、モドリのスカシ声③は実際には息を吐きながら唱えるが、イメージとしては吸う如く唱える。羽④は『岩原魚山集』『寛保魚山集』は少ソの符号があるが、『声明類聚』は無し。実唱より考察すると、スカシ声の後、音を下げて羽④を末音のみ少しだけ上げて唱える。

[岩]一巻九四右二行

**菩**

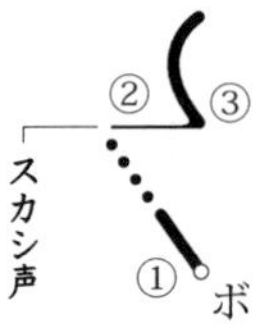


徴①の後、モドリ②をスカシ声で唱え、羽を音を下げて羽③を末音のみ少しだけ上げて唱える。

岩一巻九四右四行

**大**

岩一巻九四右四行

**悲一切**

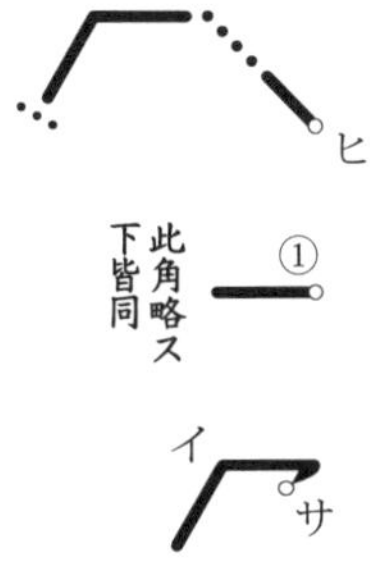


岩一巻九四左四行

**佛寶法寶**

岩一巻九五右一行

**僧寶一體三寶**

角は宮角同音以外の博士は商のキキで下げて唱える。

『岩原魚山集』に、「此角略ス下皆同」とある。これは、角①は唱えず、「ヒ・サイ」と唱え、「一」を略するをいうのである。『声明類聚』の注記には、「ヒットツメレバ、イットナル故ニ一ノ角ヲ略ス以下同」とある。この意は、「悲一切」は正しくは、「ヒイッ・イッ・サイ」であるが、「悲」の「イッ」と「一」の「イッ」が重複しているため、「一」の「イッ」を「悲」の「イッ」に合わせて唱えるために、「一」を略するのである。

読み様は「ブッポウ　ホッポウ」と、「宝」は半濁音に読む。

読み様は「ソウホウ　イタイ　サンボウ」と、「僧宝」は清音に、「一」は半音で「イ」、「三宝」は濁音で読む。なお、「一体」は博士は角であるが、「商ノキキ」で下げて唱える。

岩一巻九六左二行

## 錫杖聲

葦原寂照『要覧』（一五丁左）は、「杖の譜は宮にして声は徴なり、然らば宮より徴に至るに四位を隔つれば動もすれば声の徴正当の音調を失し、調子外れの音声を出すものなり。之に由って正当の声を失せざるために、殊更に此注を設くるなり。スカシ声とは俚言に大切という意なり。次下の鬼神畜生等皆な此意なり」と記されている。

なお、『要覧』のスカシ声について「大切という意なり」とあり、スカシ声は徴を正しく唱えんがために注意して声を大事に丁寧に唱えよとの意で、宮より徴に急に声が飛ぶために、その調子をはずさずに徴を出すためにスカシ声で唱える。また、スカシ声は本当は息を吐きながら発声するが、イメージとしては吸う如く唱える。詳しくは第一篇第五章第三節第二項「声明の発声法」を参照すべし。

実唱は、初め徴①を口内アタリ、次に仮声帯で徴②を息を吸う如くかすかに声を細め、かつマワシソリ上げ、つづいて律のユリを唱える。

岩一巻九六左四行四字目

## 信

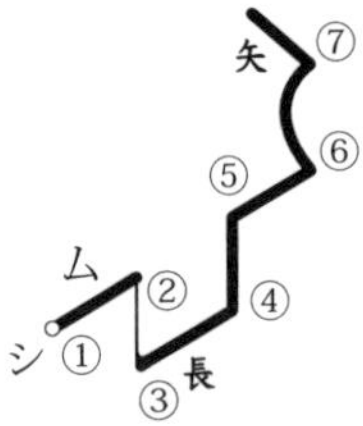


三重宮①を唱え、モドリ②を高く、三重宮③を三重宮①と同音、羽④を下げ、三重宮⑤を上げ、羽⑥を声のソリでソリ上げ、次に本下シで下げて徴⑦を唱える。

岩一巻九七右三行

者　懾

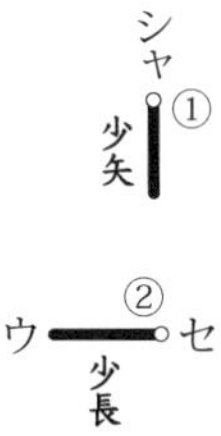


宮①と角②を同音に唱える。

律曲の声明は五音の高下を厳正にして唱えるべきであるのに、宮と角とは商の一位を隔てているのに、同音に唱える理由は如何との疑問がある。これに対する答えが『要覧』（一六丁右）に述べられているので、要点のみ記す。

すなわち、五音には甲乙がある。宮甲徴乙商甲羽乙であり、角のみ乙音がない。ここに宮の大慈悲をもって角を乙とする。これによって宮角同音にする。諸声明の中、宮角同音を秘事とすると述べられている。

しかし、普通、五音の甲乙とは、順八逆六の関係であり、高さが異なる。また和音の関係でもあり、和音とは高さの異なる音が同時に響く音であり、決してそれが同音とはされていない。

さらに、律曲の諸声明の中で、宮と徴、商と羽、宮と角と、同音で唱えるという関係は数多くはないし、それを五音の甲乙の関係と説かれているのを、筆者は寡聞にして知らない。

児玉雪玄『類聚の解説』（一三五頁）に、宮角を同音に唱えるについては『要覧』に詳説ありとしているが、宮角同音は口伝によるとしている。

筆者は、宮角を同音に唱えるのは五音甲乙の関係によるというよりも、口伝によるとする説の方が妥当であると思われる。

罟一巻九八右一行

## 心

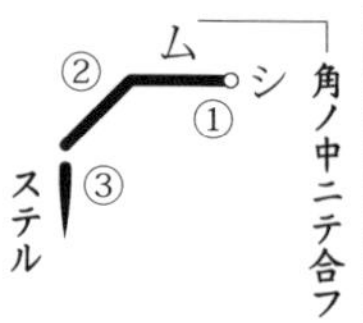


角①の中でムを唱え、商②を横下シ、宮③を力をぬきステルで唱える。

罟一巻九八右四行

## 地獄餓鬼畜生

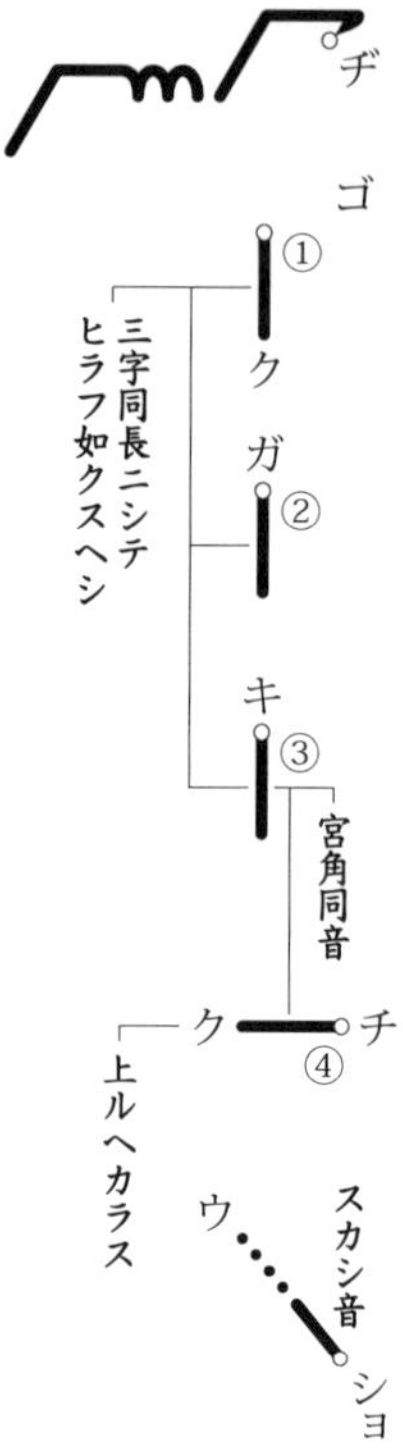


「獄餓鬼畜」は、上の三字の宮①②③は同長でヒロウ如く唱え、角④は宮角同音で上げずに唱える。右記の「者・懾」と同である。

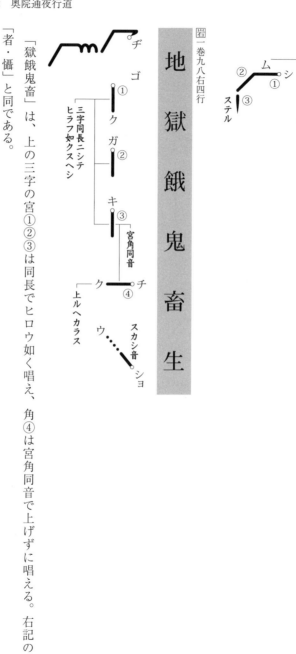

罟一巻九九右二行

**過**

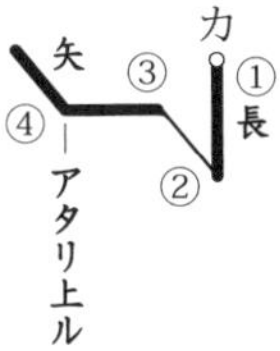


宮①を下げ、モドリ②を上げ、角③を下げ、口内アタリをして徴④を唱える。もう一伝は、角③をモドリ②と同音。

罟一巻九九右二行

**已成佛**

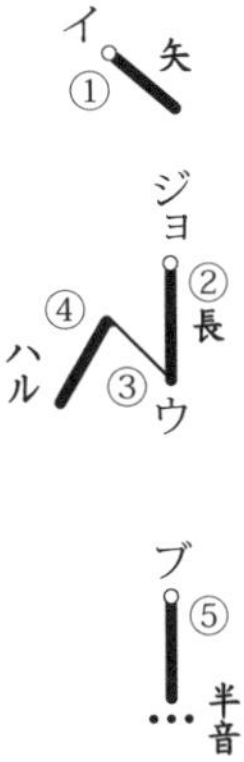


初重羽①を「錫杖」の最後の初重羽と同音、宮②を上げ、モドリ③をさらに高く、商④をハルで下げ、宮⑤をさらに下げて唱える。

「現成仏」「当成仏」も同じ曲節で唱える。

## ② 仏名

常楽会の三條錫杖の次に唱える仏名は「ン南無」の後に八言二句であるが、奥院通夜行道の九條錫杖の仏名は「ン」を除き「南無」と唱え、八言二句を唱える。頭助次第をとる。

# 第十一章　金堂舎利会

## 第一節　金堂舎利会について

### 第一項　舎利会とは

舎利会とは、舎利講・舎利讃嘆会ともいわれ、仏舎利を供養讃嘆する法会である。

『声明辞典』の新井弘順「舎利講式」の項を要約すると、釈尊入滅後、仏舎利は八分骨され、アショーカ王はさらに八万四千塔を建立し分骨供養した。そして、中国・日本への仏教の弘通には仏舎利の神変等が大きな力となった。特に、日本においては、鑑真・空海・円行・円仁の仏舎利の請来により、舎利信仰が盛んになったという。

天台では、貞観二年（八六〇）、円仁が請来した仏舎利により、比叡山総持院において、舎利会が執り行われた。

東寺では、『東宝記』第六（続々群一二・一一六頁）に、「十月十五日金堂に於て之を行ず。舞楽之有り。最初の勤行の年の記は分明ならず。康和五年五月廿（廿異本作十）六日凡僧別当忠縁発起して之を行ぜしめる。色衆六十口。（于時長者経範法務）導師勝暹已講。呪願済暹律師。唄師二人。寛助律師。厳覚法橋」と、東寺の舎利会の始行年は不明であるが、十月十

五日、金堂において舞楽付で行ぜられたとある。さらに、康和五年（一一〇三）五月二十六日（異本は十六日）に別当忠縁の発願により色衆六十口、その中、当時の高僧である済暹・寛助・厳覚等で執行されたと記されている。これだけではどのような舎利会であったのかわからないが、呪願の名称が見られるので密立であったと思われる。また、『東宝記』第六（続々群一二・一一九頁）には舎利講の項目も見られ、「延応二年始行。四箇法要式伽陀常の如し」と記されている。この舎利講は四箇法要というのであるから、顕立の舎利会と考えて間違いはないと思われる。

仁和寺における舎利会は、『初例抄』（群書類従二四・二七頁）に、「仁和寺舎利会始　康治二年十月十四日。仁和寺舎利会。之を始行せられ恒例と為す」と、仁和寺の舎利会の始行は康治二年（一一四三）十月十四日であり、以後恒例となると記されている。

## 第二項　金堂舎利会の歴史

『紀伊続風土記』高野山之部・巻一五（続真全三九・一五七八頁）の四月二十三日の條に、「金堂舎利会　請定年預役　集会所山王院昔食。堂（中略）久安二年丙寅四月一日高野御室二品親王七宝塔を金堂に安置す。其の内の仏舎利二粒東寺御舎利なり。此の時導師琳賢検校なり」と、高野御室二品親王とは覚法親王のことであり、七宝塔に東寺の仏舎利二粒を安置し、金堂に舎利会を始行せられたとある。『高野春秋』巻六（大日仏全一三一・一〇一頁）の久安二年四月朔日の條には、「金堂に於て舎利会を始行す。以て恒格と為す。是れ法親王の勧励に依るなり。考。先年大御室寄賜七宝舎利塔。安置金堂。是以今継其尊志矣。導師は琳賢検校なり」とあり、ほぼ『紀伊続風土記』と同であるが、ただ七宝塔は大御室性信親王の寄賜にして、金堂に安置すとある。

水原堯栄『金剛峯寺年中行事』首帖に、「金剛峯寺年中行事対照表」があり、文永六年（一二六九）、正応四年

（一二九一）、慶安三年（一六五〇）、安永七年（一七七八）、享和二年（一八〇二）、現在の年中行事が各月毎に収載されている。それによると、文永六年は四月十七日、正応四年は四月十七日、慶安三年は四月二十二日、安永七年は四月二十三日、享和二年・現在は舎利会が行われていない。したがって、高野山では江戸後期より舎利会が断絶したということになる。

## 第二節　金堂舎利会の法会次第

先、総礼伽陀
次、供華《くうげ》
次、奠供（四智梵語）
次、別礼伽陀
次、如来唄
次、散華（中段・釈迦）
次、大行道

　中段終わり、左方は金堂の東を経て大塔を廻り、右方は金堂の西を経て御影堂を廻る。

次、梵音
次、錫杖
次、舎利講式（式と讃嘆伽陀を交互に唱う）
次、讃嘆伽陀

# 第三節　金堂舎利会の講式と法則

## 第一項　金堂舎利会講式

金堂舎利会講式は、中川善教『展観目録』に、写本が十一本収録されている。一は『舎利講式』一軸・光明院蔵(192)で、表朱印「勧修寺大経蔵」、巻首「栂尾二月十五日結願後朝分」、奥書「貞和五年二月十五日為令夕勤行俄馳筆訖定文字有謬歟又筆跡無形後覧尤有憚如今書改之而已　沙門肇朗云々」とある。二は『舎利講式』一軸・惣持院蔵(197)で、奥書「譲與行賢　順良朝意」とある。三は『舎利供養式』一軸・惣持院蔵(205)で、奥書「依難鏡智所望黙止令書写畢　宝徳三年辛未八月十七日右筆宥智」とある。四は『舎利供養式』一冊・西南院蔵(206)で、表紙「自性院政旻」とある。五は『舎利講略式』一帖折本・龍光院蔵(207)で、表紙「宥紹之」、奥書「永正十六年卯月八日右筆釈迦寺院主」とある。六は『舎利講式』奥院・一冊・惣持院蔵(208)で、奥書「元禄五年五月吉日書之了　春雄之」とある。七は『舎利講式』一軸・金剛三昧院蔵(209)で、表「恵心僧都作」、奥書「写本云建暦二季壬申八月七日辛巳以覚本上人本挑本佛房令書写了　此恵心僧都草之」とある。八は『一毀舎利講式』一軸・惣持院蔵(210)で、表「𑖪𑖽上人御作」、奥書は「為自他法界平等利益七月八日書写之　南無釈迦牟尼仏　土佐宗賢」とある。九は『誓願舎利講式』一軸・金剛三昧院蔵(211)で、「奥ニ舎利略作法アリ、鎌倉歟」とある。十は『誓願舎利講式』一軸・高室院蔵(212)である。十一は『舎利会式』一軸・明王院蔵(213)である。

以上、写本が十一本収録されているが、これらが常楽会所用のものか金堂舎利会所用のものか明らかではない。

## 第二項　金堂舎利会法則

金堂舎利会法則は『展観目録』に左記の写本と刊本が収録されている。

写本は四本である。『舎利会法則』一帖・釈迦文院蔵(116)で、奥書「右一帖依古法則繕写之了　其余勤行儀則意得等今年出仕之刻見及儘記之　寛政十年戊午月日」とある。二は『舎利会法則』一帖・遍照光院蔵(117)で、表紙「乗海」とある。三は『舎利会法則　金剛峯寺諸法事軌則』一帖・西南院蔵(118)である。三は『金剛峯寺舎利会法則』一帖・金剛三昧院蔵(119)で、奥書「正徳六龍集丙申歳次卯月下浣舎利会出仕砌為補闕一助而已」とある。

刊本は一本である。『金堂舎利会法則』一帖・金剛三昧院蔵(174)で、刊記「為青巌寺蔵版云爾安永二年癸巳四月金剛峯寺霊瑞南龍誌　高野山経師八左衛門監司」とある。

近年は、右記の霊瑞本を底本にして、中川善教『金堂舎利会法則』が刊行されている。昭和三十九年霜月上浣に第一版が、昭和五十八年皐月旬二日朱を加え畢として第二版が出版されている。

# 第四節　金堂舎利会の声明

金堂舎利会の法会次第により解説する。

なお、金堂舎利会の声明の中、すでに解説されている声明は省略する。それらは左記であるので参照すべし。

○四智梵語　本篇第一章第五節⑦
○如来唄　本篇第四章第四節⑥

○散華（上段・下段）　本篇第一章第五節2・4
○散華（中段）　本篇第四章第四節7
○梵音　本篇第四章第四節8
○錫杖　本篇第四章第四節9
伽陀類については、本篇第三章第五節1「総礼伽陀」等を参照すべし。

# 1 別礼伽陀

常楽会等の別礼伽陀は七言四句一連の伽陀であるが、七言四句と五言四句の二連の伽陀となっている。したがって、伽陀士は一連目の「我以至誠身語意」と二連目の「於如来舎利」と二度の頭をとることになるので、留意すべきである。ただし、称名礼は二連目終わりて、三句ともに「南無金剛堅固」を唱え、「遺身舎利」は微音で唱える。

# 2 讃嘆伽陀

金堂舎利会の讃嘆伽陀は、涅槃講に曲節が同であるので、本篇第四章第四節11を参照すべし。ただ、涅槃講の讃嘆伽陀と異なるのは、各段毎に伽陀の後に左記の如き称名礼を唱える点である。

### 第一段

三句ともに「南無如来舎利」を唱え、「生々世々」は微音で唱える。

### 第二段

三句ともに「南無如来舎利」を唱え、「慚愧懺悔」は微音で唱える。

### 第三段

三句ともに「南無如来舎利」を唱え、「恭敬供養」は微音で唱える。

なお頭の「我今所献諸役具」の「我今」は、中川善教『金堂舎利会法則』と吉田寛如『詳解魚山集』解説篇に収録されている「舎利会講式」では「我今」であるが、『岩原魚山集』と『詳解魚山集』五音譜篇下は「我我」である。

### 第四段

三句ともに「南無全身舎利」を唱え、「宝篋印陀羅尼」は微音で唱える。

## 第五段

第一句目は「南無大恩教主」を唱え、「釈迦如来」は微音で唱える。第二句目は「南無舎利神変」を唱え、「生々世々」は微音で唱える。第三句目は「南無自他法界」を唱え、「平等利益」は微音で唱える。

# 第十二章　明神講

## 第一節　明神講について

### 第一項　四社明神について

弘法大師が高野山を開創するに至った経緯については三説ある。

一は、大師『続性霊集補闕鈔』巻九（弘全和一〇・一三九―一四〇頁）の上表文（弘仁七年六月十九日付）に、少年の日に山水を渉覧せし時に平原の幽地である高野山に至ると記されている如く、年少の頃より高野山に注目していたという説である。二は、『高野大師御廣伝』（弘伝全一・二四六頁）に、大師が霊地を求め経暦していると、大和宇智郡（奈良県五條市）で犬飼（狩場明神また高野明神）が現れ、その放った大小二匹の黒犬（普通は白黒の二匹とされている）を追走すると、高野山の地主神である丹生明神が現れ、高野山の地を賜ったという説である。三は、大師の弟子円明律師の父良豊田丸大夫が、大師が伽藍を建立する霊地を探していることを聞き、大師に高野山を進言したという説である。『高野大師御廣伝』（弘伝全一・二四七頁）にはこの説もあり、他に『金剛峯寺建立修行縁起』

にもある。

通途の説は宗教的見地からの第二説であり、この第二説の丹生明神から高野山を譲り受けたという故実により、大師は高野山一山の鎮守神として丹生明神・高野明神を祀ったとされている。ちなみに、高野山金剛峯寺の公式ホームページ「高野山御開創」にも、第二説が解説されている。

『弘法大師行化記』（弘伝全一・六六頁）等には、「弘仁十年五月三日、金剛峯寺を建立す。最初に鎮守明神を勧請す」とあり、大師は丹生都比売《にうつひめ》神社（以下、天野神社と記す）より、弘仁十年に天野の明神を勧請したと伝えられている。

天野神社は、大師の時代には、丹生都比売大神《にうつひめのおおかみ》・丹生高野《こうや》御子《みこの》大神の二宮であったが、鎌倉期には大食都比売《おおげつひめの》大神（気比《けひの》大神）・市杵島比売《いちきしまひめの》大神（厳島大神）が勧請され四社となった。高野山上も創建当初は二社であったが、後年、天野と同じく四社明神が祀られるようになり、信仰されるようになった。

四社明神については、『紀伊続風土記』高野山之部・巻五（続真全三八・八〇四―八三〇頁）が最も詳しく、丹生明神は天照大神の妹、または同体、高野明神は丹生明神の子供、高野明神と丹生明神は夫婦、三宮は紀州の蟻通《ありとうし》明神で高野明神の妹、四宮は名が明らかではないが丹生明神十三子の一神にして高野明神の妹としている。また、三宮・四宮を気比・厳島とする等の多くの異説が記されている。

明有『野山名霊集』巻五（日野西真定編・二二二頁）には、一宮は丹生明神、二宮は高野明神、三宮は気比明神、四宮は丹生の御息としている。さらに、十二王子は八王子・土公神・大将軍・皮張明神・皮付明神・八幡宮・熊野・金峯・白山・住吉・信田・西宮、百二十番神は日本国中の霊社一百二十所の御神を勧請すと述べられている。また、高野明神と狩場明神は別であり、狩場明神は高野明神の子孫、高野・気比・厳島の三神は丹生明神の子供

に当たる、百二十番神は丹生明神の眷属神で四方に三十神ずつ分かれて丹生・高野明神を守護する等、いろいろな説がある。

現在、伽藍壇上の西端の御社《みやしろ》に三社殿があり、向かって右から、第一殿は丹生明神と気比大神、第二殿は高野明神と厳島大神、第三殿は十二王子・百二十伴神と摩利支天が祀られており、その前に御社の拝殿である山王院がある。

ところで、気比・厳島勧請については、『高野春秋』巻七（大日仏全一三一・一三三頁）の承元二年冬十月の條に、「二位禅尼如実熊野参詣の路次より天野宮に来禊《らいけい》す。三四宮及び御影堂創造の大壇主とす。是行勝貞暁両上人の勧化に依る也」と、二位禅尼如実、すなわち北条政子が熊野参詣の途中、天野宮に参拝し、行勝・貞暁（頼朝の三男）の勧奨により、三宮・四宮の勧請と御影堂建立の大壇主となられたと記されている。つづけて割注として、気比・厳島が祭祀された理由として、行勝が念誦せし時に、気比と厳島は朋友なれば一所に住して共に密教を護持せんとの託宣ありし故に、気比・厳島を勧請して四社明神とするとされている。したがって、『高野春秋』による限りは、四社明神の三宮・四宮は気比・厳島と考えられる。

その変遷を示すものとして、明神の図像がある。

二宮の時代の図像は、中央上段に大師、下段左右に高野明神・丹生明神が描かれている。また二明神のみの図像もある。

四宮の祭祀が始まると、最上段の月輪中の蓮台上に、向かって右より、𑖁𑖾 𑖪𑖽 𑖮𑖿𑖨𑖱𑖾 𑖭が書かれ、図像は上段右が丹生明神、上段左が高野明神、下段右が気比、下段左に厳島が描かれている。種子より本地を見ると、丹生明神は𑖁𑖾で胎大日、高野明神は𑖪𑖽で金大日、気比は𑖮𑖿𑖨𑖱𑖾で千手観音、厳島は𑖭で弁財天である。また、高野山の御社の参拝次第の真言を見ると、本地の種子の如く、丹生明神は「オン　アビラウンケン」の真言なので胎大日、高野明神

は「オン　バザラ　ダトバン」の真言なので金大日、気比は「オン　バザラ　タラマ　キリク」の真言なので千手観音、厳島は「オンソラソバテイエイ　ソワカ」の真言なので弁財天であり、図像の種子と一致する。ただし、本地については、厳島を文殊とする等、異説も多くある。

なお、水原堯栄『金剛峯寺年中行事』首帖の「金剛峯寺年中行事対照表」には、文永六年、正応四年、慶安三年は毎月十六日には山王院において理趣三昧と論議がほぼあり、朔日には大般若転読が見られる。

現在は、山王院においては、毎月十六日に理趣三昧・問講、旧暦五月一日・二日に夏季祈り、旧暦五月三日山王院竪精《りっせい》、旧暦六月十日十一日に御最勝講、十月十六日に明神社秋季大祭、十二月三十一日には御幣納がある。

## 第二項　明神講とは

明神講とは、高野山の四社明神（四所明神ともいう）の広徳を讃嘆し、法楽をささげる法会であり、明神を迎え宿者《しゅくろう》になられた方の寺院で輪番に執行されている。

四社明神に関する論文としては、五来重「高野山の山岳信仰」・佐和隆研「金剛峯寺伽藍の草創」・景山春樹「高野山における丹生・高野両明神」・和多昭夫「高野山と丹生社について」（以上、『高野山と真言密教の研究』）、俵谷和子「高野四社明神の成立と平清盛」（『久里』一三／一四）、俵谷和子「天野社と高野四社明神」（『久里』二二）等があるが、明神講に関しての文献・論文等はあまり多くはなく、筆者は寡聞にして知らない。

しかし、明応六年（一四九七）の長恵の真筆とされる祭文の写本、永禄十一年（一五六八）の講式の写本等が現存していることから推考すると、室町期より明神講が執行されていたと考えて間違いはないと思われる。

明神講ではないが、四社明神の古くからの行事としては、『紀伊続風土記』高野山之部・巻二（続真全三六・二

五二頁）の法会神事の條に、天仁元年（一一〇八）十月、御社にて仁王講を始修すとある。また、他に長日行法・舎利講・最勝王経・守護国界経・転読大般若・理趣三昧・問講・御《み》最勝講《さいしょうこう》・奉幣等が厳修されていた記録がある。

## 第二節　明神講の法会次第

先、奠供（四智梵語・心略梵語・吉慶漢語第二段）
次、祭文
次、総礼伽陀
次、云何唄
次、散華（中段・大日）
次、明神講式（式と讃嘆伽陀を交互に唱う）

次、讃嘆伽陀
次、六種廻向
次、舎利礼七反（初重二・二重二・三重一・二重一・初重二）
次、三陀羅尼
次、光明真言

この法会次第は、平成五年四月に高野山地蔵院より発刊せし法則の次第であり、近年、高野山の宿耆明神講はこの次第にて行じられている。中川善教『延べ書き　明神講式』の巻末の法会次第も同である。

なお、『岩原魚山集』は云何唄、散華、講式、祭文、四智梵語、心略梵語、吉慶漢語第二段、讃嘆伽陀、舎利礼、光明真言の次第で、高野山明神講とはかなり異なる。しかし、岩原諦信『四座講式並大師明神両講式』の「講式伝衆手引」巻末の法会次第は、右記の地蔵院法則と同である。

宿耆明神講は、明神を迎え宿耆になられた方の寺院で、輪番に執行されている。式士は会所寺院の法類がつとめ、祭文士も上綱がつとめ、散華は明神を迎え未だ上綱職位に至らざる人がつとめる。

## 第三節　明神講の法則

明神講の法則は、中川善教『展観目録』に、明神講法則ではなく丹生会法則の呼称のある写本が一本収録されている。『丹生会法則』一帖・龍光院蔵（132）で、刊本は収録されていない。

昭和十八年晩秋に、「奉修竪義明神之砌印施之」として、底本は記されていないが、康徳院中塚栄運により『明神講法則』（高野山大学図書館・貴重寄託書）が刊行されている。

近年、刊本は平成五年四月、高野山地蔵院より発刊されているが、総礼伽陀・讃嘆伽陀等は『岩原魚山集』と全同である。

## 第四節　明神講の声明

明神講の法会次第により解説する。

なお、明神講の声明の中、すでに解説されている声明は省略する。それらは左記であるので参照すべし。

○四智梵語　本篇第一章第五節[7]
○心略梵語　本篇第一章第五節[9]
○云何唄　本篇第一章第五節[1]
○散華　本篇第一章第五節[2]・[3]・[4]

○舎利礼　　本篇第三章第五節8

伽陀類については、本篇第三章第五節1「総礼伽陀」等を参照すべし。

なお、明神講式は第三篇第四章で詳述する。

## 1 明神講祭文

祭文とは、法会の折、諸尊・祖師・諸天の徳を讃嘆し、最後に「尚饗」（どうか私の供養をお受けください）とお願いする文章である。しかし、明神講祭文の最後は「再拝」とお唱えをする。

祭文には、『展観目録』に、五大尊・不動・大黒天・聖天・弁財天・十二神将・荒神等の種々の祭文の名目が見られるが、諸天以外はすべて御影供祭文を規範とするといわれる。

ところが、明神講の祭文は御影供等の祭文と異なり、祝言読《のっとよみ》（「のりとよみ」とも読む）といわれ、諸天の祭文の規範とされている。

理峯『私鈔略解』（続真全三〇・一四五頁）に、「明神講大黒講宇賀神等の祭文は竝び皆祝言音《のっとごえ》なり。但し此の祝言音は少かに羽徴二音を以て之を諷ず。古師の深義に云く。所謂羽徴の二音は則ち陰陽を表す。謂く羽は此れ陰徴が則ち陽なり。此れ是の二音を以て天神地祇を驚し奉り、以て其の感応を乞うなり。且つ此の祝言音の祭文は寿門中に於ては専ら明神講の祭文に用ゆるが故に、初学の人も間間之を稽古す。近世は強て其の沙汰無きか。宝門中には元と自り之を用ることなし。嗚呼《ああ》悋《おしい》かな。因みに云く。此の祭文は金剛三昧院真慶作と云々」と、祝言読みの羽徴は陰陽であり、この二音で天神地祇を驚覚せしめ感応を乞うとある。また、祭文の作者は金剛三昧院真慶と記さ

れている。

児玉雪玄『類聚の解説』（二八―二九）には、「当祭文は元保《ママ》年間の人、金剛三昧院真慶の作なりと伝え、天部祭文の基本たり。高野山にある秘声明聞書に、師曰、総じて祝言読の祭文の譜は羽徴の二位にして始終読む可しと云々。又祝言読の祭文の年号は二字共に徴の譜を用う。是れ則ち祝言読の祭文は始終羽徴計の譜なる故なりと云々」と、明神講祭文を作られたのは『私鈔略解』と同じく、金剛三昧院・真慶とされ、元保年間の人とされているが、実際には元保という年号はない。後述する写本に、長恵の真筆による金剛三昧院蔵『四所明神祭文』と「足利初期歟」とある金剛三昧院蔵『明神祭文』が、それぞれ室町時代であるので、真慶による明神講祭文もそれと同時代かそれ以前の作と考えられる。

吉田寛如『詳解魚山集』解説篇（七五五頁）に、正興寺蔵の『諸講祭文』の注記に、「イ本云《ニ》文保元年卯月二日宝幢院於円道坊円教房制作之云云同三月廿八日於二金剛三昧院一付二博士《ヲ》一則寂証房付《ス》レ之羽徴《ノ》二音以《テ》読《ヲ》之祝言《ト》云云」と、文保元年（一三一七）卯月二日に円鏡房が祭文を制作したとある。卯月は、年月日の順序と文章の内容から考えて誤りである可能性は高い。また、同書（七五七頁）に正興寺蔵・古版巻子本には朱書で羽徴角商の四音で博士が点譜されているとあるが、同年三月二十八日に金剛三昧院で寂証房により羽徴の二音で博士が付され、祝言読で読まれたと記されている。したがって、明神講祭文は同年に、金剛三昧院において博士を付すとされているので、児玉のいう元保年間は年号にもなく、文保年間の誤りであると思われる。

また、同書に、追記として、「心《真》慶房裏書明鏡也。天等神祇之祭文《ニハ》 袈裟衣《ノ》威儀《ヲ》ハツシ右《ノ》方《ニ》置《キ》蹲踞《シテ》可レ読レ之。礼《モ》各々二礼也。右拾要集《ニテ》見今無量寿院門中《ハ》如此行《スル》 是旧礼《ノ》相残者《ナリ》 前云心《真》慶房之真筆一帖別《ニ》有レ之矣 以上霊市本《ノ》有《ニ》之」と、真（心）慶房の裏書であることは明らかであるとされている。文保元年といえば長恵の明応六年（一四九

七）の祭文よりも百八十年も古いものである。もちろん、真慶真筆は別にありとされており、正興寺蔵祭文の書写年代は記されていないが、書写人は文中に無量寿院門中の語があるので高野山の人である。「霊帀の本に之有り」とある霊帀（師）とは霊瑞のことであるとも推察されるが、霊瑞であれば、江戸時代中期の人であるので異なる人である。

いずれにしても、もともと羽徴角商の四音で点譜されていた明神講祭文は、羽徴の二音で読む祝言読に改められ、これが近年の基本となっているのである。

『展観目録』に収録されている明神講祭文の写本・刊本は左記である。なお、明神講祭文の収録が明示されている諸祭文集も列記した。

写本は三本である。一は『四所明神祭文』一紙・金剛三昧院蔵（436）で、奥書「明応六年丁巳十一月廿日未剋於清浄光院客殿写之。祝博士付之。憚多之雖然難去付之然間此本写置者也。入寺長恵判四十才権少僧都（花押）　于時文亀三年癸亥三月廿四日　於西谷書写之」と、祝言博士が付された長恵の真筆とされている。二は『明神祭文』一紙・金剛三昧院蔵（437）で「足利初期歟」とある。三は『丹生明神祭文』一紙・金剛三昧院蔵（438）である。

刊本は諸講の祭文が収められている祭文集の中に、三の明神講祭文が収録されている。一は『諸講祭文』一軸・龍光院蔵（451）で、御影供・明神講・大黒講・弁天講・常楽会・仏生会・諸尊講の祭文が収録されており、刊行年代は文政五年（一八二二）である。二は『諸祭文』一軸・安養院蔵（452）で、涅槃講・朔日羅漢・遺跡講・舎利講・仏生会・御影供・正御影供・明神講・大黒講・弁財天・施餓鬼が収録されており、書写年代は記されていない。『祭文集』一軸・大乗院蔵（453）は四座講・施餓鬼・仏生会・御影供が収録されており、書写年代は記されていない。三は『諸祭文』一軸・親王院蔵（454）で、御影供・明神講・大黒講・御誕生会・弁財天・涅槃講・仏生会が収

録されており、書写年代は記されていない。

[岩]一巻九〇左一行

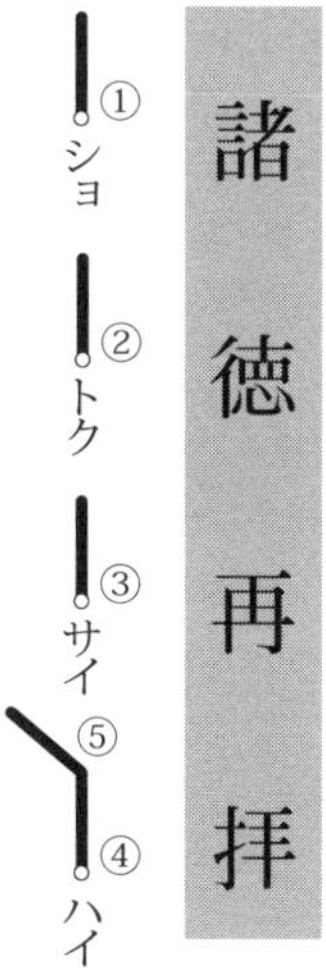


[岩]一巻九〇左一行

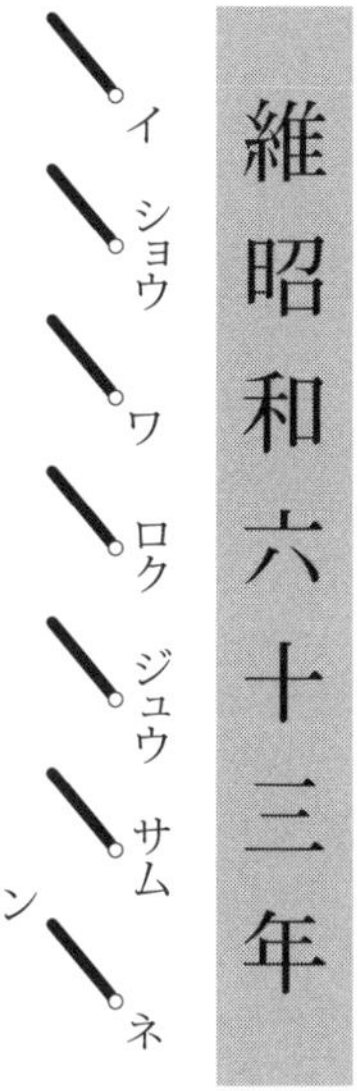


[岩]一巻九一右二行

《一》

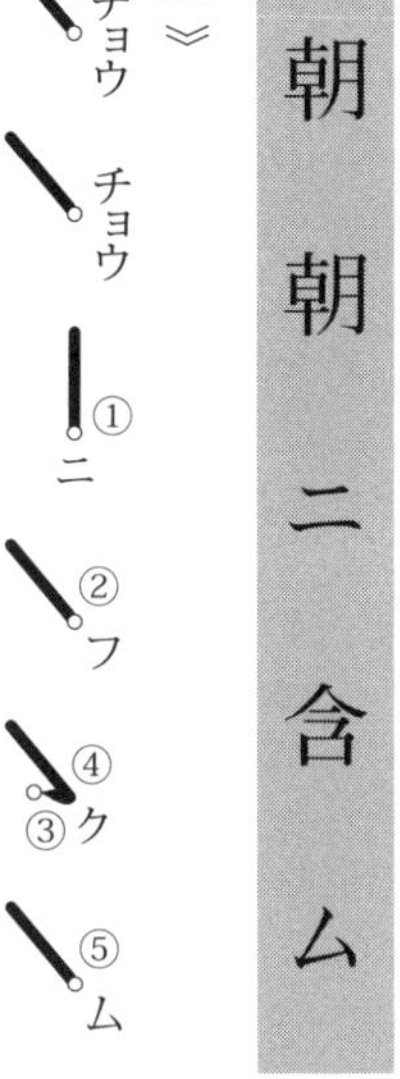


岩原諦信『声明教典』音譜篇によれば、羽①②③④は音名ニ（ハ長調ならばレ）、徴⑤は羽④より一音下げて音名ハ（ハ長調ならばド）で唱えている。なお、「拝」の羽④徴⑤の博士は、羽④を長く引き徴⑤を短く唱える。以下、同である。

諸祭文は年号は呉音で月日は漢音に読むが、祝言読はすべて呉音に読む。また年号はすべて徴に読む。

博士は「ニ」羽①より「フ」徴②と一音下がることになっているが、徴②で一音下げ、「ク」のカカリ徴の③を同音に唱え、徴④を下げると、徴④は一位下がり、祝言読は羽徴の二音で唱えるという習いに反することとなる。

『声明教典』音譜篇では羽①徴②③同音であり、徴④を一音下げて唱えている。実際の音動を博士に記すと《二》

《二》

の博士となる。

## 2 総礼伽陀

第一句目の『岩原魚山集』は「願我生々見諸仏」であるが、『詳解魚山集』解説篇（一五〇八頁）には「願我生々見聖衆」として、一本に「諸仏」ありとしている。

## 3 讃嘆伽陀

### 第二段

圏二巻一一五左一行

**受用**

「ジュヨウ」との伝を受けているが、「ジュユウ」が正かと思われる。

# 第十三章　曼荼羅供

## 第一節　曼荼羅供について

### 第一項　曼荼羅供とは

宥快『曼荼羅供事』によると、「曼荼羅供とは両部の曼荼羅を供養し奉る故に曼荼羅供と云うなり」と、説かれている。すなわち、両部曼荼羅の諸尊を供養する法会である。大曼荼羅供・曼供ともいう。仏像開眼供養・堂塔落慶供養・開創記念・秘尊開帳・新写曼荼羅供養・写経奉納供養・先亡追福等に行う。

この法会には、如法ならば、新たに曼荼羅を図絵して供養するのであるが、高見寛恭『中院流院家相承伝授録』下（二五三頁）に、「古曼荼羅を掛けて供養するも差し支えなしと云われている」と述べられている。いずれにしても、両部曼荼羅を掛け、供養導師は両部合行の秘法を修する。なお、東寺の勅会には両部曼荼羅を掛けずという。それは、大師を両部不二の大日とならう意なるべしと、『密教大辞典』に記されている。

曼荼羅供には、大別すると庭儀曼荼羅供・堂上曼荼羅供・平座曼荼羅供の三種がある。

その中、京都では、庭儀・堂上・平座には、経立・咒立があり、いずれにも誦経別行・誦経合行の別がある。また経立は理趣経を唱え、咒立は真言を唱える。誦経別行とは、大阿の外に誦経導師の役を定めおき、大阿が表白・発願等を唱えず下礼盤し席につくと、誦経導師が登壇して表白・発願等を唱え、仏菩薩の徳を嘆じ、大阿の徳を讃嘆するをいう。誦経合行とは、誦経導師を配役せず、大阿が一人で表白・発願等を唱えるをいう。しかし、添野智譲『西院流庭儀大曼荼羅供の作法について』には、仁和寺では平座咒立には誦経別行はないということである。

京都では殆ど咒立（誦咒の時は行道なし）で行われ、高野山では庭儀・堂上の咒立と平座は殆ど行われず、経立の誦経別行・誦経合行が多く行われ、毎年宝寿院で執行される曼荼羅供は、経立誦経別行で執り行われている。

理峯『私鈔略解』（続真全三〇・一九〇頁）に、「曼荼羅供には合殺有て経無し。高野には経有り。本説如何。但し西大寺興聖《ママ》菩薩大阿闍梨の為に行ぜられし時、本は経無しと雖ども此の上人の時、経を用いらる。此の意ろ行法の間だ徒然なる故なり」と、高野山の曼荼羅供では本来理趣経はなかったのであるが、興正菩薩叡尊大阿闍梨の為に初めて理趣経を用いられた。それは法会の間、徒然なる故であったとしている。

また、『中院流院家相承伝授録』下（二五五頁）に、「咒立は古様なり。経立は密門師の口によれば、曼荼羅供に中曲理趣三昧を行ずることは興正菩薩御登山の時に、信堅・信日両師と談合の上始められると云う。興正菩薩叡尊は信堅・信日の伯父に当たると云う。曼荼羅供の法会あまりに寂莫なるが故なりと」と、密門師の口説をあげて、これまでに行ぜられてきた咒立の曼荼羅供があまりにも静かなる法会であるので、興正菩薩叡尊が信堅・信日両師と相談され、経立の中曲理趣三昧が執行されるようになったと述べられている。

なお、京都では曼荼羅供に舞楽法要が加えられた。きわめて華やかな舞楽付きの曼荼羅供であり、近年、弘法大師の御遠忌等に、東寺・仁和寺・醍醐寺等で舞楽曼荼羅供が厳修されている。

ちなみに、舞楽には、唐楽《とうがく》系の左舞《さまい》と高麗楽《こまがく》系の右舞《うまい》があり、楽器の種類も異なるし、最も違うのは衣装で、左舞は赤色系統、右舞は緑色系統の装束をつける。そして、最初に矛を持った左右の舞い手が「振鉾《えんぶ》」を行い、次に左舞から始めて左右交互に舞い、最後に左右の舞が終わると双方の管方《かんかた》が「長慶子《ちょうげいし》」を演奏し終了する。

高野山は、大師の御入定を妨げる、また修行の妨げとなるというので、管弦歌舞は禁止されていた。したがって、高野山では舞楽法要は行われなかったが、高野山の僧侶は、丹生都比売《にうつひめ》神社（天野神社）において、鎌倉時代より舞楽法要を取り入れた曼荼羅供・一切経会等が営まれており、『紀伊続風土記』高野山之部・巻五（続真全三八・八五三頁）に、徳治元年（一三〇六）よりの舞楽大曼荼羅供執行の記録が残されている。また、中川善教『展観目録』に、『天野宮舞楽曼供作法』等が収録されており、天野神社で舞楽法要付きの曼荼羅供が執り行われていたことを窺い知ることができる。

### 第二項　曼荼羅供の歴史

大師『性霊集』巻七の「四恩の奉為に二部の大曼荼羅を造る願文《がんもん》」（弘全和一〇・九三頁）に、唐より請来された両部曼荼羅も十八年を過ぎ損耗がはげしい故に、弘仁十二年（八二一）四月三日より八月晦日に至るまで転写、また他にも新たに図像が描かれ、「九月七日を取りて聊か香華を設けて曼荼を供養す」とあるのが、曼荼羅供の濫觴とされている。

大師『続性霊集補闕鈔』巻八（弘全和一〇・一一八―一一九頁）の、「孝子、先妣《せんぴ》の周忌の為に両部の曼荼羅大日経を図写し供養して講説する表白《ひょうびゃく》の文《もん》」に、「両部の曼荼を作り、内証の微言を留めて、七軸の真典を書す。昼の時は尊形の題を唱え開き、夜の間には海会の尊を供養す」と、孝子が誰であり、また年月日も不明であるが、母

の一周忌に両部曼荼羅を図画し、大日の悟りの境地そのものの教えを書きとどめるために、七巻の大日経を写経した。昼は大日経の題を唱え、夜は曼荼羅の諸尊を供養したと述べられている。この供養も広義の曼荼羅供であり、加えて先亡供養にも功徳があることが窺える。

『性霊集』は、真済が大師の御文章を集成し、もともと全十巻あったのであるが、八・九・十の三巻が散逸してしまっていた。それを仁和寺慈尊院の済暹が大師作と思える御文章を収集して、『続性霊集補闕鈔』三巻を加え十巻としたのである。

これらの大師の二文の曼荼羅供は、広義の意味での曼荼羅供であり、いかなる法会が行われていたのか定かではない。おそらくは、大師の時代には、今と同じような声明による曼荼羅供でなかったことだけは確かであるといえる。『東宝記』には曼荼羅供についての記事は収載されていない。したがって、『東宝記』による限りは、東寺における曼荼羅供については、窺い知ることはできない。

添野智譲『西院流庭儀大曼荼羅供の作法について』によると、『続群書類従』を引き、仁和寺では、延喜四年（九〇四）三月二十六日に、寛平法皇円堂供養に曼荼羅供が始行されたとされている。

水原堯栄『金剛峯寺年中行事』二帖（六頁）によると、文永・正応・正慶の金剛峯寺年中行事に「後白河法皇御国忌建久七丙辰年始之」とあり、建久七年（一一九六）に曼荼羅供が高野山において始行せられたと紹介されている。

しかし、『高野春秋』巻五（大日仏全一三一・八三頁）の康和二年（一一〇〇）三月二十九日の條に、本経蔵を落慶、その割注に文殊楼と号すとあり、「是依出羽上人平源之勧発。所有写経造楼也。孔雀堂並西。具如堂塔記 此供養法場者。蔵経壮置政所御霊会嶋。執行舞楽大曼荼羅供。阿闍梨性算上人為大導師。請僧百口也」とあり、その割注に、法場を山下に張るは道俗男女の群参結縁せしめんがためなりとし、導師は検校と為すべしといえども、山不出の故に執

行代之を勤むとある。『紀伊続風土記』高野山之部・巻六（続真全三八・八八三頁）に、「康和二年三月廿九日。高野山本経蔵落慶供養舞楽大曼荼羅供を慈尊院に執行す。道俗男女群参結縁をなすなり」と記されており、高野山政所の九度山慈尊院において、高野山大経蔵の落慶法要が舞楽人曼荼羅供により執行されたと記録されている。なお、文殊楼とは明有『野山名霊集』巻一（日野西真定編・三〇頁）に、「又は本経蔵という。本尊文殊菩薩、康和三年羽州の平源上人勧進書写の一切経なり」と、康和三年と『高野春秋』の康和二年と一年の異なりがあるが、『高野春秋』の文章と対応している。

また、高野山上では、『高野春秋』巻六（大日仏全一三一・一〇〇頁）の久安元年（一一四五）十月二十一日の條に、「金剛薩埵善如龍王及大師之十大弟子之三影像を新補して金堂に挂け奉り大曼荼羅供を執行す。請僧廿二口大導師検校琳賢師」とある。この記録が『高野春秋』における高野山上での初見であり、高野山金堂で検校導師により、三の画像が新しく修復され金堂に掛けられ、曼荼羅供が執行されたと記されている。

『金剛峯寺年中行事』首帖には、「金剛峯寺年中行事対照表」があり、文永六年（一二六九）、正応四年（一二九一）、慶安三年（一六五〇）、安永七年（一七七八）、享和二年（一八〇二）、現在（昭和八年・一九三三）の年中行事が各月毎に収載されている。それによると、文永六年は三月十三日に金堂において大曼荼羅供、正応四年は三月十三日に後白河法皇御国忌大曼荼羅供、慶安三年・安永七年は記録されていない、享和二年は八月十六日に御国忌・於大塔曼供奉為後醍醐天皇御追福、昭和八年は四月十日として金堂大曼荼羅供と記録されている。

## 第二節　曼荼羅供の法会次第

### 第一項　庭儀・堂上曼荼羅供　経立誦経合行

先、庭儀・堂上入堂
次、唄
次、散華
次、対揚
次、表白
次、神分
次、諷誦文
次、発願
次、四弘
次、仏名
次、教化
次、唱礼
次、前讃
次、中曲
次、後讃
次、廻向
次、下礼盤

---

### 第二項　庭儀・堂上曼荼羅供　経立誦経別行

先、庭儀・堂上入堂
次、唄
次、散華
次、対揚

次、表白
次、神分
次、唱礼
次、前讃
次、中曲
次、後讃
次、廻向
次、下礼盤
次、誦経導師登壇
次、三礼
次、表白
次、諷誦文
次、発願
次、四弘
次、仏名
次、教化
次、下礼盤復座
次、出堂還列

### 第三項　庭儀・堂上曼荼羅供　咒立誦経別行（西院流を参照）

先、庭儀・堂上入堂
次、唄
次、散華（次第散華）
次、対揚
次、大阿表白
次、大阿揚経題
次、発願
次、諸衆読経（微音で四・五行を読む）
次、神分
次、唱礼
次、前讃
次、普供養・三力
次、諸衆誦咒
次、後讃

次、普供養・三力・祈願・礼仏
次、廻向
次、下礼盤
次、誦経導師登壇
次、三礼
次、表白
次、諷誦文

次、発願
次、四弘
次、仏名
次、教化
次、下礼盤
次、出堂還列

## 第三節　曼荼羅供法則

曼荼羅供法則は、中川善教『展観目録』に、左記の写本・刊本が収録されている。

写本は十本がある。一は『灌頂幷曼荼羅供諸法則』一紙・金剛三昧院蔵(494)で、「鎌倉歟」とされている。二は『庭儀曼供作法』一帖折本・金剛峯寺蔵(495)で、奥書は「于時文化十四丁丑年六月　日　法則校合寄附　寺務兼如意輪寺弘栄　前官　東南院寛光」である。三は『天野宮舞楽曼供作法』一帖折本・金剛峯寺蔵(496)で、奥書は「文化十一甲戌春三月廿九日　天野舞楽曼供導師惣持院體如寺務之時行法者合行次第用之　片壇権検校　寶性院仙巌」である。四は『天野舞楽片壇法則』一帖折本・金剛峯寺蔵(497)で、奥書は「文化十三年丙子寺務職之餘暇改二正青巌寺所用諸法則一之因《ニ》見二出《シ》甲戌天野舞楽法則一麁甚略《ナリ》恐不レ便二後々之行用一乎。今篇二當界《ニ》片壇行法次第一篇レ之如《キハ》二此片壇次第一悉依結二縁灌頂胎界法則一篇《ミ》レ之是則為レ奉レ貫二鎮守権現威光一且《ハ》為二令法久住一而已子九月　日　寺

務兼東南院寛光記」とある。五は『天野遷宮曼供法則』一帖・明王院蔵（498）で、表紙「明王院懐宣」である。六は『曼荼羅供等作法』一軸折本・明王院蔵（499）で、「鎌倉歟」とされている。七は『御国忌曼荼羅供等作法』一帖・金剛峯寺蔵（500）である。八は『曼供』慈尊院堂供養・一帖・光明院蔵（501）である。九は『大師御国忌万荼羅供法則』一帖・明王院蔵（502）である。十は『御社菁換曼供法則』一帖・金剛峯寺蔵（503）である。

## 第四節　曼荼羅供の声明

曼荼羅供の経立別行の法会次第により、声明のみ解説する。

なお、曼荼羅供の声明の中、すでに解説されている声明は省略する。それらは左記であるので参照すべし。


○庭讃　本篇第一章第五節8
○云何唄　本篇第一章第五節1
○散華　本篇第一章第五節2・3・4
○対揚　本篇第一章第五節5
○神分　本篇第一章第五節18
○五悔　本篇第一章第五節6
○四智梵語　本篇第一章第五節7
○心略梵語　本篇第一章第五節9
○東方讃　本篇第二章第五節2

○理趣経　本篇第一章第五節[12]

○四智漢語　本篇第一章第五節[13]

○心略漢語　本篇第一章第五節[14]

○仏讃　本篇第一章第五節[15]

○三礼　本篇第五章第四節[2]

○四弘　本篇第六章第五節[4]

○仏名　本篇第五章第四節[3]

○教化　本篇第五章第四節[4]


## [1] 曼荼羅供誦経導師表白

理趣三昧の表白に調子・唱え方は同じである。本篇第一章第五節[18]を参照すべし。ただ、紛らわしい読み方のみ記す。師伝によると左記の如くである。

**根　本**

[圏]一巻六六左四行

「コンボン」と読む。

囧一巻六七右三行

浄法界宮

「ホウ」と不入声に読む。「ホッ」と入声に読む伝もある。

囧一巻六七左三行

恒沙塵数

「ジンジュ」と読む。「ジンズ」と読む伝もある。

囧一巻六八右一行

無数百千

「ムス」と読む。

囧一巻六八右二行

坐月之貌

「ザガッのカタチ」と読む。「ザゲツのカタチ」と読む伝もある。

囧一巻六九右二行

覚月ハ

「カクゲッハ（タ）」と読む。

囧一巻六九右三行

霊臺ニ朗ンズ

「レイタイにホガラカんず」と読む。

罫一巻六九左一行
**数輩之浄侶**
「スハイのジョウリョ」と読む。

罫一巻七〇右一行
**末　資**
「バッシ」と読む。

罫一巻七一右二行
**契當セリ**
「ケイトウせり」と読む。

## 2 曼荼羅供誦経導師発願

『岩原魚山集』は「倍増法楽」の「増」、「過去聖霊」の「聖」は角のみで、中下の仮譜とされていない。しかし、徴の後の角は当然に中下であるので、角のみであっても中下で唱えるのが習いである。唱え方は本篇第六章第五節3「発願」を参照すべし。

# 第十四章　伝法灌頂

## 第一節　伝法灌頂について

### 第一項　伝法灌頂とは

灌頂とは、abhiṣeka アビシェーカ、abhiṣiñca アビシンチャの訳で、頂上に水を灌ぐ意味である。インドの国王が即位の時、四大海の水を汲んできて帝王の頭上に濯ぎ、四海を掌握する意味の儀式であった。密教では、それを依用し五智を象徴する五瓶の水が用いられ、密教の阿闍梨となる最も重要な儀式である。

『御遺告』（弘全和七・二六八―二六九頁）すなわち二十五箇條御遺告の第二十一條には、「頗る証器の者有らば唯尊法を授けて彼の心器を看定めて、然して後に金剛界の大法一部を授けよ。然れども猶未練根の者に授ければ必ず後に悔有るべし。何に況んや輒く両部の大法を授けん哉。但し両部の大法を授けんと欲せば顕かに人器の気色を見定めての後、本尊界会に向て能く祈願して夢に厥の想を見よ。若し感応有て彼学せんと欲せば三箇月修行精進せしめて然して後に両部の大法を授くべし。但し伝法灌頂阿闍梨の職位に於ては専然に授け諾うべからず。所以は何ん。

非器の者に授ければ金剛薩埵と蜜迹神と倶に呵嘖を加う。證器の者に授れば大歓喜を作す。是れ則ち令法久住の縁なり。伝法灌頂の位阿闍梨の職を護り惜むこと、まさに已が肝神を護り惜むが如くすべし。輒く伝法の印契密語を知らしむべからず」と説かれている。『御遺告』は大師作ではないという説もあるが、少なくとも大師のお考えが現れており、まず一尊法を授け、機根のある者には金剛界大法一部を授け、両部大法は人器を見定め、本尊界会に祈願して感応有る者に、三箇月修行させて授ける。さらに伝法灌頂阿闍梨の職位は非器の者に授ければ、金剛薩埵と蜜迹神の呵嘖を蒙り、證器の者に授れば大歓喜を作すと述べられている。

つづけて、長文であるので結論のみ記すと、得度して具足戒を受け、生年五十歳以後で証器の人を看定めて伝法灌頂阿闍梨の職位を授け密教の付系を継がしめるべきであると、特に非器の人に授ければ、「正教厳しきに非ず。滅法の相自然にまさに至るらんとす」と、正しい密教の教えの厳しさが絶え、法が滅びる相が自然にまさしく至るであろうと誡められている。

この『御遺告』第二十一條は伝法灌頂阿闍梨の職位と両部の大法をたやすく授けてはいけないことが中心であるが、一方では一尊法、金剛界大法一部、両部大法、そして得度して具足戒を受け、生年五十歳以後の証器の者に伝法灌頂を授けるとの、真言行者の修行過程も説かれているのである。しかし、大師の時代の伝法灌頂は「伝法の印契密語に於ては能く学せる者の為に練根已熟の弟子に伝授すべし」と、現在と異なり、全てを修学し精進練行せし者にのみ授けられていたのであり、当時に於ては伝法灌頂を授けられれば、文字通りの阿闍梨位を継承したのであり後継者を教導できたのである。

後世の十八道（一尊法）・両部大法・護摩の四度加行より伝法灌頂へという修行の順序も大師のこのお考えに基づいているといわれる。近年は、得度、四度加行を成満し、三昧耶戒を受戒した者に、金剛界、胎蔵法の両部の灌

頂が授けられ、正式な阿闍梨として認められている。しかしながら、現在は、伝法灌頂を授けられても全てを修学していないので、真の阿闍梨とはいえない。阿闍梨 ācārya とは阿闍梨耶・阿遮梨耶と漢訳され師範・軌範・正行等と訳される。弟子を指導し、弟子の軌範となり、弟子の行を正す高徳の僧をいうのである。したがって、正真正銘の阿闍梨となるためには、順序が逆となるが伝法灌頂の後に、各法流の一流伝授を受けなければならない。それは法流によって伝授目録は異なるが、諸尊法・金剛頂経・大日経・蘇悉地経・瑜祇経・大日経疏・諸儀軌・秘蔵記・御遺告等を受け、修学練行することにより、真の意味における軌範師としての阿闍梨職位を継承したといえるのである。

## 第二項　三昧耶戒とは

真言行者は、灌頂の前に必ず受けなければならない戒である。

大師『御請来目録』（弘全和一・六九頁）の中に、「我に授くるに発菩提心戒をもってし、我に許すに灌頂道場に入ることをもってす。受明灌頂に沐すること再三なり。阿闍梨位を受くること一度なり」と述べられている。

菩提心戒とは、三昧耶戒のことで仏戒ともいう。大師が授けられた三昧耶戒が如何なるものであったのか、『無畏三蔵禅要』善無畏口（大正蔵一八）によるものか、『受菩提心戒儀』不空訳（大正蔵一八）によるものか明らかではない。

大師の顕戒に対する姿勢は、『遺誡』（弘全和七・三二九頁）すなわち弘仁の御遺誡と称されるものに、「必ず須く顕密の二戒堅固に受持して、清浄にして犯なかるべし。いわゆる顕戒とは、三帰・八斎戒・五戒及び声聞・菩薩等の戒なり。四衆に各々本戒あり。密戒とはいわゆる三摩耶戒なり。または仏戒と名づけ、または発菩提心戒と名づ

け、または無為戒と名づくる等なり」と説かれている。

大師は顕戒の沙弥戒、具足戒を受け、大乗の菩薩戒も認め、さらに真言宗徒は三昧耶戒を受持すべしと述べておられる。

大師のこの顕密二戒受持の姿勢は、大師の十住心論の包括的仏教観によるとの説、寺院生活に必要な諸規定等が大乗や密教にはできていなかったので、三摩耶戒だけではなく小乗戒によるべきものが多分にあったという説がある。

因みに、最澄は天台開宗後は、小乗戒を捨て、山上に大乗戒壇を設立、大乗菩薩戒のみを持つことを宣言されておられる。

大師は、必ずしも完全ではなかった三昧耶戒を組織体系化された。三昧耶戒作法の最も重要な点は、戒律の精神を日常の生活に活かすところにある。大師は、十住心と同様に、全仏教の戒律も三昧耶戒を根本とし、三昧耶戒に包括されるとの深いお考えのもと、三昧耶戒の実践に重点を置き、末徒の育成と社会教化に努力された。

なお、安流は『受菩提心戒儀』を三昧耶戒受戒の本拠とし、小野流は『無畏三蔵禅要』を本拠とし、広沢諸流は両本を本拠とする。

## 第三項　伝法灌頂の歴史

『御請来目録』の中に、「受明灌頂に沐すること再三なり。阿闍梨位を受くること一度なり」と述べられている。

この御文章を、小野流は六月上旬は胎蔵受明灌頂（学法、持明、受学、受法、許可灌頂ともいわれる）、七月上旬は金剛界受明灌頂、八月上旬は伝法阿闍梨位灌頂とする。広沢流は六・七月は金胎の伝法阿闍梨位灌頂、八月は無作業の阿闍梨位灌頂で、瑜祇の大事など最極の秘印明を伝授されたと理解する。

東寺伝法灌頂は、『東宝記』第四（続々群一二・七四頁）に承和十年（八四三）として、「伝法職位を真紹大法師に授くべきの由、一門上﨟並に東寺俗別当等の連署の奏上を進ず。是れ奏聞灌頂最初なり、同十二月九日、実恵僧都于時長者を以て授与せしむるの由、官符を下さる。同十三日丁卯、鬼宿日曜、東寺灌頂院に於て之を伝授。色衆四十人、楽人卅人、御前俗人等多々、厳重極り無し、東寺具支灌頂此れ即ち初めなり」と、建立された灌頂院において、承和十年（八四三）十二月十三日に始行されたことと、別の條に同日の伝法灌頂の略次第が記されている。

高野山伝法灌頂は、『高野春秋』の明算に至るまでの記録は、それぞれ道場は記されておらず山下であると思われるが、延喜二年（九〇二）七月十五日に峯禅が聖宝より、天徳元年（九五七）十二月五日に定観が元杲より、永祚元年（九八九）三月九日に覚法が寛朝より、康平六年（一〇六三）十月二十五日に維範が壺坂太念よりと記録されている。さらに、延久四年（一〇七二）十二月二十七日に明算が成尊より、延久五年（一〇七三）九月五日には行明が大師室よりとあるが、割注で性信親王とあるので大御室の誤りと思われる。「是れ沢流野山に伝授の鼻祖なり」とあるので、広沢流が高野山に伝わった濫觴とされている。

高野山上での伝法灌頂の『高野春秋』巻五（大日仏全一三一・七九頁）による限りは、寛治元年（一〇八七）十月十日の條に、「中院闍梨伝法灌頂を北院小聖良禅に瀉瓶す不レ指二明算之名一。云二中院闍梨一山侶推二貴之一也。」とあり、寛治元年十月十日に、中院流祖明算が北室聖と称された良禅に伝法灌頂を授けたことが初見である。

『紀伊続風土記』高野山之部・巻一五（続真全三九・一六〇三頁）の一庭儀伝法職位灌頂には、「当山庭儀伝法灌頂始行。山史云。寛治二年戊辰年十月十日中院闍梨明算中院流始祖写瓶伝法灌頂於北室良禅」とあり、『高野春秋』とは寛治二年と元年と一年の隔たりがあるが、明算より良禅への伝法灌頂が高野山における庭儀伝法灌頂の始行と同意の文が記されている。

## 第二節　伝法灌頂作法の次第

### 第一項　三昧耶戒作法

《※文中〰〰〰は依用される声明》

先、集会
次、受者加持
次、進列
次、庭儀
　　堂上・平座もある。庭儀・堂上には庭讃を用いる
次、大阿入堂・高座加持・着座
次、受者入堂
次、職衆無言行道
次、受者壁代引入
次、受者護身法
　　この間に大阿は塗香・護身法より四仏繋鬘まで修法。
次、職衆受者総礼
　　教授の総礼を一声催す声で三礼。
次、大阿振鈴
次、受者頌文
　　振鈴終わり受者上座が受戒を請う頌文を読む。
次、云何唄
　　頌文終わり受者の金二丁を聞き唄師は唄を引く。

次、散華　次第散華を用いる。ただし、平座は普通散華も可なりと。

次、対揚　終わり受者金一丁。

次、大阿説戒　四重禁戒・十重禁戒等を授ける。

次、供具授与　大阿の加持した供具を授与（閼伽・塗香・花鬘・香炉・灯明）する。

次、金剛線　教授は大阿より金剛線を受け、受者の左肘にかけしむる。

次、誓水　閼伽器の水を土器に入れ、大阿の加持の後、受者に与え三口に飲ます。

次、歯木作法　大阿の飾り歯木と受者用歯木の加持の後、教授は受者用歯木を受者に噛ましめ、浄薦にささしめ、飾り歯木とともに包紙に包み、受者に懐中せしむ。

次、教誡文　受者長跪合掌して大師の教えの如く修行して、師命に背かずという文を読む。

次、大阿解界護身法
次、受者還着　壁代を出て本座に着座。

次、大阿草座着座　壁代を出て草座に着座。

次、壁代を揚げ　十弟子二人が内より外に向いて揚げ、受者をして大阿に三礼せしめ、出堂する。

## 第二項　三昧耶戒誦経導師作法

《※文中〰〰は依用される声明》

先、誦経導師起座
次、礼盤着座　正面受者席に一礼をして着座。
次、三礼

次、表白　「観レバ夫レ」の句にて堂達は立座して諷誦文を誦経導師に渡す。堂達は正面椽に出て扇で御誦経の鐘の合図をする。表白終わり巨鐘三声か磬三打して諷誦文を微音に読む。次に金一丁。

次、発願・四弘・仏名

次、教化　堂達は、教化の初めに立座して導師より諷誦文を受け取り、呪願師の前に至り、呪願を乞う。導師、廻向大菩提の句を唱え金一丁。

次、下礼盤

### 第三項　伝法灌頂作法

《※文中〰は依用される声明》

先、大阿職衆入堂着座

次、念誦供養法　大阿は、初夜は胎蔵また後夜は金界の供養法を散念誦中まで修行。唱礼は初夜は九方便、後夜は五悔。職衆・受者は、胎は普供養の金より振鈴まで仏眼呪、振鈴より仏眼呪まで胎大日呪、金は普供養の金より振鈴まで仏眼呪、振鈴より仏眼呪まで金大日呪を唱う。

次、前讃　職衆は唱礼終わり前讃。胎金ともに、四智梵語・心略梵語・東方讃。

次、中間護摩・神供　護摩師は正念誦の頃より修法。神供師は護摩の世天段より行ずる。

次、投花準備　大阿下礼盤の後、教授は承仕に指示して磬台・礼盤等を撤せしめ、五瓶を小壇に移す。

次、受者含香所引入　塗香を与え、護身法、作法の香水を加持し、受者の頂きに濯ぐこと三度。

次、受者引入

受者、初夜は上臈前、後夜は下臈前に引入する。覆面（中院流は胎は赤、金は白）せしめ、普賢三昧耶印の二中指を取り、「オンサンマヤサトバン」を唱えながら、香象をこえる時に教授ひそかに大鉤召の明を唱え引入する。壇前に至る。

次、投花

受者が壇前に至ると、大阿は左、受者は中、教授は右に立つ。大阿の誡めの句の後に金剛剣印の中指に樒をはさましめ、「オンサンマヤサトバンハラチシャバザラコク」と三度次第をとり、敷曼荼羅に投花する。

教授は投花得仏が大日（近年、承仕が大日の上に投花を置き直す）ならば、「大日如来」と唱える。

次、受者蹲跪・金剛解脱明

教授・受者ともに蹲跪し、金剛解脱明を授ける。教授は受者の覆面をとり、自らの左腕に掛け、大阿は承仕に投花をかきよせしめること三度、その投花をもって「オンハラチキリカンダタラケイマンサトバマカバラ」と唱えて、受者の頂きに三度安ず。

次、受者三礼

三礼の後、投花を包み懐中。

次、受者護身

胎は護身法・不動・入仏三昧耶・法界生・転法輪・金剛薩埵、金は護身法の印明を受者に結誦せしめる。

次、四礼

阿閦・宝生・無量寿・不空成就の四仏を各別に礼拝する印明を受者に結誦せしめる。

次、受者小壇引入

受者八葉座に座す。

次、宝冠

受者に宝冠をかぶらせる。

次、玉環　受者に、胎はまず左、次に右の腕に、金はまず右、次に左の腕に玉環を与える。

次、催讃　教授、「讃」と一声催す。胎の中間讃は吉慶漢語初・二・三段。金の中間讃は吉慶漢語初・二・三段。

次、白払　大阿は降三世の明三反で加持し受者を払う。

次、五瓶行道　まず五瓶を総加持し、中瓶・巽瓶・坤瓶・乾瓶・艮瓶の順で、各瓶とも加持し、三匝行道し、正覚壇に持参し、散杖をさす。

次、五仏灌頂　大阿は受者の頂に中瓶より順に五瓶の水を三度ずつ濯ぐ。次に、受者に胎は五仏灌頂印明を、金は四仏加持印明・五仏灌頂印明・四仏繋鬘印明を結誦せしめる。

次、塗香　大阿は受者に塗香を授与する。

次、五股　大阿は受者に五股を授与する。

次、金剛号　受者の実名の上に金剛号を付して明を唱える。

次、金篦　大阿は五股をもって金篦を加持し、次に金篦をもって受者の両眼をおおう無智の膜を拭い払う。

次、明鏡　大阿は五股をもって明鏡を加持し、次に受者は鏡で我が姿を見る。

次、金輪　大阿は五股をもって金輪を加持し、次に受者の両足にはさめさせる。

次、法螺　大阿は五股をもって法螺を加持し、次に受者の口辺に当てて吹く勢いをなす。

次、傘蓋行道　教授が大阿に傘蓋を奉り、「讃」と一声催す。胎は赤蓋、金は白蓋である。大阿、傘蓋を加持し、受者をさしおおい、大壇を右に三匝する。行道終わり壇前にて受者は曼

次、五股授与　　　　荼羅に三礼。つづいて大阿三昧耶を説く。

次、授印可　　　　胎の中間讃は吉慶梵語初・二・三段、金の中間讃は吉慶梵語初・二・三段である。

次、後供養　　　　大阿は五股をとり偈と明を誦じて、五股を授与する。

次、後讃　　　　印可を授ける。印可終わり宝冠・玉環を脱がしめ、蓮台を下り、大阿に三礼する。

次、後唱礼　　　　大阿登壇の後より金を打たるまで一字咒を職衆・受者ともに唱える。

　　　　胎は心略梵語（唵を加う）・仏讃・不動梵語。金は四智漢語・心略漢語・西方讃。

　　　　胎は転明妃・三力偈・小祈願・礼仏・廻向・廻向方便。

　　　　金は普供養・三力偈・小祈願・礼仏・後夜偈・廻向・廻向方便。

次、大阿下礼盤　　　　大阿下礼盤して、定めの座に着く。

次、八祖礼　　　　八祖等を礼拝する。

次、大阿教誡　　　　大阿が受者に堂内・大師御前・小壇の前で教誡する。

次、衲袈裟授与　　　　大阿は五股・印信を受者に授け、衲袈裟を脱ぎ受者に授与、受者これを頂戴し着し三礼する。

次、出堂

## 第四項　嘆徳作法

次、還列　　　　還列の行列終わり、鉢・法螺の音止む。職衆二行の中を通り、嘆徳所の前で立ち止まる。十弟子、脇の間より入り草座を敷く。

次、新阿闍梨着座　新阿闍梨、脇の間より入り着座。十弟子、居箱・香炉箱を置き、御簾を上げる。

次、職衆誦讃　職衆、四枚薦へ移り立ち、片頭が頭をとり四智梵語・心略梵語・東方讃。鉢は後讃と同。

次、嘆徳師進出　嘆徳師は一枚薦に進み立ち、職衆とともに三礼し嘆徳文を唱える。終わり低頭一礼する。

次、新阿闍梨返答　新阿闍梨、二人以上の時は一﨟が扇を立てて、嘆徳返答の文を唱える。

次、嘆徳師諸衆一揖　嘆徳の儀が終われば一同一揖する。

次、新阿闍梨諸衆退出　新阿闍梨起座すると十弟子あいたがい諸衆とともに退出。

## 第五項　伝法灌頂讃次第

### 一、中院流

◎初夜（胎）

前讃　四智梵語・心略梵語・東方讃

後讃　心略梵語（加唵字）・仏讃・不動梵語

◎後夜（金）

前讃　四智梵語・心略梵語・東方讃

後讃　四智漢語・心略漢語・西方讃

※中間讃は、胎蔵の初催は吉慶漢語初・二・三段、金剛界の初催は吉慶漢語初・二・三段。胎蔵の後催は吉慶梵語初・二・三段、金剛界の後催は吉慶梵語初・二・三段。

## 二、三宝院流

◎初夜（金）

前讃　四智梵語・心略梵語・東方讃

後讃　四智漢語・心略漢語・四波羅蜜

◎後夜（胎）

前讃　四智梵語・心略梵語・西方讃

後讃　心略梵語（加唵字）・仏讃・不動梵語

※中間讃は、金剛界の初催は吉慶漢語初・二・三・四・五段、胎蔵の初催は吉慶漢語初・二・三・四・五段。金剛界の後催は吉慶梵語初・二・三段、胎蔵の後催は吉慶梵語初・二・三段。

## 三、西院流

◎初夜（胎）

前讃　四智梵語・心略梵語・仏讃

後讃　心略梵語（加唵字）・不動梵語・四智漢語

◎後夜（金）

前讃　四智梵語・心略梵語・東方讃

後讃　四智漢語・心略漢語・西方讃

※中間讃は、現近、胎蔵、金剛界とも、吉慶漢五段、吉慶梵三段を順に何度もお唱えする。

## 四、随心院流

◎初夜（胎）

前讃　　四智梵語・心略梵語・仏讃

後讃　　心略梵語（加唵字）・不動梵語・四智漢語

◎後夜（金）

前讃　　四智梵語・心略梵語・東方讃

後讃　　四智漢語・心略漢語・四波羅蜜

※随心院流では、投花の後に非巡讃がある。非巡讃は胎金とも心略梵語一讃である。一伝に、初夜は心略梵語、後夜は四智梵語という説もある。

中間讃は、胎蔵の初催は吉慶漢語初・二・三段、金剛界の初催は吉慶漢語四・五段と吉慶梵語初段。胎蔵の後催は吉慶梵語初・二・三段、金剛界の後催は吉慶漢語初段と吉慶梵語二・三段。

※第一項・三昧耶戒作法、第二項・誦経導師作法、第三項・伝法灌頂作法、第四項・嘆徳作法、第五項・伝法灌頂讃次第は『中院流聖教』二三・二四・二五・二八、葦原寂照『乳味鈔』、高井観海『密教事相大系』、水原堯栄『中院流三宝院伝法灌頂教授手鏡』、高見寛恭『中院流院家相承伝授録』下を参照させていただいた。

# 第三節　伝法灌頂の経軌・灌頂式

## 第一項　伝法灌頂の経軌

一、『金剛頂瑜伽中略出念誦経』四巻　金剛智訳（大正蔵一八）
二、『大毘盧遮那成仏神変加持経』七巻　善無畏訳（大正蔵一八）
三、『受菩提心戒儀』一巻　不空訳（大正蔵一八）
四、『無畏三蔵禅要』一巻　善無畏口・一行修補（大正蔵一八）
五、『阿闍梨大曼荼羅灌頂儀軌』一巻　恵果作・法全作の説あり（大正蔵一八）

一は、真言密教の灌頂の典拠で最も肝要な経典。二は、胎蔵法の根本経典の『大日経』。三・四は三昧耶戒の典拠。五は『略出経』により編纂された灌頂の儀軌。

## 第二項　伝法灌頂式

『密教事相大系』には灌頂式として左記の六種があげられている。

一、実恵『伝法灌頂式』二巻
二、源仁『野沢通用式』三巻
三、宗叡『後入唐式』一巻

四、玄静『水尾玄静式』六巻
五、元杲『具支灌頂式』一巻
六、勝覚『新撰式』三巻
後世、諸法流は『野沢通用式』が行用に不便である故に、各々この式を斟酌して灌頂式を作り行じられている。

中院流の伝法灌頂式は、『伝法灌頂三摩耶戒作法　明算相承』『伝法灌頂台蔵界作法　明算相承』『伝法灌頂金剛界作法　明算相承』『阿闍梨大曼荼羅灌頂儀軌　明算相承』で、以上の四帖は成尊より明算に授けられた『野沢通用式』の式で、中院流灌頂の本式なりといわれている。なお、法流伝授式といい、法流伝授の時に用いられる式は、宥快『伝法灌頂三摩耶戒法則　中院』『伝法灌頂初夜法則　中院』『伝法灌頂后夜法則　中院』である。

三宝院流憲深方の伝法灌頂式は、『伝法灌頂三摩耶儀式』『伝法灌頂式　金剛界』『伝法灌頂式　胎蔵界』であり、金剛界・胎蔵界は勝覚が一夜式を二夜式に分けたものであるが、三昧耶戒は元杲式のまま用いられている。

西院流円祐方の伝法灌頂式は、『伝法灌頂三昧耶戒作法』『伝法灌頂初後夜作法』であり、『三昧耶戒作法』は『野沢通用式』のまま用いられており、『初後夜作法』は、『八結』第八の『初後夜作法』を転写し、口訣を加えて用いられている。

### 第三項　伝法灌頂法則

伝法灌頂の法則は、中川『展観目録』に、左記の写本・刊本が収録されている。

灌頂部の写本は一本がある。一は『灌頂幷曼荼羅供諸法則』一紙・金剛三昧院蔵（494）で「鎌倉歟」とされている。

表白部の写本は二本ある。一は『灌頂誦経』一帖・光明院蔵（523）で、表紙は「元和九年四月〇日観智院亮盛

大阿闍梨仁和寺宮一品親王　受者大覚寺宮二品親王尊性」とあり、奥書として「元和九年四月　予導師勤修」とある。二は『誦経導師表白』一帖・光明院蔵（524）で、奥書として「寛永四年十月十日　仁和寺宮依仰　予導師勤修寶菩提院亮春草　法印権僧都　亮盛五十四」とある。

表白部の刊本は一本ある。『嘆徳』一帖・水原堯栄蔵（549）で、刊記として「正保丁亥孟冬下澣書　四兵衛」とある。

## 第四節　伝法灌頂の声明

伝法灌頂の三昧耶戒作法・誦経導師作法・伝法灌頂作法のそれぞれの声明のみを解説する。なお、伝法灌頂に用いる声明の中、すでに解説されている声明は省略する。それらは左記であるので参照すべし。


○庭讃　本篇第一章第五節8

○云何唄　本篇第一章第五節1

○散華　本篇第一章第五節2・3・4

○三礼　本篇第五章第四節2

○発願　本篇第六章第五節3

○四弘　本篇第六章第五節4

○仏名　本篇第五章第四節3

○教化　本篇第五章第四節4

○四智梵語　本篇第一章第五節[7]
○心略梵語　本篇第一章第五節[9]
○東方讃　本篇第二章第五節[2]
○吉慶漢語第一〜五段　本篇第二章第五節[3]
○吉慶梵語第一〜三段　本篇第二章第五節[4]
○仏讃　本篇第一章第五節[15]
○不動梵語　本篇第一章第五節[10]
○西方讃　本篇第二章第五節[5]
○四波羅蜜　本篇第二章第五節[6]

## [1] 対　揚

伝法灌頂の三昧耶戒の対揚は十句である。

証誠の句は「四方四仏　証誠説戒」、護持の句は「護持受者　悉地円満」、妙典の句は「仏性無漏　三摩耶戒」と替句する。なお、霊句の「諸聖霊等」の句は略す。対揚の唱え方は本篇第一章第五節[5]を参照すべし。

## 2 九方便

伝法灌頂の勧請では、「護持施主除不祥」を「護持受者除不祥」と替句する。九方便の唱え方は本篇第三章第五節2を参照すべし。

## 3 五悔

伝法灌頂の勧請では、「護持施主除不祥」を「護持受者除障難」と替句する。また、「滅罪生善成大願」は「滅罪生善成悉地」と替句し、「滅罪生善成大願」と「天下法界同利益」の間に、「消除無明妄三業・顕得薩埵心月輪・決定不退三密行・自他円満成悉地」と入句する。

なお、『中院流三宝院伝法灌頂教授手鏡』に、「他流にて初夜金界唱礼なる時は『　』を施せる消除等の四句を除き后夜胎蔵の唱礼の時入句す」と、中院流以外の他流の金界を初夜とする時には、消除等の四句を初夜の金界の時に唱えず、後夜の胎蔵の唱礼に入句すると述べられている。

五悔の唱え方は本篇第一章第五節5を参照すべし。

# 4 伝法灌頂誦経導師表白

罒三巻三四左二～三行

**大悲胎蔵**

「タイヒタイソウ」と読む。「ダイヒタイゾウ」と読む伝もある。

罒三巻三五右一～二行

**恒沙塵数**

「ジンジュ」と読む。「ジンズ」と読む伝もある。

罒三巻三五右四行

**入　聖**

『岩原魚山集』では四声点が不入声で本濁音なので「ジュショウ」と読むべきであるが、「ジッショウ」と読む。であるならば、四声点は入声に点ずべきである

罒三巻三六左二行

**明月ヲ**

「メイゲット」と読む。「メイガット」と読む伝もある。

# 5 嘆徳

伝法灌頂後朝嘆徳の儀式で、新阿闍梨が嘆徳所の二畳台に座すると、職衆が庭上の薦の上に上﨟前に立列、正頭

が四智梵語・心略梵語・東方讃を唱え、嘆徳師が新阿闍梨の徳を讃嘆する文をいう。

『乳味鈔』巻一七（一六丁表）によると、嘆徳の本説は『大日経疏』巻九、始行は寛平法皇灌頂を濫觴とすると説く。さらに、嘆徳は新阿闍梨を讃揚し傍ら大阿闍梨を称嘆する、嘆徳ならびに誦経の仁は師徳を讃嘆する故に他門の仁に限る、小野方の灌頂には広沢方の大徳を広沢には小野方の法匠を請する、嘆徳師は声明堪能と威儀厳重なる仁をえらぶ故に、必ずしも座位によらず、一二臈に仁なき時は四五臈をえらぶべしと記されている。調子については、「音調は黄鐘調にして、全然御影供の如し、然れども庭上の所作なる故に、一律を上げて盤渉の音調を用い、又由をも荒々しく唱えるべし。此れ故実なり」（『乳味鈔』巻一七・一八丁裏―一九丁表）と、調子は黄鐘調であるが、庭儀であるので一律上げて盤渉調でといわれているが、正確には二律すなわち一音上げた盤渉調で唱えるという意であり、曲節は御影供の表白の如しであり、ユリも荒々しく大きくきっぱりと唱えよと説かれている。したがって、四智梵語・心略梵語・東方讃も、庭上なる故に、嘆徳に準じて一音高く上げて唱えるべきと思われる。

『中院流院家相承伝授録』下（三一三頁）に、「新阿の徳を嘆ずる段は夫々新阿についてその徳に相違あり。よって変えるを故実とする」と、嘆徳文の中で新阿の徳を讃嘆する箇所は、それぞれの新阿によって変えるのが習いであると記されている。

なお、『中院流聖教』二十八にも、「嘆徳中」として、『岩原魚山集』と文言が異なるが嘆徳文が収録されている。

## 不共ノ鴻範

圕二巻四三右五行

「フグウのコウハン」と読む。

岩三巻四七右一行
**現縁忽尓ニ熟シテ**

「ゲンネンコツジにジュクして」と読む。

岩三巻四八右三行
**精　藍**

「セイラン」と読む。精舎伽藍の略なる故「ショウラン」と読む伝もあり。

岩三巻四八右三行
**闔宗無雙之名刹也**

「カッシュウムソウのメイサツなり」と読む。宗内で並ぶもののない名刹であるとの意である。

岩三巻四八左三行
**秋　哉**

「トキカナ」と読む。

# 第三篇

## 南山進流声明の講式

# 第一章　四座講式

## 第一節　四座講式について

### 第一項　四座講式とは

四座講式は、高弁（仮名・明恵。一一七三～一二三二）の作とされている。

明恵は、岩原諦信『声明の研究』、金田一春彦『四座講式の研究』によると、釈尊を慕うあまり、インドに渡り遺跡を巡りたいとの悲願を起こし準備をととのえていた。建仁三年（一二〇三）に春日神社に暇乞いに参詣すると、海路の危険をさとし、インドへ行くことは思いとどまれよと、その代わりに釈尊一代の化儀を見せようとの神託を受けられ、そのありのままを文章に写されたものが四座講式であると伝えられている。

『四座講式の研究』によると、明恵の孫弟子にあたる永弁『四座講式勘注』に、明恵の四座講式の執筆年代を、「舎利講式は建保三年（一二一五）正月二十一日。遺跡講式は同年同月二十二日。羅漢講式は同年同月二十四日。涅槃講式は同年同月二十九日」としている。ところが、『声明の研究』、大山公淳『仏教音楽と声明』は、遺跡・羅

漢・涅槃の講式は同であるが、舎利講式のみは「建保二年（一二一四）正月二十七日」とされている。これは、岡山県備前市の正楽寺に、真偽両説がある明恵自筆本の講式があり、この正楽寺本の奥書によるのであろうと述べられている。

なお、建保三年（一二一五）二月十五日の涅槃会に、明恵上人が草されたこの講式が初めて用いられたと伝えられている。

ところで、作曲について岩原は、正楽寺本に文章と同じ筆致で、甲・乙・三重の文字が朱で書き入れられている。そして、この甲・乙・三重を近年の四座講式と比較すると大体において一致するとして、作曲も明恵であると主張されている。

金田一は、天台の講式の伝承と唱え方が記された暦応三年（一三四〇）成立の玄雲『声塵要次第《しょうじんようしだい》』には、高く上げる箇所は人の裁量にまかせるとなっており、高く唱えよとの指示はなかったと思われ、明恵が甲・乙・三重の注記を付されたとは考えられないとされている。

大山は、高野山塔頭所蔵の講式を詳細に検証し、元応（一三一九～一三二一）の頃には音譜が付されるようになり、元応二年（一三二〇）には初重・中音・甲二重・三重等の口伝も書き入れられるようになったとし、金田一の説に反することが述べられている。

四座講式とは、釈尊涅槃の二月十五日に執行される常楽会の四座の講（法会）で唱えられる、涅槃講式・羅漢講式・遺跡講式・舎利講式の四種をいう。

また、『大正蔵』の四座講式は無点譜であるが、大山によると、鎌倉末期には博士が点譜され、高低が指示されるようになったといわれている。現在、真言宗で用いられている講式本もすべて博士が付され、旋律の音程は初重、

少し高い二重、さらに高い三重、初重より低い下音、初重と二重にわたった中音の五種によって作曲されている。

講式とは、本来、法会儀式そのものを指していた。ところが、楽曲の講式が法会儀式の大部分を占め、かつその楽曲を中心とした法会であることから、楽曲そのものが講式と呼ばれるようになった。浄土宗、浄土真宗は、楽曲を「表白」とよび、「講式」とは、儀式全体を指す。

平安時代、末法思想の流行により、一般民衆も仏教に救いを求める者が多く出てきたので、寺院も民衆教化のために、講（信仰団体）を作り始めた。そして、仏、祖師のお徳を讃え、法会の拝む対象となる図像を説明するために、解説文（講式）を作成し、これを講読し、これにより法会が執り行われた。

仏、菩薩、明王、天部、祖師等のお徳を讃嘆した漢文読み下しの文に、博士を付したものである。

初めに、全体の主旨を述べた表白段、つづいて三段式、五段式、六段式があり、由来、因縁、徳行、功徳を讃嘆し、発願廻向する。そして、最後には必ず、伽陀、礼拝をお唱えする。

## 第二項　四座講式の写本と刊本

中川善教『展観目録』には、左記の如く数多くの講式が収録されている。なお、（　）内の数字は『展観目録』の整理番号である。

写本としては、四座講式・舎利講式・阿弥陀講式・台家善光寺如来講式・薬師講式・弥勒講式・西大雑記（興正菩薩式あり）・文殊講式・地蔵講式・値遇観音講式・聖観音講式・正観音講式・千手観音講式・十一面観音講式・観音別行略式・普賢講式・虚空蔵講式・妙見菩薩式・行基菩薩講式・愛染秘密式・愛染講式・不動講式・不動明王講式・大威徳講式・歓喜天講式・弁財天講式・大黒講式・大黒天講式・摩訶迦羅天式・聖天講式・三天講略式・三

天講会式・北辰講式・月講式・日天礼拝式・談山権現講私記・権現講式・蔵王講式・八幡講式・八幡講私記・誓願八幡講式・鶴岡山八幡講式・龍王講式・明神講式・山王講私記・御本地讃嘆式・丹生講式・神祇講式・天神講式・天満天神講式・諸神式・鎮守講私記・熱田明神講式・丑日講式・朔日羅漢講式・布袋講式・別願式・大師講式・弘法大師講式・弘法大師誕生会式・弘法大師講私記・聖徳太子生身供式・上宮太子式・太子講式・柿本講式・達磨講式・仏生講式・五十五善智識講式・二十五三昧式・往生講式・往生講私記・法華講式・発心講式・欣求霊山講式・霊山講式・六根懺悔式・率都婆講式・中宗報恩講・報恩講・追福講式・秘密修善講式・作塔講式・駄都式・常住金剛講式・梵網講・如法経十種供養式・自行式・三帰講・音楽講式・妙音講式である。

刊本としては、四座講式・薬師講式・弥勒講式・不動講式・地蔵講式・明神講式・弁財天講式・大黒講式・大師講式・弘法大師誕生会式・仏生講式である。

その中、四座講式は明恵自筆本といわれる建保二年・三年（一二一四・一二一五）の正楽寺本より後に、多くの写本が書写されている。

『展観目録』収録の写本の中で、岩原・大山・金田一が注目されている写本のみをあげると、左記の二である。

一は、『如来遺跡講式』一軸・惣持院蔵（190）で、奥書に、高弁の建保三年正月二十二日の草本を、華厳宗喜海が同年二月五日に清書了とあり、それを文保二年（一三一八）十月二十五日に覚能が書写している。そして、元応元年（一三一九）二月四日に「交点了」とあり、音譜が点じ始められたことが窺える。

二は、『四座講式』三軸・宝亀院蔵（193）で、舎利を欠く。正平十二年（一三五七）七月二十二日に奝賢が書写畢とある。しかし、金田一は、本文・送り仮名等の一部は正平十二年のものであるが、博士・四声点・二重等の符号は後世に付け加えられたもので、宝暦版以下の譜本に近いとされている。

刊本は左記である。

一、明暦二年（一六五六）の版。大山は触れておらず金田一のみ言及している。朝意自筆本を某甲が写し、さらに某乙が書写し刊行せしものである。有坂秀世博士旧蔵の本で、世上にあまり流布しなかった版という。

二、寛文十一年（一六七一）の版。大山は最も古い刊本というが、明暦より後年となる。『展観目録』によると、『新版再治四座講式乾坤』二冊・龍光院蔵（326）で、村上勘兵衛が刊行している。「無点」とあり、点譜されていない講式である。

三、貞享三年（一六八六）の版（327）。『展観目録』によると、『新版再治四座講式本末』二冊・大山公淳蔵（327）で、貞享三年五月下旬・武州俊忍とあり、前川茂右衛門が刊行した。新義の所用である。

四、宝暦八年（一七五八）の版。金剛三昧院快弁と普門院理峯の序があり、理峯の命を受け廉峯が校正して、経師八左衛門により刊行された。

五、桑本真定『四座講式』。大正五年（一九一六）に、桑本真定が宝暦版を改訂して、六大新報社より刊行された。

六、瑜伽教如『昭和新訂四座式』。昭和四年（一九二九）に、朱注の本が千本釈迦堂より縮刷発行された。

七、岩原諦信『四座講式並大師明神両講式　全』。四座講式と弘法大師誕生会式・明神講式を合本にしたもので、昭和十四年（一九三九）に松本日進堂より刊行された。

八、『鈴木声明集』収録の四座講式。鈴木智弁が『南山進流声明集附仮譜』上下二巻として、魚山集収載の声明諸曲・諸講式・三箇秘韻等を合本にしたもので、四座講式は下巻に収録されている。昭和三十二年（一九五七）に松本日進堂より刊行された。

九、吉田寛如『詳解魚山集』解説篇に収録の四座講式。自筆で仮譜が付され、訓読みで唱えやすく編作されている。

## 第三項　四座講式の調子

四座講式の調子について、現在わかっている主要な説は、左記である。

一は、『声実抄』（続真全三〇・二七頁）の「式相調子は一越平調双調也」とある説である。この説に対し、岩原・大山ともに初重は一越調、二重は平調、三重は双調とみている。

岩原は、双調と一越調は甲乙の関係であるから宜しとしているが、一越と平調、双調と平調の関係は隣次反の関係であり、甲乙反によって成り立っている講式としては不可であるといっている。

大山は、講式の甲乙は声の甲乙ではなく、調子の甲乙、すなわち甲は平調、乙は一越・双調として、この説を良しとして賛同されている。

真亮『式一貫秘口伝鈔』（続真全三〇・三七九頁）には、「問。式をば一平双の三調子を出し用て一ツの調子に定めざる由は何ぞ乎。答。人人の音声必ず大小好悪能不能有るに依るが故に三調子を出して其の随一を用て一の調子に決定せざるなり」とあり、『声実抄』の一平双の三調子は、初重は一越調、二重は平調、三重は双調というのではなく、人の声は自ずと異なるのであるから、その三調子の一をもって唱えるべきと述べられていると思われる。しかし、この一平双を初重か二重か三重のいずれに用いて唱えるのか、加えて他の重との関係についても述べられていないので、これだけでは不備であるといえる。

二は、宥雄『進流声明撮要』（続真全三〇・三〇〇頁）に収載されている「初心声明調曲略頌」の「諸尊講式黄鐘甲　中音本調半呂律　三重初重順平乙　二重下音逆一甲」と指示されている説である。この略頌は覚証院隆然の作と伝えられている。

大山は、中音を黄鐘甲、三重初重を平調乙、二重と下音を一越とみている。そして、初重・三重には実際に反徴を用いており呂であるので、平調乙はそれに反するとしている。また、二重・下音は律であり、これも一越は呂である。したがって、この『進流声明撮要』の説には賛同できないとしている。

岩原によれば、第一句の甲は当然に二重のことであり二重は黄鐘、中音は本調子の二重と同じく黄鐘で半呂律すなわち中曲、三重・初重は乙すなわち甲乙反で順に平調、下音は二重より甲乙反で逆に一越との意としている。さらに、岩原は「百年の知己を得て私は会心の笑いを禁じ得ないのである」と述べられ、この説をとられている。

三は、筆者は目にしていないが、岩原・大山は理峯『四座講式聞書』の初重一越・二重黄鐘・三重盤渉と定められているとしている説である。これは桑本真定『四座講式』（以下『桑本版』）の巻頭の「読式心得」として、「調子初重ハ一越二重ハ黄鐘三重ハ盤渉ナリ」とあるのと同である。

大山は、盤渉を基本にした隣次反であり、かつ三重には徴・徴・角の譜の時に上の徴は下の徴よりも半音低い反徴を用いる。ところが、三重が盤渉ならば反徴がないので、賛同できないとしている。

岩原は、二重を黄鐘としているのは宜しいが、初重一越・三重盤渉としているのは甲乙の理論を理解していない説であり、原本の甲乙の指示に反する。乙は初重と三重が一オクターブの関係にあるのであり、異なった調子であってはならないと批判している。

四は、『四座講式並大師明神両講式』（以下『岩原版』）の「講式伝習手引」の冒頭に、講式二重は黄鐘調、講式初重・三重は平調、下音は一越調として、「異説重々なるも迷う勿れ」と述べられている。結局は、二の『進流声明撮要』と同説であり、二重は黄鐘調、初重と三重は一オクターブ異なる平調、下音は一越調と主張されている。

岩原の図を引用すれば左記であるが、下音の一越調は私に付加させていただいた。講式二重は略頌初二三重十一

### ○四座講式の初重・二重・三重

| 洋楽音名 | 十二律 | 横笛 | 二重（中曲黄鐘調） | | | 初重・三重（中曲平調） | | | 下音（中曲一越調） | | |
|---|---|---|---|---|---|---|---|---|---|---|---|
| イ | 黄鐘 | 夕 | | | | 角 | 理論上三重 | | 徴 | 理論上三重 | |
| ■ | 鳧鐘 | | | | | | | | 反徴 | | |
| ト | 双調 | 上 | | | | 揚商 | | | 角 | | |
| ■ | 下無 | 五 | | | | 商 | | | | | |
| ヘ | 勝絶 | | | | | | | | 揚商 | | |
| ホ | 平調 | 干 | 徴 | 理論上三重 | | 宮 | | | 商 | | |
| ■ | 断金 | | 反徴 | | | | | | | | |
| ニ | 一越 | 六 | 角 | | | 揚羽 | 理論上二重 | 講式三重 | 宮 | | |
| ■ | 上無 | | | | | 羽 | | | | | |
| ハ | 神仙 | 下 | 揚商 | | | | | | 揚羽 | 理論上二重 | |
| ロ | 盤渉 | 中 | 商 | | | 徴 | | | 羽 | | |
| ■ | 鸞鏡 | | | | | 反徴 | | | | | |
| イ | 黄鐘 | 夕 | 宮 | | | 角 | | | 徴 | | |
| ■ | 鳧鐘 | | | | | | | | 反徴 | | |
| ト | 双調 | 上 | 揚羽 | 理論上二重 | 講式二重 | 揚商 | | | 角 | | |
| ■ | 下無 | 五 | 羽 | | | 商 | | | | | |
| ヘ | 勝絶 | | | | | | | | 揚商 | | |
| ホ | 平調 | 干 | 徴 | | | 宮 | | | 商 | | |
| ■ | 断金 | | 反徴 | | | | | | | | |
| ニ | 一越 | 六 | 角 | | | 揚羽 | 理論上初重 | 講式初重 | 宮 | | |
| ■ | 上無 | | | | | 羽 | | | | | |
| ハ | 神仙 | 下 | 揚商 | | | | | | 揚羽 | 理論上初重 | 講式下音 |
| ロ | 盤渉 | 中 | 商 | | | 徴 | | | 羽 | | |
| ■ | 鸞鏡 | | | | | 反徴 | | | | | |
| イ | 黄鐘 | 夕 | 宮 | | | 角 | | | 徴 | | |
| ■ | 鳧鐘 | | | | | | | | 反徴 | | |
| ト | 双調 | 上 | 揚羽 | 理論上初重 | | 揚商 | | | 角 | | |
| ■ | 下無 | 五 | 羽 | | | 商 | | | | | |
| ヘ | 勝絶 | | | | | | | | 揚商 | | |
| ホ | 平調 | 干 | 徴 | | | 宮 | | | 商 | | |
| ■ | 断金 | | | | | | | | | | |
| ニ | 一越 | 六 | | | | | | | 宮 | | |
| ■ | 上無 | | | | | | | | | | |

位の黄鐘調の理論上二重であり、講式初重は黄鐘調二重の甲乙反順による略頌の平調初重であり、三重は一オクターブ上の略頌の平調二重である。下音は黄鐘調二重の甲乙反逆による略頌の一越調初重である。

なお、調子音階については、岩原は『四座講式聞書』には二重黄鐘、『進流声明撮要』には「諸尊講式黄鐘甲

中音本調半呂律」とあるのは、単に黄鐘調というのみならず、中曲旋法としての黄鐘調であるとして、初重・二重・三重の実際の音の動きを音階にあてはめて、すべての重にわたり、中曲と述べられている。

進流では、音階が移るのは、曲中反の双調呂曲と平調律曲、一越呂曲と盤渉律曲の二の関係のみであり、二重甲が中曲であるならば、初重・三重・下音も呂曲・律曲に移るということはあり得ず、岩原のいうすべての重にわたり中曲という主張は妥当であると思われる。

## 第四項　四座講式と四声

四声とは、平声《ひょうじょう》・上声《じょうしょう》・去声《きょしょう》・入声《にっしょう》の四であり、『仏教音楽と声明』に詳しく解説されているので、左記に要点のみ記す。

平声は低く直く（ソラズにまっすぐに）発声する、上声は高く直く発声する、去声は曲りて（スクウ如く）長く発声する、入声はつづまりて短く発声すると説明されている。また、古来「茶碗天目」の句で四声をあらわすとしているが、その中で「天子」と「天目」の「天」は同じ「天」でありながら、「天子」の「天」は平声、「天目」の「天」は去声で、同じ文字でも異なる。

さらに、四声のみではすべての文字を読むことができないので、不入声《ふにっしょう》・毘富良声《びふらしょう》・入軽声《にゅうかるしょう》・平軽声《ひょうかるしょう》が考えられた。不入声は、「法身」の「法」は入声でツメル声となるが「妙法」の「法」は入声で読めないので、入声の「法」に対して不入声の「法」という。毘富良声とは広大なる声という意で、天台では「諸漏」・「阿耨多羅」に用いられているが、高野山・根来山には上声として別立しない。平軽声とは、「三昧耶」の「三」であり、入軽声とは「徳本」の「徳」であり、軽とは押した声をいい、平声・入声でない意をあらわしている。

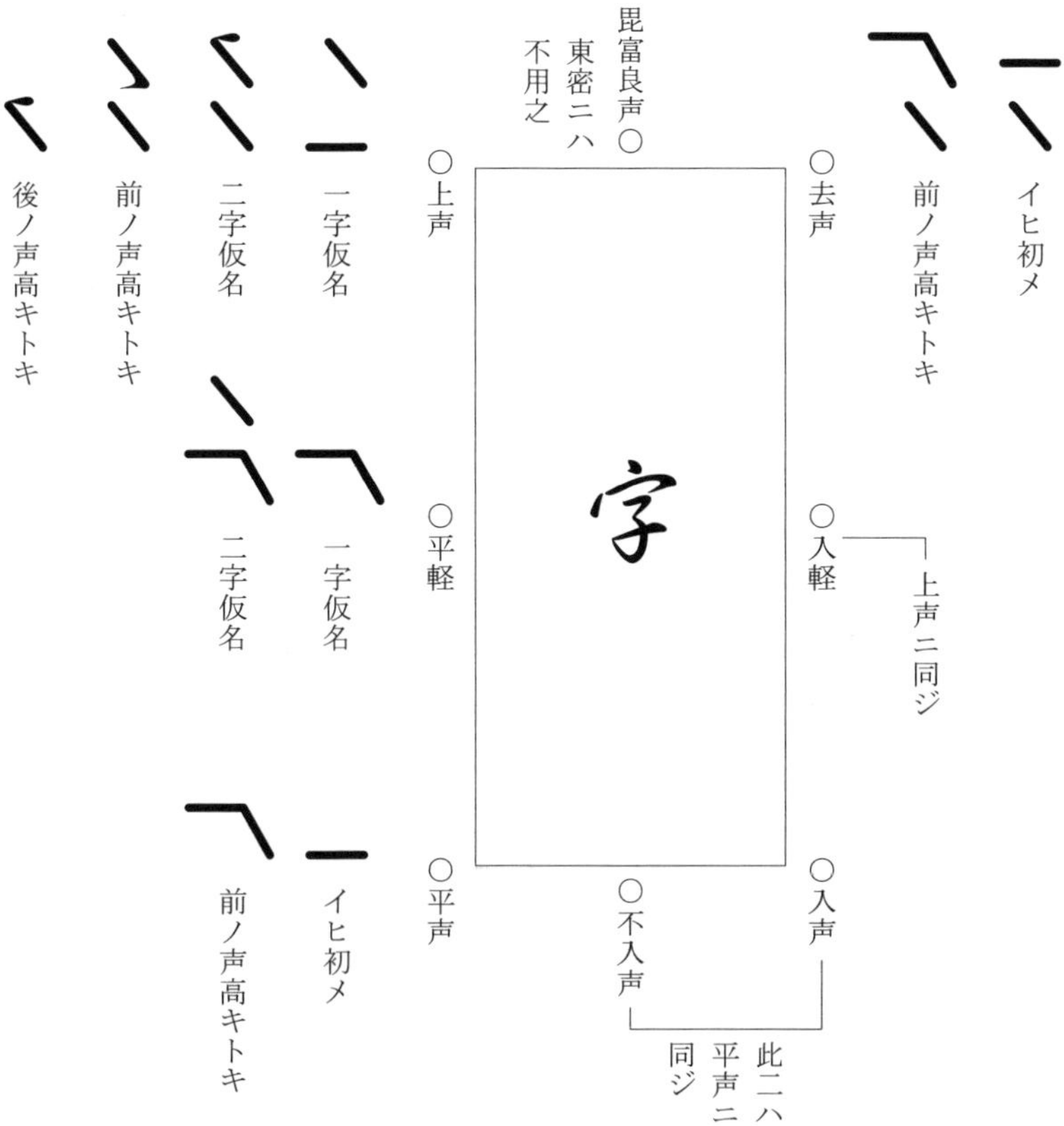
イヒ初メ
前ノ声高キトキ
○去声
○入軽
上声ニ同ジ
○入声
此ニハ
平声ニ
同ジ
字
毘富良声○
東密ニハ
不用之
○不入声
○上声
○平軽
○平声
一字仮名
二字仮名
前ノ声高キトキ
後ノ声高キトキ
一字仮名
二字仮名
イヒ初メ
前ノ声高キトキ

四座講式を唱えるのには、これらの四声の約束を心得ておかなければならない。また、二字・三字以上の文字を連続して音読するのを「声の出会い」といい、多くあるが省略する。なお、右図は児玉雪玄『類聚の解説』（一四二頁）に収録されている「四声の差違」であり、要を得ているので引用する。

## 第二節　講式の唱え方の約束

### 一、初重の唱え方

切ル印。

ハネ切ル印。軽くソルようにしてハネ、必ず声を切って、改めて次の徴を唱える。
譜の末を何気なくハネ切ルようにする。



下ヘツヅク印。

ツレル印。徴①と徴②を息を切らず、つづけて唱える。

①はアタル印。墨譜は徴であるが、角のキキで  ㋐・㋑と同音で突いて唱え徴②を高く出す。

②はカカル印。前の徴①よりも、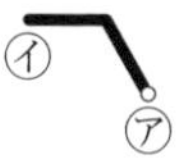 ②の初め㋐を一音高く唱え、次に②の後㋑を角に下げて唱えた後、徴③を唱える。

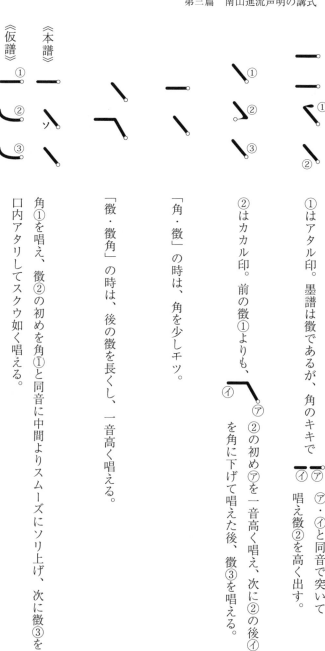

「角・徴」の時は、角を少しキツ。

「徴・徴角」の時は、後の徴を長くし、一音高く唱える。

《本譜》

《仮譜》

角①を唱え、徴②の初めを角①と同音に中間よりスムーズにソリ上げ、次に徴③を口内アタリしてスクウ如く唱える。

《本譜》《仮譜》

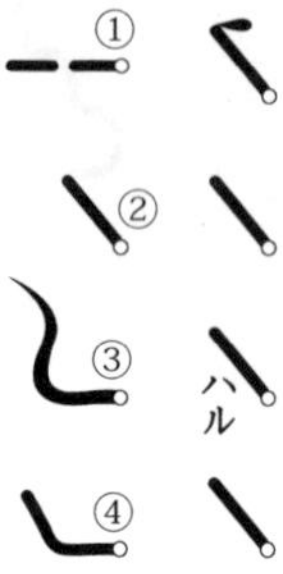


徴①を角で突いて唱え、ハルの前の徴②を少し強く突き出すようにして長くモチ、徴③のハルは口内アタリしてスクウ如く強くゆるみなく長く唱え、次の徴④は前半を下げて角のキキに唱え、後半を上げて徴の位に唱える。

角の譜は例外があるが、すべて短くヒロウ如く唱える。

《本譜》《仮譜》

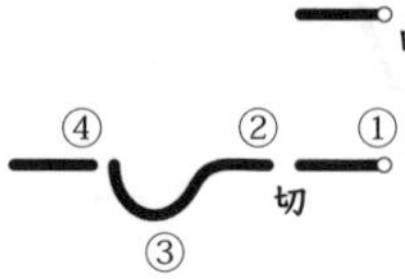


本由の印。角①をアタリ長く唱え、次に口内アタリして角②を引き、③を角②よりもスムーズに下げマワシ上げ、そして口内アタリして角④を唱える。なお、角の由①の前は必ず切る。

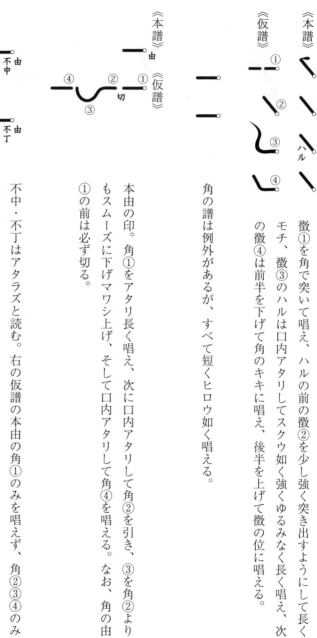


不中・不丁はアタラズと読む。右の仮譜の本由の角①のみを唱えず、角②③④のみ唱える。

由の前、「角・角」の時は、由の前の角①をモツ。

由の前、「徴角・角」とある時は、後の角①をモツ。

由の前、「徴角」とある時は、角①を短く唱える。

## マウサク

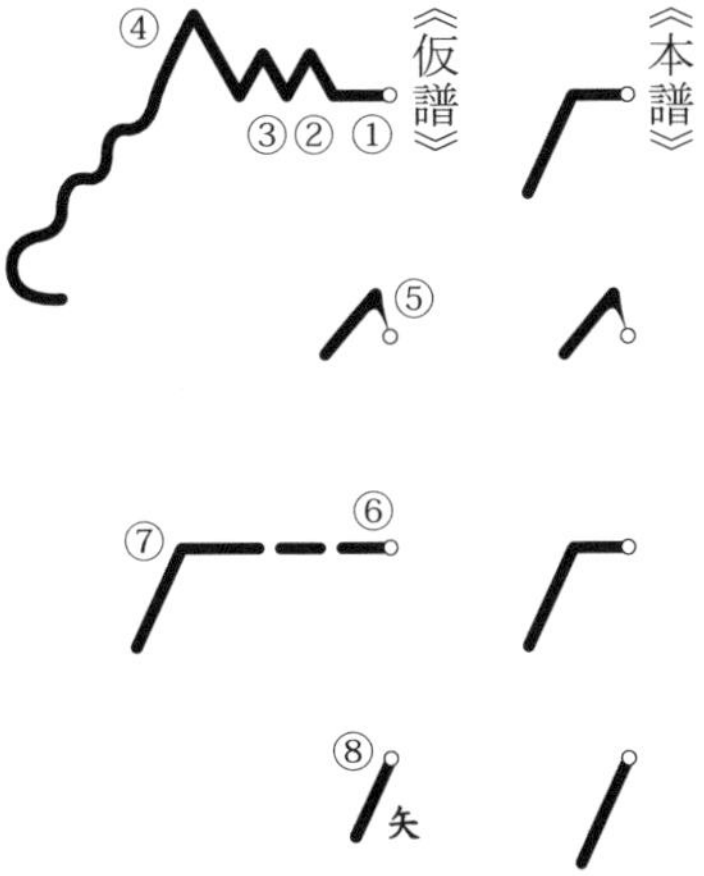


少し角①を引く。②は角①の低い音から声を引き上げまた角①の音に戻るユリ。③は②と同。商④は②と同じ如くであるが、②よりも頂点の高音がきわめて高いユリであり、後をユルグで二ツ半唱える。カカリ商⑤は初め短く打ち付ける如く唱え、切音不切息して力をぬく如くして商を引く。角⑥は突由を三ツ、切音不切息して商⑦に力をぬく如く下げ、商⑧は商⑦の商と同音に唱える。

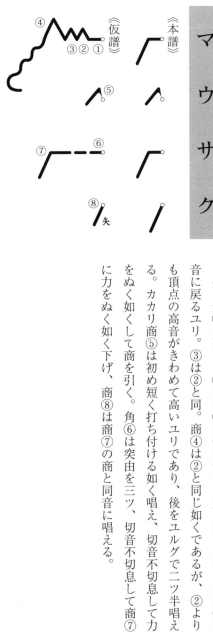

## 二、二重の唱え方

一のユリ

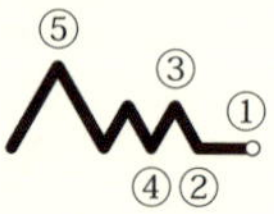


二のユリ

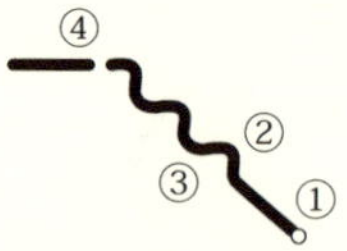


二重の徴角の博士は徴をユルことになっている。しかし、そのユリに大きく異なりがある。以下、一と二のユリがある。

一のユリは初め角①を少し引き、その低音②から高音③に上げ、さらに低音④に下げる。この②③④を二遍唱え、⑤を②③④よりも少し頂点を高くモッテ長く唱える。なお、①②③④⑤と図では高低があるが、すべて徴の中で唱える。

二のユリは初め徴①を少し引き、②の高音からスムーズに曲線的に③に下げる。このユリを三遍唱え、角④に下げて引く。なお、一のユリと同じく、徴①から角④の前までは高低があるがすべて徴であり、④のみ角である。

### 三のユリ　徴の博士のみ

《本譜》

《仮譜》

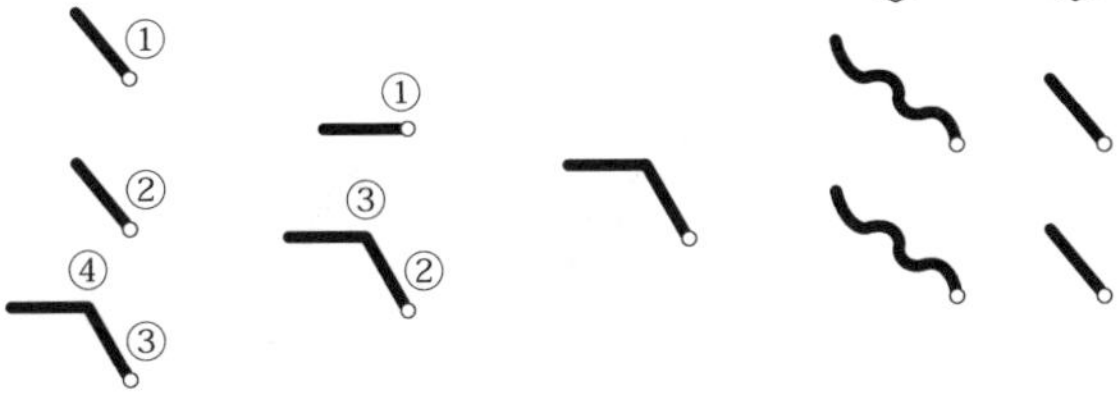


徴角の時は右の二のユリで、初め徴①を少し引き三遍ユルのであるが、徴のみの時は初めを引かず、二遍ユルのみである。

文章の初めに徴角の博士ある時、徴を一のユリで唱える。

徴②の初めを角①と同音で少し引き、後の徴②を一のユリで唱え、角③に下げる。

初めの徴①②は三のユリ、徴角の博士も徴③の前の博士が徴であるので、二のユリで唱え、角④に下げる。

《本譜》

《仮譜》

徵①③は三のユリ。徵②はユリの前をモツ。実際的には二のユリと同じ。ただし、角に下げることはなし。

《本譜》

《仮譜》

マワスの前にては、すなわち角①で必ず切り、徵②をマワスで唱え、徵③を二のユリで唱える。

マワスは㋐の初めを声を太くためる如く少し高く唱え、スムーズにやわらかくマワシ下げ、㋑を押し上げる如く高く突き出すように、三のユリ㋒を二遍、③を二のユリで唱える。

《本譜》

《仮譜》

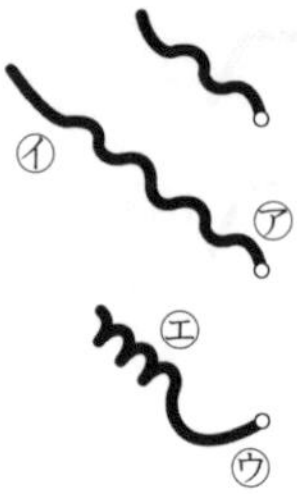


徵①は三のユリ、徵イロ②は㋐の三のユリを四遍唱えた後、㋑を直線で引く。徵ソリ③はイロの後に㋒を口内アタリして、太くコスル如くスクウように徐々に高く唱え、㋓を三のユリで唱える。

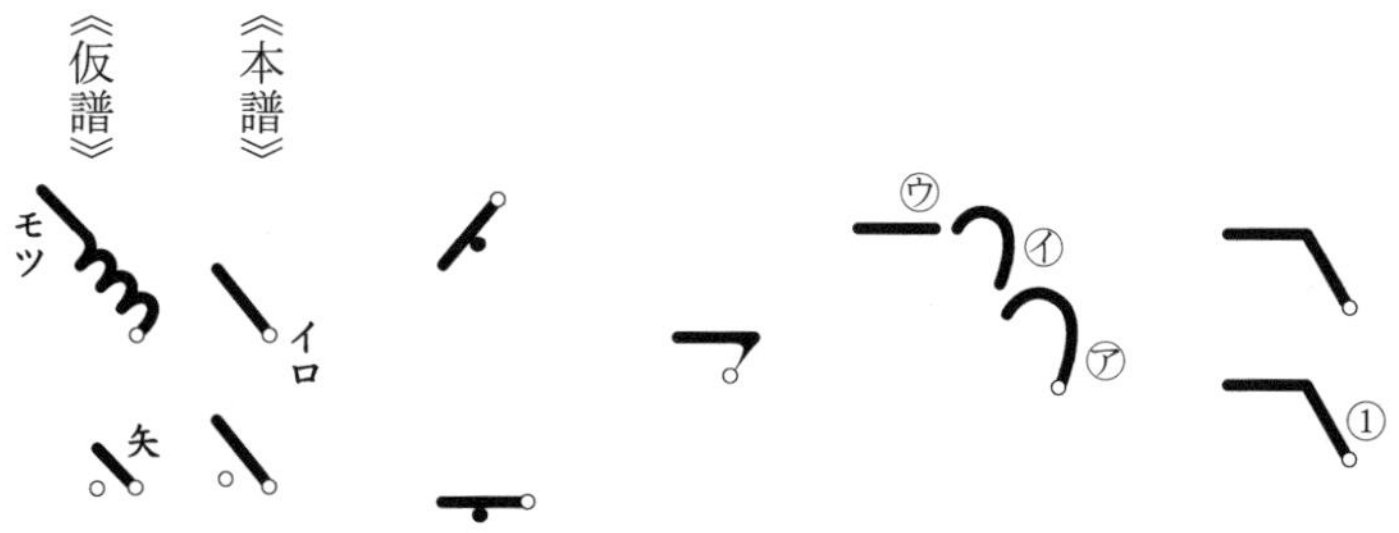


**矢　豆**

徴角①②③の徴の前の博士が角の時、①②③は短由で唱える。

短由は、初め徴㋐を長く、後徴㋑を短く唱え、㋑の最後の音で角㋒をツク。ユリのマワシ方の唱え様は散華中段・下段の頭の最後、「盧」「功」の四由と同じ音動で唱える。

口内にてカカル印。口内アタリの如く唱える。

ツク印。

切る印。前の徴のイロの先を少しモチ、後を短くおく。

《本譜》

《仮譜》

徴①カカリ角②（角のみの譜もあり）の博士の場合。

徴㋐を引き、三のユリ㋑を唱え、㋒はユリの後を少しモチ、声はスカシ声の如く、裏声で息を吸い込むような、すなわち細く消え入るような声を出し、ユリソリ切りの如くスムーズに高きから低きに、息をぬく如く唱える。次に、下がった音よりも高く㋓を唱え、切音不切息して、商㋔に下げ引く。

## 三、三重の唱え方

博士の唱え様は、初重と大体同じであるが、すべてにわたって息のつづく限り、ゆったりと唱えるのが習いである。

《本譜》

《仮譜》

徴の譜は、初め口内アタリをして、高く長くすくい上げ、後は七ツユリ、すなわち大を二ツ、中を三ツ、小を二ツ、それも常の七ツユリよりもゆったりと唱える。

**ソルとハル**

ソルとハルは式士の意楽であるが、ハルをもって師伝とする。
ハルは、口内アタリをしてスクウ如く唱える。

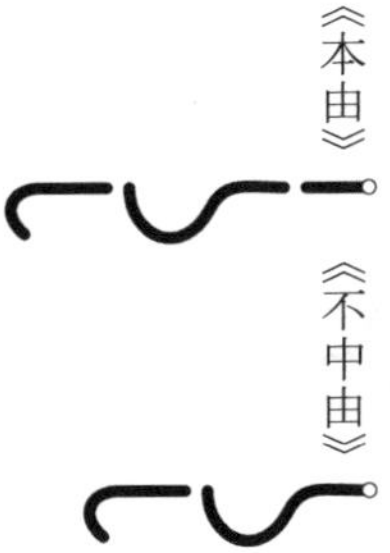


本由・不中由のトメは、末を息を吐く如く、ハネル如く唱える。

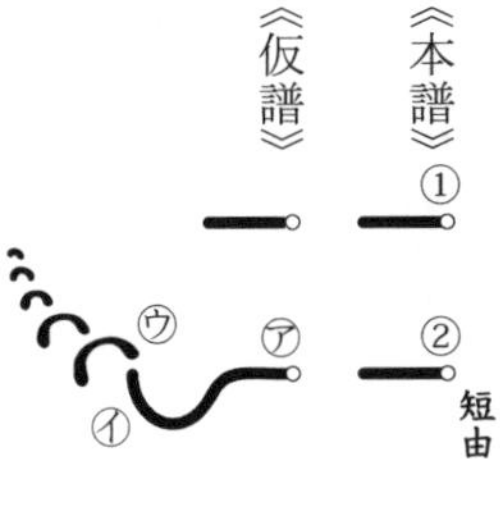


角①角②の博士で、角②に短由の符号がある場合。
角①と同音に角㋐を引き、少し下げてからスムーズに高くすくい上げ、その高さで徐々に小さく五ツほどユル。

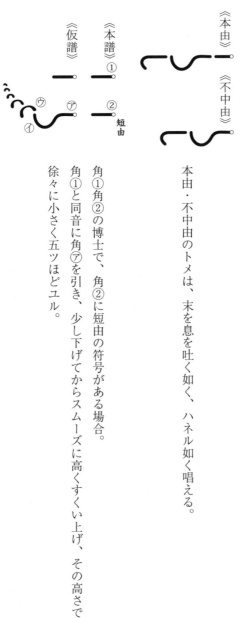

## 四、下音（沓）の唱え方

『声明の研究』（六一三頁）に、「下音というものは原本には手入れが無いようであるから、或いは後世に出来たのかも知れない」とされ、明恵上人作とされる原本に下音の記載がないので、後世にできたものかも知れないと疑問を呈されている。

下音も甲であるので、二重と同じ唱え様をする。初重より一音低く唱える。

## 五、中音の唱え方

中音は、二重より一位低く唱えるのが習いである。したがって、二重の最後の商と中音の最初の角と同音に唱える。二重より低く重々しく唱えるべしと口伝されている。

中音の途中で一度声を切るを原則とする。

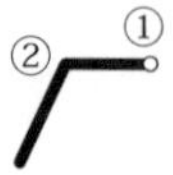


中音の角①商②はともにイロなし。角①をモチて、ただちに商②に下す。この商②は長く唱える。中音の商②の高さは初重の角にあたり、同音に唱える。中音より初重に移れば、その初重の最初の一行半ばかりを早々に読み、その次よりは静かに読む。

## 第三節　涅槃講式の実際の唱え方

### 表白段

**敬**　初重

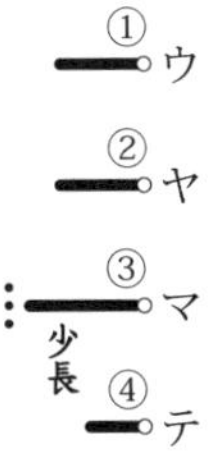


『桑本版』頭注に、「ウヤ同長、マ少長、テ極短なり。都て終わりの仮名はモツべからず、是通規なり」と、「マ」角①を長く、「テ」角②は終わりの仮名である故に、きわめて短く唱える。

**白**　初重

《本譜》

《仮譜》

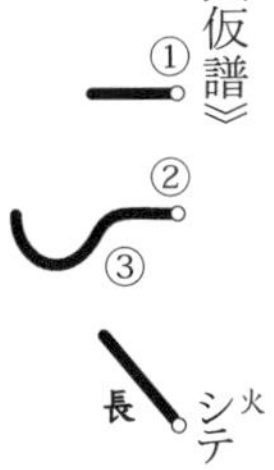


「モ」角①と「ウ」角②を連れて唱え、短由③はフル如く、やわらかに下げ、またやわらかに上げる。

**恩**　初重

『桑本版』頭注に「角の位を持つ」と、角①をモチ長く唱える。

## 如来ハ　初重

「ラ」②をカカリで徴①よりも高く唱えて下げ、また「イ」徴③を上げてきわめて短く唱え、「ハ」徴④を徴③より同音で連れて引き唱える。

## 絶ツ　初重

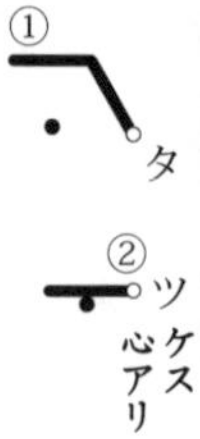


「タ」徴角①を唱えた後、「・」で切り、ケスは入で角②を、「ム」「ム」とツキて唱える。

## 海水ノ上　初重

《本譜》

《仮譜》

『桑本版』頭注は長文になるので要略すると、「ハル」は前の「イ」①の仮名を必ずモッ、すなわち徴①を少し強くツキ出す如く長くモッ、「ノ」ハル②は口内アタリをして初めより強くゆるみなく長く唱える。次の「ウ」徴③は前半を下げ

て角のキキに唱え、後半を上げて徴の位に唱える。

## 契経ヲ　初重

《本譜》

《仮譜》

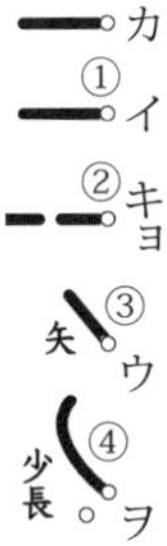


角①②を同音に唱え、「ウ」徴③を強くゆるみなく長く張りて唱え、「ヲ」徴④を太く強く吐き出す如く唱える。

## 是　知　下音

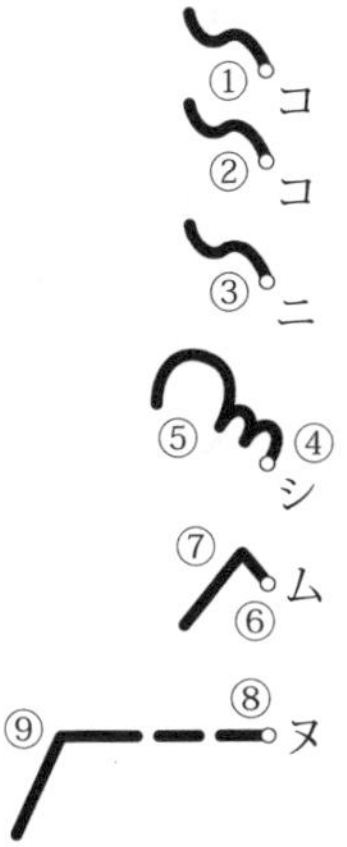


沓とは『桑本版』注記によると、「沓は下に在るものにして即ち下音のことなり」とあり、下音のことであるとしている。

岩原は「初重の角の音より一音上げてココニを出す」と述べられている。しかし、金田一は岩原氏の唱えるのを聞いて採譜すると、下音の徴は初重角と同音であったとしている。岩原によると、講式初重は平調であり、角は十二律の黄鐘、講式下音は一越調とされているので下音の「ココニ」の徴は十二律の黄鐘であり、金田一の言とぴたりと一致するし、理論的にも正しいといえる。したがって、「ココニ」の徴は初重の角と同音に出す。

「シ」⑤で息をぬく如くマワシ下げ、「ム」（ン）の⑥を徴④と同音に高く戻し、商⑦を下げて唱える。「ヌ」角⑧は初重で唱える。「ヌ」角⑧は下音の徴と同音である故に、①②③④等と同音、商⑨を力を抜き下げて唱える。

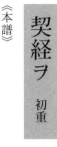

## 光照　初重

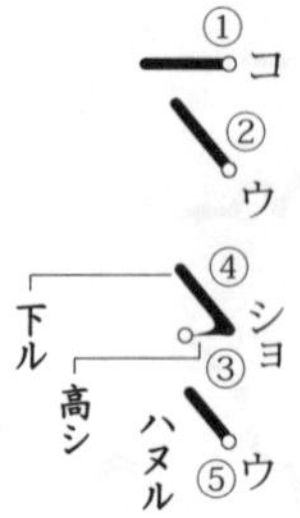


## 長夜　初重

《本譜》

《仮譜》

『式一貫秘口伝鈔』（続真全三〇・三八二頁）に、「口伝はクワウセウのセのカカリを長く持。徴へ横落しの如く。ウはハネル」とある。

まず、「コ」①を唱え、「ウ」徴②を高くモチ、「ショ」のカカリ③を徴②よりも一位（一音）高く唱え、切音不切息して徴②と同音に横下シに下げ、徴⑤を上げてカカリ③と同音にして、長く引き唱える。

普通のカカリ徴は本下シで二音半下げるが、この「ショ」のカカリ徴は③より④へ横下シで一音半下げる。

「ジョ」角①と同音に「ウ」の角②を唱え、軽くソリ上げる③。次に「ヤ」角④を下げ、スクウ如く⑤を唱える。

## 渡ンヌ　初重

《本譜》

《仮譜》

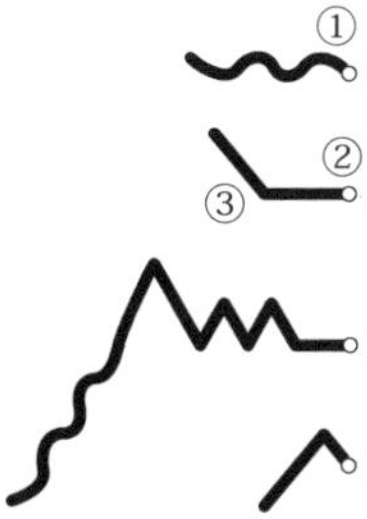

徴を角のキキ①にしてイロをつける。このイロは普通のイロと異なりきわめて穏やかに唱え、①と同音に「タ」角②にカカリ、後に徴③に上げてモッテ唱える。

## 初度也　下音

《本譜》

《仮譜》

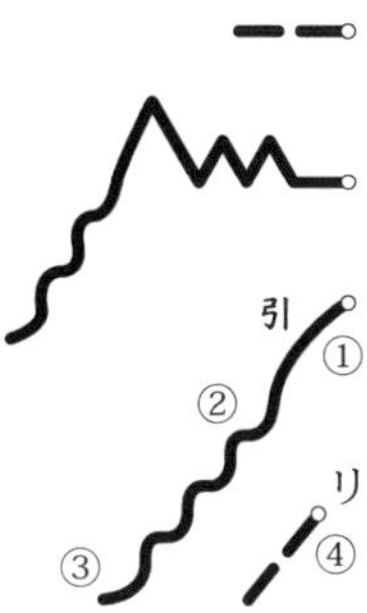


《一》

《二》

商①を長く引いて少し下げ、ユルグ②を二ツ三ツ、末③をモッテ唱える。

《一》「リ」商④を突由で同音で唱える

《二》『式一貫秘口伝鈔』（続真全三〇・三八二頁）に「口伝リをアタル」とあり、「リ」を口内アタリして、突由を三ツして、最後を息をぬく如く下げて唱える。

## 第一段

### 光明ノ　二重

《本譜》

《仮譜》

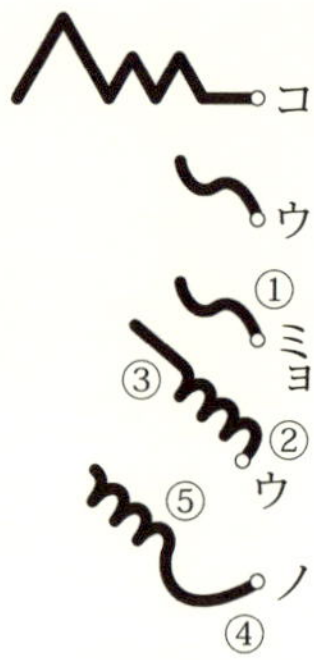


①をユリ、②の「イロ」の注記はユリ四ツ、後③をモツ、「ノ」④の「ソ」の注記は口内アタリをしてコスル如く少し引き、声のソリをしてから、ユリ⑤三ツほどして唱える。『式一貫秘口伝鈔』（続真全三〇・三八二頁）に、「明の習はウのカナ持。ノは少しソル。みじかくして色を持て身に移る習なり」と記されている。

### 雨涙モ　二重

《本譜》

《仮譜》

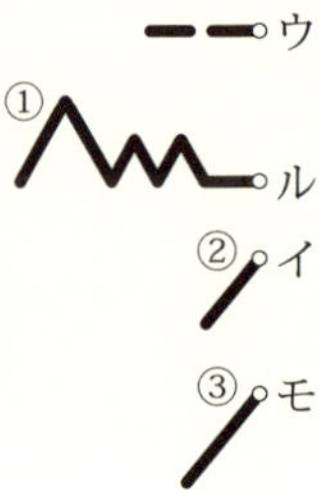


『桑本版』頭注に、「ルの角まで二重なり。此角色あり。色の后を少しモチ商の位に下る。此商より初重にして色なし」とある。実唱は「ル」の初め角を引き、低点から頂点に上げるイロを二ツ、三ツ目は頂点を高くして、横下シで下げ①、その①と同音に商②③を連れて唱える。

『桑本版』は商①②③を初重としている。

### 亦復以テ是ノ如シ　中音

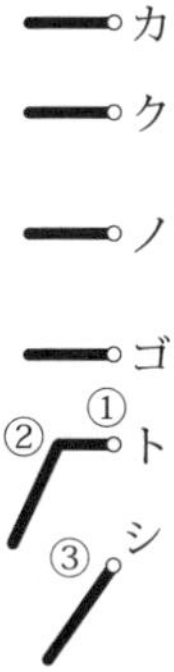


中音の角①はモツ。中音の商②はきわめて長く唱える。

中音については『声明辞典』に、「講式における中音域の部分で、必ず二重の後にある。二重の基音と同じ音高で詞章を早口に読み流し、末尾の音のみを引き伸ばして音高を変化させる旋律をもつ」とあるが、『桑本版』頭注に、「初重より高く二重より低し而も重々しく云う。已下皆同じ」と、すなわち中音は旋律ではなく言葉であり、初重より二重にまたがっているので中音と呼ばれる。また、黄鐘調であるが、一位ほど下げて唱えるとしかいいようがないといえる。

中音より初重に移ると、その初重の最初の一行半ばかりは早々と読み、その次よりは静かに読むべしと、是れ習いなりと伝えられている。

### 水牛　初重

『桑本版』頭注に「水の徴を一位高くツツキ出延ルロイなり」と、徴①を一位高く羽に出し延べ、②はカカルで本来はカカリ②を高く徴③を低く唱えるが、アタル如く、カカリ②と徴③を同音でツキ由で唱える。

### 一果ニ　二重

マワスの前は必ず声を切る。マワス①で声を太くタメル如く声を少し高く、突き出すようにしてマワシ下げる。②で底上げ押し上げる如くした後に、ユリ③を二ツ三ツ

《本譜》

《仮譜》

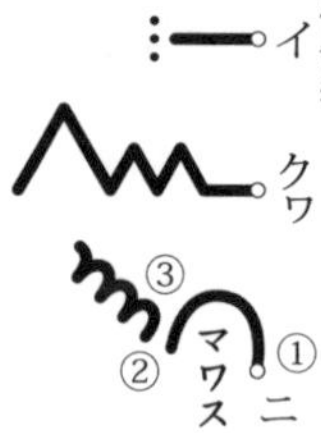


唱える。

## 悉　二重

《本譜》

《仮譜》

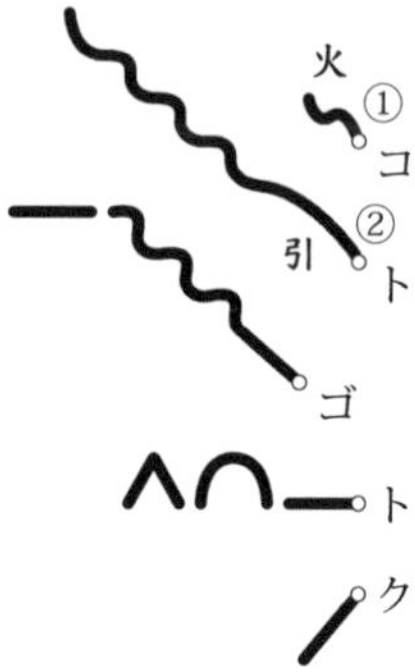


『桑本版』頭注に、「トを引くロイなり。コを短く云うはトのロイを顕さんがために外聞に緩急を示すものなり」と、「コ」①は火できわめて短くユリ一ツ、「ト」徴②は初めを長く引き少し下げユリ三ツ唱える。

## 追恋弥倍ス　中音

中音は中途にて、声を切るのを原則とする。したがって、「ツイレンイヨイヨ」とつづけると、「イヨイヨ」の最初の「イ」は連声で「ニ」となるが、「ツイレン」で切るために、「イヨイヨ」と読む。

## 跋提　二重

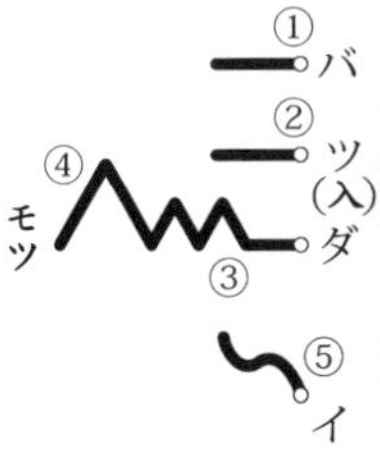


「バ」角①と入の「ツ」角②を連れて唱え、「ダ」③のイロ二ツ半、次に下げて角④を長くモチ、「イ」⑤のユリにただちに移らず、中間音を少し絶ち切るを習いとする。

## 別離　二重

「べツリ」ではなく、「ヘツリ」と清音で唱える。

## 江河　中音

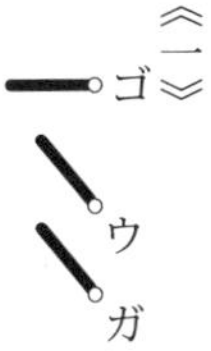


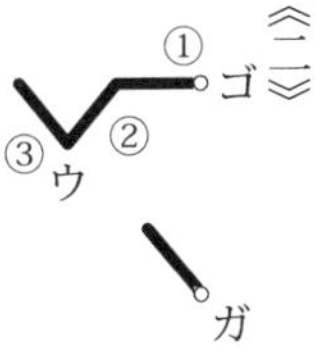


本来の博士は《一》であったが、口伝で《二》①②③で唱える。角①を唱え、商②を下げ太く強く唱え、徴③を上げる。

### 失心　初重

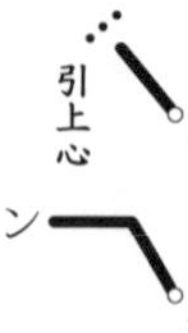


『鈴木声明集』に、「引上心とは声を高くするに非ず唯力強く唱えるのみ」と記されている。角より徴へスクウ如く徴を引き上げ、長くのばし唱える。

『式一貫秘口伝鈔』（続真全三〇・三八二頁）に「引上」について、「何ぞ手頃の物を手を以て下より上に引上る心持に云うべし」とある。

## 第二段　初重

### 白（前のビャクジョウ）

「開閉」の注記について、岩原諦信『四座講式伝習手引』に「ビャ」で口を開き、「ク」で口を閉じるとしている。

### 白（後のビャクジョウ）

「ビャ」で口を開き、「ツ」を（入）で口を閉じる。

### 海《カイ》神《ジン》ノ火《ヒ》

『鈴木声明集』に、「一位下げ穏やかにイロをつけ次の徴に柔らかに移る」とあり、「ヒ」を本来の角よりも一位下げて、ユリ二ツ半唱える。

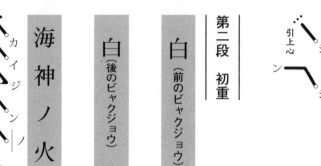

## 第三段

### 榮　初重

《本譜》

《仮譜》

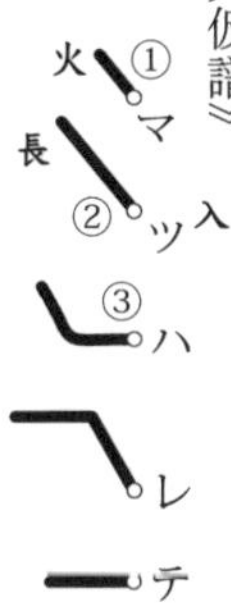


「マ」徴①は火できわめて短く、「ツ」徴②は入で、「マツ」と連れて唱える。

「ハ」徴③は『鈴木声明集』によると、初めを角に下し、後を徴に上げて唱えると記されている。

### 専　二重

《本譜》

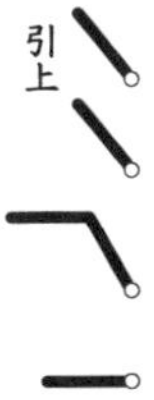


《仮譜》

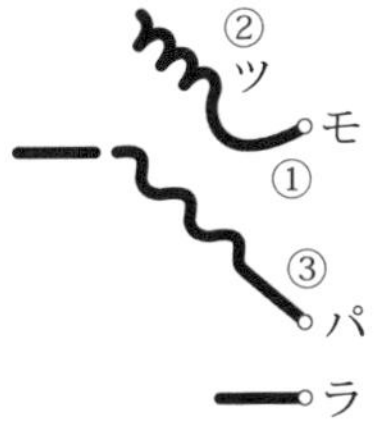


『式一貫秘口伝鈔』（続真全三〇・三八三頁）に、「モッパラのモツは引上る」と、「モ」①で口内アタリをして太く強くコスル如く底上げのように引き上げ、「ツ」②でユリ二ツ半唱え、「パ」徴③を同音で唱える。

### 涅槃ハ　二重

角①②を唱え、徴③をユリ二ツと最末のモツ一ツを長く唱え、徴④をナと短く簡潔に唱える。

《本譜》

《仮譜》

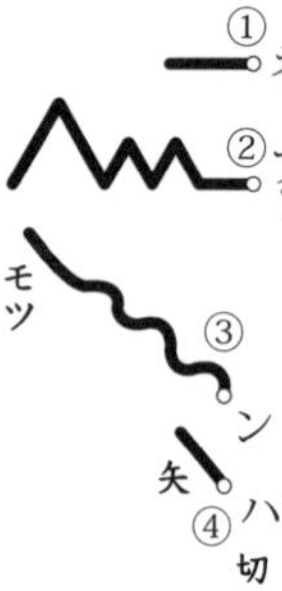


## 水波　二重

《本譜》

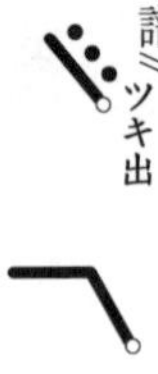


『式一貫秘口伝鈔』（続真全三〇・三八三頁）に、「スイはつき出す」とある。「ス」徴①は初め太く強くツキ出して唱えユリ二ツ、「イ」徴②をユリ二ツ合わせて四ツ唱え、「ハ」徴③に移り唱える。

《仮譜》

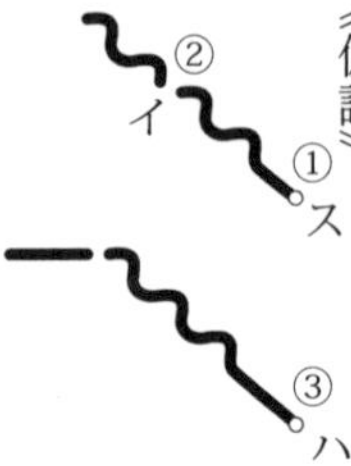


## 跋提河　二重

《本譜》

『式一貫秘口伝鈔』（続真全三〇・三八三頁）に、「習はダイのイをモツなり」とある。「イ」徴①の初をユリ三ツ、徴②を長くモチ声を切り、「ガ」に移り唱える。

《仮譜》

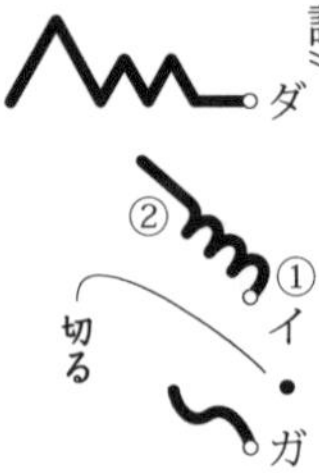

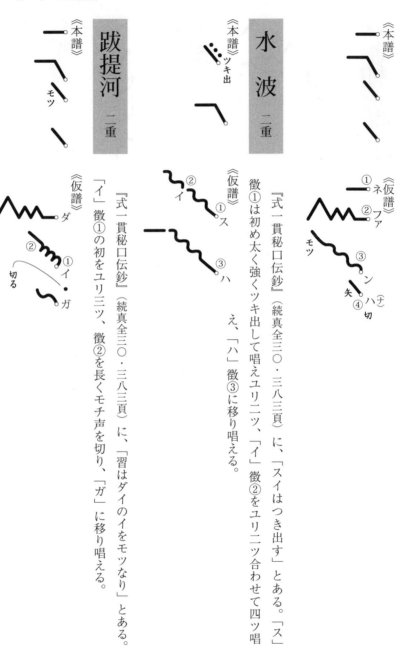

## 第四段

### 鬱　初重

『鈴木声明集』に、「ウツニの三字少し高く長短なくツレ、ニのカナをソル、ツのカナ入れず」とあり、「ウツ」徴①②を一位ほど高く長短なく連れ、「ニ」徴③をソリ上げて唱える。

### 蜜　初重

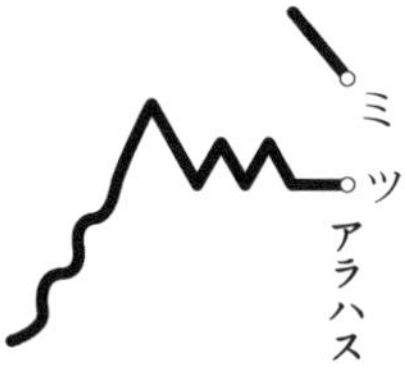


『式一貫秘口伝鈔』（続真全三〇・三八三頁）に、「密《ママ》のツはアラワスなり」とある。「ツ」は入で唱えたり、ツメタリせずに、はっきりと「ツ」を唱える意である。

### 舎利ヲ得　中音

中音の三重の前の商の由は、常の本由①をなめらかに下げ上げ、口内アタリをして商②を唱え、末を力をぬきハネテ唱える。以下、同である。

《本譜》

《仮譜》

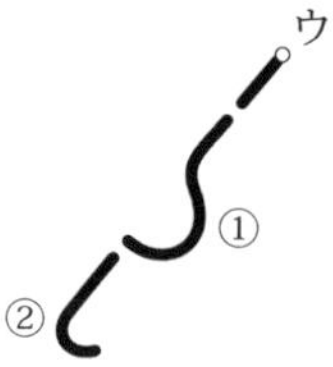


## 燈法師ノ　三重

『桑本版』頭注に、「ソルとハルとは式士の意楽たるべし」とあり、ソル・ハルの両様があるとしているが、「師ノ」の「ノ」と「雪嶺ノ」の「ノ」はハルにて唱える。

## 命ヲ　三重

《本譜》

「イ」と「ノ」の角は連れて唱え、①をなめらかに下げまわして上げる。その上がった音で、ユリソリの如きユリ②を徐々に小さく五ツ唱える。「チ」はやわらかくマワシ下げ③、角④を唱える。

《仮譜》

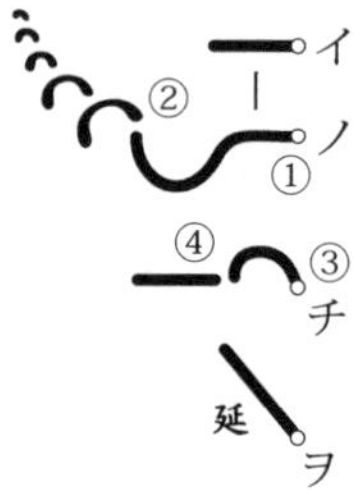

**終エキ**　三重

《本譜》

《仮譜》

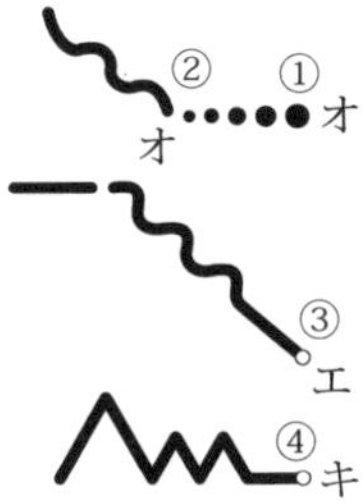


『桑本版』頭注を要略すると、「オ」①の角まで三重「オ」の商②より「エ」③・「キ」④と二重。しかし、三重の次の二重は早く唱える習いなりとある。

「オ」①はイロを初め大きく強く徐々に●●•••と小さくなるように唱える。「オ」②よりは二重で唱える。

## 第五段

**無生ノ**　三重

『鈴木声明集』に、「三字連れる」とあり、三字同位につづけて唱える。ただし、「ム」は短く、「ノ」は長く唱える。

**心為**　二重

《本譜》

『桑本版』頭注に、「コロトとの徴角角の三譜に皆色あるロイなり」とあり、「コ」でユリをし末に息をぬきマワシ下げ、「ロ」のオトスを唱えユリ二ツ半、「ト」をも二ツ半、口内アタリをして「セ」を、次に同音で「ン」を唱える。

《仮譜》

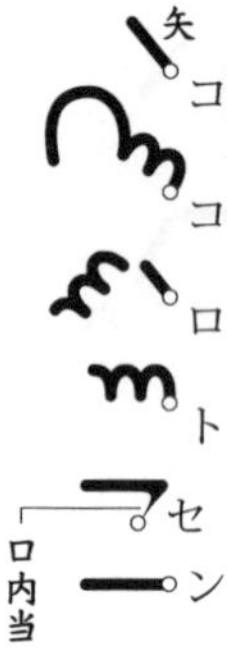


## 第四節　十六羅漢講式の実際の唱え方

### 表白段

**須彌ヨリモ**　初重

《本譜》

《仮譜》

二伝あり。

《一》徴①は角・角と同音に唱え、徴②のハルは口内アタリしてスクウ如く強くゆるみなく長く唱え、次のカカリ徴③も本来高い音から低い音へ下げるが、ハルの後はスクウ如く唱える。

《二》徴①は《一》の如く本来アタリ角・角と同音に唱えるが、角・徴とスクウ如く唱える。以下、同である。

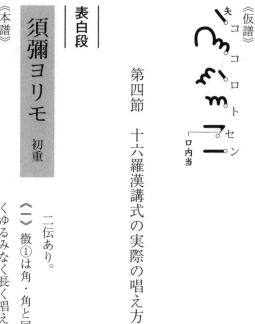

## 溟海ヨリモ　初重

《本譜》
《仮譜》

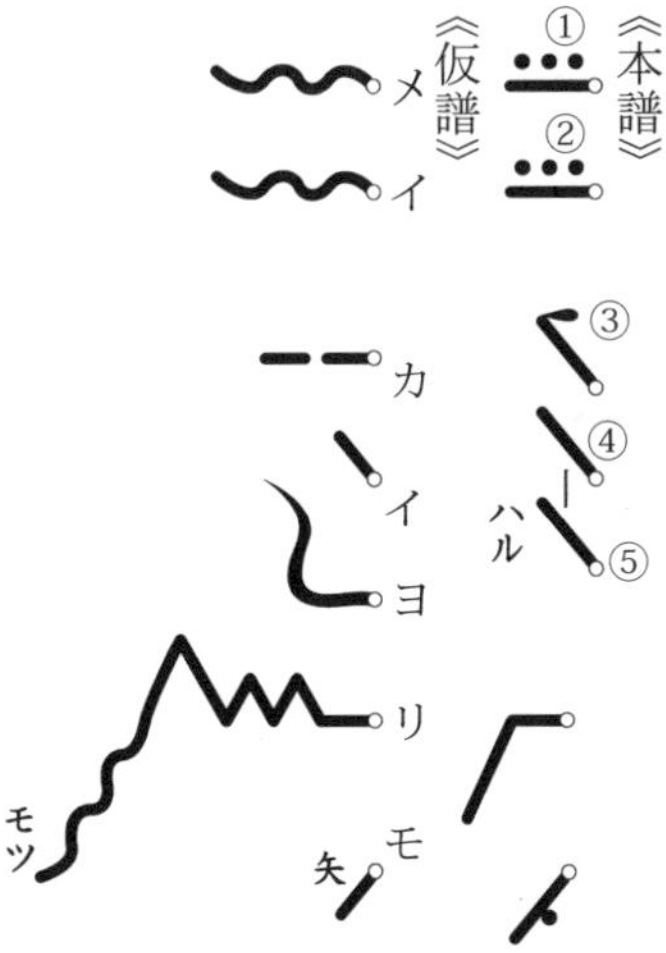


「メ」角①・「イ」角②はユリで唱え、「カ」徴③はアタルで角・角と同音でツキ、「イ」徴④と「ヨ」徴⑤をツレ、かつ「ヨ」徴⑤をハル、すなわちよどみなく強く太く唱える。『式一貫秘口伝鈔』（続真全三〇・三八四頁）に、「口伝はメイ二字色。カは中りイを弓る也」と、「メ」「イ」をユリ、「カ」をアタリ、「イ」をソルで唱える。

## 第一段

### 北方　初重

「引上ル心」とあり、口内アタリして、少し長くソル如く引き上げて唱える。

## 鉢刺拏　初重

《本譜》

《仮譜》

「ダ」に「ロイ」とある。徴①をアタルで角・角とツキ、徴②を上げ、ツレて「ダ」徴③をソリで唱える。ツレル時は余り後の徴のソリはないが、ここの徴はソルをもって口伝とする。

### 第二段

## 衆生ヲ導利セヨト　二重

《本譜》

《仮譜》

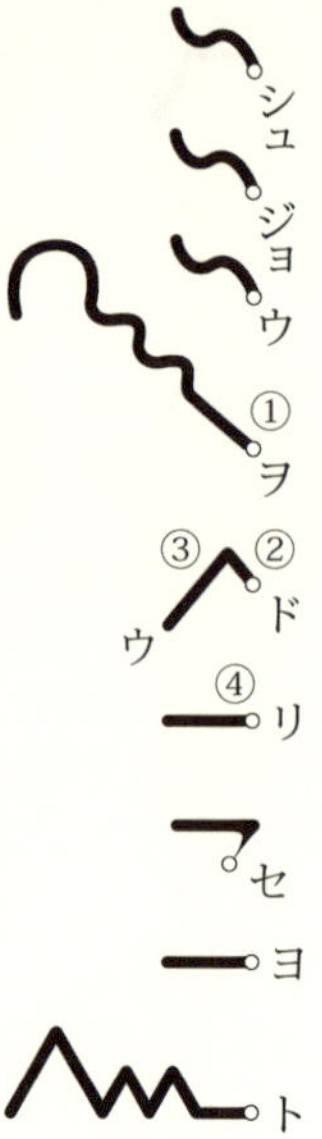


「導」に「ロイ」の注がある。徴①はユリを唱え、ユリの後を少しモチ、声はスカシ声の如く、裏声で息を吸い込むような、すなわち細く消え入るような声を出し、ユリソリ切りの如くスムーズに高きから低きに、やわらかく息をぬく如く唱える。次に、下がった音よりも高くカカリ②を唱え、切音不切息して商③に下げ、その音と同音に角④を唱える。

『鈴木声明集』『岩原版』ともに口伝は「オトス」とあるが、『式一貫秘口伝鈔』（続真全三〇・三八四頁）には「導利口伝はウのカナに合を云也」と、つまりカカリ②を「ド」と唱え、音をオトシ下げて引き、商③の最後の音を「ウ」と唱えるを口伝としている。

奴　初重

「ツ」に「出す」と注されている。「ヤ」で息継ぎをして、「ツ」を明瞭に唱える。

衆生ヲ撫ズル　二重

『式一貫秘口伝鈔』（続真全三〇・三八四頁）に、「口伝はナはおとしヅはふるなり。ルは回す」と。吉田寛如『詳解魚山集』解説篇と同じである。

《本譜》

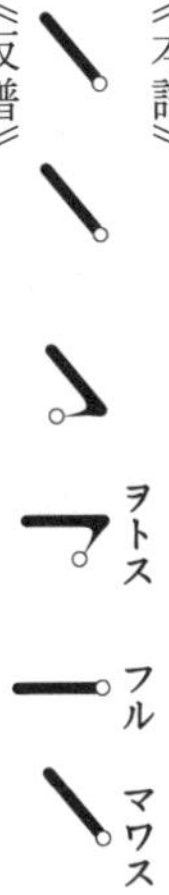


《仮譜》

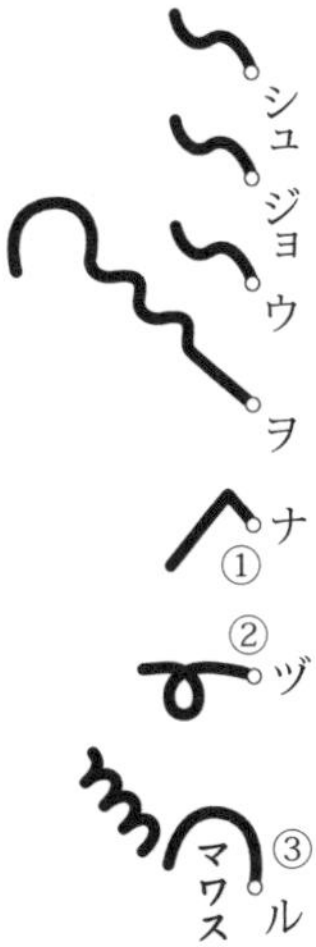

### 諸天其ノ足ヲ戴キ　二重

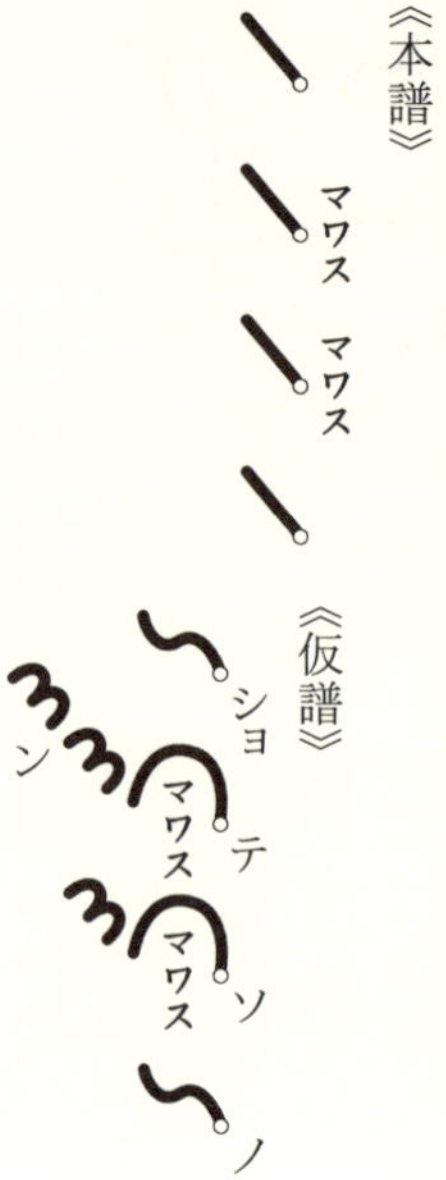


『式一貫秘口伝鈔』（続真全三〇・三八四頁）に、「天口伝は徴の前少ソリを持て後に色あり。其口伝は天に同じ。但諸天より載のイまで一息に云うべし。切る可らずと云々」とある。しかし、「天」も「其」もともに少しソリて後にイロとされているが、近年の口伝は、両者ともにマワシて後にイロをして唱える。

## 第三段

### 四方僧ノ為ニ　初重

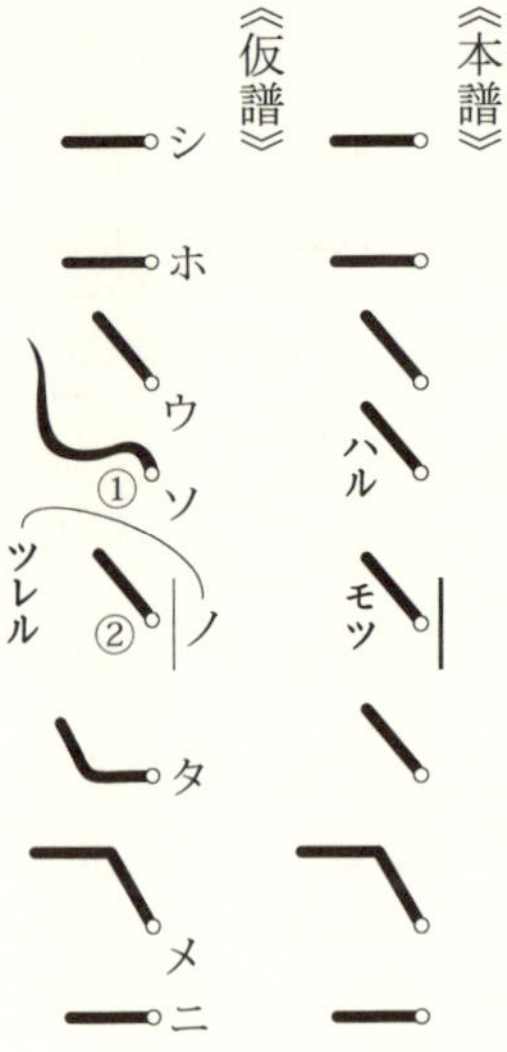


『式一貫秘口伝鈔』（続真全三〇・三八四頁）に、「ソとノとツレル様に云いはり持也」と、徴①は口内アタリしてスクウ如く強くゆるみなく長く唱え、次の徴②はツレ、長くモチ、同音に唱える。

## 所應ニ隨ガテ　初重

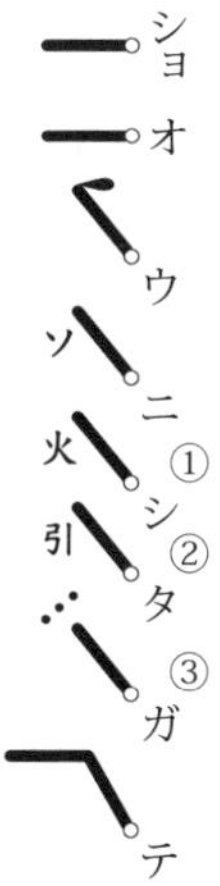


「ニ」をソリ上げたその高さで、「シ」徴①（火）・「タ」徴②（引）・「ガ」徴③を同音で「シターガ」と唱える。

## 有情ヲ　初重

「有」徴①に「ロイ」として「平声ヲ上声ニ云フ」とある。『式一貫秘口伝鈔』（続真全三〇・三八四頁）に、「平声を上声のキキに云う口伝なり。ウ・ジャウ・ヲ三字同位なるべし」と、①②③を同じ徴の高さで唱える。

『鈴木声明集』に、「四声の通りなれば敷　又はなるを上声にしてと三字つれるなり」と、本来の平声であれば、「有」は角のであるが、上声での徴で唱える。

## 刀兵劫ノ　二重

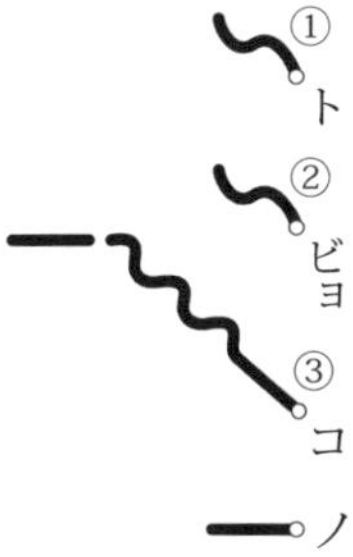


「刀」徴①の注に、「去声ヲ上声ニ云フ習トス」とあり、徴①②③を同じ高さでユリで唱える。

『鈴木声明集』に、「四声の通りなればなるを刀兵共上声にとするなり」と、「刀」本来の去声とすると徴角であるが、上声で徴に唱える。

## 第四段

**外国**　初重

『式一貫秘口伝鈔』（続真全三〇・三八四頁）に「東南院グワイと読むなり。如意輪寺ゲコクとよむなり」と、近年は如意輪寺の「ゲコク」をとる。

**化生ズルガ**　二重

「化」徴①に、「ロイ」として「平声ヲ上声ニ云フ」とあり、本来は角であるが、徴に唱える。

**下化**　二重

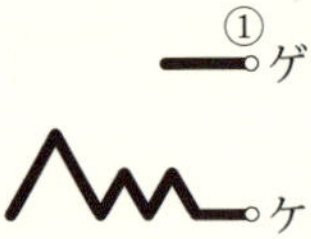


「下」角①に「上声ヲ平声ニ云フ習トス」と、本来は徴であるが、角で唱える。

**聖ノ告ヲ**　初重

「聖《しょう》」の注記に、「延」とあり、「四方僧ノ僧ノ如シ」とある。「聖」をハルでスクウ如く長く唱え、次の「ノ」をツレて、ハリ、モチ、同音で唱える。『式一貫秘口伝鈔』（続真全三〇・三八四―三八五頁）に、「延の口伝にして少ハル。心持下のノはハルにツレテ角へおる」と述べられている。

**聖僧**　初重

「聖」の博士に「ア」の符号がある。この「ア」はアタル印であるが、ここはアタラズで唱える。

## 第五段

**響キ**　三重

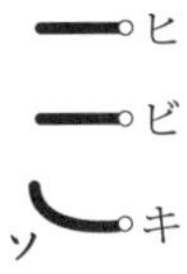


「キ」の博士に口伝として「ソ」の符号があり、ソリ上げて唱える。

**輩ラ十須彌心ノ發コサン**　三重

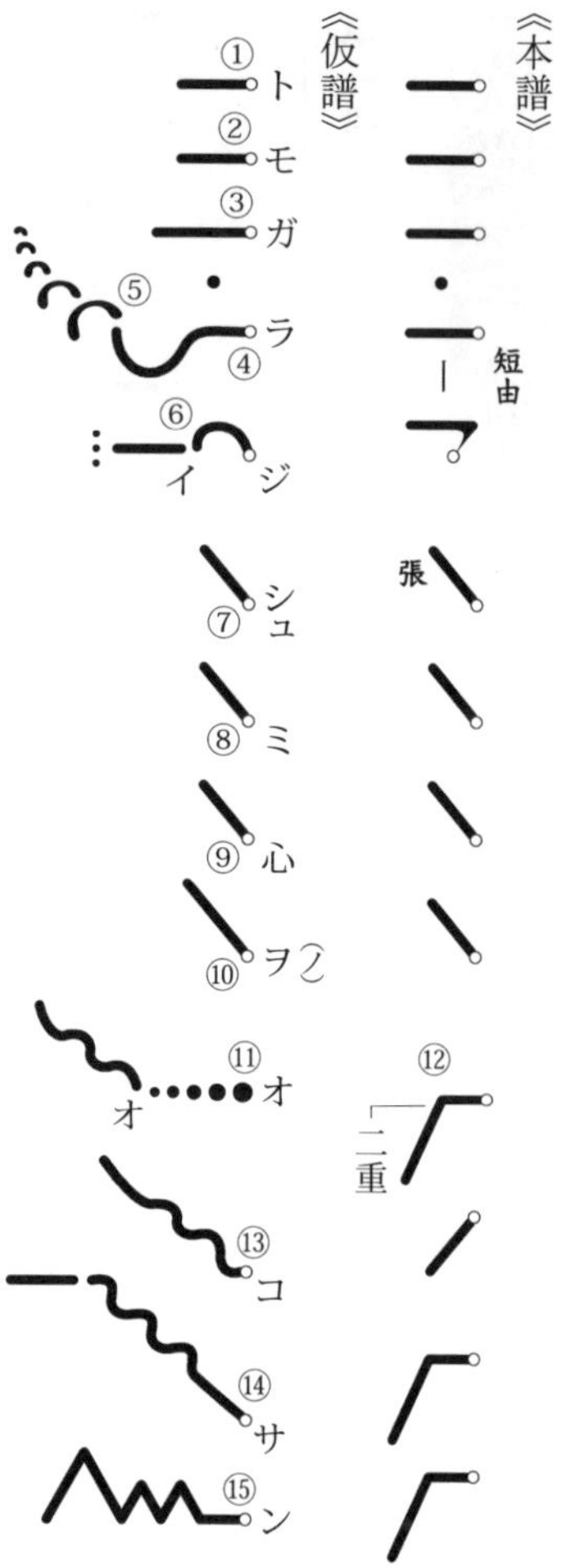


「ト・モ・ガ」角①②③三字同音で、「ガ」角③を長く唱え切る。「ラ」角④を短由で、後を高くモチ上げ⑤、ユリソリの如きユリを五由、「十」⑥を押下げで音を下げる。「シュ・ミ・シン・ノ」をツレて高く上げ同音で、「ノ」徴⑩を長く延ばす。「オ」⑪のイロは●●•••と最初の歩幅を大きく徐々に小さく唱える。「オ・コ・サ・ン」⑫⑬⑭⑮は二重に復帰して唱える。

## 第五節　遺跡講式の実際の唱え方

戀にも　初重

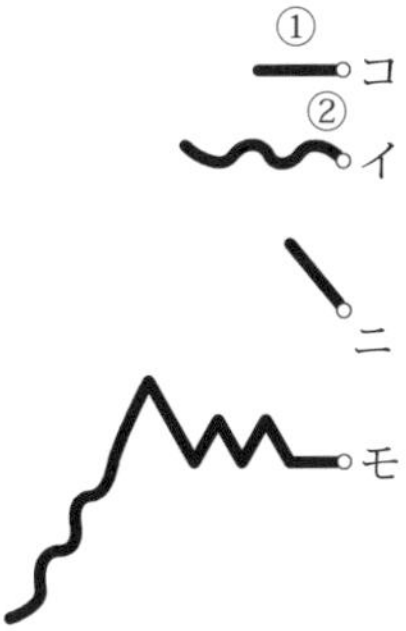


『鈴木声明集』に、「一位下ス」とあり、「コ」の角①と「イ」のユリ②を一位すなわち商に下げて唱える。

何人ナレバカ　初重

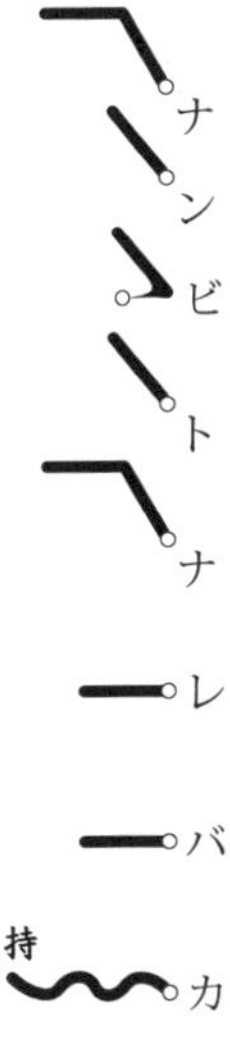


『桑本版』には「カ」にユリの墨譜と「持」の注記がある。『鈴木声明集』には「一位下シイロ」とあり、イロを一位すなわち商に下げて唱える。

## 第一段

欣慶シテ　初重

『桑本版』『鈴木声明集』は「ゴンキョウ」と「慶」を「キョウ」と清音、吉田『詳解魚山集』解説篇は「ギョウ」と濁音で読む。

## 戀ノ正中　三重

『式一貫秘口伝鈔』（続真全三〇・三八五頁）に「ノシヤウジまで同位に連れる。中はワル」と、すなわち「ノ」を一位高く「シャウ・ジ」まで同音でツレルとあるが、『桑本版』に「ノノカナヲ一位高ク延べ正へ連レル」とあり、近年は『桑本版』の如く、「ノ」と「正」のみをツレテ唱える。また、「中」は『詳解魚山集』解説篇では「チウ」と清音、『桑本版』『鈴木声明集』では「ジウ」と濁音で唱え、近年は濁音をとる。

## 第二段

### 光明　初重

『桑本版』に「ロイー如光照」とある。涅槃講式表白段の「光照」に同じということである。まず「ウ」徴①の仮名をモチ、「ミョ」のカカリ②を徴①よりも一位（一音）高く唱え、切音不切息して徴①と同音に徴③を横下シに下げ、徴④を上げてカカリ徴②と同音にして、長く引きハヌル如く唱える。

### 達　二重

『式一貫秘口伝鈔』（続真全三〇・三八五頁）に、「ダは少ソリ持末に色。前の諸天の天に同じ。但師の覚書にはタをマワスとあり何乎」と、口伝はソリであるが、師の覚書にはマワスとあると、疑問を呈している。近年はマワスで唱える。

## 第三段

### 大用　初重

「用」に「ワル」の注記あり。「イ・ウ」とワルで唱える。

## 第四段

### 語テ　初重

《本譜》

《仮譜》

カ タ テ

『式一貫秘口伝鈔』（続真全三〇・三八五頁）に、「カタテのカは角のキキにして、イロつくるを師伝とするなり」と、「カ」は徴であるが、角のキキでユリで唱えるのを習いとする。「タ」はカカルであるが、口内アタリで少しスクウで唱える。

**第五段**

奈ントモセ不ラン　二重

『桑本版』に、「五字のカナ長短甲乙なく早くひろう如しロイなり」と、『式一貫秘口伝鈔』（続真全三〇・三八五頁）に、「ナントモセの五字悉くイロなしに云う口伝なり」とある。すなわち、「ナ・ン・ト・モ・セ」の五字を長短高下なく、ヒロウ如く、早く唱えるのを口伝とする。

## 第六節　舎利講式の実際の唱え方

**表白段**

二月十五　初重

『式一貫秘口伝鈔』（続真全三〇・三八五頁）に、「序文に少々句のヌキサシあり。二月十五日とあり。此をば一座講の時は今月今日となすべし」と、四座講の時は二月十五日であるが、他の舎利講だけ修する場合は、二月十五日以外の日時に執行する場合もあり、その場合は今月今日とすべきとしている。

諸徳　初重

『式一貫秘口伝鈔』（続真全三〇・三八五頁）に、「諸徳の句今時は用いずして緇素と云う語を用いるなり」とある。緇素の緇とは黒の僧衣、素は白の俗衣で出家・在家の

総称であり、この緇素の語を用いると記されているが、近年も諸徳の句で唱えられている。

### 覚睡　初重

原本は「覚睡」であり、訓読すると「睡を覚し」と読む。『鈴木声明集』は「覚睡（到誠）」とあるが、『式一貫秘口伝鈔』（続真全三〇・三八六頁）に、「覚睡を到誠と熟語を書入あり。此処は何れにてもくるしからず歟」とあり、「覚睡」と「到誠」の何れでも可とされている。

### 第四度　初重

『式一貫秘口伝鈔』（続真全三〇・三八六頁）に、「第四度と云う処をば一座講の時は第一度とかえて之を呼ぶ。及び二座三座上に準知せよ。文句の取捨荒々斯の如く矣」とあり、一座講の時は第一度と変え、二座講・三座講の時は第二度・第三度と変えよとの指示である。

## 第一段

### 空聲　初重

「涅ノ光照ノ如シ」とあり、涅槃講式表白段の「光照」と同で唱える。すなわち、「ウ」徴①の仮名をモチ、「ショ」のカカリ②を徴①よりも一位（一音）高く唱え、切音不切息して徴①と同音に徴③を横下シに下げ、徴④を上げてカカリ②と同音にして、長く引きハネ切りで唱える。

普通のカカリ徴は本下シで二音半下げるが、この「ショ」のカカリ徴は横下シで一音半下げる。

## 第二段

愚《グ》人《ニン》　初重

「愚」に「習」と注記がされている。『式一貫秘口伝鈔』（続真全三〇・三八六頁）に、「グは上声を平声に呼ぶ習のみ」とあり、「グ」上声の徴を平声の角に転譜して唱えるのが習いである。

古《コ》今《キン》　初重

「古」に「習」と注記がされている。『式一貫秘口伝鈔』（続真全三〇・三八六頁）に、「古の字も上声を平声に呼ぶ習なり」とあり、「コ」上声の徴を平声の角に転譜して唱えるのが習いである

諸《ショ》山《セン》　初重

「諸」に「習」と注記がされている。『式一貫秘口伝鈔』（続真全三〇・三八六頁）に、「諸は愚の習に同じ」とあり、「ショ」上声の徴を平声の角に転譜して唱えるのが習いである。

**語　テ**　初重

《本譜》　《仮譜》

「語」に「ロイ」の注記がなされている。『式一貫秘口伝鈔』（続真全三〇・三八六頁）に、「語の口伝はガを角のキキにして色付なり」とあり、「カ」は本来は徴であるが、角のキキでイロで唱えるのを口伝とする。

**法　ノ　興**　二重

《本譜》　《仮譜》

「法」に「ロイ」の注記あり。『式一貫秘口伝鈔』（続真全三〇・三八六頁）に、「ホウノと三ツ徴連に云うを口伝とす。興はおとす。但し此法の字は不入声の字なる故に角を付くべき也。其を徴のキキに云う。是口伝なり。此に就て二説あり。一説はノのかなで短切る。一説は常の如し云々」とある。「ホ」①「ウ」②「ノ」③の三字を連レテ唱える。また、「法」が不入声の故に、「コ」のオトス④は徴のキキでツクで、「ウ」角⑤を下げて唱える。さらに、「ノ」の仮名で切ると、常の如く唱えるの二伝あると説く。

**動ク**　初重

《一》

《二》

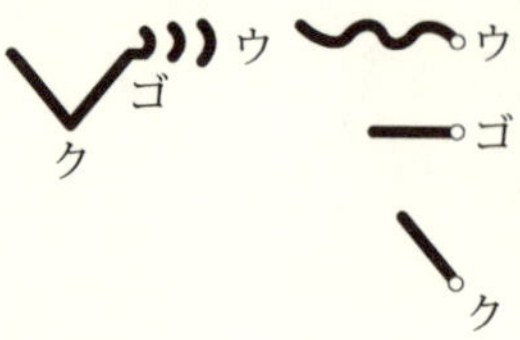


「動ク」に「習」の注記あり。『式一貫秘口伝鈔』（続真全三〇・三八六頁）に、「動のウの角にイロを付、ゴの角はマワシテ引込で后を少持習なり」とある。「ウ」の角はユリで唱える。しかし、「ゴ」の角はマワスとあるが、実唱はマワスではなく角でまっすぐに唱える。

『式一貫秘口伝鈔』（続真全三〇・三八六頁）に、師の聞書として上図の《二》の仮譜が示されている。

## 第三段

**凡當今一日一夜**　初重

「凡《およそ》当今一日《いまいちにち》一夜」は、「一夜」を読まずに「凡当今一日」と唱える。また、『式一貫秘口伝鈔』（続真全三〇・三八六頁）に、「凡当今一昼と熟字替て云を可なりとす師伝なり」と記されている。

**悉ク**　二重

「悉ク」に「ロイ」の注記がある。『式一貫秘口伝鈔』（続真全三〇・三八六頁）に、「悉の口伝はコトのトをマワス。四目のトは短にする口伝なり」と、「コト」の「ト」はマワスとあるが、師伝はマワスではなく、引きイロである。四ツ目の「ト」の短とは短由のことである。

## 一夜ヲ明シテ　二重

『式一貫秘口伝鈔』（続真全三〇・三八六頁）に、「明一夜と云処は一座講には一日を転じてと替て唱うべし」と、四座講には「明一夜」、一座講は「転一日」と替えるべきと述べられている。

## 大祖師　二重

「大《だい》祖《そ》」に「ロイ」の注記あり。『式一貫秘口伝鈔』（続真全三〇・三八六頁）に、「祖をマワス口伝なり」とあるが、近年の口伝は引きイロである。「師はツクなり」とツクで唱える。

## 乃至　二重

『式一貫秘口伝鈔』（続真全三〇・三八六頁）に、「乃の角商イロなし。イのカナは商の中程に合なり」とある。「ナ」の角より横下シで商に下げ、商の中ほどに「イ」の仮名をナシ、「シ」を連レテ唱える。

## 覚芽　初重

《本譜》

「覚芽」に「習」の注記あり。『式一貫秘口伝鈔』（続真全三〇・三八六頁）には、「覚芽の習はカクのゲはおしおとし。仮博士曰く」として、上記の仮博士が示されている。また、『桑本版』の頭注には、「カクの二字とも色。芽のカカリを強くカカリ而してツク習なり」とある。両者を和会すると、「カ」「ク」の二字はイロ、「ゲ」を始めは押し下げの如く、後を強くハリツクで唱える。

《仮譜》

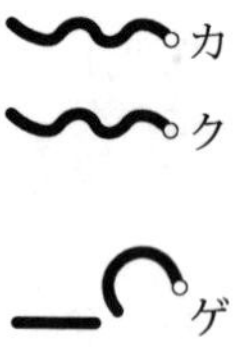

# 第二章　弘法大師誕生会式

## 第一節　弘法大師誕生会式について

### 第一項　弘法大師誕生会式とは

弘法大師誕生会に唱えられる講式。三段あり。第一段は降誕の本意を示し、第二段は託胎の奇瑞、第三段は幼時の神童としての霊異が述べられている。

調子・唱え様は四座講式と全く同じである。

### 第二項　弘法大師誕生会式の写本と刊本

弘法大師誕生会式は、中川善教『展観目録』に、左記の写本・刊本が収録されている。

写本は一本である。『弘法大師誕生会式』一軸・金剛峯寺蔵(288)で、「南山金剛峯寺霊瑞南龍誌」とある。跋文は要旨のみあげると、弘法大師ご誕生一千年に際し、寺務快弁の命を受け、霊瑞が北室院長弁と相謀り、古徳の相

伝を考え博士を点じたと記されている。年代は記されていないが、弘法大師ご誕生の一千年は宝亀五年より加算すると安永二年（一七七三）となる。

刊本も一本である。『弘法大師誕生会式』一軸・大山公淳蔵（340）である。

なお、『展観目録』には多くの応永・天文頃の『大師講式』があるが、室町時代であり、『弘法大師誕生会式』とは別の大師講に用いられる講式である。

近年では、岩原諦信『弘法大師誕生会式』（『四座講式并大師明神両講式』、昭和十四年十二月二十日。以下、『岩原版』とする）、鈴木智弁『弘法大師誕生会式』（『鈴木声明集』下巻、昭和三十二年六月十五日）、吉田寛如『弘法大師誕生会式』（『詳解魚山集』解説篇）が発行されている。

## 第二節　弘法大師誕生会式の実際の唱え方

### 表白段

**金錫**　初重

『岩原版』、吉田寛如『詳解魚山集』解説篇は「キンセキ」、『鈴木声明集』は「キンシャク」と仮名されている。

**祈請シ**　初重

『詳解魚山集』解説篇は「キショウ」、『鈴木声明集』は「キセイ」と仮名されている。

## 第一段

### 検フルニ　初重

『詳解魚山集』解説篇は「カンガ（ゴ）ふるに」、『鈴木声明集』は「シラふるに」と仮名されている。

## 第二段

### 白象　初重

「ビャッゾウ」と、「白」をツメテ読む。

### 六月十五日　初重

『岩原版』は「六月」は「リクゲツ」と仮名が付されている。「十」は入声に本濁音であるが「スム」と注記されているので、「シュウ」と読みなさいとの意であると思われる。「五日」は仮名は付されていないが、「十」を「シュウ」と漢音で読むのであれば、当然に「五日」も漢音で「ギョジツ」と漢音で読むべきと思われる。

『詳解魚山集』解説篇は、「六月」は「リクゲツ」で「ツ」は入る。「十」はスムと注がされており、「五日」は「ゴニチ」と仮名されており、呉漢の両音が入り交じっており不可解である。

いずれにしても、祭文の如く漢音で「リクゲツシュウギョジツ」と読むか、呉音で「ロクガツジュウゴニチ」と読むか、呉漢いずれかに統一すべきである。

なお、涅槃講式では、「二月十五の朝」は「ニンガツジュウゴ」と呉音に読み、仏生講式の「四月八日」と「四月」は「しんがつ」と呉音に読み、「八日」は「ヨウカ」と常用音訓で読む習いである。

## 第三段

## 奉禮為常戯

『弘法大師誕生会法則』の讃嘆伽陀第四句目は「礼供為常戯」であるが、誕生会式の讃嘆伽陀第四句目は「奉礼為常戯」と唱える。

# 第三章　仏生会講式

## 第一節　仏生会講式について

### 第一項　仏生会講式とは

仏生会に唱えられる講式である。五段あり。第一段は降誕の瑞相を示し、第二段は出家成道の有り様が述べられ、第三段は誕生出家の遺跡をあげ、第四段は釈尊の大恩をあらわし、第五段は釈尊の高徳を讃嘆し衆生に廻向せしことが説かれている。

大山公淳『仏教音楽と声明』によると、明恵上人は『四座講式』が有名であるが、元仁二年（一二二五）に『仏生講式』を作られ行じられたと述べられている。

また、吉田寛如『詳解魚山集』解説篇に、正興寺蔵の明恵上人の『仏生講式』の跋文を掲載され、仏生会の始修は元仁二年で、明恵上人創始の法会とされている。新井弘順によると、『仏生講式』は『仏生会講式』『仏生会式』『誕生講式』ともいわれ、多くの写本が現存するという。

### 第二項　仏生会講式の写本と刊本

仏生講式は、中川善教『展観目録』に、左記の写本・刊本が収録されている。

写本は一本である。『仏生講式』一軸・安養院蔵（297）である。

刊本も一本である。『仏生講式』一軸・持明院蔵（341）である。刊記として、「于時文化十一歳次甲戌四月仏生日南山進流末葉前左学頭寛光譜　同門弟能州沙門密雲筆　金剛峰寺東南院蔵版　書店経師八左衛門」とある。

## 第二節　仏生会講式の実際の唱え方

**表白段**

**童形**　初重

「童」を「トウ」と漢音に読む。

## 第一段

夫　初重

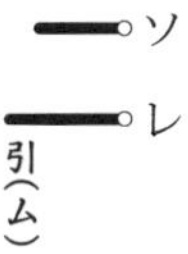


「ソレ」の「レ」は『詳解魚山集』解説篇に「引（ム）」とある。これは吉田口伝により、「レ」を引で長く唱える。

四月八日　初重

「四月八日」と「四月」は「しんがつ」と呉音に読み、「八日」は「ヨウカ」と常用音訓で読む習いである。

## 第二段

専パラ　初重

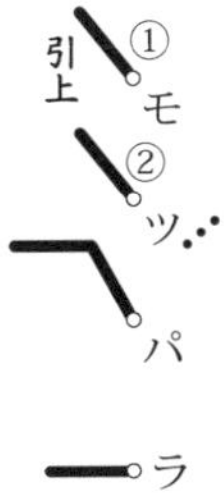


譜は徴①であるが、口内アタリをして「ツ」②と合わせ「モッ」と、スクウ如く羽に引き上げて唱える。

## 語タテ　初重

《本譜》

《仮譜》

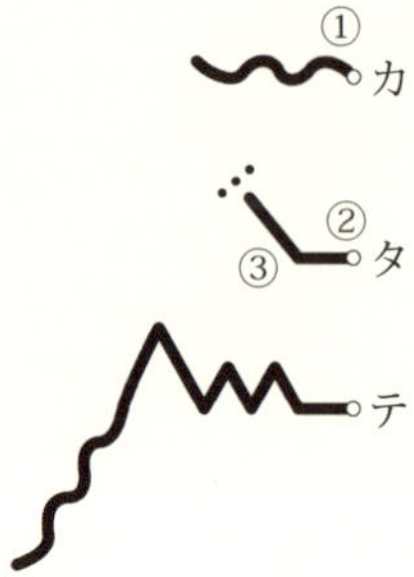


徴①を角のキキにしてユリをつける。このユリは普通のユリと異なりきわめて穏やかに唱え、徴①と同音に「タ」角②にカカリ、後に徴③に上げてモッテ唱える。

### 第三段

## 四月一日　初重

「四月一日」は、「四月」は「シンガツ」と呉音に、「一日」は「ヒトヒ」と常用音訓で読む。

### 第四段

## 但約結縁　初重

「タンニヤクケチエン」と読む。

来テ授記　二重

「キタテ」の「キタ」を一字のキキで読む。

## 第五段

法身有リ　二重

「ホッシンナリ」と読む。

# 第四章　明神講式

## 第一節　明神講式について

### 第一項　明神講式とは

明神講に唱えられる講式である。五段あり。第一段は丹生明神の広徳を讃嘆している。第二段は高野明神の衆生利益を讃嘆している。なお、高野明神は丹生明神の第一王子とされている。第三段は三代神宮と説かれ具体的な神名はないが、丹生明神の王女、高野明神の御妹とされ、その慈悲を讃嘆している。第四段は四宮権現を讃嘆、四宮の本地は弁財天とされている。第五段は明神に法楽をささげるのは、舎利を讃嘆することで、末世の衆生を利益することと述べられている。すなわち、明神は各別には本地を胎大日、金大日、観音、弁財天とするが、総じては釈尊の舎利とされていると説かれている。

## 第二項　明神講式の写本と刊本

明神講式は、中川善教『展観目録』に、左記の写本・刊本が収録されている。

明神講式の呼称のある写本としては一本がある。『明神講式』一軸・光明院蔵（267）である。丹生講式の呼称のある写本は次の二本である。一は『丹生講式』一軸・惣持院蔵（270）で、奥書「永禄十一季庚辰二月吉日和州片岡井谷寺住侶恵尭識房」とある。二は『丹生講式』一軸・西門院蔵（271）で、巻尾「明神講式」とある。

刊本は二本である。一は『明神講式』一軸・一乗院蔵（335）、二は『明神講式』一軸・親王院蔵（336）で、刊記「明和戊子之春南山普門院廉師謹識㊞㊞書肆経師伊右衛門」である。

近年、中川善教編纂・近藤説巌書写の『延べ書き　明神講式』が、昭和四十三年十月二十一日に経師印行松本英太郎より発刊されている。延べ書きとは、漢文に仮名もほどこして訓読みにしたものであり、それに「峕昭和三十九甲辰年十月念一点譜畢」とあり、念とは二十のことで念一とは二十一日で昭和三十九年十月二十一日に、いかなる底本を用いたか記されていないが、仮譜で点譜されている。さらに、実唱を安楽昭寿が五線譜にあらわし、それにより講式初重・二重・三重の唱え様を解説している。

昭和十四年十一月五日、岩原諦信『四座講式幷大師明神両講式』が刊行されているが、跋文によると右記の廉峯の明和本を底本として編纂されている。

## 第二節　明神講式の実際の唱え方

『鈴木声明集』下巻に、「当講式は天部諸尊講式の基本にして初重は祝言読、二重三重等は四座講式に同じ。祝言読は四座講式より少し早目に軽く唱う。ー ーは軽く拾い、＼＼は上の＼は軽く短く、次の＼は一律高く少し長くして角に出づ。⸌ ⸌のアタル・カカルを軽く浅く唱えるなり」と解説されている。

祝言読は「ノリトヨミ」と仮名されているが、「ノットヨミ」と読む伝もある。この祝言読は明神講式の初重のみであり、天部講式はすべてこの明神講式が基本であり、この祝言読で唱えることになっている。しかし、明神講式の二重・三重は四座講式と全く同じ約束で唱える。

祝言読の唱え方の約束は、初心には理解しがたいので、左記に解説する。

### 表白段

慎シミ敬テ　初重

「ツ」角①と角②はヒロウ如く早く、「シ」徴③の徴は軽くスクウ如く唱え、そのソリ上げた音よりも、一音ほど高く「ミ」徴④を長く「ミー」と延ばし、次に角⑤に下げ、「ウ」⑥・「ヤ」⑦・「マ」⑧・「テ」⑨の角をヒロウ如く早く唱える。

## 諸天　初重

《本譜》

《仮譜》

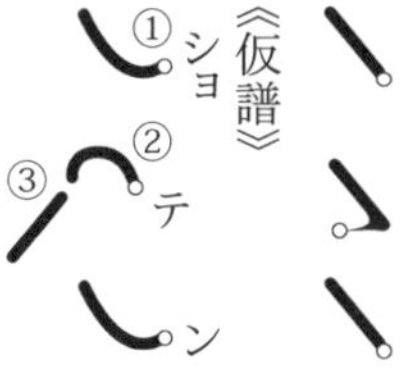


「シヨ」徴①は軽くソリ上げ、そのソリ上げた音で「テン」カカリ②を押し下げでマワス如くスムーズにやわらかく下げ、その下がった音と同音に商③をツクで唱える。

### 第一段

## 天照大神ノ御妹也　初重

「テンショウダイジンのギョマイナリ」と読む。

### 第二段

## 病霧ニ係ル　二重

「ヘイムにカカる」と「病」を「ヘイ」と漢音に読む。

## 高埜明神　讃嘆伽陀

「高埜明神」の「埜」は、「野」の古字である。

## 第三段　高野明神ノ御妹ト化ス　初重

第一段の「天照大神ノ御妹」の「御妹」は「ギョマイ」と読むが、ここは「コウヤミョウジンのオンイモウトとケす」と読む。

## 第四段　丹生明神ノ御息也　初重

「タンジョウミョウジンのギョソクナリ」と読む。

## 第五段

# 仏果ヲ証セン　三重

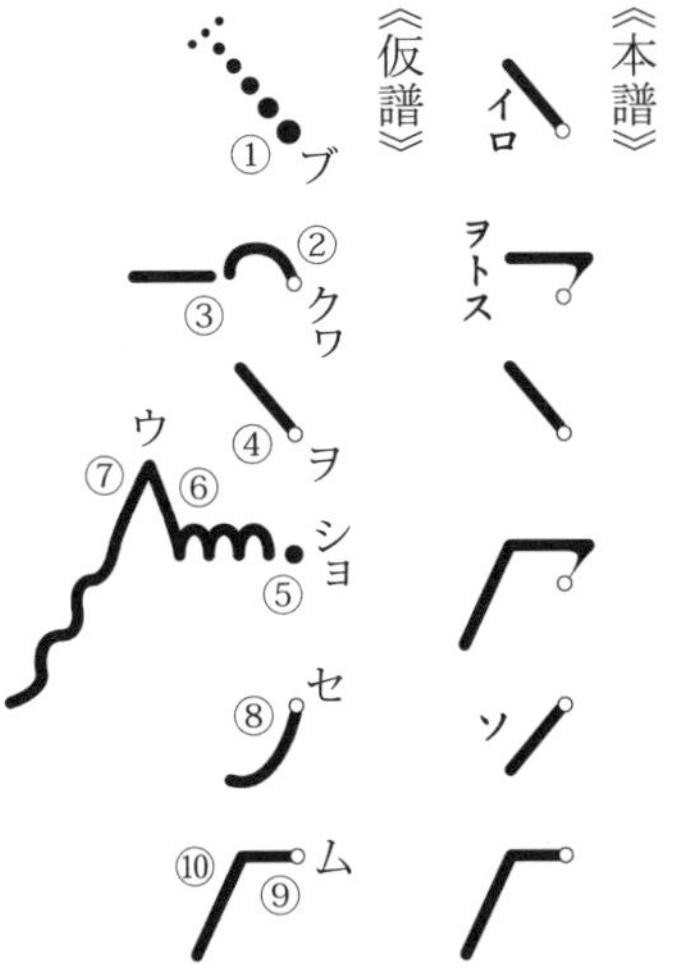


「ブッ」徴①を初め大きく太く強く徐々に小さくイロ五ツ、「カ」②は押し下げでマワス如く下げ、その音で角③を、「ヲ」徴④を高く唱える。「ショ」⑤の初めをカカルで強く、少し切音不切息して同音でイロ三ツ、⑥を高くモチ、⑦を下げてユルグ二ツ半、次に初重に下げ「セ」商⑧を少しソリ上げ、その上げた音で「ム」角⑨を唱え、下げて商⑩を唱える。

# 第四篇

# 三箇秘韻

# 第一章　秘　讃

## 第一節　秘讃について

『密教大辞典』には、秘讃について、声明の執筆担当は児玉雪玄であるが、「梵唄中普通には伝えざる讃をいう。音律の上にて特別の秘曲あるもの、読方若しくは助音の付所を秘するもの等あり」と、魚山集・諸表白・諸法則・諸講式をすべて授受した者の中で、特に機根を撰んで授けられる三箇秘韻の声明の一であるという。また、曲節が秘曲であり、読み方が秘曲であり、助音を付する箇所が秘曲であると述べられている。

葦原寂照『三箇秘韻聞記』（続真全三〇・三〇五頁）に、「夫れ三箇の秘韻とは秘讃乞戒大阿闍梨是なり。宥快師曰く。三階之秘韻は密蔵の眼目当道の肝心なり。師口に云く。三箇の秘声は次の如く仏蓮金の三部なり。是の如く最極秘重の声韻なるが故に。其の器を見ざるは容易に伝うべからざるものなり」と、三箇秘韻とは秘讃・乞戒阿闍梨ノ声明・大阿闍梨ノ声明であり、密教の眼目、声明道の肝心であり、仏部・蓮華部・金剛部の三部の境界であり、声明に重々の階梯があるが、最も奥深い声明である故に、機根を見ることなく、容易に授けてはならないと説かれている。葦原寂照『声明大意略頌文解』（続真全三〇・三四四―三四五頁）も同文があり、つづけて、「三箇とは。曰

く秘讃初重曰く乞戒二重曰く大阿闍梨声明三重是なり。而して此の三重は次の如く仏蓮金の三部三密なり。上代は三箇の秘韻を授くること器に随って一準ならずと雖も、未だ曾て同日或いは同月に授受することなし。或いは許すに隔月を以てし、或いは授くるに隔年を以てす。其の厳重なる其れ此の如し」と、秘讃は初重、乞戒は二重、大阿闍梨声明は三重と階梯があり、器量にしたがい同等ではないが、同日・同月に授けてはならないし、また隔月・隔年に許し授けるべきである。三箇の秘韻は最極秘重の声明である故に、このように厳重なる規則があると説かれている。

## 第二節　秘讃集

### 第一項　秘讃集の写本と刊本

秘讃集は、中川善教『展観目録』に、左記の写本・刊本が収録されている。

写本は二十五本である。一は『秘讃』一軸・桜池院蔵(459)で、(奥書)「御本云此秘讃者雖不輙以別儀教圓房実然奉授與畢且又為令法久住矣。暦応四年辛巳十月廿七日於高野山金剛峯寺覚證院之禅室雖憚多五音博士付之云々。釈迦遺法末資隆然行年八十四歳。傳授阿闍梨実然　授與大法師恵覚」とあり、(別筆)「傳授大法師重空」とある。二は『秘讃』三十三紙・宝寿院蔵(460)で、(表紙)「長仁房」で(奥書)「弘治二年丙辰八月吉日　傳燈大阿闍梨快慶」とある。三は『秘讃折紙』二十四紙・三宝院蔵(461)で、(文殊合殺奥書)「天正十三季乙酉十月十日　示勢朝了　アサリ朝意木食　花押　(恵漢語奥書)天正十三季乙酉十月十八日　示勢朝了　アサリ朝意木食　花押」である。四は『秘讃』三十九紙・遍照光院蔵(462)で、(奥書)「文禄四季乙未五月十五日賜良尊　音曲貧道朝意木食順良房七

十八才　花押」とある。五は『秘讃』一冊・高室院蔵(463)で、(奥書)「御本云右於此書音曲最上奥密宗不共者深也於高野山遍照尊院龍光院斯両寺音曲之秘曲迄於當流声明悉振源底納声處於後世不学不可有相伝縦雖荷千金輙不可授如期於背書授　清瀧両大明神別者可蒙遍照金剛御罰者也次有背師命必可受闡提之業　病相構々々他見重々可秘々々云々　永禄元暦三月廿八日半夜草安本長覚（中略）文政十一戊子天五両月廿九日　沙門盛龍法林」とある。六は『進流秘讃集私記』一冊・光臺院蔵(464)で、(奥書)「天保十一年千手院谷全光院紀道」とある。七は『秘讃類集』一冊・西室院蔵(465)である。八は『秘讃集』四十四帖・釈迦文院蔵(466)である。九は『秘讃』一軸・金剛三昧院蔵(467)で、「首欠、鎌倉歟」とある。十は『禾言清寿院』二冊・西室院蔵(468)である。十一は『梵曲秘』一冊・西室院蔵(469)である。十二は『醍醐秘讃』一帖(折本)・金剛三昧院蔵(470)で、「鎌倉歟」とある。十三は『心略漢語』一紙・普門院蔵(471)で、(奥書)「元享元年三月二日於菅原寺書　仏子隆然　傳受阿闍梨慶雅」とある。十四は『三箇秘讃進流』一軸・西南院蔵(472)で、(奥書)「延元二年此秋如意輪讃孔雀多聞秘讃於覚澄院之砌長順房良仁　奉傳授與之畢　傳燈大法師位十重八齊隆然八十才　授長顕房畢　阿闍梨良仁　花押」とある。十五は『恵十六漢語讃』一帖・金剛三昧院蔵(473)で、(奥書)「真雅僧正於内裏御前誦卅七尊讃給功能事在別紙　天文九年七月十三日書写了　授與増三畢　権律師宥恵示之」とある。十六は『共良言』一紙・宝寿院蔵(474)で、(奥書)「永禄十三年庚午九月二日　授與快俊　権少僧都宥信示之」とある。十七は『供養讃』一紙・三宝院蔵(475)で、(奥書)「元和七季九月晦日　慈尊院彌勒堂供養時書之　聖仙院宥快」とある。十八は『薬師禾言』一紙・宝寿院蔵(476)で、(奥書)「元亀三年壬申六月十六日　授與快俊　権少僧都宥信示之」とある。十九は『陀羅尼秘曲博士』一紙・三宝院蔵(477)で、(奥書)「文禄二年三月吉日　遍照尊院常住　授與快音」とある。二十は『弥勒秘讃』一帖・金剛峯寺蔵(478)で、(奥書)「安政四丁巳年九月五日　花口院上棟供養之砌寄附之畢　如意輪寺実栄　圓明院

清賢」とある。二十一は『後勧請賛』一紙・桜池院蔵(479)で、(奥書)「本云永仁六年五月六日奉相伝　阿弥陀院御房也　私云此讃者遍知院宮御許ヨリ奉相伝之不輙秘讃也無常第二重天龍八部賛也」とある。二十二は『木食朝意八ケ秘曲等色々』一冊・三宝院蔵(480)である。二十三は『唯授一人賛醍醐方』一紙・正智院蔵(481)である。二十四は『土砂加持秘讃』一冊・持明院蔵(482)である。二十五は『祈雨声明私秘之』一帖(折本)・三宝院蔵(483)である。

刊本は三本である。一は『南山進流慧十六大菩薩漢讃　慧十六大菩薩梵讃』一帖・増福院蔵(484)で、(刊記)「時元文丁巳晩秋二十八日紀金剛峯寺沙門真源謹識　高野山無量壽院蔵版　小田原経師八左衛門装貼」とある。二は『南山進流定十六大菩薩漢讃』一帖(折本)・増福院蔵(485)で、(刊記)「旹元文二年六月既望南山沙門真源謹識」とある。三は『供養讃』一帖(折本)・明王院蔵(486)で、(刊記)「天保己亥夏四月上梓　龍生院寛洞」とある。

『展観目録』以外で、筆者所蔵の秘讃・録外秘讃の書写本・複写本は左記の六である。

(一)『諸秘讃・録外秘讃』一秩二帖(善通寺宝物館所蔵・整理番号別15―44)
(二)『声明伝授折紙等類集』(善通寺宝物館所蔵・整理番号96―32)
(三)『進流秘讃集私記』(高野山大学図書館・貴重寄託書)
(四)『秘讃録外』(高野山大学図書館・貴重寄託書)
(五)『秘讃　折紙三十三帋　目録共　合帖』(海福寺所蔵・『展観目録』の『秘讃』(462)と同)

## 第二項　秘讃集の内容

秘讃は、近代に至るまでは、一々折紙によって伝授されていた。しかし、文禄四年(一五九五)五月九日より五

月十五日に至るまでの七日間に、朝意が良尊に伝授された折紙を類聚して、葦原寂照が明治二十三年（一八九〇）に『秘讃集』を上梓している。

『岩原魚山集』に収録されている「秘讃」も、この朝意が良尊に授与された諸秘讃である。

筆者が所蔵している（五）の『秘讃　折紙三十三帋　目録共　合帖』の秘讃伝授目録次第は、『秘讃集』『岩原魚山集』と全く同じである。なお（五）の目録を正確に記せば左記である。

孔雀・毘沙門・天龍八部・如意輪・[illegible]二・宀朱・吉漢第三・同四段合五・吉梵第三曲・同三段合四・文殊同合殺合二・薬師・愛染・丁重小咒・同漢・同慈救咒・供養同異説・光明真言・十一面・葬送合三・最勝太子・緊那羅・吉祥・善字十六節・妙音同異説・後勧請・天龍八部第三重・四天合四・田水釉・同田水言・同合讃・同田水合五・當流阿弥陀・日天・月天・麁乱天・定梵語十六・定漢語十六・恵漢語十六・恵梵語十六満山無本可尋

已上

文禄四季乙未五月十五日賜良尊

音曲貧道朝意木食順良房　七十八歳　花押

右目録之通南山西院谷如意輪寺弘栄　[illegible]　文化七庚午九月授与龍泉

三宝[illegible]　進─様

三ケ各々誦シ様ノ口伝有之更問次第ハ孔雀毘沙門天龍八部三ケ之秘讃ニ秘ノ字ニ三ケ之習有之毘ハ付処ヲ秘ス

孔ハ賛カ秘密也天ハ賛ノ読様ヲ秘ス

三十三折紙と目録の数は合致していないので、『三箇秘韻聞記』（続真全三〇・三〇七―三一四頁）により正確に記すと左記である。

第一紙は孔雀・毘沙門・天龍八部、第二紙は如意輪、第三紙は𑖝𑖨・又説、第四紙は宀朱、第五紙は吉漢第三段秘曲、第六紙は吉漢四段秘曲、第七紙は吉梵第三段秘曲、第八紙は吉梵三段秘曲、第九紙は八字文殊讃大漢語、第十紙は文殊合殺、第十一紙は薬師秘讃、第十二紙は愛染王讃、第十三紙は不動讃、第十四紙は不動漢、第十五紙は慈救咒、第十六紙は供養讃、第十七紙は光明真言、第十八紙は十一面、第十九紙は葬送讃、第二十紙は最勝太子、第二十一紙は緊那羅天、第二十二紙は吉祥天、第二十三紙は心略漢語、第二十四紙は妙音天、第二十五紙は後勧請、第二十六紙は天龍八部、第二十七紙は四天王、第二十八紙は田水秘曲・田水讃、第二十九紙は田水門、第三十紙は田水、第三十一紙は当流阿弥陀、第三十二紙は日天、第三十三紙は亀乱天である。

なお、定梵語十六・定漢語十六・恵漢語十六・恵梵語十六は目録だけであり、筆者の秘讃集には収録されていない。しかし『岩原魚山集』には、「南山進流慧十六大菩薩梵讃」「南山進流慧十六大菩薩漢讃」「醍醐進流十六大菩薩漢讃」が収載されている。

朝意が良尊に授与した文禄四年（一五九五）の秘讃目録を、文化五年（一八〇八）九月に如意輪寺弘栄が龍泉に授与している。

そして、筆者の所蔵本は、その秘讃集をさらに書写し、跋文が虫喰いで定かではないが、私の稽古をしやすくせしめんが為で、努々此の帖を他人に授くべからずとの謙譲の文言をあげ、天保十三年（一八四二）冬写功了として昇道三十一歳と記されている。

なお、『金沢文庫資料全書』第八巻（一四四頁）に収録されている覚意の五音博士による十六大菩薩梵漢讃の巻末には、定蓮房憲海—般若房定意—宝蓮房祐真—証蓮房覚意—明忍房剣阿の系譜が掲載されている。このことは、進流声明を皆伝し、印信血脈を授かったのかどうか明らかではないが、少なくとも十六大菩薩梵漢讃は、覚意より

相伝されたことは間違いがないといえる。また、剣阿が直接覚意から相伝したものかどうか明らかではないが、金沢文庫には乞戒声明も伝わっているので、剣阿が覚意から三箇秘韻を授かり印信血脈を授かっている可能性は大いにあるといえる。いずれにしても、進流の系譜とは少し異なりがあるが、南山進流秘讃の一系譜は、憲海―定意―祐真―覚意―剣阿と伝わったといえる。

筆者所蔵の複写本の内容は左記である。

（一）『諸秘讃・録外秘讃』（善通寺宝物館所蔵・整理番号別15―44）

『諸秘讃』

孔雀・毘沙門・天龍八部・如意輪・[illegible]二・宀朱・吉漢第三・同四段合五ッ・吉梵第三曲・同三段合四ッ・文殊同合殺合二ッ・薬師・愛染・丁重小咒同漢同慈救咒入・供養同異説・光明真言・十一面・葬送合三ッ・最勝太子・緊那羅・吉祥・善字十六節・妙音同異説・後勧請・天龍八部第二重・四天合四ッ・田水袖・同田水言・同合讃・同田水合五ッ・當流阿弥陀・日天・月天・麁乱天・定梵語十六・定漢語十六・恵漢語十六・恵梵語十六

吉慶梵語三段秘曲の異本・釈迦讃・鐃鉢等口伝

諸秘讃には、讃毎に朝意木食の名前と花押が書かれている。書写人は不明である。吉慶梵語三段秘曲は通途の博士と異なる異曲である。

釈迦讃は、「此の讃は最極の秘讃なり。たやすく人に授けざるものなり。文永七年（一二七〇）三月二十六日同七日覚意私に五音博士を付し畢る」として、次に「覚音―見鏤―良賢―良誉―承貞」の血脈があげられていることから、承貞の書写と思われる。『密宗声明系譜』（続真全三〇）には、覚意―良怡―見鏤―良賢―良誉―承貞の声明血脈があげられており、覚音と良怡以外は対応している。

『録外秘讃』

即身成仏讃・吉慶梵語第三段・仏眼並一字・薬師・弥勒真言・文殊梵語・毘沙門天讃・愛染明王神咒・太元明王咒・慈救咒・同八千枚用・一字真言・厚恩讃・師恩・百石讃

『声明伝授折紙等類集』の録外分と『録外秘讃』は全同であるが、『進流秘讃集私記』とは曲数が異なるが、録外秘讃の博士は全同である。

（二）『声明伝授折紙等類集』（善通寺宝物館所蔵・整理番号96—32）

（秘讃目録上）

吉漢第三秘曲・吉漢第四秘曲・吉梵第三秘曲・吉梵三段秘曲・心略漢十六善・心略漢二十一善・当流阿弥陀讃・恵漢十六讃・恵梵十六讃・定漢十六讃・定漢十六讃・定梵十六讃無本・吉九段梵語　已上折紙第一結分

供養讃・秘言[illegible]・宀讃・薬師・釈迦・光明真言・八字文殊・文殊合殺・如意輪・十一面・愛染王・丁重・不漢・慈救咒　已上折紙第二結分

（録外分）

即身成仏讃・吉梵第三段・仏眼・一字金輪・薬師・弥勒漢語・文殊梵讃・毘沙門天讃・愛染明王神咒・太元明王・慈救咒・同八千枚用・一字真言・厚恩讃・師恩・百石讃　已上折紙第三結分

（秘讃目録下）

天龍八部讃・毘沙門讃・孔雀経讃・天龍八部・葬送讃・後勧請・妙音天・異本・四天讃・田水讃・多聞吉祥合讃・田水秘曲・吉祥天・最勝太子・日月両讃・緊那羅天・毹乱天　已上折紙第四結分

録外分と釈迦讃以外は朝意が良尊に授与した文禄四年の秘讃の写本である。いずれにしても、録外分と釈迦讃も

含めすべての秘讃は、伊予の寒川神宮寺住職の霊雅が文化十四年（一八一七）に書写せしものである。

（三）『進流秘讃集私記』（高野山大学図書館所蔵・『展観目録』の『進流秘讃集私記』（464）と同）

吉慶梵語九段・声明略頌・供養讃・異説・[illegible]陀羅尼・毘沙門合讃・異説・葬送讃・十六尊漢語・宝讃・光明真言

吉慶梵語九段は、奥書に、正和二年（一三一三）十一月十二日、高野山覚証院において師主勇心房阿闍梨（隆然）より伝授畢ると記されている。それを金剛三昧院宝庫本として、宝暦二年（一七五二）に金剛峯寺真明房が書写とある。爾来、五名を経て天保十一年（一八四〇）六月二十五日に、千手谷全光院の智存房孔道が堯智より受け書写と記されている。

声明略頌は、伝授の席で常に唱えている隆然の声明略頌である。光明真言は土砂加持等で初・二・三重に唱える声明で、何故か秘讃集の中に秘讃として収録されている。

（四）『秘讃録外』（高野山大学図書館所蔵）

弥勒漢語・仏眼・一字金輪・太元明王咒・一字真言・即身成仏讃・厚恩讃・師恩・百石讃

奥書がないので詳しいことはわからないが、各秘讃の表紙に乗吽と記されているので、書写人ではなく所有者の名前と思われる。

内容は、右記の二の録外秘讃よりも曲数は少ないが、博士は右記の三本の録外秘讃と同である。

## 第三節　秘讃集の声明

# 1 天龍八部讃（孔雀）

目録は孔雀であるが、秘讃の題目は天龍八部讃である。『仏母大孔雀明王経』（大正蔵一九）巻上（四二一b）・巻中（四三三b）・巻下（四三九b）の各々の巻末に説かれている故に孔雀経讃と称される。天龍八部衆とは、天（梵天・帝釈天等）・龍（八大龍王等）・夜叉・乾闥婆・阿修羅・迦楼羅・緊那羅・摩喉羅迦の八種であり、これら諸天鬼神讃嘆の秘讃であり、諸天鬼神の供養のために唱える讃である。

天龍八部讃には、梵漢の二種がある。梵讃は天龍八部の本地を讃嘆し孔雀経讃と称され、漢讃は天龍八部の功徳を讃嘆し天龍八部讃と称される。普通には、漢讃を天龍八部讃、梵讃を孔雀経讃と呼称する。なお、天龍八部讃は「テンリュウハチブのサン」と読み慣わされるが、「テンリュウハッポのサン」とも呼ばれる。

『三箇秘韻聞記』（続真全三〇・三〇七頁）には、五行目の「来至心」、十一行目の「罪障」、十三行目の「塗瑩」は経と秘讃の文言が異なるとしている。「来至心」は経では「来至此」である。十一行目は秘讃・経ともに「罪業」であり不可解である。十三行目の「除瑩」は経では「塗瑩」である。

「存」は、進流は「チウ」、相応院流は「ソン」と唱える。

調子は、師伝によると盤渉調反音曲である。

岩三巻五二右一行

**天　阿**

「テンア」と唱えるとの意である。

吉田寛如『詳解魚山集』解説篇（一四二三頁）には「天阿（原本ハ阿《ナ》　帀イハ阿《ア》）」と、原本は連声で「テンナ」であるが、「帀イ」は師伝の割字であり、師よりの伝は「テンア」と唱えるとの意である。

岩三巻五二右三行

**存**

『秘讃集』の脚注に、「進―チウ　相応―ソン」とある。進流は「チウ」、相応院流は「ソン」と唱えるとしているが、『岩原魚山集』は「ソン」であるが、『秘讃集』は「チウ」と仮名されているので、これをとる。

## ２ 毘沙門讃

出典は、『摂大儀軌』（大正蔵一八・七九b）、『金剛頂瑜伽護摩儀軌』（大正蔵一八・九二三c）等である。

毘沙門天の徳を讃嘆する梵語の讃である。

毘沙門天（多聞天）の心真言に博士を点譜したる讃である。

毘沙門天には他に、毘沙門秘曲・毘沙門讃（博士が異なる）・毘沙門合讃・毘沙門秘讃がある。

『秘讃集』に、「三ケ各々誦シ様ノ口伝有之更問次第ハ孔雀毘沙門天龍八部三ケ之秘讃ニ秘ノ字ニ三ケ之習有之毘ハ付処ヲ秘ス孔ハ賛カ秘密也天ハ賛ノ読様ヲ秘ス」と、この「毘沙門秘讃」は三箇秘讃の一であり、その「毘ハ付処ヲ秘ス」が秘である。

付処すなわち助音の箇所が秘であり三説がある。一は那より、二は耶より、三は助をつけず頭人が独唱する。こ

の中、三の説を可とする。淡路の五日三時もこの説をとっている。

調子は、師伝によると盤渉調律曲であるが、押紙に「呂摩那迄」とあり、「𑖌𑖽吠室羅摩那」の「𑖌𑖽」は四智梵語の「唵」と、「吠」も心略梵語の「薩」と全く同じ呂曲の唱え様であるので、筆者も間違いなく盤渉調反音曲と思われる。

曲節の留意箇所は、第二篇第二章第五節[8]を参照すべし。

## [3] 孔雀経讃（天龍八部讃）

出典は『仏母大孔雀明王経』巻中（大正蔵一九・四三三a）である。

諸天鬼神の供養のために唱える讃であり、天龍八部讃とも名づけられる。

『秘讃集』に、「三ケ各々誦シ様ノ口伝有之更問次第ハ孔雀毘沙門天龍八部三ケ之秘讃ニ秘ノ字ニ三ケ之習有之毘ハ付処ヲ秘ス孔ハ賛カ秘密也天ハ賛ノ読様ヲ秘ス」と、この「孔雀経讃」は三箇秘讃の一であり、その「孔ハ賛カ秘密也」が秘である。

讃すなわち唱え様に秘密があるという意であり、八句あり、呂と律を交互に唱える。ただし、第三句の上三字は呂曲で唱える。

調子は、師伝によると盤渉調反音曲である。

曲節の留意箇所は、第二篇第二章第五節[10]を参照すべし。

# 4 如意輪

如意輪の徳を讃嘆する梵語の讃である。『密教大辞典』には、如意輪法の本尊讃であり、『如意輪菩薩念誦法』に説かれている。筆者の押紙は判読が困難であるが、『詳解魚山集』解説篇（一四二四頁）によると、「此讃は相応院は殊に秘すと云う云々」とあり、相応院流ではこの如意輪の秘讃を特に秘とされたのである。

児玉雪玄『類聚の解説』（一七一頁）によると、「朝意の伝には迦摩羅は凡べてキャモラと読む。また迦摩羅娑那の娑を、寂照伝にはサとあれどもシャと発音す。また娑母儞ハンボニと読む」とされている。

『三箇秘韻聞記』（続真全三〇・三〇八頁）には、「師口に云。大概四智梵の如し」と記されている。また、三行目の「迦摩羅の三字博士開合なり。譜は開、所唱は合すなり」と、開譜合音と説かれている。さらに、六行目の「娑より曩まで九字一息」と、九字一息で唱えるとされている。

調子は、師伝によると双調反音曲である。

呂三巻五七右三行

**羅　婆　母**

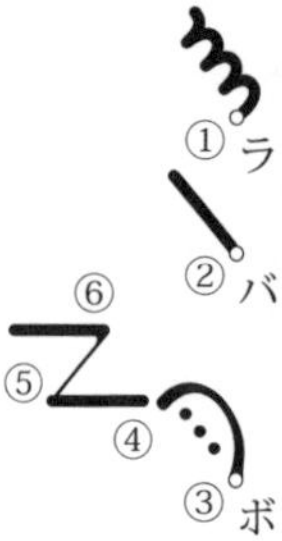


「羅」徴①を直ちにイロ。イロのみ唱えるのは難しいが、初めを口内アタリをして三ツ半。「婆」徴②を同音でスで、「母」徴③は呂曲のユリ、角④モドリ⑤角⑥を同音で唱える。

第二篇第三章第五節5を参照すべし。

## 5 秘言賛

### 又説

「秘言賛」と三字の博士が異なるのみで、殆ど同である。

調子は、師伝によると盤渉調反音曲である。

『秘讃集』には、「秘言賛」と「又説」の二曲が収載されている。土砂加持に用いられる秘讃は前者であり、後者は殆ど同曲節であるが、異なるのは三字である。

「摩」は『三箇秘韻聞記』に「羽重イロモ」とあり、羽を唱え、イロモドリを同音で五ツ、羽を声のソリ、三重宮をソリ上げた音に同音に唱える。「尼」は大きくマワシ下げ、徴を高く上げて律のユリを唱える。「縛」は徴をスで唱える。

## 6 宀 讃

宀は題名を秘した宝の割字であり、如意宝珠の徳を讃嘆する讃である。

『秘讃集』の題下に、「口伝云此言ハ舎利ノ真言ト習也」と、此の如意宝珠の秘讃は舎利の真言というのが習いであるとされている。

『三箇秘韻聞記』（続真全三〇・三〇八頁）に、「大概四智讃梵の如し」とある故に、調子は双調反音曲である。

図三巻五九右一行

「タンナウ」と唱える。

図三巻五九右一行

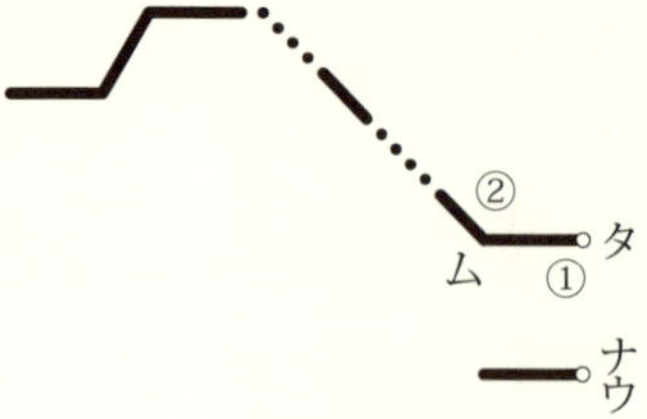


『三箇秘韻聞記』（続真全三〇・三〇八頁）に、「師口に曰。弘栄師は𑖝𑖡𑖼二字の譜の間に𑖝の譜を一位加えて唱うるなり」とあり、𑖝（ta）と𑖡𑖼の間に𑖡（na）を角で加え、

『秘讃集』の注記に、「カナに合てユル。此の徴より反音也。ことごとしくアタル」とあり、「タ」角①を唱え、「ム」のカナに合わせ徴②、そして此の徴より反音して律曲で唱える。『岩原魚山集』は呂曲のユリを二ユであるが、『鈴木声明集』は律曲のユリを二ユである。『鈴木声明集』が妥当である。

# 7 吉漢第三段秘曲

吉慶漢語第三段の反音で秘讃であり、最後の一句に異譜を付し頭人が高声で独唱する。

『秘讃集』に、「口伝に云く。此の曲第三段常の如し。衆僧と同音に誦し了て後ち音頭独り此の一句を誦す。若し調子能きほどならば悉能成の三字許を反して上重にて誦すべきなり。若し調子高くば順音なるべし。或る伝に云く。此の曲を悉能成まで順音に誦し了て又取り反して今度悉能斗上の重にて誦ずると但当時は之を用いず。私に云く。此の如く誦ずれば悉能成三反なるべきか。依て之を用いず」とある。

第三段を諸衆とともに最後の「悉能成」まで本音で唱える。次に、頭人が秘讃の「願汝此座悉能成」の一句を、調子がよければ「悉能成」の三字を上音で、調子が高すぎて唱えることができなければ順音で、すなわち本音（吉田説）で唱える。或伝には、まず一度目はこの一句を本音で唱え、二度目は「願汝此座」を本音で「悉能成」を上音で唱え、さらに「悉能成」が高すぎれば三度目は本音で唱えるという意か。しかし、この伝は用いずとされている。

『秘讃集』には、第三段では「悉能成」のみ上音で唱えるとあるが、近年は吉慶漢語四段の各反音にわたって、一句すべてを上音で唱える。

ただし、第五段には秘讃はなし。

秘讃の用否は、頭人の意楽であるが、反音の調子については諸説がある。

一は、本音より一オクターブ高い三重で唱える。

二は、漢語は平調であるので、一オクターブ高い三重では日本の成年男子では唱えられない。また、羽・その上

の宮は無声であり博士にあらわせない。したがって、甲乙反で盤渉調三重か、黄鐘調三重で唱える。

三は、反音とは博士が変わったという意で高度は本音と同じ高さで唱える。

四は、『類聚の解説』には文殊讃の反音について、「古来反音は本音より少し高く唱える」とある。

宮野宥智『声明類聚』の頭注に、「反音に三義あり。一には施主を敬う、二には調声を賞す、三には長座の睡眠を驚覚す」とある。

以上より考察すると、一は高すぎて唱えられない。三は反音の三義等より考えると論外である。二か四により唱えるべきである。しかし、四は具体的な高さの指示はないので、自らの持ち前の声により本音よりも高く唱えるか、二に準じて唱えるべきであるか、いずれかであろうと思われる。

調子は、師伝によると盤渉調反音曲である。

圀三巻五九右二行

## 願

二伝あり。

《一》羽①を声のソリでソリ上げ、モドリ②をソリ上げた音より下げイロ三ツ、羽③を声のソリでソリ上げ、そのソリ上げた音と同音で、三重宮④と同音に唱える。

《二》羽①を力のソリ、モドリ②を高くイロ三つ、羽③を力のソリ、三重宮④を高く唱える。

《一》

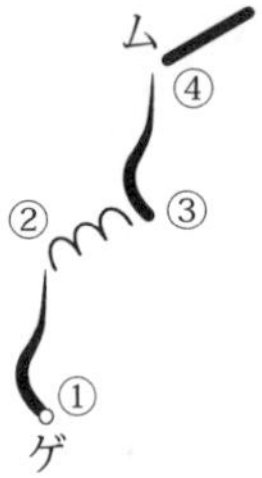


《二》

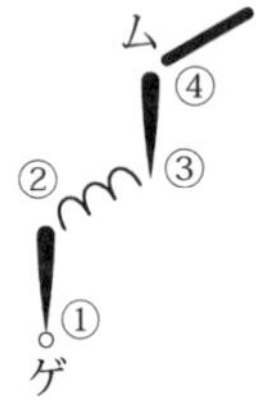

# 8 吉慶漢語四段秘曲

吉慶漢語第一段・第二段・第三段・第四段の反音で秘讃であり、最後の一句に異譜を付し頭人が高声で独唱する。『三箇秘韻聞記』（続真全三〇・三〇九頁）に「三宝院には曼荼羅供に唱るなり」と、三宝院では曼荼羅供に吉慶漢語の反音を用いるとされている。

調子は、師伝によると盤渉調反音曲である。

## 吉慶漢語第一段秘曲

[岩]三巻六〇右一行

汝

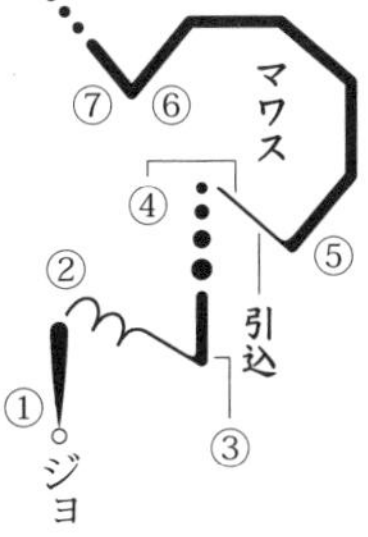


羽①は初めを徐々に太く強く力のソリで唱え、モドリ②は音を上げイロ二ツとモツ一ツを唱え、羽③を始め強く引きイロに移る。そのイロは最初の歩幅を大きく徐々に小さく高くして唱える。モドリ④の引込は、寂照は「声を細めて指込むなり」と、岩原は「直前の音より非常に高いツキモドリの一種の故、特別な力の用い方が必要となり、あたかも喉の奥に引きこむ如く唱えるので、この名がおこったのである」と解説されている。すなわち、口をあけてあたかも息を喉に引き込むように、裏声で回す如く、またサイレンが鳴り終わるように、余韻をひいて唱え終わる。三重宮⑤・二重の羽・徴・角・商⑥は三段にマワシ下げ、商⑥徴⑦は、「引込ある時は、商徴同」という口伝により、同音で唱える。

なお、引込のない普通の時は、商よりも徴を高く唱える。

引込ある時はマワスの後の商と徴は同音に唱えるというのが口伝であるが、二伝あり。

《一》反音に限り、商よりも徴を上げて、高く唱える。

《二》口伝に準じて、商と徴と同音に唱える。

岩三巻六〇右一行

## 盡

「土砂加持法則」と秘讃は異なりがある。それぞれの博士を左記にあげる。

《秘讃》

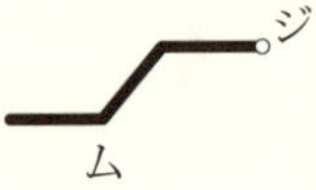


《法則》

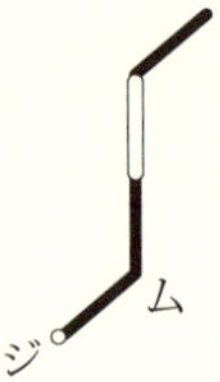


## 吉慶漢語第二段秘曲

[岩]三巻六〇右二行

**願　汝**

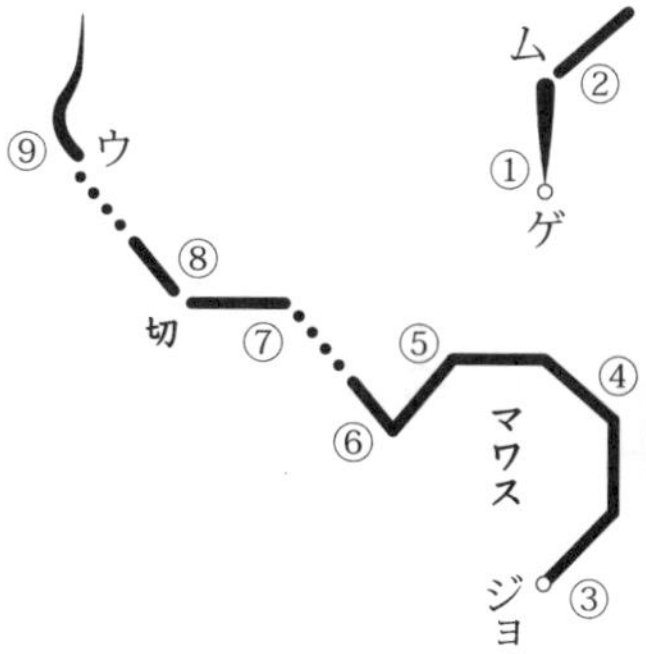


羽①をソリ上げ、そのソリ上げた音で三重宮②の音と同音で三重宮③を口内アタリで唱える。次に、③④⑤を三段にマワシ下げる。商⑤より徴⑥を上げ律のユリ、息を切り、同音で角⑦を唱え、徴⑧も律のユリで同音に唱え、羽⑨を声のソリで深くソリ上げる。

[岩]三巻六〇右二行

**灌**

『類聚の解説』（七八頁）には、「灌のン、秘讃には最初に出し、法則には最後に出す」とある。『三箇秘韻聞記』（続真全三〇・三〇九頁）には、「終の徴のカナに合て由る」と、『岩原魚山集』は最初に出している。

## 吉慶漢語第三段秘曲

[7]の三段秘曲と「願」と「悉」との二字のみが同じ博士で、他の五字が異なる。いずれを用いるも可である。

『岩原魚山集』と『鈴木声明集』は同博士であるが、『秘讃集』は「座」が宮・モドリ・宮・初重羽、「悉」が宮・

商で異なる。

### 吉慶漢語第四段秘曲

『三箇秘韻聞記』（続真全三〇・三〇九頁）に、「今時以下上の重の譜を点ずること高声の証なり。細字の今時等は唱え易き為に中重の譜を播こすなり。上中と異なれども譜の位階は同なり。弘栄師は第四段は用ゆることを好まざるなり」とあるが、不可解である。『岩原魚山集』は、細譜は三重の譜であり、『三箇秘韻聞記』のいうのとは逆に唱え難き故に、太い譜で二重の譜を付していると思われる。

[岩]三巻六〇左二行

**獲得**

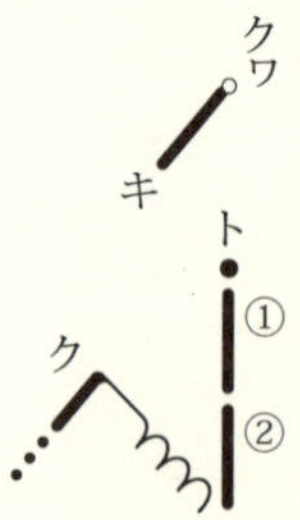


岩原諦信『声明教典』音譜篇では、秘讃の「得」の突由の宮①②の博士は同音となっているが、実唱は宮①よりも宮②を高く上げて、かつ宮②をきわめて長く唱えている。

## 9 吉慶梵語第三段秘曲

吉慶梵語第三段の末文の「婆縛都扇底迦蘭荅縛儞也」を反音すなわち高声で、かつ本博士と異なる博士で唱える

秘讃である。
　高声で唱える反音についての高度は、吉慶漢語と同である。
　調子は、師伝によると盤渉調律曲である。

岩三巻六一右二行割注

**曹**

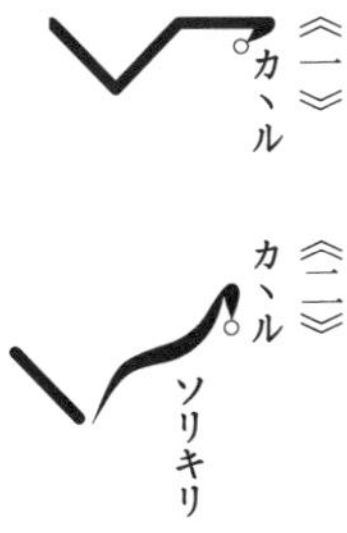


　『秘讃集』に、「此の曲を末に至て誦せんと欲はば頭の句の博士曹又様曹此の如くすべし。諸衆は之を聞て此に至て声を止む。時に頭人一人して之を誦すべし」とあり、頭人が末の「婆縛都扇底迦蘭苔縛儞也」を反音で唱えようと思えば、頭の「曹」を《一》か《二》の異譜で唱える。諸衆はこれを聞き「婆縛都」の直前の「曹識覧」で声を止める。すると頭人一人にて「婆縛都」以下の秘讃を独唱する。「曹」の異譜は上記である。

## 10 吉慶梵語三段秘曲

　吉慶梵語第一段・第二段・第三段の末文の「婆縛都扇底迦蘭苔縛儞也」を、反音すなわち高声で、かつ本博士と異なる博士で唱える秘讃である。
　第一・第二につづく段については、『秘讃集』はいずれの段か明示はなく、『岩原魚山集』は第二段と、『鈴木声明集』は『秘讃集』と同じく明示はない。『三箇秘韻聞記』は第三と明瞭に指示されている。『秘讃集』はいずれの段か明確にしていないだけで、第三段でないとは示していない。また、9の秘曲とこの段の博士を比較対照すると、

十一字の中で「都」のみ異なるだけで十字は全く同じ博士でもあることから、第三段とするのが妥当ではなかろうかと思われる。師伝によると第三段である。

『秘讃集』の注記に、「一種を許すとも三段是をば千金に出すべからず。是れ先徳の掟なり」とある。如何様にもとれる文章であり、一段のみ授け許すも、三段すべてを授け許してはならないともとれる。しかし、『秘讃集』では朝意が良尊に文禄四年五月十一日に三段すべてを授けているので、むしろ吉慶梵語の秘讃は深秘な讃であるので、法会において一段は唱えても三段すべてを同時に唱えてはならないと取る方が妥当ではなかろうか。

調子は、師伝によると盤渉調律曲である。

## 11　八字文殊賛大漢語

八字文殊尊の徳を讃嘆する大讃である。

『密教大辞典』には、真言により一字文殊・五字文殊・六字文殊・八字文殊があり、また髻の数より一字文殊を一髻文殊、五字文殊を五髻文殊等というが、一字と一髻と別尊とする説もある。あるいは、八字文殊は仏部、六字文殊は蓮華部、五字文殊は金剛部、一字文殊は三部不二をあらわす。また、八字は息災、一字は増益、五字は敬愛、六字は調伏に配する。また『密教大辞典』に、出典は『八字文殊軌』に漢語大讃として二十二句出すうち、最初の六句と記されている。

八字とは、（oṃ・おん）（āḥ・vi・ra・hūṃ・kha・ca・raḥ・dhaṃ あくびらうんきゃしゃらくたん）である。

『秘讃集』の「法」に「爰付ト両説」と注記があり、「摧」より助音と、「法」より助音の両説がある。

「摧」「子」「位」は、イロの故に、初め口内アタリをして唱える。

『三箇秘韻聞記』に「具より行まで五字一息」とあり、切らずに一息で唱える。

調子は、師伝によると盤渉調律曲である。

## 合殺

文殊菩薩の合殺である。

『詳解魚山集』解説篇（一四二六頁）に、「心南院（現普門院）に曰く。文殊讃に次ぐ時は此の合殺第一・第二・第三・第一・第二と五遍之を誦じ第四は之を唱えず」と、第四は唱えず、第一・第二・第三・第一・第二と五遍唱えると述べられている。

合殺についてはいろいろな説があるが、いずれにしても読経の終わりに仏名を何度も唱えることに間違いはなく、葦原寂照『要覧』にも、「問曰。合殺の遍数は十一遍に限るや将た異説之ありや。答。一定の説なし」とあり、つづけて理趣経合殺の遍数は十一遍に限らず、三・四・二十一・三十七等があると示されている。したがって、文殊合殺も十一遍ではなく、五遍を文殊讃につづいて唱える。

『秘讃集』に「心南院様の御本を以て朱博士之を付す」と、朱博士は心南院様と記されている。

『三箇秘韻聞記』（続真全三〇・三一〇頁）に「摩訶薩の三字譜は開声は合なり」と、「摩訶薩」の三字は開譜合音と述べられている。

調子は、師伝によると盤渉調律曲である。

## 12 薬師秘賛

薬師如来の徳を讃嘆する秘曲である。『類聚の解説』（一七〇頁）によると、「薬師如来を本尊とする法会には前讃の後段に東方の讃、後讃の後段にこの讃を用う」とある。

『密教大辞典』によると、出典は『薬師瑠璃光如来消災除難念誦儀軌』（大正蔵一九・二一c）であり、薬師法の本尊讃である。

題下に「秘節呉音不レ換二千金一」とある。薬師法の本尊讃は漢音で唱えることになっているが、呉音で唱える秘讃はきわめて深秘であるという意であろうか。

『秘讃集』によると、「今」は「キン」・「コン」の両説ありとしている。

末文の「頭面礼」は、『三箇秘韻聞記』（続真全三〇・三一〇頁）には、「反音は吉漢に類するか」として高音に唱えるかとしているが、『岩原魚山集』は反音を「高声不用」と高声で唱えずと注記されている。

調子は、師伝によると盤渉調律曲である。

## 13 愛染王言

愛染明王の徳を讃嘆する秘讃である。出典は『金剛頂一切如来真実摂大乗現証大教王経』巻上（大正蔵一八・三

一六a）である。

この秘讃は、慧十六大菩薩梵讃の中の金剛愛菩薩の梵讃でもあり、文言と博士に小異があるが、殆ど同である。これは金剛愛菩薩の衆生を菩提に愛着させ煩悩即菩提の境地に入らしむるのは愛染明王の働きでもあるので、同体異名とされる故である。

題下に「深秘々々」とある。愛染明王は『金剛峯楼閣一切瑜伽瑜祇経』（大正蔵一八）に、染愛王（二五五c）とも愛染王（二五六c）とも説かれている。愛は諸仏、染は衆生で、諸仏が衆生を愛するを愛染といい、衆生が諸仏を愛し奉るを染愛といい、衆生が本来具えている愛欲貪染がそのまま浄菩提心であることを悟らしめる深秘な尊であり、その上に秘讃である故に、重々に深秘々々と説かれるのであろうと思われる。

『三箇秘韻聞記』（続真全三〇・三二〇頁）に「縛曰羅以下皆同徴のキキ」としている。『秘讃集』には末文の「縛曰」のそれぞれの角に「火」の符合が付され、「バザ二字のハカセ二ツを一ツの長さにするなり」とある。「縛曰」はいずれも火で急々に唱える意であり、その二の博士を一の博士の如く唱えるという意である。

調子は、師伝によると盤渉調律曲である。しかし、児玉『類聚の解説』（一七二頁）によると、「縛曰羅の三字は呂の摂在か。若し然からば反音曲なり」とされている。

## 14 丁重

丁重とは題名を秘した不動の割字であり、不動明王の小咒に「娑婆賀」の三字を付加して唱える秘讃である。題下に「ムー独誦」とあり、一人が独唱する秘讃である。

なお、「含」は他に一節、「娑婆賀」は他に三節あげられており、いずれもどの博士を用いても可であるとの意である。

調子は、師伝によると盤渉調反音曲であるが、盤渉調律曲か。

## 含

[岩]三巻六七左一行

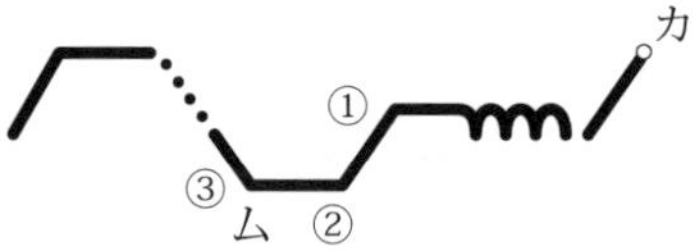


商①を直前のイロより本下シで下げ、角②を上げ、「ム」を徴③とさらに上げ、いわゆる三段上げに唱える。

## [15] 不動漢

第二篇第二章第五節[3]を参照すべし。

ただし、土砂加持法則と秘讃は二箇所異なりがある。それぞれの異なる博士のみ左記にあげる。また、秘讃は下段の如く「不動」であるが、法則は「無動」である。

《秘讃》

岩三巻六八右二行

不壊

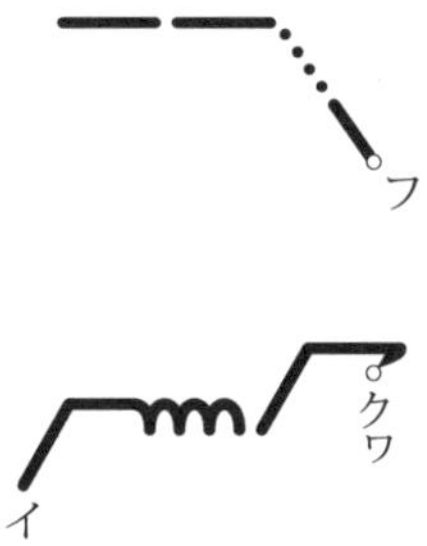


《法則》

岩一巻四右一行

不壊

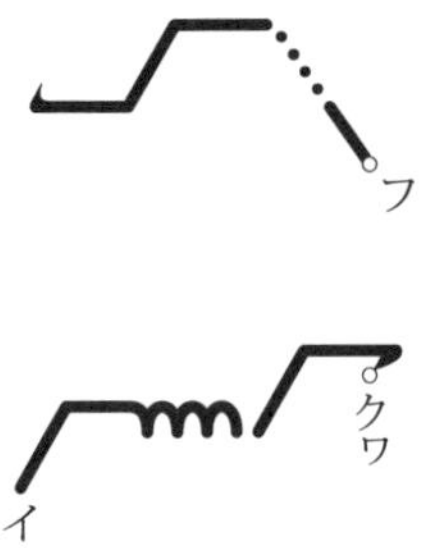


《秘讃》

岩二巻六八左一行

不動

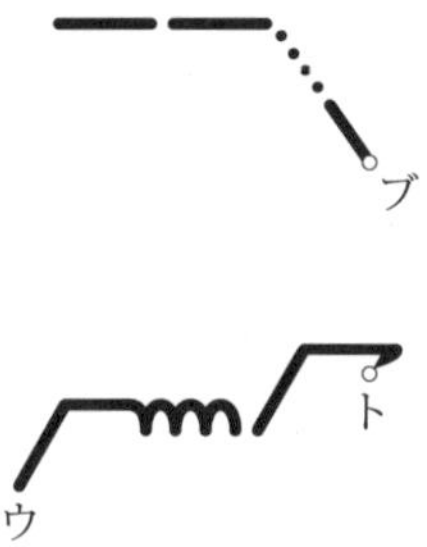


《法則》

岩　巻四右三行

無動

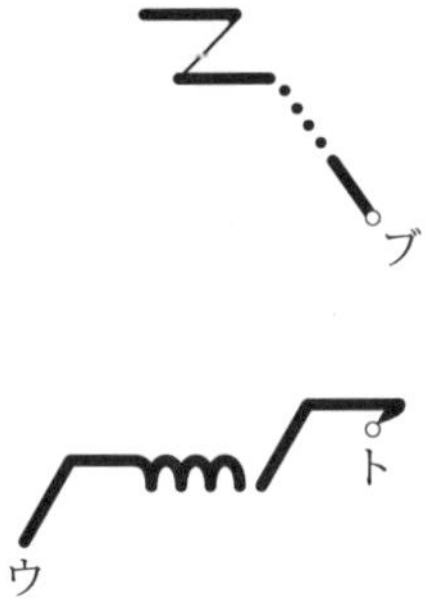

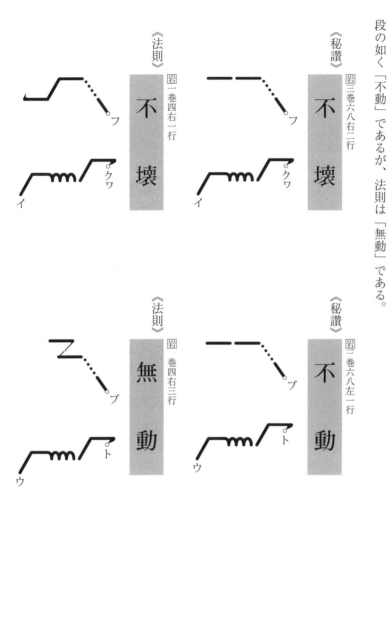

# 16 慈救咒

不動明王の慈救咒に博士を付した秘讃である。大慈悲をもって一切衆生を愍念し、救護したまうをもってその真言に此名ありとされている。

音写漢字と梵字の混在した讃である。

『詳解魚山集』解説篇（一四二八頁）に、『諸秘讃』を引き、その中の「怛囉吒」に細譜と太譜があり、細譜は太譜を一オクターブ上げたものとしているが、『秘讃集』・『鈴木声明集』にはあげられていない。

調子は、師伝によると盤渉調反音曲である。

岩三巻六九右一行

**拏**

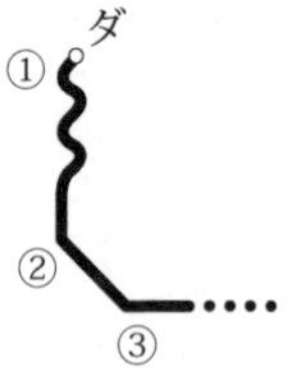


宮①をツヤ二ツとモツ一ツ、横下シで初重羽②に下げ、さらに初重徴③に三段下シに下げ、最後に律曲のユリを唱える。

## 17 供養讃

題下に「堂塔供養誦之」とあり、堂塔落慶の供養に唱える秘讃である。『密教大辞典』によると、出典は『金剛頂一切如来真実摂大乗現証大教王経（三巻教王経）』巻中（大正蔵一八・二一五a）で、金剛華菩薩の憂陀那（無問自説）udāna であり、八供養の徳を華供養に摂して唱えると説かれている。なお、文言は同であるが博士が異なる又説がある。

『類聚の解説』（一三八頁）によると、「師伝は奇哉をキサイと清めども、朝意の伝はキザイと哉を濁る」とある。調子は、師伝によると盤渉調反音曲であり、後讃の第三段に用いるという。

## 18 光明真言

光明真言秘讃であり、第二篇第三章第五節6「光明真言秘讃」を参照すべし。付処すなわち助音の箇所に二説がある。一はより、二はよりである。

## 19 十一面

十一面観音の徳を讃嘆した秘讃である。

『密教大辞典』によると、出典は不空訳『十一面経』巻中（大正蔵二〇・一四五b）に説き、十一面法の本尊讃に用いると記されている。『十一面経』とは、経とあるが『十一面儀軌』ともいわれ、十一面法の本軌であり、具名は『十一面観自在菩薩心密言念誦儀軌経』不空訳である。

題下に「大都四智梵之通」とあり、四智梵語と殆ど同じ曲節で唱えるのを習いとする。『類聚の解説』（一七〇頁）によると、「朝意の伝にては羅誐の羅はアラ、迦摩羅の摩はモと発音す。また曩他の他はタ・ダ両説あることを指示せり」と述べられている。

調子は、師伝によると双調唯呂曲とされているが、『三箇秘韻聞記』（続真全三〇・三二一頁）には「盧迦曩他の四字律なり」と述べられている。「盧」と「曩」がソリであり、その直後の「迦」と「他」が徴でユリであるが、呂曲のユリは違和感があり、律曲のユリで唱えられるのが妥当と思われる。また、『秘讃集』題下に「大都四智梵之通」とあり、四智梵語と殆ど同じ曲節で唱えよというのであれば、双調反音曲とするのが正しいといえる。

岩三巻七一右二行

## 盧迦曩他

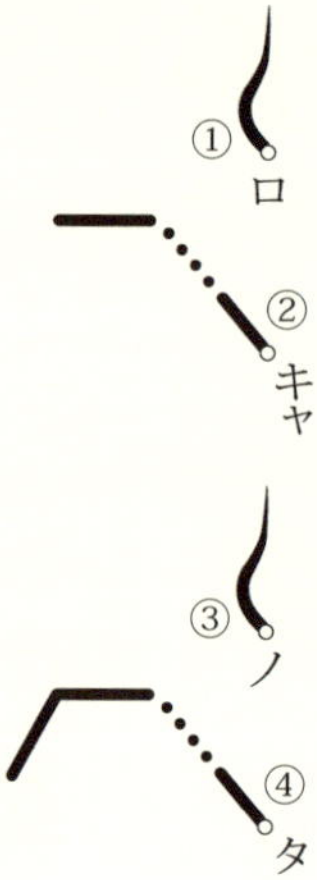


「盧迦曩他」の四字は律曲とすると、「盧」①・「曩」③の羽は大ソ、「迦」②・「他」④の徴は、『岩原魚山集』は呂曲のユリであるが『三箇秘韻聞記』にしたがい律曲のユリで唱える。

# 20 葬送言

葬送ノ讃と読む。題下に「庭上ニテ四智ノ讃ニ次ギ一或ハ二用レ之」とある。『秘讃集』には、葬送讃として三曲収録されている。一は『涅槃経』に説かれる諸行無常の偈である「諸行無常・是生滅法・生滅滅已・寂滅為楽」、二は一説には臨済宗の無著道忠の作といわれる「迷故三界城・悟故十方空・本来無東西・何処有南北」、三は『涅槃経』の諸行無常の偈につづき説かれている「如来証涅槃・永断於生死・若有至心聴・常得無量楽」であり、葬儀の庭上で四智梵語讃につづき、その三曲の中、一曲か二曲かを唱えるという意である。

調子は、師伝によると盤渉調反音曲である。

[岩]三巻七一左二行

**是**

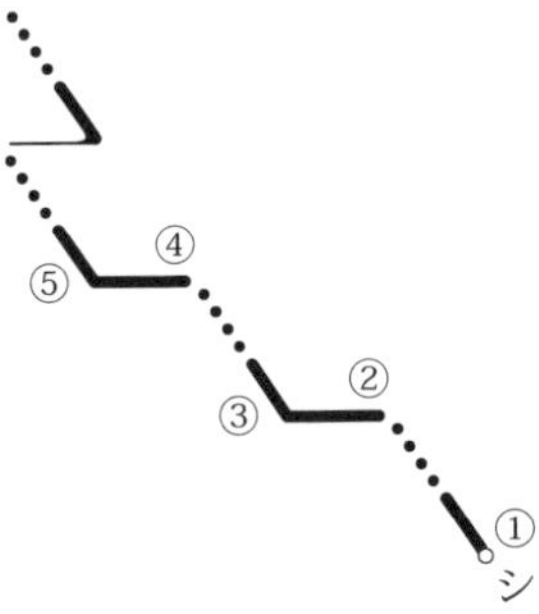


魚山集では、普通は徴と角は同音で唱えるが、徴①より角②を下げ、徴③を上げ、角④を下げ、徴⑤を上げてスクウ如く唱える。

## 21 最勝太子

題下に、「毘沙門子也　七子之内一人」とあり、毘沙門天の七子の中の一人としている。しかし、『密教大辞典』には、「毘沙門天五太子の一、摂大軌には万勝と名く。或は第三子と云い、或は長子と云う」と、五太子の一人で、長子あるいは第三子と述べられている。『岩原魚山集』の題下には「或云孫也」と、毘沙門の孫とも記されている。

『薄双紙』二重の「最勝太子」(大正蔵七八・六八一c)の割注には、「毘沙門第三太子」とある。

また、葦原寂照『乳味鈔』巻一四(四四丁裏)には、「第二第三の異説あり、第三の太子とするは実運の説なり」としている。

『乳味鈔』巻一一(三七丁裏)の最勝太子法に玄宗皇帝が此法の威力により兵乱厄難を除くといわれ、「軍陣又は兵乱鎮静に修す」とあり、戦争の終結等に、この秘讃を唱える。

調子は、師伝によると盤渉調反音曲である。

岩三巻七三右二行

「ソワカ」と「ソバカ」と唱える二伝があるが、「ソバカ」と唱える。

## [22] 緊那羅天

八部衆の一の緊那羅天の真言に博士を付した秘讃である。緊那羅天とは、人非人と漢訳し、人かどうか何者かという義であり、歌舞に秀でた天の楽神・歌神をいう。

出典は、音写漢字はすべて異なり、「曩莫三曼多没駄南」の頭句と「枳那羅赦娑婆賀」の尾句を欠いているが『大日経疏』巻一〇（大正蔵三九・六八八a）であり、「賀迦娑南尾賀薩南」の上句は歓喜、「枳那羅赦娑婆賀」の下句は人に歓喜を与える義であり、よく我執を除き大空を成就せしめる真言と説かれている。

題下に、「唯授一人之讃也」とあり、原則的には師匠と弟子が唯授一人、すなわち一対一で授受される奥深い梵語の讃である。

調子は、師伝によると盤渉調唯律曲である。

[岩]三巻七三左一行

**曼**

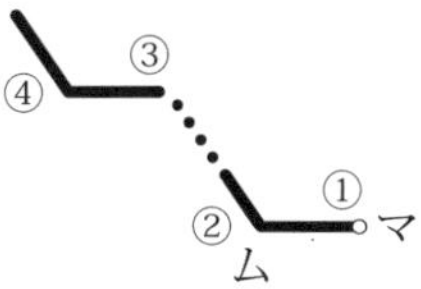


角①より徴②をスクウで上げ、角③を下げ、徴④をスクウ如く上げて唱える。

## 娑

岩三巻七三左二行

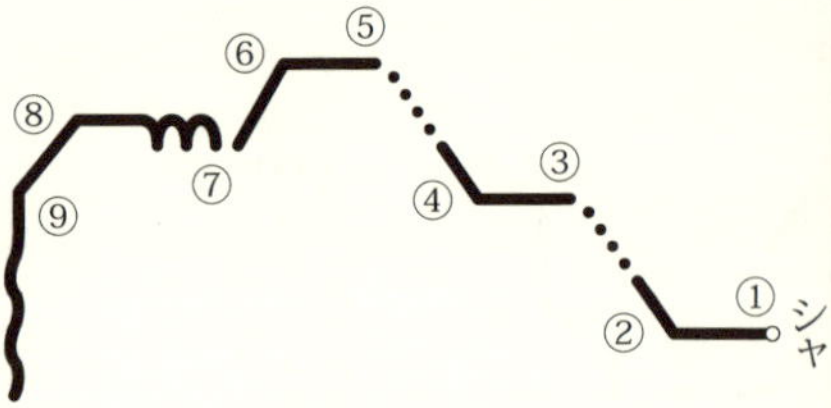


角①と徴②の律曲のユリを同音。角③を下げ徴④を上げスクウ如く律曲のユリ、角⑤を同音で唱え、商⑥を本下シで下げ、上げてイロ二ツとモツ一ツ⑦、商⑧を横下シ、さらに下げ宮⑨をユルグで唱える。

## 南

岩三巻七三左二行

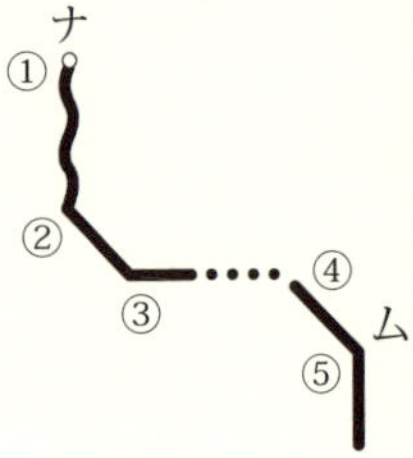


宮①をユルグ、初重羽②に横下シで下げ、さらに初重徴③に下げ律曲のユリ、初重羽④に上げた後、宮⑤で「ム」に移り上げ唱える。

# [23] 吉天

吉祥天の徳を讃嘆する秘讃である。

大吉祥・功徳天とも称され、福徳を授ける尊とされている。毘沙門天の妃との説もある。

頼瑜『薄草子口決』第二十（大正蔵七九・二九七b）に、吉祥天法は「福徳の為に之を修す」とあり、また「能く一切貧窮業障を除き大富貴豊饒財宝を獲る」とあり、この秘讃も吉祥天法と同じく福徳を成就するために唱える。

調子は、師伝によると盤渉調反音曲である。

[岩]三巻七四左三行

**無**

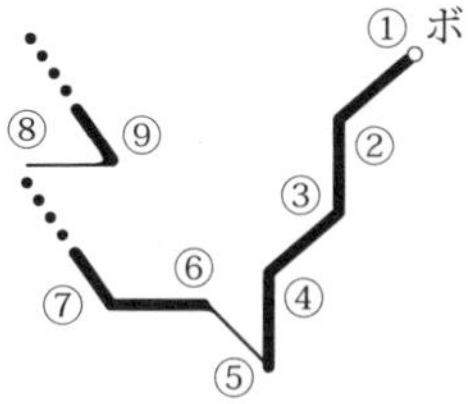


商①より横下シで宮②、元の商の音に戻り商③、宮④を横下シに下げ唱え、モドリ⑤を上げ、角⑥を同音でツキ、徴⑦も同音でツキ、モドリ⑧を上げ、徴⑨を同音でツキ唱える。

## 24 心略漢語

胎蔵大日の徳を讃嘆する漢語の讃の中の秘曲である。

題下に割注で、「善字十六節　生字四節　主字三節　十六の外は心南院の口伝なり」とあり、「善」には十六曲、「生」には四曲、「主」には三曲の秘曲があり、「善」字の十六節以外は心南院の口伝とある。すなわち、『秘讃集』の第一句目は常の博士であり心南院の口伝との意である。『三箇秘韻聞記』（続真全三〇・三一二頁）にも「初行は常の如し」とあり、秘曲以外との言である。

調子は、師伝によると盤渉調唯律曲である。

## 25 妙音天

妙音天とは弁財天のことで、その天の真言に博士を付した秘讃である。音楽・弁才を司る故に妙音天・美音天・大弁才天と称され、福徳智慧の天であるので大弁功徳天とも称される。

「ノウマク」は注記で「ノウボ」ともすべしとあり、「ノウマク」・「ノウボ」のいずれでも可とされている。

題下に「号唯受一人　半亻半呂文ソハ已下亻文」とあり、師匠と弟子が唯授一人、すなわち一対一で授受される奥深い秘讃である。「文」とあるのは、『詳解魚山集』解説篇（一四三〇頁）によると朝意上人筆折紙の文によるの意であり、「ソハ」以下は律曲とされている。

しかし、調子は師伝によると双調唯呂曲である。

## 26 後勧請

題下に「祈雨難産等用レ之」、また「俊乎後乎可俊。付紙此讃遍知院宮正平二十年于二静恵一御相伝之音也」と割注されている。

「ゴカンジョウ」と読み、祈雨難産を祈る法会・祈禱に用いられる秘讃である。『密教大辞典』には、「前に諸尊勧請の句あるに対して後勧請と名く」と、諸尊を勧請する句に対して後に唱えるので後勧請というとしている。

「俊乎後乎可俊」は『詳解魚山集』解説篇（一四三一頁）によると、伝授の席では何の沙汰もなかったとされており、後葉明師にしたがい審問すべしとあるが、「俊」は大いなり・たかし・ひいでるの意あるにより、「俊」がふさわしいかとされている。

調子は、師伝によると盤渉調反音曲である。

岩三巻七七左一行

**我**

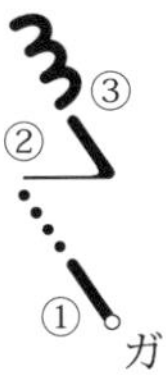


徴①は律曲のユリ、モドリ②を高く上げ、徴③をイロで唱える。

# 27 天龍八部

天龍八部衆とは、天（梵天・帝釈天等）・龍（八大龍王等）・夜叉・乾闥婆・阿修羅・迦楼羅・緊那羅・摩喉羅迦の八種であり、これら諸天鬼神讃嘆の秘讃であり、諸天鬼神の供養のために唱える讃である。『密教大辞典』には、呉音にて発音すとあるが、漢音で唱える。

題下に「第三重深秘」との割注があるが、師よりの沙汰はなかった。『岩原魚山集』と『詳解魚山集』解説篇（一四三一頁）には『秘讃集』と同じく第三重とされている。

『声明大意略頌文解』（続真全三〇・三四四―三四五頁）に、「三箇とは曰く。秘讃初重曰く乞戒二重大阿闍梨声明三重是なり」とある如く、普通には初重を秘讃、二重を乞戒阿闍梨声明、三重を大阿闍梨声明とされるのであるが、そうではなく秘讃に三重があり、天龍八部讃が第三重という意であると思われる。『秘讃集』目録の次に、「三ケ各々誦シ様ノ口伝有之更問次第ハ孔雀毘沙門天龍八部三ケ之秘讃ニ秘ノ字ニ三ケ之習有之毘ハ付処ヲ秘ス孔ハ賛カ秘密也天ハ賛ノ読様ヲ秘ス」とある。吉田は、この中の「次第ハ孔雀毘沙門天龍八部三ケ之秘讃」を伝授の順序とされているが、秘密の次第であり、この天龍八部讃は読み方を秘し、秘讃中もっとも奥深い第三重の讃との意ではなかろうか。また、『岩原魚山集』の三重は、3の孔雀経讃を初重とし、2の毘沙門讃を二重とし、この27の天龍八部讃を第三重とされているのであろう。

調子は、師伝によると盤渉調反音曲である。

[岩]三巻七八右二行

## 聲

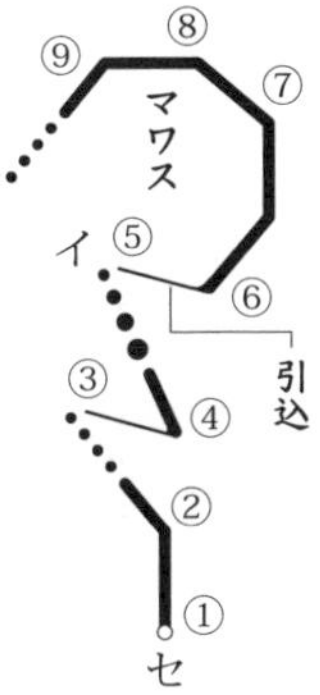


羽①を高く、徴②を下げて律曲ユリ、モドリ③を高く、徴④をイロで文殊讃の如く大より小に徐々に小さく五ユほどを唱え、引込⑤はスカシで喉に引き込む如く、かつサイレンが鳴り終わる如く余韻を引き、三重宮⑥で口内アタリをして、徴⑦角⑧商⑨と三段にマワシ下げ、後をユリ二ツ半唱え終わる。

# 28 四天合讃

### 持国天　東方

持国天の真言に博士を付した秘讃である。出典は、『陀羅尼集経』巻一一（大正蔵一八・八七八b）であり、Dhṛtarāṣṭraḥ の音写漢字の提頭頼吒《だいずらた》天王として真言が説かれている。

四天王の一で、須弥山の東方の中腹に住し、東方を守護する天である。

『三箇秘韻聞記』（続真全三〇・三一三頁）に、「師口に曰。東方は粗四智梵の如し」とあり、ほぼ四智梵語と同じ如く唱えるとされている。

調子は、師伝によると盤渉調反音曲である。

## 増長天　南方

増長天の真言に博士を付した秘讃である。出典は『陀羅尼集経』巻一一（大正蔵一八・八七八c）であり、Virūḍhaka の音写漢字の毘嚕陀迦《びるたか》天王として真言が説かれている。

四天王の一で、須弥山の南方の中腹に住し、南方を守護する天である。

調子は、師伝によると盤渉調反音曲である。

## 広目天　西方

広目天の真言に博士を付した秘讃である。出典は『陀羅尼集経』巻一一（大正蔵一八・八七八c）であり、Virūpākṣa の音写漢字の毘嚕博叉《びるはくしゃ》天王として真言が説かれている。

四天王の一で、須弥山の西方の中腹に住し、西方を守護する天である。

調子は、師伝によると盤渉調反音曲である。

## 多聞天　北方

「四天合讃」の最末に「多聞天は三ケ内に之有る故に之を略す」とあり、三箇秘讃の内の[2]毘沙門讃にあるので略すとの意である。

多聞天の真言に博士を付した秘讃である。出典は『陀羅尼集経』巻一一（大正蔵一八・八七八c）であり、この多聞天だけは Vaiśravaṇaḥ の音写漢字の毘沙羅門の略字の毘沙門天王として真言が説かれている。四天王の一で、須弥山の北方の中腹に住し、北方を守護する天である。毘沙門天・施財天ともいわれ、財宝を授与する神、また軍神として信仰される。

調子は、師伝によると盤渉調反音曲である。

## 29 田水釉

田水釉とは毘沙門秘曲の割字と略字であり、題名を秘するためであり、毘沙門天の秘曲との意である。

出典は『賢劫十六尊』（大正蔵一八・三四〇b）であり、『密教大辞典』によると音写漢字は異なるが、「味羅縛」は毘沙門讃の「吠室羅摩那」の略かとされている。

調子は、師伝によると盤渉調反音曲である。

## 30 田水言

田水言とは、題名を秘した毘沙門讃の割字で、毘沙門の讃の意である。

毘沙門天（多聞天）の心真言に博士を点譜したる讃である。

調子は、師伝によると盤渉調律曲である。

# 31 田水門合賛

田水門合賛とは、題名を秘した毘沙門合讃の割字で、「ビシャモンノガッサン」と読む。『詳解魚山集』解説篇は「ビシャモンゴウノサン」と読む。毘沙門天と吉祥天との真言を合わせたる秘讃である。

『詳解魚山集』解説篇（一四五七頁）の「又説」の注記に、「照曰く。此二字異本無し。但無きを可とす」とあり、寂照曰くとして、異本には「又説」は無し、無きをもって可とするとある。すなわち、毘沙門天の「オンベイシラマンダヤソバカ」と吉祥天の「オンバザラシリヤエイソバカ」を、合讃である故に、「又説」の題目の二字は無き方が宜しいという意である。

調子は、師伝によると盤渉調反音曲である。

## 又説

吉祥天の真言「オンバザラシリヤエイソバカ」に博士を付した秘讃である。

調子は、師伝によると盤渉調反音曲である。

## 32 田水禾言

田水禾言とは、題名を秘した毘沙門秘讃の割字で、毘沙門の秘讃の意である。

『類聚の解説』（一〇七頁）には、「毘沙門天法の本尊讃の一にして、石山道場観集には此讃を載せ、薄双紙所載の毘沙門ノ讃はサラバの句を除く」とある。

## 33 當流𑖀𑖦𑖰𑖝讃

「當流𑖀𑖦𑖰𑖝讃」とは、南山進流の阿弥陀讃との意である。無量寿はAmitābhaであり、無量光はAmitāyusであるが、𑖀𑖦𑖰𑖝 amitaとのみ悉曇で表記している。

『寛保魚山集』に収録されている阿弥陀讃の注記に、「此の阿弥陀讃は相応流の博士也。当流進の様の博士別紙に之有り。さらに習って之を誦ぜよ。能覚と大進上人同朋故に声明博士互いに用談し玉う也」と、この魚山集に載る阿弥陀讃は相応院流であり、秘讃集に載る阿弥陀讃は南山進流のものであると説くのである。

文言は魚山集の阿弥陀讃と全く同じであり、出典は『無量寿儀軌』、すなわち具名『無量寿如来修観行供養儀軌』（大正蔵一九・七〇b—七一a）である。

調子は、師伝によると盤渉調反音曲である。

岩三巻八三左二行

## 慕

徴の律曲ユリより角の博士はスクウ如く、高下をつけて唱える。
この曲中、徴角徴と唱える博士では角をスクウ如く高下をつけて唱える。

## 34 日天賛

日天の徳を讃嘆する秘讃である。胎蔵曼荼羅では最外院の東方に位置し、種子は𑖀、三昧耶形は金剛輪、真言は「ノゥマクサマンダボダナン　アニチャソワカ」、金剛界曼荼羅では外金剛部の東方に位置し、種子は𑖀、三昧耶形は日輪、真言は「オン　バザラクンダリソワカ」である。

秘讃は「オン　ロボニュダソバカ」である。これは金剛光菩薩の三昧耶会の真言であり、『密教大辞典』によると日光菩薩の真言とされている。この日光菩薩は金剛界三昧耶会の金剛光菩薩と同体とされており、真言も同であり、三昧耶形も日輪と同である。諸天とは等流法身であるので、日天は日光菩薩・金剛光菩薩と同体とされる故か。

調子は、師伝によると盤渉調反音曲である。

## 35 月天賛

月天の徳を讃嘆する秘讃である。胎蔵曼荼羅では最外院の西方に位置し、種子は𑖓、三昧耶形は白瓶、真言は「ノゥマクサマンダボダナン　センダラヤソワカ」、金剛界曼荼羅では外金剛部の南方に位置し、種子は[illegible]、三昧耶形は半月輪、真言は「オン　バザラハラバソワカ」である。

秘讃は「ノゥマクサマンダボダナン　センダラヤソワカ」で、胎蔵界月天の真言である。

調子は、師伝によると盤渉調反音曲である。

## 36 麁亂天供賛

麁乱天とは「ソランテン」と読み、『密教大辞典』には「麁乱天のこと未だ経軌の説を見ず。蓋し三宝荒神の異名か」とあり、三宝荒神の徳を讃嘆する秘讃である。なお、「麁」は「麤」の異体字であり、「麤」が正字である。運敞『寂照堂谷響集』第九（大日仏全一四九・一六五頁）に、三国相伝の神に非ずして本朝示現の神であり、「罰悪人を治する有り。故に麁乱荒神と称す。又三宝を衛護す。故に三宝荒神と号す」と、荒ぶる神は罪を犯した極悪人を正す力があり、また三宝を守護する故に、麁乱荒神とも三宝荒神とも称されるとしている。

荒神は、『大日経疏』の地震を司る神である剣婆（kampa）と同体で、胎蔵曼荼羅最外院の戦鬼（kampa の漢名）と同とされている。荒神の真言の「オン　ケンバヤ　ケンバヤソワカ」はこの説による。

最末の句の「急急如律令」は、この秘讃では「キキジョリツレイ」と漢音に読むが、普通は「キュウキュウニョリツリョウ」と呉音に読む。『寂照堂谷響集』第一（大日仏全一四九・六頁）によると巫者の咒語であり、火事・病気、特に瘧《おこり》（高熱を出す病気）に効験があり、元来、漢朝の官符の最後につける慣用句で、急ぎ律令の如く行えとの意である。また、律令とは雷鬼であり、この鬼が速疾に疾走する如く、悪や魔を速やかに退けるための咒語であると説かれている。

**諸**　[岩]三巻八七左一行

徵の律曲ユリより角の博士はスクウ如く、高下をつけて唱える。
「福」（同八七左二行）も同である。

## 第四節　南山進流　慧十六大菩薩梵讃

『秘讃集』には、目次に定慧の梵讃が記されているのみで、実際には定慧梵讃は収載されていない。『岩原魚山集』にも信曰くとして、「寂照師相伝諸秘讃には已下の十六尊讃不載の最初の目次と合わず。私幸に之を得補足するものなり」と、寂照相伝の『諸秘讃』にも定慧の梵讃漢讃は載せられていないが、岩原が補足したとされている。元文二年（一七三七）に、真源により刊行された、南山進流慧十六大菩薩梵讃と漢讃は表裏に印刷し、一本としている。漢讃は表題・尾題ともに『慧十六大菩薩漢讃』とされているが、梵讃は何故か表題は『慧十六大菩薩漢讃』で、尾題は『慧十六大菩薩梵讃』である。梵讃も音写漢字である故に漢讃としているのか、不可解である。

慧十六大菩薩讃について、『三箇秘韻聞記』（続真全三〇・二〇五頁）は、「定慧の秘讃は目次の奥に列出すと雖も。

元文年中より寿梓して世に流布する故に。先ず首めに之を授く云々。又曰。此の十六の秘讃は二種の灌頂曼荼羅供等に五大願の後に唱和する也。然るに世澆季に及び此の讃は何れの所須と云ことを知らず」と、定慧十六讃は目次の最末にあるが秘讃の初めに伝授すると、また結縁・伝法の二種灌頂と曼荼羅供等に五大願の後に唱えると記されている。さらに、「慧十六梵目次に満山本無し尋ぬべし云々。是れ朝意偶然の誤なるべし。定の梵語の事なり」、目次の慧梵語の肩書きに満山本無し尋ぬべしとあるが、これは定十六梵讃の誤りであるとしている。

慧十六大菩薩梵讃の出典は、音写漢字は異なるが、不空訳『二巻教王経』すなわち具名は『金剛頂一切如来真実摂大乗現証大教王経』であり、巻上（大正蔵一八・三一六a―c）に説かれている。

## 1 金剛薩埵・王・愛・喜

東方阿閦如来の四親近を讃嘆する梵讃である。

**金剛薩埵**は東方讃であり、第二篇第二章第五節2を参照すべし。

**金剛愛**の「摩」は、『三箇秘韻聞記』（続真全三〇・三〇五頁）に「摩の角を徴のキキにして短なり」とされている。調子は、四親近ともに師伝によると盤渉調反音曲である。

## 2 金剛宝・光・幢・笑

南方宝生如来の四親近を讃嘆する梵讃である。

**金剛宝**は南方讃と同である。『三箇秘韻聞記』（続真全三〇・三〇五頁）に「阿迦賖の三字の角何れも徴のキキ」とあるが、実唱は「阿迦賖」は角を低く徴は上げて唱えている。

**金剛幢**は『三箇秘韻聞記』（続真全三〇・三〇六頁）に「摩商宮マワス。イロモ」とあるが、実唱は「摩」の商宮はマワシ、モドリはツキモドリである。「訶」のモドリは同音でツクで唱える。

調子は、四親近ともに師伝によると盤渉調反音曲である。

**金剛笑**の「畆伱耶」の博士は左記の如く訂正すべきである。

岩三巻九四左三行

**畆　伱　耶**

『岩原魚山集』は、商・商・商であるが、角・商・商と訂正し、角①と同音に打付②を唱え、切音不切息し商③を下げ、同音で商④を律曲のユリで唱える。

## 3 金剛法・利・因・語

西方無量寿如来の四親近を讃嘆する梵讃である。

**金剛法**は西方讃であり、第二篇第二章第五節5を参照すべし。

**金剛語**の『岩原魚山集』の音写漢字は、「羅」は「ラ」と読まず「リ」と読むが、『二巻教王経』では「哩」である。

調子は、四親近ともに師伝によると盤渉調反音曲である。

## ④金剛業・護・牙・拳

北方不空成就如来の四親近を讃嘆する梵讃である。
**金剛業**は北方讃であり、第二篇第四章第四節③を参照すべし。
調子は、四親近ともに、師伝によると盤渉調反音曲である。

### 第五節　南山進流　慧十六大菩薩漢讃

元文二年（一七三七）に刊行された、真源の慧十六梵讃漢讃の跋文を抽出すると、「此の十六の讃は両部曼荼羅供及び伝法結縁二種の灌頂等に五大願の後衆之を唱和し或は四智心略の次に之を奏し以て念誦の竟に至ること載て古記に在り。其の四智重複して三遍に至り或は四智心略の後唯薩埵の讃を唱え王等の餘尊を略攝す。或は代るに佗の一讃を以てす。更に仏母及び本尊の咒を誦ず。大率以て大法の通軌となす」と、曼荼羅供・伝法結縁二種灌頂等に五大願の後、または四智心略の次より念誦の終わりに至るまで唱えるのが本義であったが、四智心略の後に金剛王等の讃を略し、金剛薩埵の讃または他の一尊を唱える略儀が通軌となった。しかし、興正菩薩が咒立の曼荼羅供に加え、理趣経を唱える経立の曼荼羅供を執行されたのは、「以十六大菩薩生得於如来」との経文によるのであり、この十六讃を歌詠するのも功徳は同じである。声明の学徒は、初重秘讃は用無きという考えを除くようにと力説されている。

慧十六大菩薩漢讃の出典は、不空訳『三巻教王経』すなわち具名は『金剛頂一切如来真実摂大乗現証大教王経』であり巻中（大正蔵一八・二二六b—c）に説かれている。

『岩原魚山集』に、「小野百八名讃略頌曰」として、「東方初二西第四　北方初後各六　南方唯宝具八徳　餘十菩薩各七」とある。

『三巻教王経』巻中には、十六大菩薩の出生が説かれている。すなわち、毘盧遮那如来が三摩地に入られると心から真言が現れ（第一名。真言からの名）、真言から印すなわち三昧耶形となり（第二名。印からの名）、三昧耶形から無数の如来が現れ（第三名。一切如来からの名）、一切如来が宇宙に遍満し（第四名。拡大の面からの名）、拡大した一切如来が再び集まり灌頂前の普賢・世貴（観自在菩薩）等となり（第五名。大印からの名）、その普賢菩薩・観自在菩薩等が灌頂を受け金剛初・金剛眼等となり（第六名。灌頂からの金剛名）、最後にそれぞれの尊が事業を展開していく（第七名。利益・仏徳の面からの名）と説かれている。

したがって、百八名讃とは十六大菩薩各々の徳を讃嘆しているのであるが、十六尊各々に七名があることになると、百十二名となり、百八名を超えてしまう。そこで、十六大菩薩讃を詳細に考究し、東方の初の金剛薩埵と第二の金剛王は六徳（名）、西方の第四の金剛語は六徳（名）、北方の初の金剛業と後の金剛拳は六徳（名）、南方の金剛宝は八徳（名）、他の十菩薩は七徳（名）となる。すなわち、東方は二十六名、西方は二十七名、北方は二十六名、南方は二十九名となり、合計すると百八名となるということである。

なお、第一名より第七名の呼称は、堀内寛仁「百八名讃の注釈的研究」（『密教文化』一一二・一一三）による。

次に、同論文に、サンスクリット訳・チベット訳・『三巻教王経』・『略出経』等の百八名があげられており、その中の不空訳『三巻教王経』の百八名を次頁に列挙する。

| | 第一名 | 第二名 | 第三名 | 第四名 | 第五名 | 第六名 | 第七名 |
|---|---|---|---|---|---|---|---|
| (1) 金剛薩埵 | 金剛勇 | 大心 | 金剛 | 諸如来 | 普賢 | 金剛初 | 金剛手 |
| (2) 金剛王 | 金剛王 | 妙覚 | 金剛鈎 | 如来 | 不空王 | 金剛 | 金剛召 |
| (3) 金剛愛 | 金剛染 | 大楽 | 金剛箭 | 能伏 | 魔欲 | 大金剛 | 金剛弓 |
| (4) 金剛喜 | 金剛善 | 薩埵 | 金剛戯 | 大適 | 歓喜王 | 金剛 | 金剛喜 |
| (5) 金剛宝 | 金剛宝 | 金剛 | 金剛空 | 大宝 | 宝蔵 | 金剛峯 | 金剛蔵 |
| (6) 金剛光 | 真剛威 | 大焔 | 金剛日 | 仏光 | 金剛光 | 大威 | 金剛光 |
| (7) 金剛幢 | 金剛幢 | 善利 | 金剛幡 | 妙喜 | 宝幢 | 大金剛 | 金剛刹 |
| (8) 金剛笑 | 金剛笑 | 大笑 | 金剛笑 | 大奇 | 愛喜 | 金剛勝 | 金剛愛 |
| (9) 金剛法 | 金剛法 | 善利 | 金剛蓮 | 妙浄 | 世貴 | 金剛眼 | 金剛眼 |
| (10) 金剛利 | 金剛利 | 大乗 | 金剛剣 | 仗器 | 妙吉 | 金剛染 | 金剛慧 |
| (11) 金剛因 | 金剛因 | 大場 | 金剛輪 | 理趣 | 能転 | 金剛起 | 金剛場 |
| (12) 金剛語 | 金剛説 | 妙明 | 金剛誦 | 妙成 | 無言 | 金剛成 | 金剛語 |
| (13) 金剛業 | 金剛業 | 教令 | 業金剛 | 遍行 | 金剛(広)<br>不空(広) | (広) | 金剛巧 |
| (14) 金剛護 | 金剛護 | 大勇 | 金剛甲 | 大堅 | 難敵 | 妙精進 | 金剛勤 |
| (15) 金剛牙 | 金剛尽 | 方便 | 金剛牙 | 大怖 | 摧魔 | 金剛峻 | 金剛忿 |
| (16) 金剛拳 | 金剛令 | 威厳 | 金剛能縛 | 解 | 金剛拳 | 勝誓 | 金剛拳 |

前頁のとおり、百八名讃と異なり、一尊に七名であるので、百十二名が数えられる。その中で、「慧十六大菩薩漢讃」と異なるのは左記である。

金剛宝の第四名の大宝は漢讃では空蔵、第五名の金剛峯は漢讃では金剛豊である。

金剛光の第一名の真剛威は漢讃では金剛威である。

金剛利の第四名の仗器は漢讃では大器、第六名の金剛箭は漢讃では金剛深である。

金剛語の第一名の金剛説は漢讃では金剛語である。

金剛業は堀内論文の七名の配当の通りあげたが、『三巻教王経』の本文は「金剛業教令　金剛廣不空　業金剛遍行　我礼金剛巧」であり、第三名・第四名・第五名が異なる。しかし、『三巻教王経』本文と漢讃とを比較すると、七名のすべてが同名である。

金剛護の第五名の難敵は漢讃では金剛である。

金剛拳の第一名の金剛令は漢讃では金剛合である。

## 1 金剛薩埵・王・愛・喜

東方阿閦如来の四親近を讃嘆する漢讃である。
**金剛薩埵**の最末の「手」、**金剛王**の最末の「召」、**金剛王**の最末の「弓」、**金剛喜**の最末の「喜」の二番目の宮の博士に、不動漢語に述べた如く二伝ある。『岩原魚山集』は突由が用いられているが、「秘讃に突由なし」との口伝あるにより、由下に似たる音動を用いて唱える方がよろしきか。『鈴木声明集』にはこの伝が用いられている。

**金剛王**は「不空にて切。王金剛とツレル也」と、「不空」で切り、「王金剛」とツレて唱える。調子は、師伝によると四親近ともに盤渉調反音曲である。

## ②金剛宝・光・幢・笑

南方宝生如来の四親近を讃嘆する漢讃である。

**金剛宝**は、『岩原魚山集』の「大宝空蔵」は『三巻教王経』では「大宝宝蔵」であり、『岩原魚山集』の「金剛豊」は『三巻教王経』では「金剛峰」である。

また、『三箇秘韻聞記』（続真全三〇・三〇六頁）に、「金羽少しソリ徴の初に仮名に合て一つユルなり。トメなし」としている。

**金剛光**は、『岩原魚山集』の「金剛威」は『三巻教王経』では「真剛威」である。

**金剛幢**は『三箇秘韻聞記』（続真全三〇・三〇六頁）に、「終の句の金剛刹の刹の字利乎。簡別し難し。木食朝意の直筆を見るに利なり。而れば今の本は写者の誤ならん乎」と記されている。

**金剛幢**の最末の「刹」の二番目の宮も二伝あるにより、由下に似たる音動を用いて唱える方がよろしきか。

調子は、師伝によると四親近ともに盤渉調反音曲である。

## ③金剛法・利・因・語

西方無量寿如来の四親近を讃嘆する漢讃である。
**金剛利**は、『岩原魚山集』の「金剛深」は『三巻教王経』では「金剛染」である。
**金剛因**は『三箇秘韻聞記』(続真全三〇・三〇六頁)に「因の初の羽揚羽なし」とあるが、近年は三重宮・羽・揚羽と唱えている。
**金剛語**は、『岩原魚山集』の「金剛語」は『三巻教王経』では「金剛説」である。
**金剛法**の最末の「眼」、**金剛利**の最末の「慧」、**金剛因**の最末の「場」、**金剛語**の最末の「語」の二番目の宮も二伝あるにより、由下に似たる音動を用いて唱える方がよろしきか。
調子は、師伝によると四親近ともに盤渉調反音曲である。

## 4 金剛業・護・牙・拳

北方不空成就如来の四親近を讃嘆する漢讃である。
師伝によると、**金剛業**・**金剛護**・**金剛牙**・**金剛拳**の、「金」の羽を呂曲の由合で、徴をスで唱える伝もあるという。
**金剛護**は、『岩原魚山集』の「大堅金剛」は『三巻教王経』では「大堅難敵」である。
**金剛牙**の「方」は、『三箇秘韻聞記』(続真全三〇・三〇六頁)に「半濁」で唱えるとある。また、最末の「忿」の二番目の宮も二伝あるにより、由下に似たる音動を用いて唱える方がよろしきか。
**金剛拳**は、『岩原魚山集』の「金剛合」は『三巻教王経』では「金剛令」である。
また、「能縛解」を『三箇秘韻聞記』(続真全三〇・三〇六頁)に「三字一息」と、さらに「縛ツメル」と、実唱

と同である。

調子は、師伝によると四親近ともに盤渉調反音曲である。

## 第六節　醍醐進流　定十六大菩薩漢讃

『声実抄』巻下（続真全三〇・二四頁）に、「醍醐の進ノ流には三箇ノ秘讃あり。十六大菩薩等の讃の作者は知らず。若は上月房の製作歟」と疑問を呈しつつも、醍醐進流の十六大菩薩ノ秘讃は、上月房（左記の血脈は浄月房）聖海の作かとされている。

元文二年（一七三七）に、真源が刊行した「醍醐進流定十六大菩薩漢讃」の跋文に、左記の血脈㋐が示されており、その注記に「右此の本は醍醐式部律師玄慶が乗願房に習い奉る私の本なり。此等の讃に於ては世間流布の秘讃なり。此を秘すべし云々。以上古本批」と、『声実抄』に聖海作とされている定十六大菩薩漢讃を玄慶が乗願房（宗源上人）より授受したとされ、以上、古本批るとしている。

**㋐醐山進流相承血脈**（「醍醐進流定十六大菩薩漢讃」跋文に収載）

宗観（和州中川寺大進上人）―聖海（同寺浄月房）―実厳房（竈口井上教業）―乗願房（後清水坂竹谷）―玄慶（西酉式部律師）―覚喜（山本）┬覚意（高野安養院証蓮房此僧始定五音三重墨譜）
　└隆然（高野覚証院勇心房）―重弘（同院琳円房）

㋑血脈（『醍醐寺新要録』巻二一・一二六三頁）

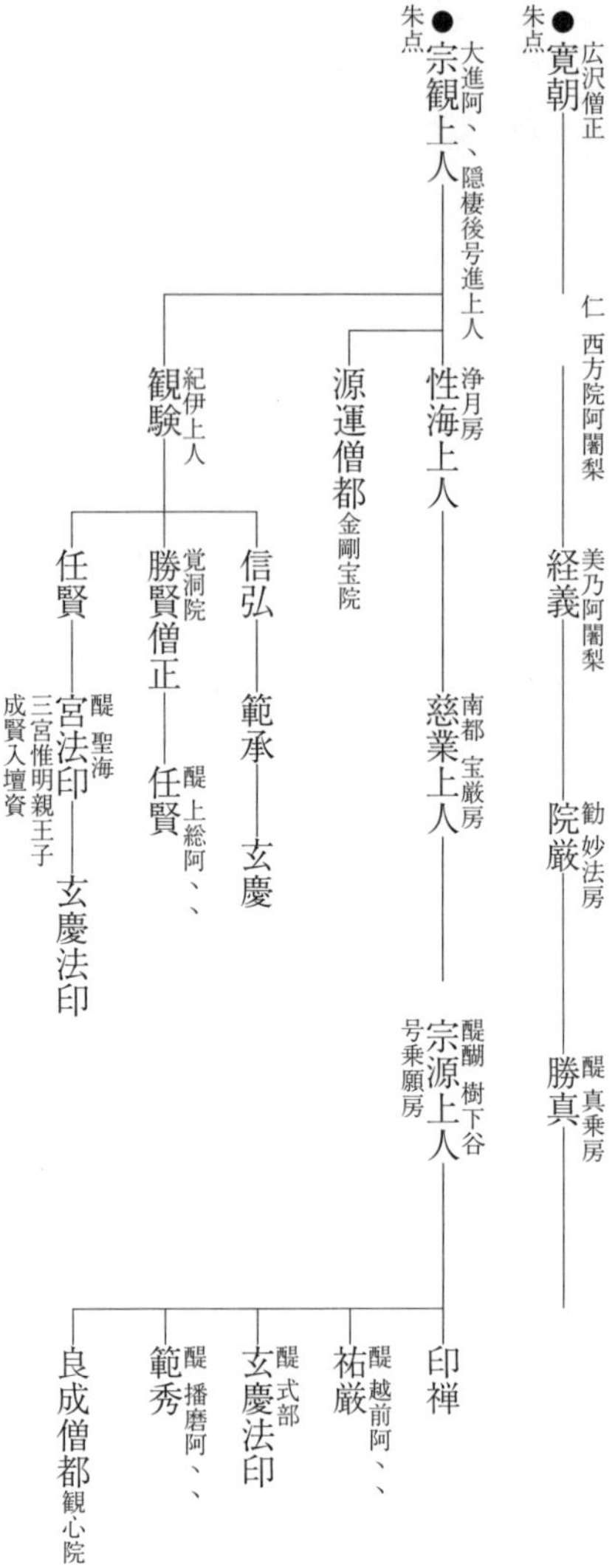


右記の「醍醐進流定十六大菩薩漢讃」相伝の血脈㋐と『醍醐寺新要録』の血脈㋑と合わせ考察すると、㋐の聖海は㋑の性海上人であり、㋐の実厳房は㋑の慈業上人であり、㋐の乗願房は㋑の宗源上人である。すると、進流の秘讃は宗観—聖海—慈業上人から醍醐の玄慶—覚喜と伝わり、また逆に醍醐の覚喜から覚意・隆然—重弘と伝わったことが窺われる。また、跋文にあるように、南山進流は「定十六大菩薩漢讃」の博士が失われていたのであるが、成蓮院の真源が醍醐に伝わる「定十六大菩薩漢讃」に覚意の五音博士を付して、元文二年（一七三七）六月に刊行されたのである。

すなわち、慧十六大菩薩の梵讃と漢讃は南山進流に伝承されていたのであるが、真源の跋文によると、南山進流には定十六大菩薩の梵讃・漢讃ともに伝わっていたが、その譜の朱墨が混交し、脱字があり、全文を見ることができなかった。したがって、醍醐進流の漢讃に覚意の五音博士を付し刊行したと述べられている。

定十六大菩薩漢讃の出典は、不空訳『三巻教王経』すなわち具名は『金剛頂一切如来真実摂大乗現証大教王経』である。

『三巻教王経』巻中（大正蔵一八・二二三c—二二六a）には、定十六大菩薩各尊の出生が説かれ、つづけて憂陀那を説くとして、感嘆の詩が説かれる。憂陀那とは梵語 udāna で、嗢陀南・優陀那とも音写される。漢訳すると無問自説であり、問われないのに仏が感嘆の言葉を自ら説いた頌という意である。

## 1 四波羅蜜（金剛・宝・法・業）

金剛界大日如来の四親近である、金剛波羅蜜・宝波羅蜜・法波羅蜜・業波羅蜜の各尊の徳を讃嘆する漢讃である。

**宝波羅蜜**の「於」は漢音の故に「ヨ」と読む。

**業波羅蜜**は、『岩原魚山集』の「我多」は『三巻教王経』では「我名」である。

また、「業」は『三箇秘韻聞記』（続真全三〇・三〇七頁）に「業ワル」とあり、「ゲ」「ウ」とワルで唱える。

**金剛波羅蜜**の「身」、**宝波羅蜜**の「趣」、**法波羅蜜**の「垢」、**業波羅蜜**の「業」の二番目の宮は二伝あるにより、由下に似たる音動を用いて唱える方がよろしきか。

調子は、師伝によると四波羅蜜菩薩ともに盤渉調反音曲である。

## 2 内四供養菩薩（嬉戯・宝鬘・歌詠・舞儀）

大日如来が四仏を供養するために出生した内の、四供養菩薩である、金剛嬉・金剛鬘・金剛歌・金剛舞の各尊の徳を讃嘆する漢讃である。

**金剛嬉**は、『岩原魚山集』の「奇無比我有」は『三巻教王経』では「奇哉無有比」である。また、「有」は『三箇秘韻聞記』（続真全三〇・三〇七頁）に「有ワル。中ワル」とあり、「イ」「ウ」と「チ」「ウ」とワルで唱える。

**金剛鬘**の「奇哉」は『三箇秘韻聞記』（続真全三〇・三〇七頁）に「奇此譜慧の漢語金剛宝の金の博士に同なり」とあり、羽を少しソリ、徴をユルで唱える。

**金剛歌**の「法」は『三箇秘韻聞記』（続真全三〇・三〇七頁）に「法ワル」とあるにより、「ハ」「ウ」とワルで唱える。

**金剛嬉**の「養」、**金剛鬘**の「養」、**金剛歌**の「応」、**金剛舞**の「養」の二番目の宮は二伝あるにより、由下に似たる音動を用いて唱える方がよろしきか。

調子は、師伝によると内四供養菩薩ともに盤渉調反音曲である。

## 3 外四供養菩薩（焼香・華・灯明・塗香）

四仏が大日如来を供養するために出生した外の四供養菩薩である、金剛焼香・金剛華・金剛灯明・金剛塗香の各

尊の徳を讃嘆する漢讃である。

**金剛焼香**は、『三巻教王経』巻中（大正蔵一八・二二五a）・真源編「醍醐進流定十六大菩薩漢讃」は「悦澤」であるが、『岩原魚山集』は「悗澤」である。『岩原魚山集』頭注に、「悗澤恐ク悦懌乎」と注記されている。書写した原本が「悗」であったのか、「悦」を誤って「悗」と書写したのか明らかではないが、いずれにしても「悗」はバン・ボンと読み、ぼんやりする等の意であり、「悦」が正であるのは間違いのないところである。

『理趣経』には「意滋澤清浄句是菩薩位」と、金剛雲菩薩の三昧を修行すれば、よろこびにより心がうるおされるのも清浄であるという境地を得て、金剛雲菩薩の尊位を獲得することができると説かれ、「澤」の字が用いられている。また、不空『十七尊義述』（大正蔵一九・六一八a）には金剛雲菩薩について「能く法澤慈雲を以て含識を滋潤し」と、法が心をうるおす慈悲の雲となって心識を有する衆生をいつくしみうるおすと説かれ、同じく「澤」が用いられている。つづけて無始よりの無明による汚れた臭いのする不善のものを、無量の供養という香雲へと変化せしめ、梵香の器を持すと釈されている。すなわち、金剛雲菩薩を外八供養菩薩の金剛香菩薩とされており、「意滋澤」「法澤」と、「澤」の字が用いられている。加えて『悦懌』であれば悦も懌もよろこびの意であるが、「悦澤」は悦楽により心がうるおされるとのより深い義であることから、「悦澤」の方が妥当であるといえよう。

**金剛華**について、『三箇秘韻聞記』（続真全三〇・三〇七頁）に、「折紙に此譜を既に供養の讃と題せり。今の文と全同なり。但し博士は少異ありといえども供養の讃なること異論これなき乎」とあり、文言は供養讃と全同であるが、博士は少異がある。しかし、供養讃であることには異論はないであろうとされている。

**金剛焼香**の「提」、**金剛華**の「養」、**金剛燈明**の「眼」、**金剛塗香**の「身」の二番目の宮は二伝あるにより、由下に似たる音動を用いて唱える方がよろしきか。

調子は、師伝によると外四供養菩薩ともに盤渉調反音曲である。

## 4 四攝菩薩（鉤・索・鎖・鈴）

大日如来の徳を衆生に摂化する四摂菩薩、すなわち金剛鉤・金剛索・金剛鎖・金剛鈴の各尊の徳を讃嘆する漢讃である。

**金剛索**の「此」、**金剛鎖**の「縛」、**金剛鈴**の「僕」の二番目の宮は二伝あるにより、由下に似たる音動を用いて唱える方がよろしきか。

調子は、師伝によると外四供養菩薩ともに盤渉調反音曲である。

# 第二章　乞戒阿闍梨声明

## 第一節　結縁灌頂について

### 第一項　結縁灌頂とは

結縁灌頂とは、曼荼羅の諸尊に結縁する（縁を結ぶ）ための灌頂である。

結縁灌頂の本説は、『略出経』巻一（大正蔵一八・二二四a）の、「入壇は尽く一切衆生界を救護し利楽する為に、最上の所成の事を作す故に、此の大壇場に於て應に入るべき者の器非器を簡擇すべからず。所以何となれば、世尊或は衆生有りて大罪を造る者も、是等にして此の金剛界大壇場を見已り、及び入ること有る者は一切の罪障皆な遠離することを得」である。

伝法灌頂・受明灌頂は機根を撰び授けるが、結縁灌頂は器非器を撰ばず大罪を犯した者でも授け、この結縁灌頂に入壇せし者は一切の罪障を離れ、未来の成仏の因をつくると説かれている。

## 第二項　結縁灌頂の歴史

大宝三年（八〇九）高雄山寺に入山された大師は、弘仁三年（八一二）十一月十五日に金剛界灌頂を最澄等四名に、十二月十四日には胎蔵法灌頂を最澄等百四十五名（高木訷元『弘法大師の書簡』〈二四九―二五〇頁〉によると百九十名とされている）に、翌年三月六日には金剛界灌頂を泰範等十七名の、出家・在家合わせて百六十六名（十二月十四日を百九十名とすると合計は二百十一名）に授けられている。この灌頂が、我が国における結縁灌頂の濫觴とされている。

上田霊城『真言密教事相概説』諸尊法・灌頂部・下（五〇七―五〇八頁）には、「この灌頂は最澄はじめ大僧沙弥には一尊の瑜伽を学ぶ許可を受ける受明灌頂であり（大師在唐六・七月灌頂にあたる）、多数の在家人には結縁灌頂の作法が用いられたはずである。一壇に結縁と受明を組み合わせる先例は中国において不空三蔵の行状に見られる」と、高雄山灌頂は大僧沙弥には受明灌頂を、在家人には結縁灌頂を授けられたはずと主張されている。

東寺勅願の結縁灌頂は実恵が上奏し、『東宝記』第四（続々群一二・七三頁）によると、承和十年（八四三）十一月十六日に、勅裁の太政官符が下賜されている。そして、『東宝記』第四（続々群一二・七五頁）に、「承和十一年三月十五日、実恵東寺灌頂院に於て始て結縁灌頂を行ず」とあり、『高野春秋』巻二（大日仏全一三一・二五頁）の承和十一年三月十五日の條にも、「東寺結縁灌頂を始行す。是れ実恵僧都の良計なり。毎年春秋二季。灌頂料米合二十石。油六斗也。」と同意であり、毎年春秋二季の東寺勅願の結縁灌頂は、承和十一年（八四四）三月十五日始行とされている。葦原寂照『乳味鈔』巻一八（三丁裏―四丁表）によると、春は胎蔵界、秋は金剛界であったが、事故があり、同十三年（八四六）春季灌頂を廃止し、代わりに東寺講堂において御修法を厳修した。而るに御修法を金界で行ずる年は、秋季結

縁灌頂は胎蔵、御修法を胎蔵で行ずる年は、秋季結縁灌頂は金界と記録されている。

仁和寺結縁灌頂は、『乳味鈔』巻一八（四丁右裏）によると、保延六年（一一四〇）三月二十二日、仁和寺観音院に開壇し、その年の東寺秋季灌頂の金界に対し、胎蔵を行じ、爾来金胎を隔年に行じたのである。しかし、東寺灌頂は足利尊氏が建武の争乱で東寺に陣を張りてより後に断滅すると、仁和寺灌頂はこれより先にすでに滅すと記されている。

高野山結縁灌頂は、『高野春秋』巻五（大日仏全一三一・七八頁）の応徳三年（一〇八六）九月二十七日の條に、「灌頂院落慶。座主定賢僧都を導師とす。即日結縁灌頂を執行せらる。御遺命に依るなり。大阿闍梨は検校維範。乞戒師入寺定深。勅して三口供僧を灌頂院に置く。恒修不退に輪番行法せしむ。三口。維範。明算。良禅。被推挙之。」とある。別の條に大御室性信親王が東寺に準拠して灌頂院を創建し、春秋二季の結縁灌頂を執行せんとの素願があり、その資の寛意が親王の御遺命により、応徳三年九月二十七日に灌頂院を落慶し、その日より恒修不退の結縁灌頂が執行されるようになったと記されている。明有『野山名霊集』巻一（日野西真定編・四七頁）の結縁灌頂の條には、「当山の灌頂は、大師本願の深意に依て、性信親王これを始行し給い、願行上人中興の遺法なれば、彼是止むこと得ざるが故に其の大概を註するものなり」と、不可解な文章である。願行上人とは憲静のことでずっと後世の人であるし、性信親王これを始行し給いとあるが、応徳三年九月には親王はすでに崩ぜられており、性信親王の御遺命により、観音院流祖の寛意が灌頂院を造営し、結縁灌頂を始行され、さらに願行上人が中興されてより後、絶えることなく執行されているとの意と思われる。

『密宗声明系譜』に記録されている結縁灌頂は左記である。

『密宗声明系譜』によると、明算は、寛治八年（一〇九四）三月二十日の結縁灌頂には乞戒阿闍梨を、康和四年

（一一〇二）三月十六日の結縁灌頂には大阿闍梨を勤めたとある。

理峯は、元文四年（一七三九）八月、無量寿院において、昶遍が大阿、快雄が手替、理峯が乞戒師となり、さらに延享二年（一七四五）七月二十七日・二十八日、遍照光院において、快雄が大阿、理峯が乞戒師となり、結縁灌頂が行ぜられたと記されている。

寛永七年十月五日に灌頂院が罹災してより後、『紀伊続風土記』高野山之部・巻一五（続真全三九・一五七三頁）の三月十六日の條によると、「宝暦十庚辰年九月灌頂院再興落慶より後、春秋二季結縁灌頂連綿として絶ること無き乎」と、宝暦十年（一七六〇）に灌頂院が落慶して直ちに結縁灌頂が行ぜられてより後に、絶えることなしと記されている。そして、割注に春季の三月十六日は寛意僧都の忌日、秋季九月二十七日は大御室性信親王の御命日である。ただし、三月十六日をもって行ずることは、明算が康和四年（一一〇二）より始められてより後のことであると記されている。

高野山では、水原堯栄『金剛峯寺年中行事』首帖に「金剛峯寺年中行事対照表」があり、文永六年（一二六九）、正応四年（一二九一）、慶安三年（一六五〇）、安永七年（一七七八）、享和二年（一八〇二）、現在の年中行事が各月毎に収載されている。

それによると、文永六年・正応四年は三月十六日に春季灌頂、九月二十七日に秋季灌頂が行ぜられている。慶安三年・安永七年・享和二年は結縁灌頂の記録はない。現在（昭和八年）は金堂春季灌頂として五月三日より三日間、金堂秋季灌頂は十月十九日より三日間（現在は十月一日より三日間）と記されている。

# 第二節　結縁灌頂作法の次第

## 第一項　三昧耶戒作法

先、集会

次、庭儀　堂上・平座もある。

次、大阿闍梨登高座

次、小阿闍梨着座

次、乞戒師進立礼盤下

次、持金剛衆無言行道三匝

次、持金剛衆着座

次、讃衆着座

次、乞戒師着礼盤

次、行事催総礼二音　乞戒師の柄香呂を上げるを見て総礼を催す。

次、大阿闍梨驚覚鈴

次、乞戒師金二打して礼仏頌

次、乞戒師磬一打

次、法要（唄・散華・対揚）
次、乞戒師磬一打して表白・神分・伝戒勧請・勧請頌・羯磨頌・仏名・教化
次、乞戒師「南無施我仏性　三昧耶戒」を唱え起居礼一度
次、大阿闍梨表白礼仏説戒
次、乞戒師七遮問
大阿の「此の如き七遮を犯ぜざるや否や」の問に対し、乞戒師は「犯ぜず」と答える。
次、乞戒師「慚愧懺悔　自他所犯」と唱え、諸衆は次第をとる。
次、教化
次、乞戒師「南無施我仏性　三昧耶戒」を唱え起居礼一度
次、大阿闍梨請戒師等　　諸衆次第をとる。
次、説戒
四重禁の時は乞戒師は「能く持つ」の答えあるべしと。十重戒相第十の終わりの「速悉に罪障を滅して頓に菩提を証するの門《かど》なり」の句を唱えて、如意を取られたら、乞戒師は随喜以下次第の通りすべてを唱える。もし、大阿が如意をとらず香呂をとられたら随喜の句ならびに教化を略して、廻向の句を唱えて下礼盤するのを大なる故実とする。是は大阿闍梨が老体の時の作法なりとする。
次、乞戒師磬一打して随喜・教化
次、大阿闍梨廻向大菩提
次、乞戒師磬一打して下礼盤著下座

次、歯木作法　　　　　　　　　　近年、高野山には用いず。
次、大阿闍梨降高座著草座
次、還列

### 第二項　結縁灌頂作法

先、集会
次、大阿・職衆入堂着座
小灌頂師は大阿の御手替であるので、正覚壇の阿闍梨を勤めるとともに、開白・結願の作法も勤める場合もある。
次、前供養
次、前讃
次、受者加持・投花・神代打神号
次、正覚壇引入・五瓶水・五股授与・宝冠・明鏡
次、八祖礼
次、後供養
次、後讃
次、大阿下礼盤
次、出堂

神代打神号は、伝法灌頂にはなく結縁灌頂のみであり、第一の受者の童子が投花して後に、尊号師は神代打神号を伊勢大神宮より一々読み上げ、また次第に投花せしめ、最後に今上天皇終わって、今一つ投花せしめ、大日如来と唱えて、その花を童子に与える。

三昧耶戒作法・結縁灌頂作法は、伝法灌頂と小異はあるが殆ど同であり、葦原寂照『乳味鈔』、同『大阿並乞戒声明』、『金剛峯寺年中行事』、岩原諦信『真言宗諸法会作法解説』、高見寛恭『中院流院家相承伝授録』下を参照し、要点のみ記した。

## 第三節　結縁灌頂の経軌・灌頂式

### 第一項　結縁灌頂の経軌

伝法灌頂と同である。

### 第二項　結縁灌頂式

高井観海『密教事相大系』によれば、左記の三種があげられている。

観賢『結縁灌頂式』一巻、寛朝『結縁灌頂私記』二巻、覚法『結縁灌頂式』一巻がある。高野山は覚法の式を宥快が和会したものを用いる。諸流の多くは、寛朝の作と伝わる式を用いると述べられている。

## 第三項　結縁灌頂法則と大阿闍梨・乞戒阿闍梨声明集

結縁灌頂の法則は、中川善教『展観目録』に、左記の写本・刊本が収録されている。

結縁灌頂声明・作法の写本は七本がある。一は『結縁灌頂声明』一軸・正智院蔵（487）で、奥書として「本云文永八年二月廿七日吉日定伝授畢。其後細々之不審之間五六度叅交合畢。同九年四月二日叅五音博士付重交合少不違由蒙仰畢此次人々之異説取畢。後見之輩不可成疑貽殆者也。私口伝等記異本付者也。（中略）。貞和四年五月廿一日於尾州黒田庄光明寺学頭坊依厳命染筆了聊尓不可彼於国外堅可被守巳上誡者歟。金剛仏子聲淵（花押）」とある。二は『結縁灌頂三摩耶戒作法』一軸・三宝院蔵（488）で、奥書として「本云上人御自筆本被引失之間以金剛王院秘本依御命書写了。弘安元年十月廿日　沙門賢―」とある。三は『結縁灌頂三摩耶戒』一軸・宝寿院蔵（489）で、奥書として「建治三年正月十三日。結縁灌頂声明授頼助法印了。此本故宮御自筆也。沙門法―貺正和六年正月廿三日授有貺法印畢。前大僧正禅助　嘉暦二年三月十五日賜御本書写畢。権少僧都頼遍」とある。四は『小野結縁灌頂三摩耶戒作法』一軸・光明院蔵（490）。五は『松橋三摩耶戒』一軸・持明院蔵（491）。六は『乞戒道《ママ》師作法』一軸・三宝院蔵（492）で、奥書として「慶長三季戊戌七月廿三日於光台院朝意木食以御自筆写之了當用而急儘傍多守意（花押）」とある。七は『乞戒師法則』一帖・宝亀院蔵（493）で、「鎌倉歟」とある。

刊本は一本がある。『懐宝』一帖（折本）・増福院蔵（504）で、刊記として「元文二年丁巳臘月八日写以充結縁灌頂職衆之用　南山沙門真源謹識」とある。

筆者が所蔵する『展観目録』以外の、乞戒阿闍梨声明の複写本と刊本は左記の七本である。

とはかなり異なる。

（1）『乞戒導師作法　中―』（善通寺宝物館所蔵・整理番号72―12）

表紙に「中―」とあり、中院流の法則である。奥書に「貞治四年乙巳潤九月十日於藝州円明寺私注之。為生口嶋結縁汀也　介仏子宥信」とあり、つづいて再写の奥書として、「于時貞治五年丙午十一月九日於藝州佐西之郡羽仁田宿坊賜御本〇之　介仏子宥賢」と記されている。貞治五年（一三六六）の南北朝時代の法則であり、以下の六本とはかなり異なる。

（2）『乞戒導師作法』（善通寺宝物館所蔵・整理番号別6―25）

表紙に朱で「金秋季」と書かれており、奥書として「文政六年癸未三月以寶性院乗如上綱御本令他書写之終　龍肝」とあり、高野山秋季金剛界結縁灌頂所用の法則である。なお、乗如とは高野山三百五十八世検校である。

（3）『乞戒導師作法』（善通寺宝物館所蔵・整理番号192―40）

表紙に朱で「胎春季」と書かれており、右記の『乞戒導師作法』と一対のものであり、高野山春季胎蔵法結縁灌頂所用の法則である。奥書として、「寶暦十三年癸未九月概因旧草而書之以備灌頂院春秋両会結縁灌頂乞戒之準則云々　斯法則也金剛三昧院快弁上綱成草将充灌頂院所須。然而未譜闕用。於是余嬰病養壽於推出之閭坊。遂恵之余而命以其韻譜。余頻不得辞。乃成譜而應其索云。旹癸未九月　南山普門院廉峯誌」とある。これは左記の秋季用の法則と一対のものであるので、春秋二季の法則を通じての奥書であり、金剛三昧院快弁の草文に廉峯が点譜せしもので、灌頂院所須の法則として宝暦十三年（一七六三）に編作せしものである。つづいて、「文政六年癸未三月以野峯寶性院乗如上綱御之本令他書写之了　龍肝」と、春季法則と同じく文政六年（一八二三）に龍肝が書写せし写本である。

（4）『乞戒師法則　胎方』（善通寺宝物館所蔵・整理番号192―39）

右記の『乞戒導師作法』胎春季の廉峯の奥書があり、つづいて「乞戒則此本当時灌頂院之正本。依此則所伝授畢寛政七乙卯年十月　如意輪寺住　弘栄定俊房」とある。これは、寛政七年（一七九五）に廉峯の法則を如意輪寺弘栄が書写せしもので、当時の灌頂院の正本と述べられている。

（5）『乞戒師法則』（善通寺宝物館所蔵・整理番号96—32）

『声明伝授折紙等類集』内にあり、奥書として、「于時文政六癸未六月吉辰写之。伊豫宇摩郡西寒川邑神宮寺霊雅恵仁於高野山金剛三昧院傳授終　霊雅 生廿五」と、伊予神宮寺霊雅が高野山金剛三昧において伝授を受けし時の文政六年（一八二三）の写本である。

（6）寂照『乞戒導師作法』（筆者所蔵）

『大阿闍梨声明』と二本で一帙におさめられており、『乞戒導師作法』胎春季の廉峯の奥書がある。これは、廉峯の法則が底本であることをあらわしている。つづいて「此本者奉遇高野山如意輪寺前寺務弘栄師重重秘階相承之日即以御本写得了　旹文政第八歳次癸未晩秋　進流末学寂如」と、文政八年（一八二五）に寂如が弘栄より秘階を相承し、その御本を書写せしとある。さらに、「嘉永五壬子潤二月二十六日従師主寂如和尚奉受三級秘韻之日便以相承之御本謹書焉。慶応三年丁卯仲冬於讃州古戦場牟礼西林寺密舎三箇秘階相伝之日、便諸子重書　明治四十一季三月上旬再三写擬令法久住而耳　南山進流末学[illegible]莽 花押」とあり、嘉永五年（一八五二）に、師の寂如より三箇秘韻を受け、その折に相承せし御本を謹書し、慶応三年（一八六七）に讃岐牟礼の西林寺において三箇秘階相伝の日に重書し、明治四十一年（一九〇八）に令法久住のために再写せりと記されている。

以上、（2）より（7）の法則は底本が廉峯の法則で南山の正本であり、六本とも全同である。また、『岩原魚山集』の『乞戒導師作法』も六本と同である。しかし、（1）の『乞戒導師作法 中—』のみが南北朝時代の法則で

あり、他の六本とは次第・文言・博士等に異なる箇所が多い。

次に、筆者が所蔵する『展観目録』以外の大阿闍梨声明の複写本と刊本は左記の三本である。

（1）『大阿声明抜書』（善通寺宝物館所蔵・整理番号別15―43）

胎蔵法と金剛界の大阿闍梨声明が収録されている。何度も転写されており、初めに「御本云。右声明者対遍明院静恵阿闍梨奉重受畢。是則彼阿闍梨御房自筆博士也　寶性院宥快」と、宥快が遍明院静恵より重受した折の静恵自筆の筆博士であると記されている。つづけて「為代々祖師報恩声明類書以彼闍梨自筆書之可安置寶性院経蔵之由発願云々。是専其随一也」と、自筆の書を宝性院経蔵に安置するとある。次に「右声明者雖為不輙大事依為修学抜群之仁以別儀奉授于寶性院玄海畢。且為令法久住也。更不可有軽易之思者也。元徳元年己巳十月十一日　傳燈大阿闍梨隆然判」と、覚証院隆然の奥書であり、大阿闍梨声明はたやすからざる大事の故に、修学抜群の仁である宝性院玄海に授けしことが述べられている。さらに、「右大阿闍梨声明者覚証院隆然闍梨自奉授當院玄海法印御房以来、師資相傳而在寶性院被付委細口傳等本也。深秘箱底不可披露末資。可存此旨者也。法印権大僧都宥快御判」と、大阿闍梨声明は隆然より玄海に授けられてより、宝性院に深秘口伝等も師資相伝されており、みだりに披露すること不可と厳命されている。また、「三昧耶戒声明者此道肝心也。仍守器量授授如意輪寺宥信大僧都畢。結縁灌頂式同以授之。凡此法則声明等者対安祥寺興雅當院先師信弘遍明院阿闍梨静恵三人所傳受也。悉以授之畢。応永九年十月八日　傳燈大阿闍梨法印権大僧都宥快在御判」と、宥快が如意輪寺宥信に、応永九年（一四〇二）に三昧耶戒声明と結縁灌頂式を悉く伝授せしことが記されている。次に宥信が、「三昧耶戒声明者此道肝心也。雖令秘蔵守器量授常澄大徳畢。結縁灌頂式幷乞戒悉授畢。正長元年戊申九月八日　傳燈大阿闍梨法印権大僧都宥信七十四才在御判」と、三昧耶戒声明は声明道の肝心であり、正長元年（一四二八）に結縁灌頂式・乞戒声明の悉くを、常澄に授けしことが述べ

られている。

以下、常澄と宗栄の二の奥書がある。常澄の奥書は嘉吉三年（一四四三）六月二十一日に常澄より宗栄に、宗栄の奥書は長享二年（一四八八）九月三日に宗栄より宥日へ三昧耶戒声明を相伝せしことが記されており、いずれも伝授せし僧名が異なるのみで、文章は宥信の奥書と全くの同文である。

（2）『大阿声明抜書』（善通寺宝物館所蔵・整理番号別78—2）

（1）の『大阿声明抜書』と奥書に至るまで、全くの同本である。ただし、宗栄の奥書の後に、「文政六年癸未三月以南山寶性院門主秉如上綱御本令他書写之了　龍肝」と記されている。また、表紙の題額の下に朱で「高野」と記されており、高野山所用の大阿闍梨声明であると考えられる。

（3）葦原寂照『大阿闍梨声明』（筆者所蔵）

右記の（1）（2）の『大阿声明抜書』と全くの同本である。奥書はまず隆然と宥快の（1）（2）と同じ文章が載せられてあり、次に寂如と寂照の文章があげられている。寂如の奥書は、「此本者文政八年歳次癸未晩秋、奉遇高野山如意輪寺前官弘榮師三階秘韻相承之日、即以御本書写校畢。進流末資寂如」と、寂如が文政八年（一八二五）に弘栄より三箇秘韻を相承せし日に書写せし写本としている。寂照の奥書は、「嘉永五載集壬子潤二月二十六日、従師主了々葊寂如和尚奉受三級秘韻日以相傳御本謹模写焉。慶応三〇丁卯仲冬、於讃州古戦場牟礼邑西林密舎三箇秘階相伝之際、為受者重写　明治四十一年二月仲旬再写擬令法久住而耳　進流末資葊　寂照　花押」と、嘉永五年（一八五二）に寂如より三箇秘階を受けるに際し相伝の御本を謹写し、さらに讃岐の西林寺での三箇秘階伝授の時に、受者のために重写すると述べられている。

以上、（1）より（3）の法則は、宥快が静恵より重受した折の静恵自筆の筆博士を底本としており、宝性院に

師資相承する南山の正本である。転写された次第を示す奥書もすべて同文であり、現在に至るまで違うことなく相伝されていることの証であるといえる。『岩原魚山集』の『大阿声明』も三本と同であり、正本を相承されているといえる。

## 第四節　乞戒阿闍梨声明について

乞戒阿闍梨声明は、結縁灌頂三昧耶戒の時に、乞戒師が受者を代表して大阿闍梨に戒を乞う声明である。大阿闍梨声明・秘讃とともに三箇秘韻と称され、南山進流声明皆伝の最後に伝授される秘曲である。

真源『乞戒声明古草捃拾』乞戒師由来（続真全三〇・二八四頁）には、「梵唐の経軌幷に大師高雄の灌頂等には受者自ら戒を乞うを以て別には其人を置かず。承和十年十二月十三日、実慧僧都東寺に於て伝法灌頂を真紹に授ける記に始て別に乞戒師を置く」と、つづいて益信より宇多法皇に、法皇より真寂親王・寛空等に伝法灌頂を授けし時に乞戒師が存せしと記されている。しかし、後年、乞戒師の有無の両説あるにより、伝法には乞戒師無き儀、結縁には乞戒師必ず有る儀がとられるようになったと述べられている。

さらに、結縁灌頂声明は上代は暗記して伝えていたのであり、雅真―仁海―成尊―明算―良禅―真誉―禅信―観験の血脈を示し、寛朝の秘讃・乞戒声明・大阿闍梨声明は想寿―済延―頼尋―明算―教真―実範―宗観―観験―勝心、あるいは想寿―信禅―忠縁―宗観―観験の三種の血脈をあげ、高野山への相伝が記されている。その後に、覚意が五音三重の譜を定め、龍剣が歎可してより、南山進流の声明集はみなこの譜によって点じられ、暦応四年（一三四一）三月に、隆然が秘讃・乞戒等の声明に博士を付したと記されている。その血脈は、隆然―重弘―源宝―隆

法―重仙―快助―長恵―勢遍―朝意―良胤―朝誉―融伝―栄融とされている。

また、栄融が龍光院寛伝の勧進により、西禅院において、享保十二年（一七二七）十一月十九日に秘讃を、十二月九日に乞戒声明の伝授があった。受者は、三宝院本静・北室院昶遍・中院寛伝・東禅院助宣・高善院大侃・普門院理峯・慈雲院弁隨・宝塔院伝翁と記されている。

『密宗声明系譜』（続真全三〇）に載る三箇秘韻の記録は左記である。

秘讃声明等を伝うとあるのは、良怡（弘安七年・一二八四）、快全（弘安十年・一二八七）、隆印（永和二年・一三七六）、良秀（寛正五年・一四六四）、祐円（文明七年・一四七五）、源雅（永正十二年・一五一五）、憲勝（文明十三年・一四八一）、祐算（文明十五年・一四八三）、良尊（文禄四年・一五九五）、尊海（天正十七年・一五八九）、朝尊（天正二十年・一五九二）、隆誉（寛永十八年・一六四一）、良弁（寛保元年・一七四一）である。

秘讃声明・乞戒声明を伝うとあるのは、重賢（文安元年・一四四四）、性覚（寛正元年・一四六〇）、勢朝（天正十三年・一五八五）である。

乞戒声明を伝うとあるのは、成覚（正平十九年・一三六四）である。

大阿声明を伝うとあるのは、源宝（正平十三年・一三五八）である。

乞戒声明・大阿声明を伝うとあるのは、快慶（弘治二年・一五五六）である。

秘讃声明・乞戒声明・大阿声明を伝うとあるのは、重弘（延元二年・一三三七）、快助（秘讃は文安五年・一四四八、乞戒は宝徳四年・一四五二、大阿は長禄二年・一四五八）である。

ところが、右記の記録がすべてではない。隆然・理峯等、歴史に残る声明の大家の伝授も記されていないのであるから、記録に載らない伝授も多くあったはずである。また、略させていただいたが、声明の秘讃・乞戒・大阿の

声明を受くとの記録も数多く掲載されている。したがって、それらも加味すると、南北朝時代より江戸時代にかけて、三箇秘韻が盛んに伝授されており、進流声明が大いに興隆していたことが明らかであるといえよう。

『乞戒導師作法』は何度も転写されており、その奥書によると、宝暦十三年（一七六三）九月の高野山灌頂院の春秋の結縁灌頂に備えんがために、金剛三昧院快弁上綱が旧草により撰をなし、普門院廉峯が博士を点じ編作したものを、文政八年（一八二五）に寂如が弘栄より秘階を相承した折に写得し、嘉永五年（一八五二）、寂照が師の寂如から授法した時に謹写し、慶応三年に、讃岐牟礼西林寺に三箇秘韻相伝の際に受者のために重写し、明治四十一年三月上旬に再写とある。

したがって、廉峯―弘栄―寂如―寂照と相承されてきたものである。

## 第五節　乞戒阿闍梨の声明

乞戒阿闍梨声明は、礼仏頌・表白・神分・伝戒勧請頌・羯磨頌・仏名・教化・慚愧句・教化である。

### 1 礼仏頌

仏を礼拝する偈頌である。

葦原寂照『三箇秘韻聞記』（続真全三〇・三一六頁）には、「礼仏の頌は乞戒の中の最も骨目也。心を臍下に止め口中能く能く繕ひ何となく発音すべし」と述べられ、乞戒声明の中でも大切な声明であるので、清浄な心をこの臍

に集中し、実際に発声する口等の器官をととのえることによって、有難く荘重な声明が唱えられると説かれているのである。

調子は、師伝によると、由下ある故に中曲黄鐘調で唱える。

〔岩〕三巻二右一行

**當**

『三箇秘韻聞記』（続真全三〇・三一六頁）に、「自然のソリ」とあるが、岩原のいう力のソリと思われる。すなわち、末になるほど強く太く唱える。

〔岩〕三巻二右一行

**願**

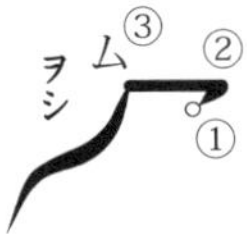


児玉雪玄『類聚の解説』（一五八頁）に、「打カケとあれども打付の如く短くカケ、一寸音を抑え、のち音を引廻す」と。すなわち、①を短くカケ、切音不切息して同音で角②を声を押さえて唱え、商③で仮名ムに移り、オシはソリ切リの如く声を引きまわす。

眼（同二右二行）、仏（同二右二行）も同じである。

〔岩〕三巻二右一行

**生**

『乞戒導師作法』は、「ユラヘヨ」と注されている。ユルガス如く、賓由の如くユルで唱える。

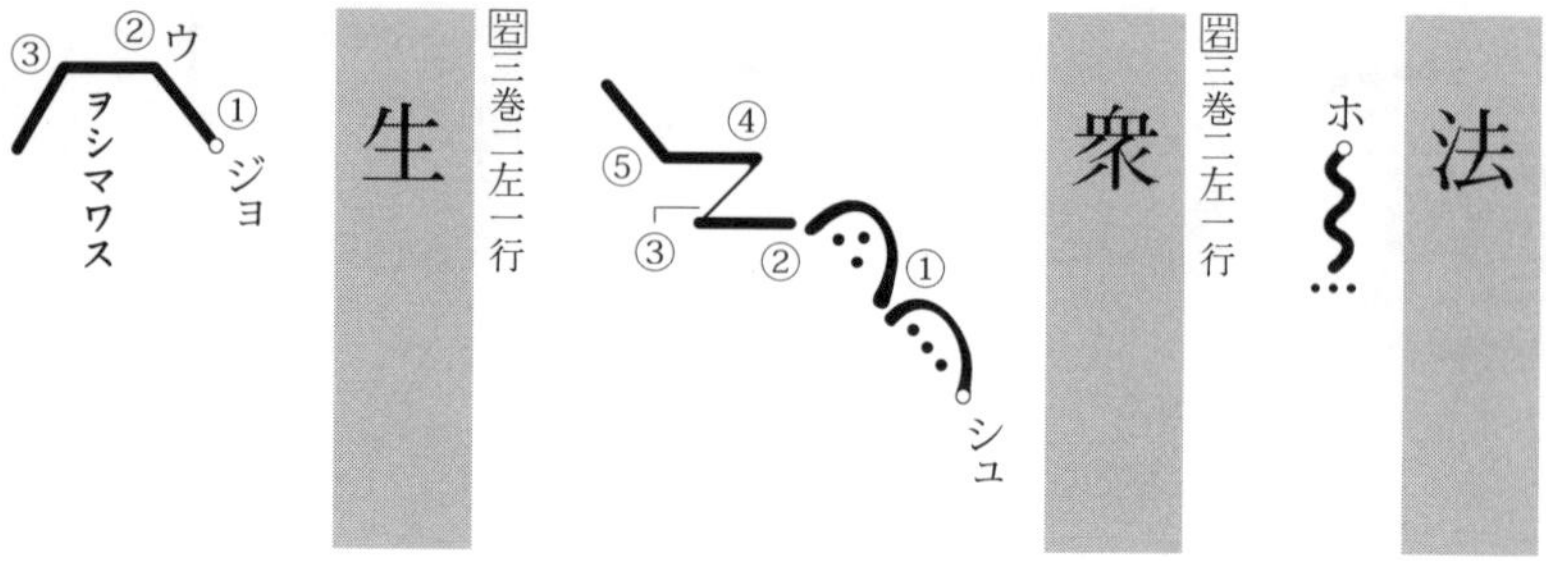


『乞戒導師作法』は、「イロ」と注されているが、ツヤで唱える。

①は由下、角②モドリ③角④は同音で、徴⑤は口内アタリをして角④と同音で唱える。

「オシマワス」と注されているが、『類聚の解説』（一五八頁）には、「初め徴の声を少し引き後に力を入れて極く短く少し声を上げ（半音以内）、直ちに徴の音に復帰して凡そ揚商の音位まで、凡ての音を滑って、恰もサイレンの終わりの如く、力を抜きて引込むように唱う」と。徴①を少し引き、後角②に太く強く少し声を高くし、商③の始めに徴の位まで戻り、ソリ切リの如くサイレンの鳴り終わるように、喉の奥に声を引き込む如く余韻を引いて終わる。

圀三巻二左二行

志

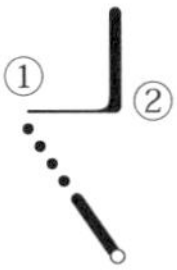


①②は同音で唱える。

『三箇秘韻聞記』（続真全三〇・三一六頁）は、「マワス。前の生より少し短くマワス。彼は三位。此は二位なるが故に」と。『類聚の解説』（一五八頁）は、「徴角オルは前の生のチヂマリタルモノにてヲシマワス如くして短くして短く折る」と記されている。すなわち、生のオシマワスを短く唱えるをいい、徴①を短く、角②のソリキリの如きも、短く吹切の如く唱える。

死（同二左四行）、岸（同二左四行）も同じである。

圀三巻二左二行

性

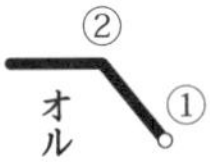


『類聚の解説』（一五九頁）には、「徴角の角は延付の如くして音の終わりを突く様にし、一寸声を切りて次の犯に移る」と。すなわち、徴①を唱え、角②の延付を喉の奥にこする如く、初めの音をあたって少し強く引き、中間をやわらかにする如く下げ、最後をさらに下げる。

圀三巻二左三行

莫

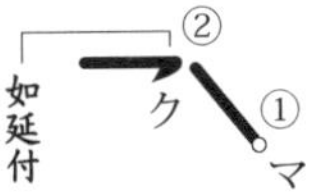

## 2 表　白

『三箇秘韻聞記』（続真全三〇・三二七頁）に、『乞戒声明古草捃拾』を引き、「乞戒表白は御影供表白と全同也。凡そ其表白進の様は多分甲乙甲乙として丙丁は希なり。終わりの句は進の様も仁和の様も皆丙丁なり」と、御影供表白と全同である。表白は第二篇第一章第五節18を参照すべし。甲乙に始まり、最後は丙丁でおさまり、「敬白」で終わる。丙丁、丙丁とつづくことは決してない。

なお、丙ノ句、丁ノ句は一表白の中に三箇所を越えるべからず。しかし、例外として、四箇所ある場合もある。

調子は、中曲黄鐘調で唱える。

## 3 神　分

御影供神分・理趣三昧神分と殆ど同である故に、同曲節で唱える。

調子は、中曲黄鐘調で唱える。

## 4 伝戒勧請頌

伝戒阿闍梨を勧請し、その徳を讃嘆し礼拝する頌文である。

大体は、礼仏頌の如く唱える。
調子は、師伝によると、由下ある故に中曲黄鐘調で唱える。

## 闍

岩三巻一〇右一行

『類聚の解説』（一五九—一六〇頁）は、「阿闍梨の闍の譜の終わりの徴はツキユ、人天の天の終わりの徴はツキユせず。之に就いて、戻りあれば徴を突かず戻りなければ徴を突く、是約束なり。蓋し闍には戻りなく、天には戻りあるが故なり」と、モドリあれば徴をツキユせず、モドリなければ徴をツキユで唱える。したがって、「闍」の徴はツキユ、「天」（同一〇右二行）はツキユをせずに唱える。

## 是故我等

岩三巻一〇右三行

『乞戒声明古草捃拾』（続真全三〇・一八二頁）に、「是故我等全く上の如し。但前より急なるべきなり」と、『類聚の解説』（一六〇頁）にも、三段ともに次第に次々と早くするというが、あまりきわどからざるを宜しとするという。

## 帰

岩三巻一〇右三行

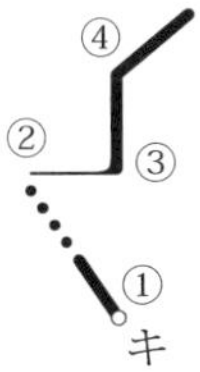


徴①をユリ、同音でモドリ②、羽③を上げ、さらに三重宮④を高く唱える。

岩三巻一〇右三行

**礼**

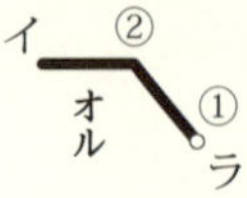


岩三巻一〇右四行

**四**

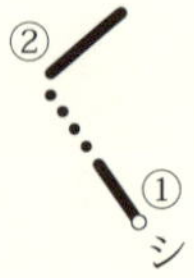


岩三巻一〇左一行

**視**

『三箇秘韻聞記』（続真全三〇・三一八頁）に、「礼仏頌の性の如し」とある。礼仏頌の「性」と同じ如く唱える。徴①を短く、角②をソリキリの如くであるが、短く吹切の如く唱える。

『三箇秘韻聞記』（続真全三〇・三一九頁）に、「徴をユリて而して声の切れ有て宮へ上るなり。羽の一位を隔つ故に、若し声の切れなく上るときは狼藉なるべし」と、徴①を律曲のユリで唱え、羽の一位を隔てているので、切音不切息して三重宮②を高く出して唱える。

『三箇秘韻聞記』（続真全三〇・三一九頁）は、「自然のソリ」という。

# 5 羯磨頌

羯磨阿闍梨を請じて、その徳を讃嘆する頌文である。
大体は、礼仏頌の如く唱える。
調子は、師伝によると、由下ある故に中曲黄鐘調で唱える。

[岩]三巻一一右二行

**大**

『三箇秘韻聞記』（続真全三〇・三一九頁）に、「大　魚山五悔小祈願護法の護の博士の如し」と、すなわち延付であり、初めダイと高く少し長く徐々になめらかに下げてすべらせて唱え、最後にイをもう一度ツク如く唱える。

[岩]三巻一一右二行

**我**

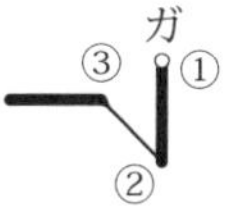


宮①よりもモドリ②を少し高く、角③を②と同音に唱える。

# [6] 仏名

乞戒声明の仏名は、御影供等の仏名と大体が同である故に同曲節で唱えるべきであるが、少し博士が異なる箇所がある。

調子は、由下ある故に中曲黄鐘調で唱える。

[岩]三巻一二右二行

命《ミョウ》

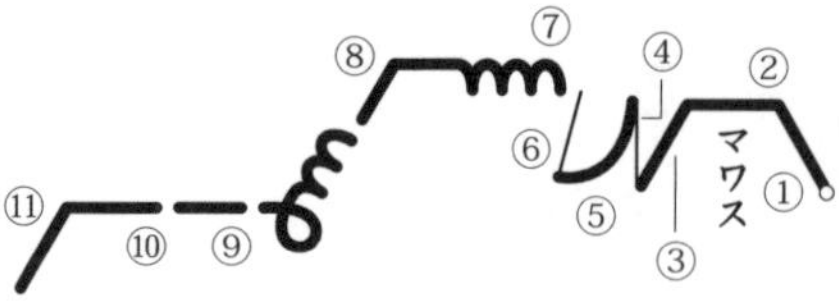


宮野宥智『声明類聚』等の仏名と異なり、徴①角②商③をマワス。『三箇秘韻聞記』（続真全三〇・三一九頁）には、「商を投げたる如くする也」と、すなわちユリカケ切りの如く唱え、モドリ④を早く重ね、商⑤は声の変わるまで大きくソリ、モドリ⑥を高く長く唱える。次に、角⑦はイロ三ツとモツ一ツ、商⑧を始め少し引きイロ二ツとフル一ツ、なおフルは低い音から高い音へ裏声で返すように唱え下げる。角⑨を少し高く短く、切音不切息の後、同音で角⑩の後、商⑪に下げて唱え終わる。

## 7 教化

乞戒声明の教化は、御影供等の教化と大体が同である故に、同曲節で唱えるべきである。

仏名の作例に片句と諸句の二種があり、龍女・御影供等は片句、今の教化に一倍を加えたものが乞戒導師の教化等で諸句である。

調子は、由下ある故に中曲黄鐘調である。

[岩]三巻一二左二行

**仏性三昧耶戒**

「仏性三昧耶戒」の「ブッ・ショウ・サン・マ・ヤ・カ」の六字の三重宮ともに同長で切音せずに、三重宮で高く唱える。

[岩]三巻一二左二行

**戒**

「戒」の「イ」の仮名を二重の徴に下げて、突由で唱える。突由前を長く、後を同音で短く唱えるのが習いである。

[岩]三巻一三右一行

**ケ**

徴①の二由目は由下、角②モドリ③角④の三位は同音、徴⑤は由下、角⑥は徴⑤の三ツ目のユリと同音でツク如く、徴⑦は由下、角⑧⑨は早重で早くツク如く同音で唱える。

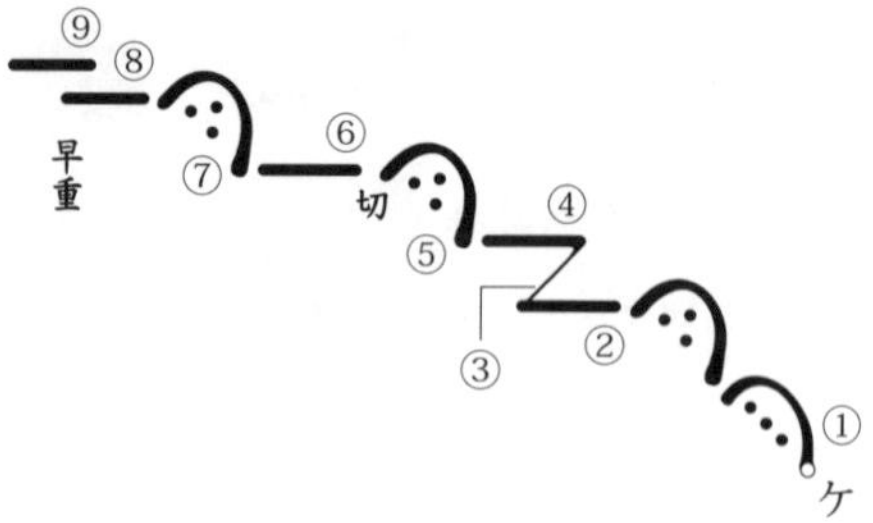


## 8 慚愧句

大阿闍梨説戒の第六問遮難の七遮問の終わりに、「此の如き七遮を犯ぜざるや否や」の問に、乞戒阿闍梨は「犯ぜず」と答え、如意を持し、慚愧句を唱える。諸衆は次第をとり懺悔する。「慚愧」の「愧」は、仏名の「命」と同じ曲節で唱える。

## [9] 教化

[岩]三巻一五右二行

**六情の**

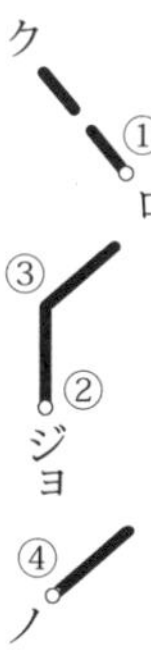


[岩]三巻一五左一行

**衆罪の**

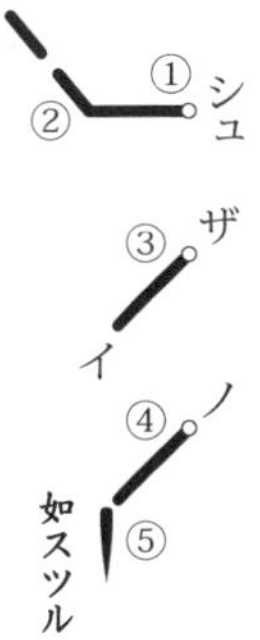


徴①をツキユ、羽②を上げ、三重宮③をさらに上げ、三重宮④を③と同音に唱える。

角①より徴②をスクウで唱え徴②をツキユ、商③を下げ、商④を同音、宮⑤をステルで力をぬき、あたかもステル如く唱える。

# 第三章　大阿闍梨声明

## 第一節　大阿闍梨声明について

大阿闍梨声明は、結縁灌頂三昧耶戒の時に、大阿闍梨が戒を授けるにあたり唱える声明である。乞戒阿闍梨声明・秘讃とともに三箇秘韻と称され、南山進流声明皆伝の最後に伝授される最秘曲である。

葦原寂照『大阿闍梨声明』は何度も転写されており、その奥書によると、元徳元年（一三二九）十月十一日に隆然が宝性院玄海に授けた原本を、宝性院に師資相伝して宥快が写し、文政八年（一八二五）晩秋に、寂如が如意輪寺弘栄より三箇秘韻相承の日に書写とあり、嘉永五年（一八五二）二月二十六日に寂如より三箇秘韻を受けた日に相伝の本を謹写し、慶応三年に讃岐牟礼西林寺に三箇秘韻相伝の際に受者のために重写し、明治四十一年（一九〇八）二月に再写とある。

## 第二節　大阿闍梨の声明

大阿闍梨声明は、胎蔵界礼九尊号・金剛界礼五仏号・第七請戒師・仏名・教化である。

### 1 胎蔵界礼九尊号

胎蔵法の結縁灌頂の時に、大日如来と宝幢如来・開敷華王如来・無量寿如来・天鼓雷音如来の四仏と、普賢菩薩・文殊師利菩薩・観自在菩薩・弥勒菩薩の四行菩薩、胎蔵法と金剛界の一切の諸尊を礼拝し唱える声明である。

調子は、師伝によると中曲黄鐘調である。

図三巻二一右二行

南　謨

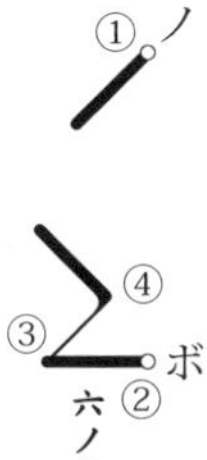


葦原寂照『三箇秘韻聞記』（続真全三〇・三一九頁）に「南謨　角までは南の商につれて角のモドリより角のキキに云うなり。以下同」と、「謨」角②を「南」商①と同音、モドリ③を角のキキに上げて唱え、徴④をモドリ③と同音にツキ唱えるとある。以下同である。

[岩]三巻二一右二行

**毗瑟駄**

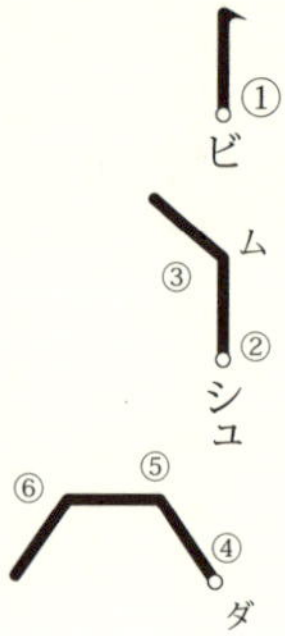


『三箇秘韻聞記』（続真全三〇・三一九頁）に、「駄　徴角同音。商を少し引く。此譜以下同」とあり、羽①を最末をツメルで唱え、羽②を同音、徴③を下げ、徴④を③と同音、角⑤を徴角同音、商⑥を横下シで下げ少し引いて唱える。

[岩]三巻二一右二行

**達磨**

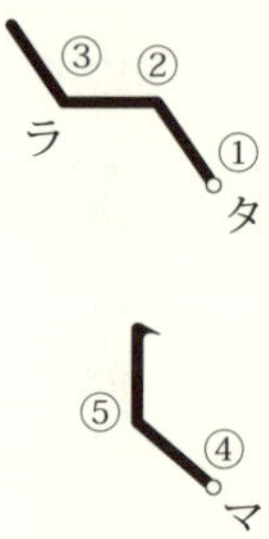


『三箇秘韻聞記』（続真全三〇・三一九頁）に「達　初の徴をモツ。以下同」とあり、徴①をモツで少し長く唱え、角②を下げ、徴③を上げる。

徴羽の博士は、商徴に唱えるのが習いであり、商④を低く、羽⑤を高く唱える。

[岩]三巻二一右三行

**盧遮**

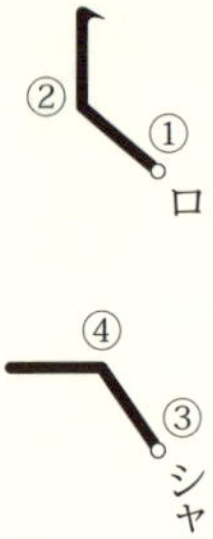


徴①羽②を同音でツク、徴③角④も同音でツクで唱える。

[岩]三巻二一右三行

## 那　薩

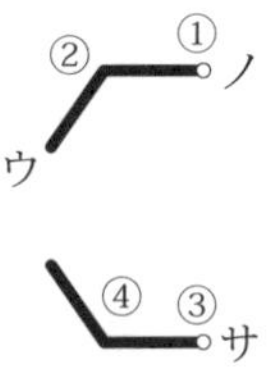


角①より商②に下げ、商②と同音で角③を唱え、スクウで徴④を高く唱える。

[岩]三巻二二左四―五行

## 阿梨耶縛盧枳帝冐地薩怛縛摩訶薩怛縛

四行菩薩の観自在菩薩号を唱え礼拝する句である。その句の中の「冐」の上に、「入縛羅（具）」の注記がある。覚眼『般若心経秘鍵撮義鈔』（続真二〇・三二一頁）によると、「阿哩也とは聖と翻ず。嚩路枳帝とは観と翻ず。冐地薩怛嚩とは菩薩の具なる梵語なり。即ち聖観世音菩薩なり。密厳の略注に云く。若し具なる梵語に依ば濕嚩羅の一句有る可き歟。嚩路枳帝此には観と云う。濕嚩羅此には自在と云う故に」とあり、音写漢字は異なるが、「阿梨耶縛盧枳帝冐地薩怛縛摩訶薩怛縛」であれば具名ではない。「密厳の略注」とは覚鑁『般若心経秘鍵略註』であり、その中に具なる梵語であれば、濕嚩羅を加えるとしている。すなわち、阿梨耶 āryā は聖、縛盧枳帝は avalokita は観、冐地薩怛縛 bodhisattva は菩薩であるので、翻訳すると聖観菩薩である。したがって、観自在菩薩という具名を唱えるのであれば、自在すなわち入縛羅 īśvara を加えねばならないという意である。

## ２ 金剛界礼五仏号

金剛界の結縁灌頂の時に、大日如来と阿閦如来・宝生如来・無量寿如来・不空成就如来の四仏と、金剛界と胎蔵法の一切の諸尊を礼拝し唱える声明である。

調子は、師伝によると中曲黄鐘調である。

曲節は、胎蔵界礼九尊号に同である。

## ３ 第七請戒師

結縁灌頂三昧耶戒で用いる大阿闍梨声明の一で、大阿説戒の第七で戒和上・羯磨阿闍梨・教授阿闍梨・証戒阿闍梨・同学伴侶等を請する。大阿は慚愧句終わり、教化、南無施我仏性三昧耶戒の句を唱え終わり、香呂を持し、「第七に戒師を請ぜん」以下を唱える。

圏三巻二五左三行

**首**

シュ　延付　ウ

児玉雪玄『類聚の解説』（一六五頁）に、「前の商を張り柔らかに延付けて後喉をこする如く鳴らす」と、すなわち前の醯《けい》の商を少し太く強く張り、初めを高く少し長く、徐々に喉をこする如くなめらかにすべらせて唱え、最後にもう一度ウを唱える。

[岩]三巻二五左三行

**天**

カカリ①を短く、切音不切息して、同音で角②、商③を下げ角④を上げ、徴⑤を角④と同音にツク。

[岩]三巻二五左四行

**毘盧遮那**

「ビロシャナ」と唱える。

[岩]三巻二六右三行

**我**

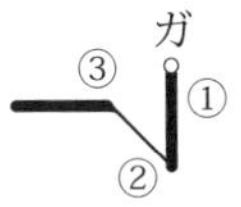


『三箇秘韻聞記』（続真全三〇・三一九頁）に、「モドリと角とつく如くするなり」と、すなわち宮①を低く、モドリ②を高く、角③をモドリ②と同音に突いて唱える。

[岩]三巻二六右五行三字目

**故**

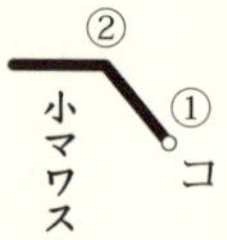


[岩]三巻二六右五行九字目

**故**

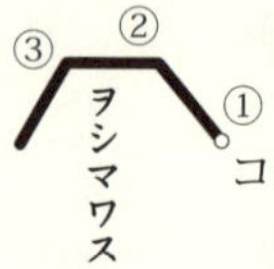


[岩]三巻二六左一行

**羯磨阿闍梨**

[岩]三巻二六左二行

**ン弟子某甲**

小マワスはオシマワスを短くしたる如し。ただし、ソリ切りの如く、コーと徐々に太く徴①を唱え、次に声を吐く如く角②、最後はブレーキをかける如く、声を引かずに唱え終わる。

なお、『岩原魚山集』の△印は、徴音に唱える箇所である。

「オシマワス」と注されているが、礼仏頌の「オシマワス」に同じ。『類聚の解説』（一五八頁）には、「初め徴の声を少し引き後に力を入れて極く短く少し声を上げ（半音以内）、直ちに徴の音に復帰して凡そ揚商の音位まで、凡ての音を滑って、恰もサイレンの終わりの如く、力を抜きて引込むように唱う」と、徴①を少し引き、角②を太く強く少し声を高くし、商③の始めに徴の位まで戻り、ソリ切りの如くサイレンの鳴り終わるように、喉の奥に声を引き込む如く余韻を引いて終わる。

「コンマアジャリと」唱える。また、「コンマアザリ」と読む伝もある。

羯磨阿闍梨以下、「ン弟子某甲」について、『類聚の解説』（一六五頁）に、「某甲にも当流の一本にはソレラと仮名を附す。仁和亦ソレラと読む」とある。

岩三巻二六左三行

## 清　涼　山

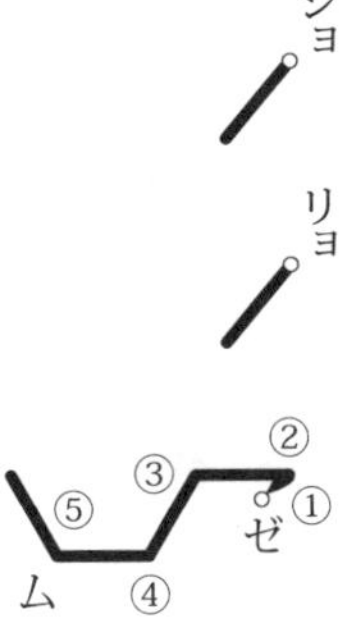


『類聚の解説』（一六五頁）に、「清涼山の山、広沢は清みてセン、高野はゼンと濁る」とあり、『大阿闍梨声明』には本濁音で「ゼン」と読むとある。

カカル①を短く、切音不切息して、同音で角②、商③を下げ角④徵⑤をマワシ上げて唱える。

岩三巻二八左三行

## 奉請四方三世

『三箇秘韻聞記』（続真全三〇・三一九頁）に、「奉請四方にて切り、三世の二字を別に云うなり」と、文章の如くである。

岩三巻二九左三行

## 奉請十方浄刹

『三箇秘韻聞記』（続真全三〇・三一九頁）に、「奉請十方にて切り、浄刹の二字を別に云うなり」とある。

岩三巻二九左五行

## 同学伴侶

『類聚の解説』（一六六頁）に、「高野山はバンリョと伴を濁り、仁和はハンリョと清みて読む」とある。

## 4 仏名

『類聚の解説』（一六七頁）には、「高野山所用の結縁灌頂三摩耶戒作法には「当所権現　倍増法楽」の句之無し。快弁本の押紙に云く「私　天衆地類の次に当所権現の句尤も之あるべしと雖も、天衆地類の句漏るる所無きが故に中院には之を略す。醍醐には弘法大師の句を除き当所の句を用う。仁和は当所・弘法の二句倶に之を略す。以上宥快記取意。之に依って今之を除く」と、また成蓮院真源の押紙には「天衆・当所・大伽藍等の四句は長恵当用の為に私に之を加う。原本の墨色筆力倶に異り」とあり。「禅定聖霊　成等正覚」の句は「高野山に局る」と注あり、必ずしも然らざれども、地方一般寺院にありては然るべきか。尚寂照版の「増長宝寿　恒受快楽」の句は普通一般用に「道俗受者　悉地円満」と換句し、「太上天皇　増宝寿」、「此の一句は仙洞御座す時之を用う。左無くんば則ち之を除け」と、記されている。文章の如くであり、つづけて「大悲護念　成御願」の句は「乞誓ノ句」と云い、諸山通じて、「大悲護念」の句を用いれば、次の教化を除き、教化を用いれば「大悲護念」の句を除く。是れ法会の約束なりと述べられている。

また、「この仏名を唱えるを白仏名という」と説かれている。

『大阿闍梨声明』には、「禅定聖霊　成等正覚」の右側の注に、「此句局高野」とされている。

### 三昧耶戒

圏三巻三〇左二行

『三箇秘韻聞記』（続真全三〇・三一〇頁）に、「三昧　徴角商と次の如く次第をつけて三ツ折にするなり。商商のモドリ高く後の商の終をフル。以下同」とあり、徴を口

内アタリをして高くきかして唱え、角・商と三段下りに折りて唱える。

## 5 教化

『岩原魚山集』は「東土秘密の蓮宮をひらひてそ」とあり、右側の注に「高野にては東以下四字八葉峯と改むべし」とある。『大阿闍梨声明』は、「八葉峯の蓮宮をひらきてそ」とあり、注に「此句高野に局る、他山に於ては宜しく之を改むべし」とあり、文章の如くである。『類聚の解説』には、一般用にとして「三密瑜伽の梵閣を」と改めると記されている。

# 第五篇

# 補欠篇

# 第一章　録外秘讃

## 第一節　録外秘讃について

録外秘讃とは、秘讃伝授目録次第に載る以外の秘讃という意である。
筆者所蔵の複写本の中に収録されている録外秘讃は左記である。

『諸秘讃・録外秘讃』（善通寺宝物館所蔵・整理番号別15―44）

『録外秘讃』

即身成仏讃・吉慶梵語第三段・仏眼並一字・薬師・弥勒真言・文殊梵語・毘沙門天讃・愛染明王神咒・太元明王咒・慈救咒・同八千枚用・一字真言・厚恩讃・師恩・百石《ひゃくせき》讃

『声明伝授折紙等類集』（善通寺宝物館所蔵・整理番号96―32）

吉慶梵語九段

即身成仏讃・吉梵第三段・仏眼・一字金輪・薬師・弥勒漢語・文殊梵讃・毘沙門天讃・愛染明王神咒・太元明王・慈救咒・同八千枚用・一字真言・厚恩讃・師恩・百石讃

『進流秘讃集私記』（高野山大学図書館所蔵）

　吉慶梵語九段

『録外秘讃』（高野山大学図書館所蔵）

　弥勒漢語・仏眼・一字金輪・太元明王咒・一字真言・即身成仏讃・厚恩讃・師恩・百石讃

『声明伝授折紙等類集』と『録外秘讃』の録外秘讃は題名が少し異なる曲もあるが、殆ど全同である。『録外秘讃』とは曲数が異なるが、録外秘讃の博士は全同である。

## 第二節　録外秘讃の声明

### 1 吉慶梵語九段

吉慶梵語九段は、『声明伝授折紙等類集』の「秘讃目録上」の秘讃目録の中に収録されており、録外秘讃とはされていない。しかし、朝意が良尊に伝授された折紙を類聚した『秘讃集』には収録されておらず、近年では吉慶梵語九段は秘讃としては伝授されず、録外とされている。

行遍『参語集』二（『国文東方仏教叢書』随筆部・五二頁）の「大師御相伝声明事」に、「九段の梵語と十六大菩薩讃と如意輪と、是等は正しく相伝と上表の録に見えたり。古は高野此等を相承しけり。當時《ママ》も少々之在り。此等に付きて遍照寺御房、音律の達者としてひろめられたり。博士に付せらるる譜事は妙音院太政入道殿始て之を付せら

る。琵琶の譜なりと云う」とある。その中、當時は東寺の誤りであろうか。大師は吉慶梵語九段・十六大菩薩讃・如意輪讃を唐より請来し、高野山に相承し、東寺にも少し伝わり、遍照寺御房寛朝が弘められた。譜を付せられたのは妙音院太政大臣師長であり、琵琶の譜と述べられている。なお、上表の録とは、大師『御請来目録』であり、その中に、現在秘讃等として伝わっている声明に該当すると思われるのは、「梵字吉慶讃一巻」「梵字十六大菩薩讃一巻」「梵字天龍八部讃一巻」「梵字十一面讃一巻」であり、これらは大師『三学録』の中にも収録されている。したがって、『参語集』にしたがえば、九段梵語等の讃は大師の時代より修学され、後世、事実上の真言声明の創始者である寛朝によって声明として大いに弘められ、後に師長が譜をつけられたということになる。著者については、西院順音の奥書によると、参河僧正行遍の口伝による故に参語集と号すとある。密教徒の知っておかなければならない浅略より深秘に至るまで説かれており、密宗の肝心なりとして、古来、尊重されている書である。『伝灯広録』巻八上（続真全三三・三二〇頁）には、行遍は東寺五十九代長者で仁和寺菩提院を再建したとある。

なお、『御請来目録』には、右記以外の秘讃が収録されていないからといって、大師の時代にはそれらがなかったとは一概にはいえない。

覚眼『般若心経秘鍵撮義鈔』（続真全二〇・二九六頁）に、『陀羅尼集経』が宗叡の請来であるのに、何故大師が『般若心経秘鍵』に『陀羅尼集経』を引用しているのかとの疑問に対し、『般若心経秘鍵撮義鈔』は、「大師入唐の時に於て此の経を見玉うか。又は大師も亦此の経を伝来すと雖も請来の録の中に載せざるか。録の中に出さざる類之多き故に。彼の蘇悉地経は請来の録には之無しと雖も三学の録には之を出すなり」と、二説あげられている。一は、大師が唐におられた時に『陀羅尼集経』を見られた。二は、大師もこの経を請来せられたが『御請来目録』には載せられなかった。このようなことは、『蘇悉地経』も『御請来目録』には載せられていないが、『三学録』には

経部の中にあげられているので、あり得ることであると釈されている。

しかし、この「梵字吉慶讃一巻」が、吉慶梵語九段に該当するのかどうか、実物を目にしていないので明らかではない。

『進流秘讃集私記』（高野山大学図書館所蔵）の奥書に、「吾師主定連院真源和上曰わく、今此の九段讃は不空所訳乎。無畏所訳の大日経中の十一段梵讃とはむしろ各別なり乎」とある。文中、「不空所訳」とは不明であり、「無畏所訳の大日経中」とあるが、『大日経疏』と思われる。なお、『豊山声明大成』（三一一頁）には、『大日経疏』巻八に、「『吉慶阿梨沙偈』十一偈とその漢訳偈がみられる。吉慶梵語第一段は、その第四偈に相当する。第二段、第三段に相当する偈はみられない」と述べられている。事実、音写漢字はかなり異なり、対照するのは難儀であるが、『豊山声明大成』にいう如く、吉慶梵語三段に対応するのは第一段のみである。また、吉慶梵語九段も対応するのは第一段のみで、他の八段も相当する偈は見当たらない。

宝暦三年（一七五三）に金剛峯寺右学頭真源が「吉慶梵語九段」を編作している。その跋文は長文であるので要約すると左記である。

供養法五大願の終より念誦の間、此の伽陀及び十六の讃を唱える。甲の歳は胎蔵で四智梵語・心略梵語・吉慶梵語九段、乙の歳は金剛界で四智梵語・心略梵語・十六の讃で梵漢は頭人の意楽としている。得仏の讃は四智等として、神名の投花が大日に著く時は切声（長音に対する言葉でボウヨミ）、四衆の時は讃を緩く唱える。後供養の讃は、四智漢語・心略漢語・四波羅蜜あるいは西方を用いるとしている（鈢の記述については略す）。つづけて、覚意が新しく五音三重の譜を定められたのであるが、当時は嫌を無す者があったのであるが、祐真・定意の二師が感賞し、定意自ら此の讃に旧譜を変え新譜を点ずるにより、門徒ようやく其の便なるを知り、今にいたるまで盛行するなり

とある。よって定意の再治と云うなりとしている。

葦原寂照『三箇秘韻聞記』（続真全三〇・三一四頁）に、「夫れ阿梨沙とは梵語なり。智論第二五曰く。秦には聖主と言う云々。演密鈔第五曰く。秦には古聖主と言う。即ち自利利他殊勝の功徳古仙の聖道なり。一切の諸仏此によって住せざることなしと云うなり。（中略）跋に讃切声と云うとあり。是は梵書の方を無博士にボウヨミニスルことなり。私に曰く。九段の初の三段と魚山集所載の三段と文言全同なり。然らば今と彼の三段とは具略の不同か。但し唱譜に於ては大同小異なり。然れども音働は彼此同一拠なり」と、吉慶梵語は吉慶阿梨沙偈とも云われ、その阿梨沙とは聖主・古聖主とも訳される。九段の中の初の三段は、魚山集にのる吉慶梵語三段とほとんど全同であると述べられているが、音写漢字に小異があり、よみ様も清音を濁音で読む等の異なりがある。また、博士も同なる箇所が多くあるが、異譜も多く、それだけで曲全体の曲調が全く異なって感じられる。秘讃の秘讃たる所以か。

## 第一段

[岩]三巻一四五左二行

**婆**

この上図の白ヌキの博士は、下図の如く宮①をイロ二ツとモツ一ツ、次に下げて初重羽②を唱える。

「素」（同一四六右一行）、「扇」（同一四六右三行）も同じである。

ちなみに、『三箇秘韻聞記』（続真全三〇・三一四頁）に、「一つ。籠字の譜は古譜にして今は用いず」とある。籠字とは籠写しのことで、中を空白にし輪郭だけを墨の線で写し取ることである。すなわち、白ヌキの博士であり、古来の録外秘讃に載る古譜である。

[岩]三巻一四六右二行四字目

**寫**

[岩]三巻一四六右三行

**多**

## 第二段

[岩]三巻一四六左一行

**娑**

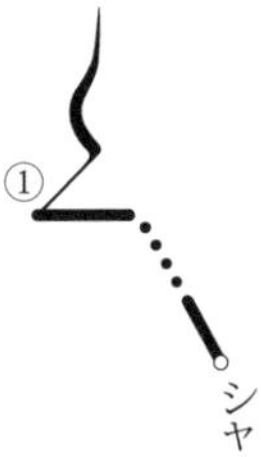


[岩]三巻一四六左二行

**跢**

『三箇秘韻聞記』（続真全三〇・三一四頁）に、「此譜アタラズしてモドリをスカスなり。此譜以下同」とあり、モドリ①をスカシ声で唱える意である。以下同である。

白ヌキの宮の博士であるが、右記の「婆」と同じ曲節で唱える。

『三箇秘韻聞記』（続真全三〇・三一四頁）に、「此譜モドリをスカスなり。此譜以下同」とあり、モドリ①をスカシ声で唱える意であり、以下同である。

第一段の「婆」と同じ白ヌキの博士であり、同じ曲節で唱える。「少」（同一四六左四行）も同じである。

岩三巻一四六左四行

### 里

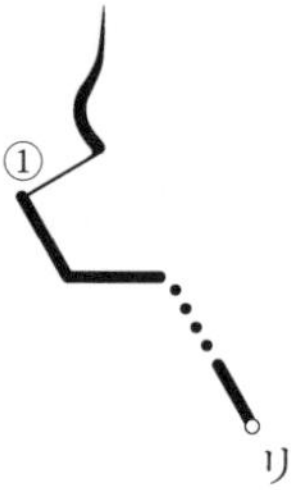


『三箇秘韻聞記』（続真全三〇・三一四頁）に、「徴のモドリスカスなり」と、二番目の徴のモドリ①をスカシ声で唱える意である。

### 第三段より第九段

以下、第三段の「娑」「里」、第四段の「妬」「覧」「曩」、第五段の「底」「努」「多」、第六段の「底」「多」、第七段の「羅」、第八段の「多」、第九段の「多」も、それぞれ第一段の「婆」と同じ曲節で唱える。

## ２　弥勒漢語

『声明伝授折紙等類集』（善通寺宝物館所蔵）・『録外秘讃』（善通寺宝物館所蔵）・『録外秘讃』（高野山大学図書館所蔵）に収録されている「弥勒漢語」はいずれも録外であり、文言も博士も『岩原魚山集』と同である。

## 第二章　諸法則収載外の声明

# 1 出家唄

### 一、出　典

『寛保魚山集』『明治魚山集』・宮野宥智『声明類聚』には、出典について「沙彌経文」とあるが何を指すか明らかではない。『私案記』（続真全三〇・九二頁）にも、「押紙に云わく」として「私日考沙彌経無此文歟イ本声明集二諸福田経文」と、『沙彌経』は文献には見当たらず、対校本には「諸福田経の文」と記されているとしている。『智山声明大典』（六一頁）の頭注には、『沙彌経』以外に、「釈迦譜四二十三丁瑞応経を引く」、「法苑珠林卅二十五丁度人経―文と云々」、「演奥抄二十八三左諸徳福田経の文と云々」と記されている。しかし、『釈迦譜』（大正蔵五〇）は何度も目を通したが筆者には見つけることができなかった。『法苑珠林』巻二二（大正蔵五三・四四八b）には、『度人経』（大正蔵・仏書解説大辞典にも収録されておらず、何を指すかわからない）に云くとして、ほぼ「出家唄」と同文であるが、「棄家求聖道」が「棄家入聖道」とされている。『大日経疏演奥鈔』第二十八（大正蔵五九・二九八c）には『仏説諸徳福田経』（大正蔵一六・七七七a）に云くとして、これも殆ど「出家唄」と同文であるが、「棄家

求聖道」のみが「出家弘聖道」と記されている。

また、『諸経要集』巻四（大正蔵五四・二九b）にも、『度人経』に云くとして、「出家唄」の「棄家求聖道」のみが「棄家弘聖道」とされている。『四分律刪繁補闕行事鈔』（大正蔵四〇・一五〇b）も『諸経要集』と同である。

## 二、調　子

調子は、『寛保魚山集』には「此唄調子事如云何唄」とあり、『明治魚山集』『声明類聚』も「調曲云何唄ノ如シ」とあり、云何唄と同じく呂曲一越調反音曲で唱える。

## 三、概　説

葦原寂照『要覧』（八丁左）に、「天台宗には之を毀形唄と称す。而して此唄を以て諸声明中の最極秘奥とす」と、天台宗では毀形唄とも称され、最も奥深い声明と述べられている。

『寛保魚山集』には、「音曲大都云何唄の如し。但し哀傷に引くを以て口伝とせり。初の二句左頭を剃る時之を引く。後の二句右頭を剃る時之を引く。一説に云わく。左右に各一反宛二度之を引くべし云々。此は厳儀の剃髪の時なり。初の説は普通の義なり」と、哀傷に引くを口伝とし、初の二句は左髪を剃る時、後の二句は右髪を剃る時に引く。厳儀の剃髪とは注で「貴人の事」としており、貴人の剃髪の時に左右を剃る時に各々一反ずつ引くとしている。

出家唄の音曲は殆ど云何唄と同じとされているが、左記の如く小異がある。

宮五裏二行

## 形

云何唄の「何」は二由であるが、三由である。

宮六表一行

## 割

『明治魚山集』『声明類聚』は入の符号があるが、『寛保魚山集』は「ツヲアラワス」と注されている。また、『明治魚山集』は入であるが、同じ著者の『要覧』には「カツアイとツの音を見ら《ママ》わすべし。必ず詰めて云うべからず。音便悪しき故なり。注意すべし」と、「見らわすべし」は現らわすべしの誤りであろうか。「カツアイ」と「ツ」の音をはっきりというべしとしている。つまり、「カ㋡」と入で唱えると「愛」が「ナイ」となり、「カッ」と詰めて唱えると「愛」が「タイ」となる。『智山声明大典』（六一頁）の頭注には、「或曰。酉酉有雅僧正は割の字にケツの音なけれども、古来よりケツ音用い来れり。是れ酉酉不共なり」と、醍醐不共の伝は「ケツ」と読むとされている。

宮六表二行

## 道

云何唄の「縁」の最後の徴は二由であるが、三由である。

宮六表三行

## 度

云何唄の「大」は三由であるが、二由である。

宮六表三行

## 人

云何唄の「力」の最後の徴は二由であるが、三由である。

# 2 薬師散華

### 一、出典

『寛保魚山集』『明治魚山集』『声明類聚』に「薬師経文」とあるが、出家唄の『沙彌経』と同じく不詳である。『密教大辞典』にも「薬師経所説と伝うれども未だ本拠を見ず」と記されている。

### 二、調子

釈迦散華と同じく、一越調反音曲である。

### 三、概説

霊瑞『密宗諸法会儀則』巻下（四三丁表）の薬師講には、散華中段は薬師とされている。

宮八裏一行

## 薬

「薬」も釈迦散華の「天」と同じく、角であるが、徴のキキで唱える。

宮八裏一行

## 瑠璃

「瑠」に二伝あり。一は徴①羽②を同音でツク。二は徴①羽②を釈迦散華の「無」のマワスと同で、低きから高き音へやわらかくソリ上げる。「璃」は、「瑠」の最後の羽と同音で、初め少し引き、羽③、イロを三ツ④、最後をハネ切リ⑤で唱える。

# 3 阿弥陀散華

**一、出　典**

『寛保魚山集』『明治魚山集』『声明類聚』に「浄土論文」とあり、『浄土論』（大正蔵四七・九六c）に同偈が説かれている。

**二、調　子**

釈迦散華と同じく、一越調反音曲である。

**三、概　説**

『密宗諸法会儀則』巻下（四三丁表）の阿弥陀講には、散華中段は阿弥陀とされている。他に、『密宗諸法会儀則』によると、中段に阿弥陀散華が用いられるのは八幡講である。

宮九表二行

衆　圍

「衆」は釈迦散華の「遍」と同博士であり、「圍」は薬師散華の「璃」と同博士で唱える。

## 4 最勝講対揚

『金光明最勝王経』を講讃する法会である御最勝講の対揚である。

水原堯栄『金剛峯寺年中行事』首帖に「金剛峯寺年中行事対照表」があり、文永六年（一二六九）、正応四年（一二九一）、慶安三年（一六五〇）、安永七年（一七七八）、享和二年（一八〇二）、現在（昭和八年・一九三三）の年中行事が各月毎に収載されている。それによると、最勝講が行ぜられたのは左記の四である。

文永六年　五月廿一日　「御社最勝講」とある。

正応四年　五月廿一日　「御社最勝講」とある。

慶安三年　五月十六日　「山王院最勝講」とある。

現在（昭和八年）六月十五日　「於山王院最勝講」とある。

『要覧』（一八丁左）の最勝講の対揚の項で、「以下盂蘭盆に至るまで大都前に同じ」と、文言と博士が少し異なる箇所があるが、大体初めの対揚と同じと述べられているので、調子は盤渉調律曲であり、曲節は理趣三昧対揚と殆ど同である。

『明治魚山集』『声明類聚』には、「以上は必要の句のみ之を載す、普通の句は前々に譲て之を略す」とあり、歴

代の「魚山集」所載の最勝講・大般若・法花経・盂蘭盆経の対揚はいずれも必要の句のみあげられており、普通の句は前々の対揚より充当すべしと説かれている。『声明類聚』頭注には、「顕立対揚作例」として十一句あげられている。

[宮]二〇裏一行

南無鷲峯山中

本譜の横に細譜が付されており、細譜の方を用いツヤで唱える。
他の博士もツヤとイロを付し、理趣三昧対揚と同じ如く唱える。

## 5 法花経対揚

『明治魚山集』『声明類聚』に「法花問答講並法花八講毎月御社等用之」とあり、法花問答講・法花八講を毎月御社で厳修され、この対揚が用いられたと記されている。

『金剛峯寺年中行事』首帖の「金剛峯寺年中行事対照表」によると、法花問答講は記されていないが、八講として毎月ではないが、左記の如く二があげられている。

文永六年　三月の條に「自廿六日四日　八講」とある。
正応四年　三月の條に「自廿六日　八講」とある。

宮二一裏三行

**薩法**

「薩」は反音でツメルで「サ」、「法」は半濁音で「ポウ」と唱える。

## 6 盂蘭盆経対揚

盂蘭盆会で用いられる対揚である。
最勝講対揚と同じく、本譜の横に細譜が付されており、細譜の方を用いツヤで唱える。
他の博士もツヤとイロを付し、理趣三昧対揚と同じ如く唱える。

宮二二表二行

**諸佛**

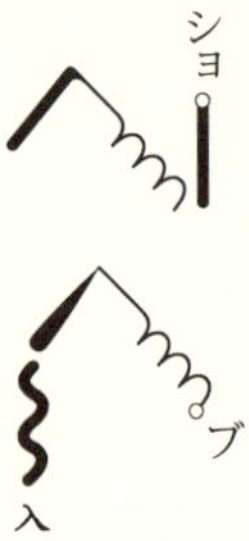


『声明類聚』頭注に、「諸仏  原本此の如くせり。今師説に由て之を改む」と、原本は宮・商・宮であるが、師の伝により上記の如く改められ唱えられている。

# 7 仁王経対揚

仁王会で用いられる対揚である。

仁王会とは、鎮護国家、万民豊楽のため仁王般若経を講讃する法会で、『密教大辞典』によると、三種の仁王会があった。

一は、一代一講仁王会で天皇即位の時に厳修され、斉明天皇六年（六六〇）五月に初めて執行されたのが濫觴である。二は、臨時仁王会で特別臨時に朝廷や社寺で執り行われた仁王会で、桓武天皇延暦十三年（七九四）九月二十九日に厳修された。三は、春秋二季仁王会で、毎年春秋に朝廷や社寺で執り行われた。大師は、天長元年（八二四）に上奏され高雄山寺で厳修されている。

高野山では、『金剛峯寺年中行事』一帖（三五頁）によると、文永・正応の年中行事に政所・慈尊院にて仁王会が厳修されてより、金堂・慈尊院と山上山下と交互に行われ、後に北室院に移り、いつしか毎年顕立にて本尊供として執行されるようになったと述べられている。

宮二三表一行

## 王者

「者」は「ジャ」ではなく「シャ」と清音で唱える。

# 8 𑖮𑖯𑖽陀羅尼

不動明王の慈救咒に博士を付した声明である。秘讃の慈救咒とは博士が異なる。

『寛保魚山集』には収録されておらず、『明治魚山集』の題下に「照私載焉」として寂照が私に載せるとして、『明治魚山集』『声明類聚』に収載されている。

筆者は「𑖮𑖯𑖽陀羅尼」の折紙を所蔵している。覚吽という人の書写であり、奥書に寂如法印の譜を以て点ずとある。この「𑖮𑖯𑖽陀羅尼」は、『明治魚山集』『声明類聚』の「𑖮𑖯𑖽陀羅尼」と音写漢字も博士も同であり、寂照も寂如より相伝されたものを、『明治魚山集』に新しく収載したということが有力であるといえる。

『諸秘讃・録外秘讃』（善通寺宝物館所蔵・整理番号別15―44）、『声明伝授折紙等類集』（善通寺宝物館所蔵・整理番号96―32）の録外分「慈救咒」に高野山の八千枚に用いられる讃としてあげられているが、博士は全く『明治魚山集』『声明類聚』の「𑖮𑖯𑖽陀羅尼」に同じである。したがって、寂如が録外秘讃「慈救咒」を「𑖮𑖯𑖽陀羅尼」として寂照に授け、その「𑖮𑖯𑖽陀羅尼」を寂照が『明治魚山集』に収録せしことは明らかであるといえる。

なお、『諸秘讃・録外秘讃』の「慈救咒」の割注に「不動𑖮𑖯𑖽陀羅尼と名づく。高野山八千等に之を用う。但し初二三重ある可し」とあり、『声明類聚』『声明伝授折紙等類集』と「戦」の博士のみ少し異なるが、他は全同であり、「初二三重ある可し」との割注による限りは、初重・二重・三重と高下をつけて唱えていたことが窺える。

宮二三裏一行

**曰　羅**

「曰」の角①より横下シで商②に下げ、その②と同音に③を短く打ち付け、同音でイロ④二ツとモツ一ツを唱える。したがって、打付と符号があるが、実際はカカルで同音で引きイロを唱える。

宮二三裏三行

**吽**

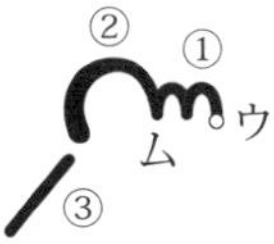


角①をイロ二ツとヲシとあるが、仮名「ム」に移り押下②を唱え商③に下げる。

## 9 後夜偈

『密教大辞典』に、「真言行者後夜起床の時に唱え、或いは後夜の修法・読経の際誦ずる偈文なり」と、後夜起床の時、後夜の修法・読経の際に唱える偈文としている。

『明治魚山集』『声明類聚』の題下に、「灌頂後夜の用。進流の博士之なし仁和寺の流によって之を点ず」とある。

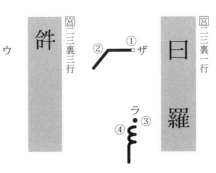

西院流・中院流の灌頂は後夜金剛界礼仏の後、三宝院憲深方の灌頂は後夜胎蔵法の礼仏・後鈴の後に、この後夜偈を唱える。

元来、進流には後夜偈に博士はなかったのであるが、仁和寺相応院流の博士によって点譜されたとしている。廉峯『声明聞書』（続真全三〇・二二七頁）に、「後夜の偈。白衆等の頭の句博士、南山に之を用うと雖も、地は各念已下所須無し。只早々に之を誦ず。而論博士の唱様其の伝を失す。而を今の博士に於て一向唱えざると云うには非ず」と、また『要覧』（二三丁右）にも、「各念以下の唱譜南山には所伝を失す。之に由て只早々に誦ずるのみ。然れども今の博士に於て唱え難きには非らざるなり」と、高野山ではこの後夜偈は所伝を失っているので、ただ早く唱えるのみであるが、唱え難いということはないと、『声明聞書』と同意が述べられている。

しかし、『声明類聚』の本譜だけでは少し唱え難き故に、『松帆魚山集』にわかりやすき仮譜で点譜されているので、これにより解説する。

宮五一裏一行

**念**

羽①をフルで唱え、その最後の音と同音で徴②をツクで短く唱える。

「偈」（同五一裏一行）、「像」（同五一裏二行）、「穢」（同五一裏二行）、「得」（同五一裏三行）、「業」（同五一裏三行）も同じある。

宮五一裏四行

生

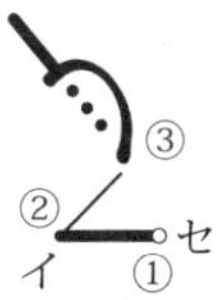


角①とモドリ②と同音、さらに徴③を呂曲のユリ、最後のトメを短く同音でツクで唱える。

## 10 理趣経　長音

出典・調子については、第二篇第一章第五節12「理趣経 中曲」を参照すべし。

次に不断経の始行について、『紀伊続風土記』高野山之部・巻一五（続真全三九・一五八六―一五八七頁）の七月七日の條に、「正応記に云わく。寛治八年甲戌七月七日、安居の終、滅罪生善の為、定深山籠の勧進に依り諸衆一同之を始む。是明算の時なり云々。（中略）又明算師伝記に云わく。明算大徳中院の大堂に於て之を始行せらる。或る時二人の化僧来たって云わく。吾は不空三蔵の使令なり。名て空智空円と曰く。三蔵吾等をして慰問せしむ。即ち相共に行道誦経云々。検校帳に云わく。康和四年二月廿五日寅時。不空三蔵御使到来。明算検校八十二の時なり」と、『正応記』には、不断経は寛治八年（一〇九四）七月七日に、定深山籠の勧進により始められた。明算が検校の時としている。『明算大徳伝記』には、明算が中院大堂に始行せられたとしている。また、不空三蔵の使者である空智空円が慰問され、明算がともに行道誦経せられたとある。そして、検校帳には、康和四年（一一〇二）二月二十五日、明算が八十二歳の時としている。つまり、寛治八年に、明算の時に定深山籠の勧進により始行、後

年の康和四年に明算が不空三蔵の使者とともに行道誦経せられたとしているのである。

また、『高野春秋』巻五（大日仏全一三一・八一頁）の嘉保元年（一〇九四）七月七日の條には、「昼夜不断理趣三昧会を中院大堂に始行。十三夜に至り結願矣。以て後格となすなり。是れ則ち算師及び山籠定深阿闍梨諸衆一味の内評に依り之を勤修す」と、『高野春秋』による限りは、嘉保元年七月七日に、明算・定深・諸衆の内評により中院大堂に始行、十三日夜に結願、後格となすと記されている。なお、『高野春秋』は嘉保元年とされている。しかし、年号は寛治八年十二月十五日に嘉保元年に改元されているのであるから、嘉保元年七月七日よりも、寛治八年七月七日という方が妥当であるといえる。

さらに、『高野春秋』巻五（大日仏全一三一・八四頁）康和四年壬午の條に、「二月二十五日寅剋。化僧二人中院大堂に忽来す。（中略）我等是不空三蔵の使令なり。名を空智空円と号す。今二僧汝を訪ねしむ。奄失焉。後来中曲三昧之法則音律等始例。」とあり、続けて康和四年七月七日の條に、「金堂七昼夜不断中曲三昧理趣会之を始行す」、そして割注に「案。此の三昧会。門徒増昌し中院大堂に修するに堪えず。故に之を金堂に出す。後世不易の格式となすものなり」とあり、康和四年二月二十五日に不空三蔵の使令である空智空円が忽来、中曲理趣三昧の始例とされ、康和四年七月七日に門徒が増昌し中院大堂では修することが不可なる故に金堂に移り、後世不変の格式となると記録されている。

明有『野山名霊集』巻一（日野西真定編・四二頁）にも、「此会は嘉保元年七月七日寺務検校明算和尚発願育て、中院の大堂にて修せられしを始めとす、後康和四年二月廿五日寅時和尚道場にて在て修観のとき、何国《いづく》ともなく聖僧二人忽然とあらわれ告て云、我等を空智、空円といふ、すなわち兜率の内院より来れり、和尚悲願を発て衆生の為に修する所の理趣中曲三昧の音妙に兜率天上に響いて教主弥勒尊をはじめ奉り、内院外院の聖衆ことごとく随喜し玉へり」と、『紀伊続風土記』『高野春秋』と異なり不空三蔵の使令との文言はないが、嘉保元年七月七日に明算

が発願し、中院大堂で修せられるのを始めとし、後年の康和四年二月二十五日、明算が道場で修観の時、聖僧二人が現れ、中曲三昧を修せられたと同意が述べられている。

岩首巻三右一行

## 大楽金剛

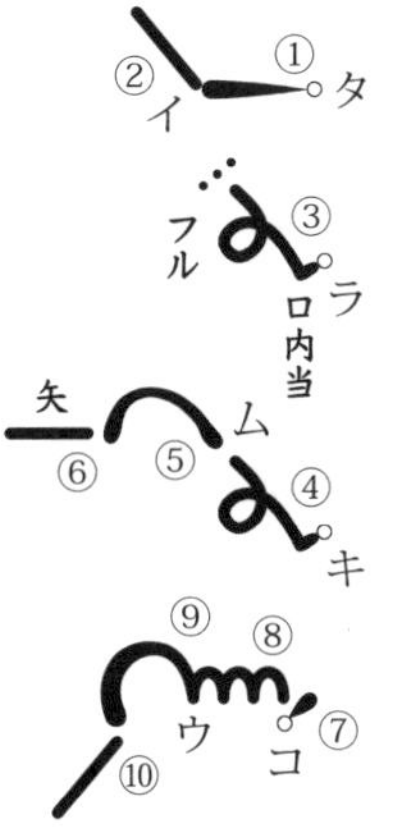


「大」は角①徴②とスクウで、「楽」の徴③はフルで、「金」の徴④は徴③と同じフルで続けてマワシ⑤て角⑥に下げる。「剛」は、角⑦は初めをカカルで切音不切息して、同音で角⑧をイロ三ツ、次に押下⑨で唱え商⑩に下げる。

岩首巻三右一行

## 不空真實

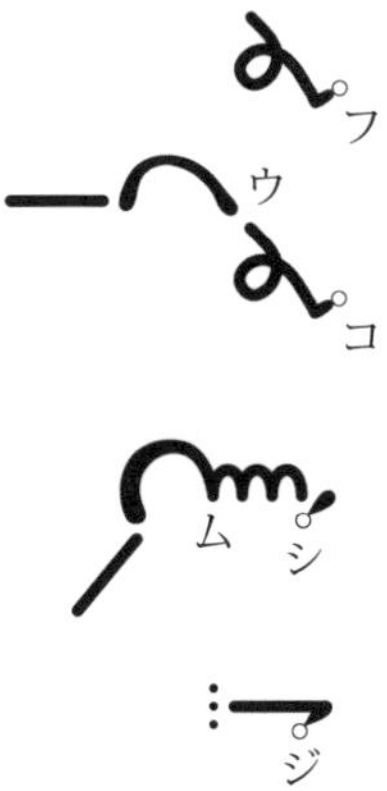


「不」は右記の「楽」と同、「空」は右記の「金」と同、「真」は右記の「剛」と同、「實」はカカルで唱え、後の角を同音でひく。

岩首巻三右一行

三摩耶経

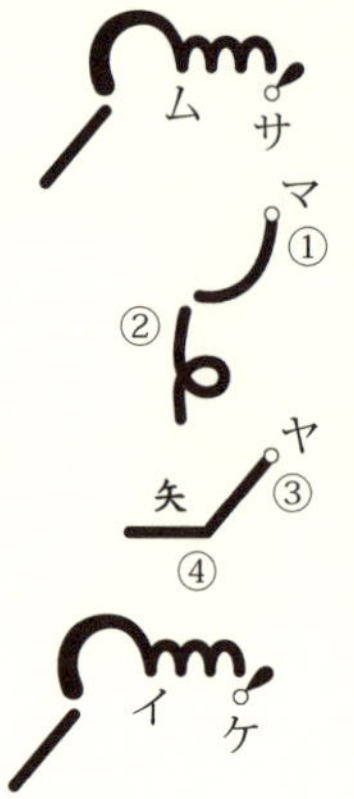


岩首巻三左一行

如是我聞

「三」は右記の「剛」と同、「摩」は商①をソリ上げてから宮②に下げ、フルで唱える。「耶」は商③角④とスクウで、「経」は右記の「剛」と同である。

「如」は右記の「摩」と同、「是」「我」は右記の「楽」と同、「聞」は角①を唱え、モドリ②を上げ、角③に下げ、角④をイロ三ツ、押下⑤をして、商⑥に下げ、最後は揚商⑦を上げて唱える。

岩首巻四右四行

## 一切印平等

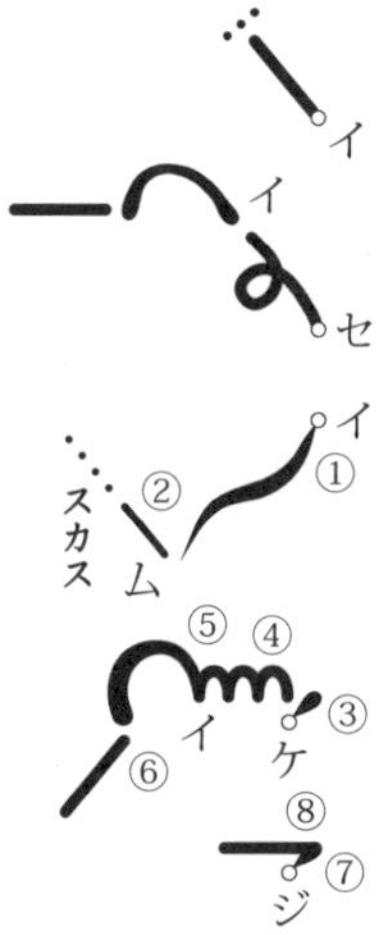


「一」は「イッ」とス（ユラズに直線）で、「切」は勧請句の「剛」と同、「印」の角①はソリ切リでしかも強く唱え、しかも息を抜きハク如く、続いて徴②をスカシで引き、ユリ四ツ五ツ、「平」は③をカカリで強く角イロ④三ツも強く、⑤を押下げ、商⑥に下げるが、③から⑥までをすべて強く唱える。「等」もすべて強く唱える。カカリ⑦を唱え、切音不切息して角⑧を高く上げる。

岩首巻四右四行～四左一行

## 種種事業

「種種」の二字ともにス（ユラズに直線）で唱え、「事」は角①を唱え、商②に下げ、角③にもどる。「業」は④を「ゲ」とカカリ、切音不切息して同音で角⑤、最後にワルで「ウ」を唱える。

なお、「種種」の徴①をソリで、徴②をフルで唱える伝もある。

岩首巻六右二行

## 與如是等

「與」はソリ上げ、「如」は勧請句の「楽」と同、「是」は「與」と同、「等」は「如」と同で唱える。

罟首巻六右二行

**大菩薩衆**

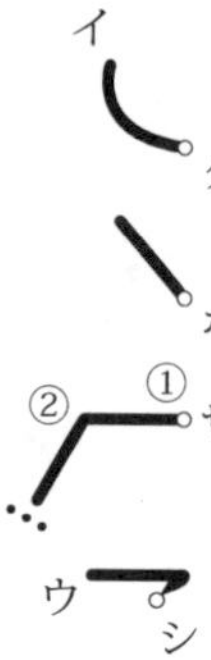


「大」の角はソリ上げ、「菩」はソリ上げた音と同音、「薩」の角①も「菩」と同音で商②を横下シで唱え、「衆」は初めをカカリ、切音不切息して同音で引く。

罟首巻九左三行

**左手作**

「左」と「手」と同音、「手」は「シウ」と角・徴とワルで同音でツク、「作」も「サク」とワルで唱える。

罟首巻九左三行

**金剛慢印**

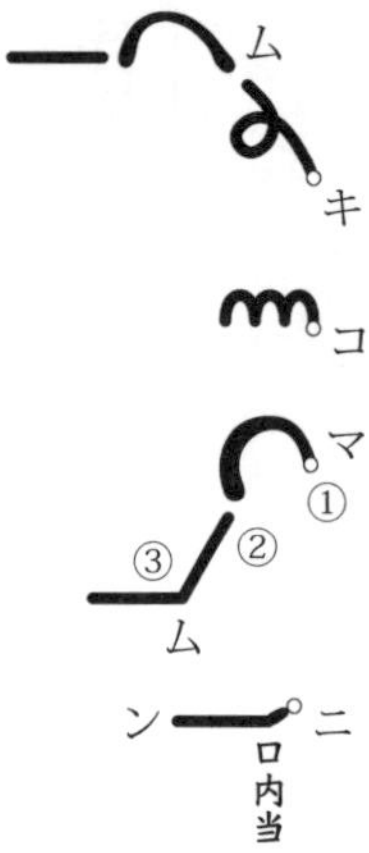


「金」は勧請句の「金」と同、「剛」はイロ三ツ、「慢」は①を押下、商②を下げ角③を上げ、「印」は角③と同音で「ニン」とワルで唱える。なお、「剛」の実唱は高く唱える故に、『詳解魚山集』五音譜篇上（二三九頁）は徴に点譜している。

## 各段の頭

### 時薄伽梵

岩首巻一〇右二行

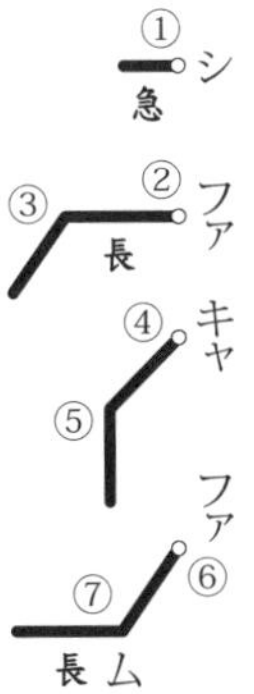


「時」は急で、「薄」は角①と同音で角②を唱え、商③に横下シで下げ、商③と同音で商④を唱え宮⑤に下げ、商③と同音で商⑥、次にスクウで上げて角⑦を唱える。

第三段を除き、各段ともに「時薄伽梵」は普通の中曲理趣三昧の短音の博士と異なり、すべてこの博士で唱える。

## 第三段

### 時調伏難調

岩首巻一二右二行

「時調伏」の角・角商・商宮は「時薄伽」の博士と同、「伏」の「フ」商①を唱え「ウーク」と宮②に下げ、同音で宮③・宮④を唱える。

### 牟

岩首巻一二右二行

普通の中曲理趣三昧の短音の博士は角・商でカカリがない。カカリ①を唱え、切音不切息して同音で角②を引き、商③に下げる。

以下、普通の中曲理趣三昧の短音の博士の角・商をこのカカリ・角・商に変えるのは、第四段の「清」、第五段の「三」、第九段の「養」、第十一段の「平」、第十二段の「加」である。なお、第十一段の「等」は┐の博士は、初めにカカリで唱え、切音不切息して同音で角を引く。

各段の頭は、普通の中曲理趣三昧の短音の博士と異なるのは右記の二種の博士のみであり、他の博士は同である。

## 11 礼懺文

中川善教『南山進流魚山蠆芥集解説』によると、「修正会の例時の用である」としている。『密宗諸法会儀則』巻下（一丁表）には、金堂修正会作法として、「先金剛界礼懺。次尊勝陀羅尼七反。次四智梵語・心略梵語・不動讃音曲無鈸。次回向懺悔随喜等。已上例時畢」とあり、また大塔修正会作法の條にも例時金堂の如しとあり、金堂・大塔の例時に用いられる礼懺である。

『明治魚山集』『声明類聚』の題下に、「此は拍子ものなり。故に強ひて長短高下なく唱うるなり」と、あまり長短高下をつけることなく唱えよとの指示である。しかし、かく説かれているが、実唱は長短高下をつけ唱える博士が多い。

宮六二表一行

敬　敬

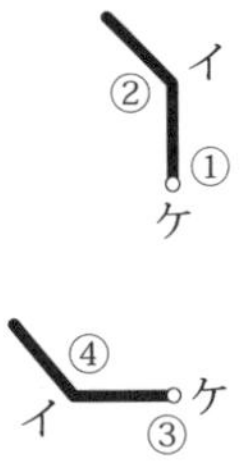


「一切恭」と羽①と同音で唱え、徴②を下げ、その②と同音で角③、スクウで角③より徴④を唱える。

宮六二表一行

寶

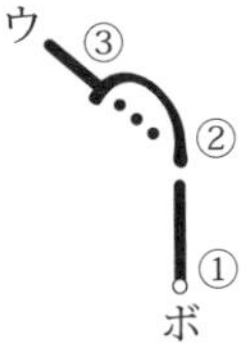


羽①と同音に呂曲のユリ②、トメ③を同音にツクで唱える。

宮六二表二行

帰　命

羽①より羽②を少ソで高く、そして②よりも三重宮③をより高く唱える。

宮六二表二行

**方**

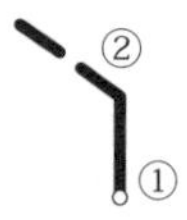


羽①を唱え、同音で徴②をツキユで唱える。「廻」（同六二表二行）、「発」（同六二表二行）、「燈」（同六二表三行）、「喜」（同六二表三行）、「来」（同六二裏一行）も同じである。

宮六二表四行

**三世**

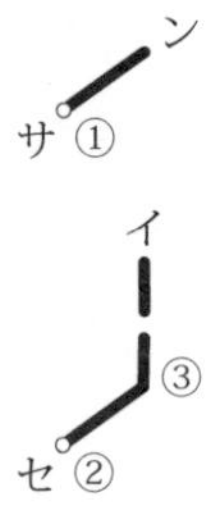


宮①と宮②を同音で高く、横下シで羽③に下げツキユで唱える。

宮六二裏二行

**南無盡**

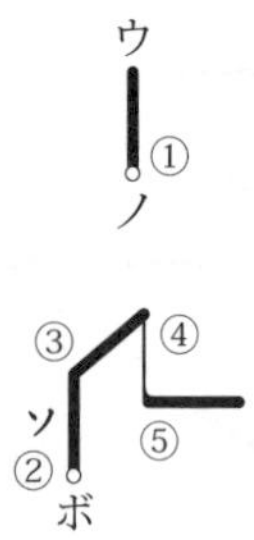


二伝あり。

《一》は、「南」の羽①より少ソで「無」の羽②を高く、三重宮③をさらに高く、モドリ④を同音で、三重商⑤も同音で唱える。

《二》は、モドリ④までは一の伝に同じ曲節であるが、三重商⑤を下げて唱える。

宮六二裏二行

## 普為五類

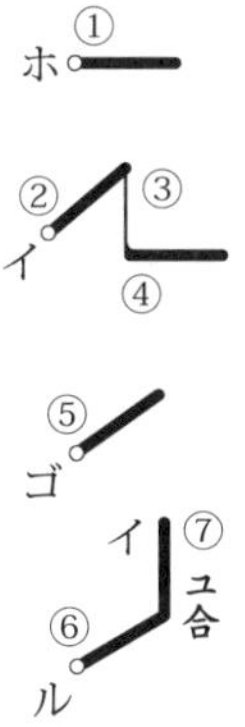


二伝あり。

《一》は、三重商①を前の「無」の三重商⑤と同音で唱え、三重宮②を横下シで下げ、モドリ③三重商④三重宮⑤三重宮⑥を同音で唱え、羽⑦を下げて突曲で唱える。

《二》は、三重商①を前の「無」の三重商⑤と同音で唱え、三重宮②モドリ③三重商④三重宮⑤三重宮⑥を唱える。

宮六二裏三行

## 尼

「常住三宝」の「宝」と同じ曲節で唱える。

# 12 金剛宝

『寛保魚山集』『明治魚山集』『声明類聚』には、出典については触れられていない。梵讃は、『金剛頂蓮華部心念誦儀軌』（大正蔵一八・三〇四a—b）、『金剛頂一切如来真実摂大乗現証大教王経（三巻教王経）』巻上（大正蔵一八・三一六a—b）が典拠である。

また、調子については、『声明類聚』東方讃に、『声明集略頌』を引いて「頌曰四方　双調唯呂曲」とあるので、本来は双調呂曲で唱えるべきであるが、口伝で平調律曲に唱えるのが習いである。

『寛保魚山集』『明治魚山集』『声明類聚』等は、「金剛宝」と大きく題し、小文字で右下に「或名南方讃」と書か

れている。すなわち、南方宝生如来の四親近の上首である金剛宝菩薩を讃嘆する讃である。

**羅　羅　怛**

宮八一表二行

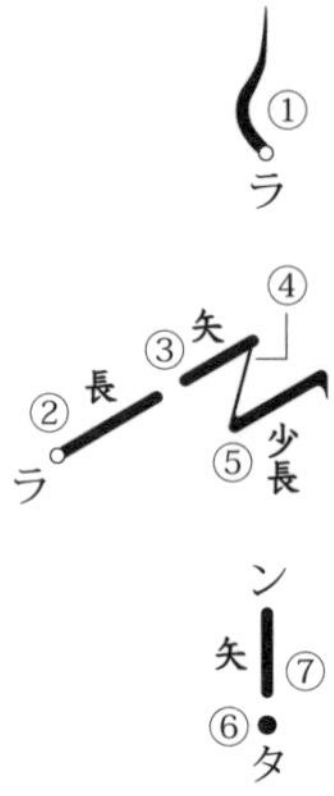


羽①でソリ上げ、ソリ上げた音で三重宮②を唱え、切音不切息して後、同音で三重宮③、モドリ④を上げ三重⑤を下げ、その三重宮⑤と同音で⑥に打付、一刹那、切音不切息して羽⑦に下げ唱える。

# 第三章　心経会

## 第一節　心経会について

### 第一項　心経会とは

心経会は、経立で『般若心経』を読誦する法会である。導師が心経法を修し、下座の職衆が『般若心経』を唱え、息災に厳修するが、増益・敬愛・調伏にも通ずる。『薄双紙』初重（大正蔵七八・六二九頁a）『秘鈔』異尊（大正蔵七八・五八六b）等の心経法の題下に「為神明法楽殊可修此法」とあることより、特に神明の法楽のために修するとしている。葦原寂照『乳味鈔』巻八（六三丁裏）には、「注為神明等は般若心経秘鍵跋文に依る」とあり、これは大師『般若心経秘鍵』（以下『秘鍵』とする。弘全和三・一四七頁）の「神舎に詣せん輩ら此の秘鍵を誦し奉るべし」との跋文すなわち上表文の一文によると釈されているのである。

霊瑞『密宗諸法会儀則』巻下（三九丁裏）に「神祇講」（密立）の法会があげられている。次第は「先奠供（四智

梵語・心略梵語・仏讃）・別礼・式師・云何唄・散華（中段大日）・羯諦羯諦波羅羯諦波僧羯諦菩提𑖭𑖿𑖪𑖯𑖮𑖯二十一遍」と、最後に『般若心経』の真言を唱えることとなっている。

### 第二項　『般若心経』の顕教説と密教説

宥快『般若心経秘鍵鈔』（真全一六・一八五―一八六頁）には、「慈恩香象等の所解に依れば生身所説の大般若経の肝心なる故に般若心の名を得と意得可し。或る一師は総じて一切の般若の中の肝心なるが故に心経と名づくとの義を取る。（中略）但し大師の御意は大般若菩薩の大心真言を説く故に般若心の名を得と心得る可し」と、顕密の二説が説かれている。その中、顕教説は二義があり、一は『大般若経』六百巻の肝心・心髄を凝縮したもの、二は般若の中の肝心との義である。密教説は、大般若菩薩の大心真言が説かれている密教経典と釈されている。

ただし、密教説にはもう一義がある。『秘鍵』（弘全和三・一四五頁）の秘蔵真言分に「四の𑖦𑖜𑖿𑖚𑖐𑖝𑖸は真言曼荼羅具足の輪円の行果を明し」とある。それについて覚眼『般若心経秘鍵撮義鈔』（続真全二十・三一九頁）には、「真言○輪円とは𑖦𑖜𑖿𑖚の釈なり。真言とは上の諸大乗の顕乗に対す。是れ曼荼羅の漢名なり。曼荼羅とは真言とも輪円具足とも翻ずる故に中間に梵語を安じて前後に翻名を置くなり。（中略）曼荼羅を旧には壇と翻じ新訳には輪円具足と云う。是れ十界を具足して一法も欠減せざる故なり。行果とは𑖐𑖝𑖸の釈なり。行は五相三密等、果は不二究竟の果なり」とある。四の𑖦𑖜𑖿𑖚𑖐𑖝𑖸（𑖢𑖯𑖨𑖭𑖽𑖐𑖝𑖸 pārasaṃgate の誤写）は真言の行果、真言とは諸大乗の顕教に対し密教の意であり、曼荼羅の漢訳である。曼荼羅は真言あるいは輪円具足と翻訳する故に、中間に曼荼羅の梵語をおき、前後に真言と具足輪円の翻訳をおいているのである。輪円具足とは地獄・餓鬼・畜生・修羅・人・天・声聞・縁覚・菩薩・仏の十界が一も欠けず具足しているをいうとしている。すなわち、真言密教は十界全てを

具足しているのであり、『秘鍵』に説かれている声聞・縁覚・法相・三論・華厳・天台の六宗も全て総摂して密教に帰入する義が説かれているのである。

### 第三項　心経法の本尊

心経法は、別に儀軌は存在しないが、『乳味鈔』巻八（六三丁表）によると、『般若心経』『陀羅尼集経』巻三をあげ、「此の法は前記の二経を所依として、用いて四種法に通修す」と記されている。心経法は『般若心経』『陀羅尼集経』の二経を所依として編作されており、息災・増益・敬愛・降伏の四種法に修されるとしている。なお、付加するならば『秘鍵』については、最も重要な参考本とすべきは当然なることである。

『密教大辞典』には、心経法の本尊として、「三説あり。（一）能説の教主に約して釈迦を用う。理性院宝心流等此の説を用う。（二）経の初文（秘鍵にては観音に非ざれども）に約して観音を用う。（三）般若菩薩を用う。秘鍵に大般若波羅蜜多心経者即是大般若菩薩大心真言三摩地法門と釈せるによる」と、釈迦・観音・般若菩薩の三説ありとしている。

現在行じられている『薄双紙』初重の「心経法」・『秘鈔』異尊の「心経法」・大覚寺『般若心経法』・中川善教『心経法』・高見寛恭『般若心経法』は全て般若菩薩を本尊としている。

般若菩薩は、『秘鍵』（弘全和三・一三八頁）に「覚母の梵文は《ナ》調御の師なり」と説かれている。覚母とは文殊のように具体的な尊名があげられていない。しかし、『般若心経秘鍵鈔』（真全一六・一九一頁）には「覚母とは当経の部主般若菩薩を指す。経に云わく。其の殿中に於て地字門を観じ般若波羅蜜仏母と成る。是は般若菩薩を仏母と名く経文なり。其に付て般若菩薩を覚母と号す事は般若は諸仏能生の体なるが故なり。所釈の心経に三世諸仏依般

若波羅蜜多故得阿耨多羅三藐三菩提（此の意なり）」と、地字門（般若菩薩の種子の字義でもある般若による悟り）の境地に入ることにより仏母すなわち覚母となる。また般若菩薩の般若は諸尊の覚悟の根源であり、諸尊を出生する体である故に覚母という。その典拠は『般若心経』の「三世諸仏依般若波羅蜜多故得阿耨多羅三藐三菩提」、過去現在未来の三世の諸仏も般若波羅蜜多によって無上正等菩提を獲得すると説かれている。

また、『秘鍵』（弘全和三・一三九頁）に「大般若波羅蜜多心経とは即ち是れ大般若菩薩の大心真言三摩地法門なり」と、『般若心経』とは大般若菩薩の心真言を説いた経典であり、三密行により悟りの境地に入る深い教えであると説かれているによるのである。頼宝口『秘鍵東聞記』（続真全二十・一二二頁）には、大般若菩薩について「正しく此の経の尊主を定むるなり。他師は皆な此の経を以て大般若六百巻の略本と為す。大師独りは別会の説と為す。即ち是の般若菩薩の三摩地法門なり。其の証は陀羅尼集経の中に在る」と、『般若心経』は『大般若経』六百巻とは別会の説で、大般若菩薩の三摩地の法門であり、それは『陀羅尼集経』の中に説かれていると述べられている。また、般若菩薩は『般若心経』の尊主であるとしており、般若菩薩を心経法の本尊とする大きな証左であるといえる。

釈迦を本尊とするのは、『般若心経』の教主を釈迦とする故である。『秘鍵』（弘全和三・一四〇頁）の𑖤𑖲𑖟𑖿𑖠について「初の二字は円満覚者之名」と説き、『般若心経秘鍵撮義鈔』（続真全二十・二九一頁）には、「勃駄の二字を釈す。初二字とは𑖤𑖲𑖟𑖿𑖠なり。円満覚者とは能説の教主なり。此の経顕経と見る時は生身の釈迦、若し密経の時は変化法身なり」とある。初二字とは𑖤𑖲𑖟𑖿𑖠 buddha のことであり、円満覚者とは能説の教主をいう。『般若心経』を顕経と見る時は生身の釈迦、密経と見る時は変化法身と述べられている。すなわち、『般若心経』は密教経典で能説の教主は変化法身の釈迦であり、変化法身釈迦を心経法の本尊とするのである。

観自在菩薩を本尊とするのは、『般若心経』に「観自在菩薩行深般若波羅蜜多時」と説かれている故である。『密

教大辞典』には「秘鍵にては観音に非ざれども」と解説されている。これは、『秘鍵』（弘全和三・一三九頁）に「観在薩埵は則ち諸乗の行人を《ノ》挙げ」の説文を指している。これを『秘鍵東聞記』（続真全二十・一二四頁）は「般若は是れ文殊の法門なり。何ぞ観音之を行ぜんや。故に知んぬ。今観自在とは般若を行ずる一切の行人観達自在なるが故に此の名を立つ。一人には局らず。今既に諸乗の行人と云う。知るべし。多人に通ずるなり」と、般若は文殊の法門であるのになぜ観音が般若を行ずるというのかとの問に対し、観自在とは般若を修行するによって、一切の行人が観達自在である故に観自在という。一菩薩にかぎらず諸乗の行人をいうとしているのである。すなわち、観自在菩薩とは一菩薩を指すのではなく、声聞・縁覚・法相・三論・華厳・天台・密教の七宗の行人を指しているのである。

ただし、『般若心経秘鍵鈔』等には異義もありとして、智恵輪所訳、法月所訳の『般若心経』等を引用し、この両訳は観音一菩薩と見ているが、この義の場合は大師の諸乗の行人の御釈有ることに反すると述べられている。

また、『秘鍵』の上表文（古来、大師の真作偽作の両説がある）に「昔し予、鷲峯説法の莚に陪て親たり是の深文を《ノ》聞き、豈に其の義に達せざらんや而已《ニヤマクノミ》」との説文に対し、呆宝口・賢宝記『般若心経秘鍵聞書』（真全一六・五九頁）に、大師が鷲峯説法に在る時、何れの菩薩なのかとの問がある。これに対し、「日本神仙伝に云く。弘法大師天竺に於ては勝鬘夫人、唐土に於ては恵思禅師（南岳大師）、日本に於ては聖徳太子。皆是れ観音の権化なり文」と、また「室戸縁起（大師御作）に云く」として、前述の他に、「大峰に於ては役優婆塞と名く、葛木に於ては宝喜菩薩と名く。前生には上宮太子と云う。今世には空海と曰う文」と、つづけて「是等の文に依るに高祖大師鷲峯説会に陪ては勝鬘夫人と名く。彼の心経は観音自ら自所行の法門を説く。此の秘鍵は大師観音の権化と為り、自ら又心経の幽旨を釈す。以て知ぬ。此の本心経の広本なるべし。重んずること専ら経法の如くせよ」との返答がある。大師が鷲峯説法に陪る時に、何れの菩薩であったのかとの問に、弘法大師はインドでは勝鬘夫人として鷲峯説法に陪

られ、中国では恵思禅師（南岳大師）、日本では聖徳太子、大峰では役優婆塞、葛木では宝喜菩薩と説かれている。『般若心経』は、観音が自らの所行の法門を説いているのである。『秘鍵』は、大師が観音の権化となって、自ら心経の深義を釈しているのであるから、『秘鍵』を『般若心経』の広本と受け取り、経法の如く重んじなさいと説かれている。この『般若心経秘鍵聞書』によると、『般若心経』は観自在菩薩の自らの三摩地を説いた経典とされている。したがって、この『般若心経秘鍵聞書』の上表分の注釈による限りは、一菩薩の観自在菩薩を本尊とするということになる。

しかし、大師ご自身が説かれた『秘鍵』の本文によると、前述の如く「観在薩埵は則ち諸乗の行人《ノ》を挙げ」と、観自在菩薩は七宗の行者を指していると説かれているのであるから、一菩薩の観自在菩薩を本尊とすることは妥当ではないといえる。

## 第四項　心経法の本尊加持の印明

『秘鍵』（弘全和三・一四一頁）に「又陀羅尼集経の第三巻に此の真言法を説けり。経の題、羅什と同じ。般若心と言うは此の菩薩に身心等の陀羅尼あり。是の経の真言《ナ》は即ち大心咒なり。此の心真言によって般若心の名を得」とある。

「経の題、羅什と同じ」と説かれているが、羅什訳の『般若心経』の題は『仏説摩訶般若波羅蜜大明咒経』（大正蔵八・八四七c）であり、大師の『秘鍵』で説く「仏説摩訶般若波羅蜜多心経」の題とは異なっている。また、『秘鍵』（弘全和三・一四一頁）の中で「第一に羅什三蔵の訳、今の所説の本是れなり」とあるが、羅什訳の『摩訶般若波羅蜜大明咒経』は旧訳であり、大師の説く新訳の『般若心経』とは全く一致していないのである。この異本につ

いて、『般若心経秘鍵撮義鈔』（続真全二〇・二九五頁）には「羅什は旧訳なり。今の所説の本は新訳の語多し。其の故は旧には観世音と云い、新には観自在と云う。又旧には五陰、新には五蘊等なり。是れ多分に約して云うなり。少分は旧経にも観自在五蘊等と云い、新訳にも観世音五陰等と云うなり。故に羅什再び此の経を訳す。前訳は大明呪経と名け、後訳を心経と名く。是れ慧琳の音義に之を出す。上に引くが如し。今の所訳の本は什師後訳の心経なり。開元貞元等の録には後訳の経を挙げざることは一を挙げて一を示す義なり。之に依て種々の旧説の異義依用すべざるなり」と記されている。鳩摩羅什の『般若心経』の訳本で現存しているのは『摩訶般若波羅蜜大明咒経』のみである。ところが、慧琳『一切経音義』（大正蔵五四）によると、これは前訳の経であり、羅什後訳の『般若波羅蜜多心経』があるという。大師が説かれた今の経とは此の後訳の『般若心経』であると述べられている。開元貞元の経目録には後訳の経をあげられてはいないが、それは前訳の『般若心経』の一本をあげて、その中に後訳の『般若心経』が包括されていると主張されているのである。

『秘鍵東聞記』（続真全二〇・一四二頁）に「陀羅尼集経は阿地瞿多三蔵（注記として此云無極高）所訳の十二巻の経なり。陀羅尼を説く小経等を翻じ聚めて一部十二巻と為す。此の経の第三の巻に載する所の摩訶般若波羅蜜多心経とは是れ般若菩薩の儀軌行法等を之れ説くなり」と、『陀羅尼集経』は阿地瞿多訳の陀羅尼を翻訳し聚めた一部十二巻の経で、第三巻に「摩訶般若波羅蜜多心経」があり、般若菩薩の儀軌行法等が説かれているとしている。

つづけて、『秘鍵東聞記』（続真全二〇・一四二頁）に「此の経に般若菩薩の印を説き明を説く。印の中に或は般若の心印、或は般若の頭印等を之れ説き、真言の中に般若の大心陀羅尼、般若の心陀羅尼、般若の小心陀羅尼等を之れ説く」と、『陀羅尼集経』巻三（大正蔵一八・八〇五c―八〇七c）には般若菩薩の印明が説かれており、印は般若心印・般若頭印等（第一印より第十三印の十三印）、明は般若大心陀羅尼・般若心陀羅尼・般若小心陀羅尼等

（七咒の説があるが、大正蔵による限りは第十四咒より第十九咒の六咒）が説かれている。

心経法の本尊加持の印明は、経台印明と梵篋印明であるが、それらは『陀羅尼集経』巻三に説かれているのである。

経台印は『陀羅尼集経』巻三（大正蔵一八・八〇六b）に説かれる般若無尽蔵印咒第十二の印であり、般若眼・金剛般若心・般若根本ともいわれる。『陀羅尼集経』には要約すると、二大指を以て各々二小指の甲の上を押し、二小指を屈し、互いに背をつけ、二中指二無明指は各々まっすぐに竪て背をつけ上に向け、二頭指は各々屈し互いに背をつけよとあり、つづけて高座の上に経蔵を安置する如く心に当て之を著け、咒を誦ずる時、一切の経蔵が悉く此の印より出て心中に入ると想えと説かれている。次第には、二手背を合わせ、二頭指二小指を屈して、二大指を以て二頭指二小指の甲の上を押し、二中指二無名指背を合わせ直く立つと印解きされている。

経台明は『陀羅尼集経』巻三（同）の般若無尽蔵陀羅尼であり、「那謨婆伽筏帝鉢囉若波囉弭多曳唵唎伊地伊室唎輸嚧陀毘社曳莎訶」（ノウボバギャバテイハラジャハラミタエイオンキリヂシリシュロタビジャエイソワカ）の陀羅尼であり、般若無尽蔵・般若眼・般若根本・金剛般若心ともいわれる。この陀羅尼は大功徳があり、至心に如法に受持すると無量無尽の経蔵を出生するので、無尽蔵陀羅尼と称されると説かれている。

梵篋印は『陀羅尼集経』ではなく、『密教大辞典』によると、『千手儀軌』『玄法寺儀軌』に説かれているとしている。『千手儀軌』二巻（大正蔵二〇・七八a）、『玄法寺儀軌』（大正蔵一八・一一八c）に説文は異なるが、般若波羅蜜菩薩の梵篋印として左手を仰げ心下に置き右手を以て左手の上を覆うとしている。次第には左手を仰げ右手を覆せ、左右相合せ二手共に少し掌を屈する印とされている。梵篋明については、『千手儀軌』『玄法寺儀軌』共に、「オン　ヂシリ　シュロダ　ビジャエイソワカ」と説かれている。

ところが、「心経法」では般若菩薩小咒ではなく、「般若心経」の心真言を唱える。

このことについて、『秘鍵東聞記』（続真全二〇・一四二頁）は、『陀羅尼集経』に説かれる印明をそれぞれ二、三をあげ、「今此の中の掲諦等の真言は是れ大心陀羅尼なり。此の義に依るが故に般若心と名く。経は是れ大般若菩薩の心真言経なり」と、『陀羅尼集経』巻三（大正蔵一八・八〇五c—八〇七c）の中で、掲諦等の真言は大心陀羅尼であり、この義により般若心と名付けられるとしている。

さらに、詳しく述べると『陀羅尼集経』巻三（大正蔵一八・八〇七b）の般若大心陀羅尼第十六咒に「跢姪他掲帝掲帝波羅掲帝波羅僧掲帝菩提莎訶」とあり、「跢姪他《たにゃた》」taḋyathā（謂く・所謂）の語句以外は、『般若心経』の真言と同じである。すなわち、『般若心経』は『陀羅尼集経』の般若大心陀羅により般若心と名付けられ、大般若菩薩の大心真言経であると釈されているのである。

『薄双紙』初重の「心経法」・『秘鈔』異尊の「心経法」の本尊陀羅尼は『般若心経』と同じく「ギャテイギャテイハラギャテイハラソウギャテイボウヂソワカ」である。しかし、大覚寺『般若心経法』・中川『心経法』の本尊加持の真言は「タニャタギャテイギャテイハラギャテイハラソウギャテイボウヂソワカ」で、「タニャタ」の語句もあり、『陀羅尼集経』と全く同じ陀羅尼を「梵筺明」として唱えることになっている。

ところが、『秘鍵』は心陀羅尼と身陀羅尼があると説かれている。心陀羅尼は前述の般若大心陀羅尼であるが、宥快『般若心経信力鈔』（真全一六・三九一頁）には「陀羅尼集経には身の陀羅尼之れ無し。然れば如何。答。印に於て身印を説く。彼の身印を結び誦る所の陀羅尼を身陀羅尼と意得べきなり」と、『陀羅尼集経』には『秘鍵』にいう身陀羅尼は説かれていないとしている。たしかに身陀羅尼は説かれていないのであるが、身印は説かれており、身印を結び誦ずる陀羅尼を身陀羅尼と心得るべきであるとしている。

なお、この『陀羅尼集経』は宗叡の請来であり、大師入定より後年であるのに、何故大師が『秘鍵』で引用して

いるのかとの批判がある。これに対し、『般若心経秘鍵撮義鈔』（続真全二〇・二九六頁）は「大師入唐の時に於て此の経を見玉うか。又は大師も亦此の経を伝来すと雖も請来の録の中に載せざるか。録の中に出さざる類多き故に。彼の蘇悉地経は請来の録には之無しと雖も三学の録には之を出すなり」と、二説挙げられている。一は、大師が唐におられた時に『陀羅尼集経』を見られた。二は、大師もこの経を請来せられたが『御請来目録』には収録されなかった。このようなことは、『蘇悉地経』も『御請来目録』には載せられていないが、『三学録』には経部の中にあげられているので、あり得ることであると釈されている。

同様のことは、『陀羅尼集経』ではないが、大師『即身成仏義』に説かれている儀軌について、頼瑜『即身成仏義顕得鈔』巻上（真全一三・一一―一二頁）にも述べられている。『即身成仏義』（真全一三・三頁）に、即身成仏の八箇証文の第一は「金剛頂経に説かく」と『金剛頂経』とされているが、実際は不空訳『金剛頂経一字頂輪王瑜伽一切時処念誦成仏儀軌』である。この儀軌は不空訳で『貞元録』に収録されており、『八家録』には円仁・円珍が請来されたとある。したがって、大師入定後の請来であり、大師の『御請来目録』にも無いので、『即身成仏義』は大師作にあらずとの疑いがあるがとの問に対し、『貞元録』の経教は大師入唐以前に我が国に伝わっているので大師が披覧した可能性もあるし、また大師が請来したのであるが、『蘇悉地経』の如く『御請来目録』に載せずとも『三学録』に載せられている。したがって、『時処念誦儀軌』が『御請来目録』に載せられていないので、『即身成仏義』が大師作に非ずとの批判は当たっていないと返答されている。

### 第五項　心経法の種字・三昧耶形・尊形

般若菩薩法は、『薄双紙』二重（大正蔵七八・六七一c）・『秘鈔』異尊（大正蔵七八・五九一a―五九一b）いずれ

も、本尊の尊容は持明院の般若菩薩と同じで、身は白肉色、三目、甲冑をつけ、赤蓮華に座し、六臂である。左手の第一手は梵篋を臍の前、第二手は掌を仰げ臍の下、第三手は掌を仰げ頭指のみ屈し余の四指は伸べる。右手の第一手は持花印、第二手は施無畏印で右膝にあて、第三手は掌をたて無名指は屈し余の四指は伸べる。種子は jña（普通はジャ・キジャと読むが、三憲はジニャと読む）、三昧耶形は梵篋である。

心経法は、『薄双紙』初重（大正蔵七八・六二九a）・『秘鈔』異尊（大正蔵七八・五八六b）ともに、本尊は般若菩薩であるが、身は白色、獅子座の上に座し、左手は仰げて七宝経函を持し、右手は五指を伸べ施無畏の印にして右膝の上につける。右に梵天、左に帝釈、十六善神等の無量の眷属が囲繞する。種子は dhiḥ（チクと読む）、三昧耶形は梵篋である。

なお、右に梵天、左に帝釈について、『乳味鈔』巻八（六三丁裏）によると「此の列次は和本による、槃本は左梵右帝の次第なり」としている。大覚寺『般若心経法』の道場観は『薄双紙』初重と殆ど同じであるが、左梵天、右帝釈と異なり、『乳味鈔』の解説によれば槃本の次第となっている。つづいて『乳味鈔』は十六善神について、「十二神と四天となり。此れ集経第三十五丁右の説なり」と薬師十二神将に四天王を加えしを十六善神というとしている。

中院流聖教には心経法は収録されていない。しかし、中川『心経法』が上梓されており、その跋文によると、高野山三宝院蔵本の元禄九年覚泉と文化八年俊雄書写の二本を校合し、昭和二十四年十月上浣に編作したとしている。この中川『心経法』は『薄双紙』初重の「心経法」と道場観も全同である。

高見寛恭編『般若心経法同法則』は、昭和五十九年七月一日、淡路千光寺に於ける『般若心経法』の伝授（筆者も受法せしが筆録せしものを失す）の砌、真言宗伝灯会より発刊、師伝（高見寛応）の本を謄写とある。『般若心経法』と『般若心経法則』の一帙二冊である。『般若心経法』は『薄双紙』初重の「心経法」の道場観と殆ど同である。

『秘鍵』（弘全和三・一三八頁）に「覚母の梵文は《ナ》調御の師なり。𑖠𑖱𑖾𑖦𑖽の真言を《ノ》種字とす」とあり、この説文の中に心経法本尊の尊形・種字・三昧耶形が説かれているのである。

本尊の三昧耶形は、『般若心経秘鍵鈔』（真全一六・一九一頁）に、「梵文とは即ち般若菩薩の三形即ち梵篋なり。（中略）梵篋を以て般若菩薩の三形と為す事は陀羅尼集経の第三に云く。左手の掌中に七宝の経函を画作す。其の中に具に十二部経有り。即ち是れ般若波羅蜜蔵なり」と、梵文とは梵篋のことで、般若菩薩の三昧耶形であり、『陀羅尼集経』巻三が典拠であり、七宝の経函として、その中に般若波羅蜜蔵が収納されていることが説かれているとしている。

本尊の種字は𑖠𑖱𑖾である。それは『秘鍵』（弘全和三・一三八頁）にも、「𑖠𑖱𑖾𑖦𑖽の真言を《ノ》種字とす」と説かれ、『般若心経秘鍵鈔』（真全一六・一九一頁）には「此の二句は文殊般若二菩薩の種子を明す」と釈されている。

頼瑜『秘鍵開蔵鈔』（真全一六・四頁）に、「題初の𑖦字は是れ文殊の種子なり。呪の終の𑖮字は即ち般若の真言なり。𑖦に空点を安じ、𑖮に涅槃を加う。爾して大空の菩提を証し大般涅槃に入るの義を成ずるなり。凡そ一経の始終に二尊の種子を安じ一部の指帰を括る」と、経題の「摩訶般若波羅蜜多心経」の「摩訶」𑖦𑖮 mahā の題初の字は𑖦字で文殊の種子、『般若心経』の最後の呪「掲諦掲諦波羅掲諦波羅僧掲諦菩提娑婆訶」の「菩提娑婆訶」の𑖤𑖺𑖠𑖰𑖭𑖿𑖪𑖯𑖮𑖯 bodhisvāhā の中、𑖭𑖿𑖪𑖯𑖮𑖯 svāhā は真言の終わりに付す成就を祈る語の故に、菩提 bodhi が真言の終わりの語であり、その最末の字が𑖮字で、般若の種字である。『般若心経』の最初と最後に𑖦と𑖮の二尊の種子をおき、𑖮に涅槃点を加え𑖠𑖱𑖾 dhiḥ は大般涅槃に入ることをあらわし、𑖦に菩提点を加えて𑖦𑖽 maṃ は大空菩提を証することをあらわし、『般若心経』一経の旨趣が説かれているとしている。また『秘鍵開蔵鈔』（真全一六・三―四頁）に「問。般若菩薩の種字は是れ𑖕字なり。何ぞ𑖠𑖱𑖾と云う耶。答。一尊に数たの字を用るに其の例甚だ多し。

（中略）経法の時には〓字を用い、尊法の時には〓字尊形又二臂四臂異也を用る。今ま経に就く故に即ち〓字なり」と、般若菩薩は種子が〓字であるのに、何故〓字を用いるのかという疑問に対し、各尊には一ではなく数多くの種字がある。経法すなわち心経法の時には〓字を用い、尊法のとき〓字を用いる。今は経なる故に、〓字を用いると述べられている。

『般若心経秘鍵聞書』（真全一六・六九頁）には、「般若菩薩は実相の般若の理徳を主る故に種子に法界の〓字を用うなり。然るに〓点を加ることは〓は自在の義なるが故に智徳を表す。是れ即ち定相応の恵なり。是の如く智真如と平等平等なれば倶に能取所取の相を離る故に、傍に遠離の涅槃点を加うものなり」と、般若菩薩は般若の理の徳をあらわしているので、法界の〓字を種子とする。自在の〓点を加えるのは智徳をあらわし、理智平等であり、能取所取の対立を離れた涅槃である故に、涅槃点を加え〓字を用いるとされている。さらに、「文殊室利利剣を以て二辺の結縛を断じて無我道に達す。故に吾我不可得の〓字を以て種子とするなり」と、文殊は智剣で人法二我より起こる煩悩を断滅し無我の境地を獲得する故に、人我法我の二執を離れた無我を本具した吾我不可得の〓字を種子とすると説かれている。

## 第二節　心経会の法会次第

一、大覚寺の奉開勅封般若心経御修法

云何唄・散華・対揚・表白神分・唱礼・前讃・普供養三力・般若心経三巻・仏眼大咒（振鈴にて止咒）・両界大日咒・般若菩薩咒・梵天咒・帝釈天咒・南無般若十六善神・不動慈救咒・太元明王咒・薬師如来咒・南無五社大明

神・大師宝号・大金剛輪咒・一字金輪咒・願文・後讃・普供養三力・祈願礼仏・至心廻向

二、大覚寺嵯峨天皇一千百五十年御忌大法会の心経会

供華・献華・献茶・奠供（四智梵語）・唱礼・普供養三力・諸咒誦咒（仏眼大咒、振鈴にて止咒）・般若心経三遍・諸咒誦咒（両界大日咒・般若菩薩咒・不動慈救咒・南無五社大明神・大師宝号・大金剛輪咒・一字金輪咒（ボロン、後鈴にて止咒）・願文・後讃（仏讃）・普供養三力祈願礼仏・至心廻向

三、仁和寺弘法大師御入定一千百五十年御遠忌大法会の心経会

奠供（四智梵語）・唱礼・普供養三力・般若心経（普供養の金より振鈴まで）・諸咒誦咒（仏眼大咒・両界大日咒・本尊咒・般若菩薩咒・文殊菩薩咒・梵天咒・帝釈天咒・不動慈救咒・大師宝号・南無禅定法皇・大金剛輪咒・一字咒　ボロン、後鈴にて止咒）・後讃（文殊讃、反音あり二遍）・普供養三力・祈願礼仏・至心廻向

四、高野山弘法大師御入定千百五十年御遠忌大法会の心経会

般若心経二十一遍・仏眼大咒・胎蔵法大日咒・金剛界大日咒・無尽蔵陀羅尼・心経陀羅尼・釈迦如来咒・薬師如来咒・般若菩薩咒・梵天咒・帝釈天咒・吉祥天咒・不動明王火界咒・愛染明王咒・一字金輪咒・大師宝号・南無大明神

五、高見寛恭編『般若心経法則』による心経会

『般若心経法則』は略法要の心経会の法則であり左記である。次第は大般若会とほぼ同じであるが、少し省略されている。なお、（　）内は、私に付加せしものである。

般若心経法則

先、香呂を取って一礼、登壇着座　　　　一　次、三礼

次、表白
次、発願
次、四弘
次、経を取り高声に読経を始む（導師が高声に経題を唱えるを聞いて、職衆は一斉に読経）
次、（下礼盤）

結願作法
先、（登壇）
次、発願

次、四弘
次、（導師が経題を唱えるを聞いて、職衆は一斉に最後の一巻の読経を始める）
次、経釈
経を取り「仏説摩訶般若波羅蜜多心経」（博士をつける）
次、廻向
次、下礼盤
（次、結願作法終わって下礼盤せず心経法）

---

修法なき時は結願作法の後、ただちに『般若心経』『般若心経秘鍵』『理趣経』のいずれか、あるいは二経典・三経典の読誦と諸真言を誦ずる。

なお、結願作法の後、『般若心経』『般若心経秘鍵』『理趣経』を唱える理由は左記である。

『般若心経』は復唱になるが、心経会の故に再度唱える。

『般若心経秘鍵』は、『般若心経秘鍵聞書』（真全一六・五九頁）に「此の秘鍵は大師観音の権化と為り、自ら又心経の幽旨を釈す。以て知ぬ。此の本心経の広本なるべし。重んずること専ら経法の如くせよ」とあり、『秘鍵』は大師が観音の権化となって、自ら『般若心経』の深義を釈しているのであるから、『秘鍵』は『般若心経』の広本と受け取り、経法の如く重んじなさいと説かれている。したがって、『般若心経』の広本として『秘鍵』を唱えるべきである。

『理趣経』は、大般若会の結願作法の後も唱えられることになっている。導師は釈迦法・心経法・理趣経法のいずれかを修法、職衆は導師の振鈴を聞き『理趣経』を読誦するのである。心経会も大般若会に準じ、また密立であるので『理趣経』を唱える。

杲宝口・賢宝記『理趣釈秘要抄』（日大蔵三一・四八四―四八五頁）に、『理趣経』経題の「大楽金剛不空真実三摩耶経」の大楽金剛不空真実三摩耶は初段と第十七段に説かれるので別号、品号の「般若波羅蜜多理趣品」の般若波羅蜜多は十七段全てにわたって説かれている故に通号と述べられている。すなわち、全段に般若波羅蜜多が説かれている故に『理趣経』を唱える。

ただし、通号・別号については異説もある。『理趣経』の経題の「大楽金剛不空真実三摩耶経」は『金剛頂経』第六会の経題である『大安楽不空三昧耶真実瑜伽』（『金剛頂瑜伽経十八会指帰』による）にあたる。「般若波羅蜜多理趣品」の品号は第六会の経の前半に説く般若波羅蜜多の理趣を要約抜粋したものなので、「大楽金剛不空真実三摩耶経」は第六会の総名、「般若波羅蜜多理趣品」の品号は別号という説もある。

また、松長有慶『理趣経の成立』『理趣経講讃』によると、『理趣経』は『大般若経』の「般若理趣分」を起源とし、『実相般若経』に発展し、更に『理趣経』へと次第に密教経典化してきたと説かれている。したがって、心経会に『大般若経』を祖本とする般若経典である『理趣経』を唱えるのは妥当であると思われる。

## 第三節　心経会の声明

心経会の法会次第により心経会声明を解説する。

なお、心経会の声明の中、すでに解説されている声明は省略する。それらは左記であるので参照すべし。

○散華（上段・下段）　第二篇第一章第五節[2]・[4]
○表白　第二篇第一章第五節[17]
○神分　第二篇第一章第五節[18]
○四智梵語　第二篇第一章第五節[7]
○普供養三力　第二篇第一章第五節[11]
○仏讃　第二篇第一章第五節[15]
○文殊讃　第二篇第二章第五節[7]
○祈願礼仏　第二篇第一章第五節[16]

心経会は『般若心経』を読誦する法会であり、その『般若心経』は顕教の経典であるので、顕立の法会であると主張される方もいる。しかし、『般若心経』は前述の如く、『秘鍵』に「大般若波羅蜜多心経といっぱ即ち是れ大般若菩薩の大心真言三摩地法門なり」と『般若心経』は般若菩薩の三摩地法門であり密教経典と説かれている。したがって、心経会は密立の経立で厳修される。

## [1] 云何唄

云何唄は、「云何得長寿」の「云何」を最初に唱えることより云何唄といわれる。また、密立の二箇法要のみに、云何唄を用いる。すなわち、真言密教独自の法会にのみ用いられるので、相応院流では特に真言唄と称される。第

二篇第一章第五節[1]を参照すべし。

## [2] 散華 中段

『密宗諸法会儀則』巻下には、高野山で修されていたと思われる多くの講の次第が列挙されており、その中に中段の散華が記されている。その中、密立で中段に大日が用いられるのは左記である。

仁王供（密行・大日）・弘法大師誕生会（密立・大日）・弁天講（密立・大日）・神祇講（密立・大日）・不動講（密立・大日）・愛染講（密立・大日）・毘沙門講（密立・大日）・四社明神講（密立・大日）・弥勒講（密立・大日）・地蔵法則（密立・大日）・光明真言講（密立・大日）である。

これらは理趣三昧の如く、本尊は大日ではないが、普門即一門として、密立で執行される。

心経会も本尊は般若菩薩であるが、密立で散華中段は大日を用いる。第二篇第一章第五節[3]を参照すべし。

## [3] 対揚

唱え方は第二篇第一章第五節[5]を参照すべし。

『声実抄』（続真全三〇・一一二頁）に、「般若心経」の対揚として左記が収載されている。

南無鷲峯山中般若教主釈迦尊

四方諸仏証誠講莚　天衆地類倍増法楽　当初権現威光自在　弘法大師倍増法楽

護持大衆各成善願　伽藍安穏興隆仏法　法性無漏甚深妙典　所願成弁観自在菩薩

理峯『私鈔略解』（続真全三〇・一八三—一八四頁）には、右記の『声実抄』の対揚をそのままに引用しているが、証誠の句の「四方諸仏」が「十方諸仏」、護持の句の「各成善願」が「各願成就」に変えられている。

これらの対揚は教主の句が釈迦尊、対告衆の句が観自在菩薩である。教主の句の釈迦尊は、覚眼『般若心経秘鍵撮義鈔』（続真全二〇・二九一頁）に、buddha の二字について、「円満覚者とは能説の教主なり。此の経顕経と見る時は生身の釈迦、若し密経の時は変化法身なり」と、円満覚者とは能説の教主であり、『般若心経』を密経と見る時は変化法身釈迦としている。対告衆の句の観自在菩薩は、『秘鍵』によると前述の如く、一菩薩に限るのではなく、七宗の行人とすべきである。

それでは、般若菩薩を本尊とする心経会（厳密にいえば導師が般若菩薩を本尊とする心経法を修する法会）に教主の句が釈迦では不都合ではないかとの疑問がある。これに対しては、『秘鍵』（弘全和三・一三八頁）の「尊者の三摩は仁譲《にゆず》らず」との説文を参照すべきである。宥快『信力鈔』（真全一六・三七八頁）には、「尊者」について「一義には般若菩薩なり。当経は般若菩薩の内証三摩地なる故に。一義には文殊般若の二菩薩に通ず。総別の部主不同なりと雖も共に是れ般若の主なり」と、尊者には二があり、一は『般若心経』は般若菩薩の内証である故に般若菩薩をいう。二は、文殊般若の二菩薩はいずれも般若の主であるので、文殊般若の二菩薩をいうと述べられている。「仁譲らず」は、要点のみ述べると、四義ある。一は、般若菩薩の内証法門を釈迦能仁は他に譲らず自ら説かれたという意である。二は、仁に当たりては師にも譲らずの論語の言葉を典拠として、大師が他に譲らず急いで行ぜんがために『般若心経』の深義を讃述したという意である。三は、仁とは慈愍のことで、仏の慈愍は深き故に非機には三摩地の教えを説かないという意である。四は、仁とは釈迦能仁のことで、不譲とは不説で説かない意である。

このように多くの説があるが、尊者即ち般若菩薩の内証三摩地法門を仁即ち釈迦が他に譲らず説かれたとする説が有力である。すなわち、『般若心経』は能説の教主である変化法身釈迦が般若菩薩の三摩地法門を説かれた経と理解すべきである。したがって、教主の句を釈迦とする対揚を唱えても、何ら不都合はないといえる。ただし、この対揚を用いる時は顕立であり、唄も如来唄を用いるべきである。

また、右記の対揚ではなく、理趣三昧と同様の対揚を唱える伝もある。『私鈔略解』（続真全三〇・一八四頁）に、「又一説に云く」として、「舎那尊四方地類密教法楽」と教主の句の最後の「舎那尊」と証誠の句の「四方地類密教法楽」があげられ、博士が付されている。このことは、般若心経の対揚の教主の句は「南無法界道場三密教主舎那尊」、証誠の句は「四方地類密教法楽」と唱える説もあるとの意である。『般若心経秘鍵聞書』（真全一六・七四頁）に、般若菩薩について「此の菩薩は大日所変の蓮体、遍照能説の輪身なり。故に諸尊の中に於て独尊最尊なり」と、般若菩薩は大日所変であり、大日の正法輪身であり、諸尊の中でも最尊と説かれている。さらに普門即一門であり、全てが大日如来の説法でもある。したがって、『私鈔略解』では、般若菩薩を本尊とする心経会で、理趣三昧と同じ毘盧舎那如来を教主の句とする対揚を唱えても可といっているのであると思われる。

## 4 五　悔

唱え方は第二篇第一章第五節6を参照すべし。

理趣三昧等で、大日如来を本尊とする時には、勧請の本尊入句はしないのが習いである。しかし、心経会は般若菩薩を本尊とするので入句をする。

『薄双紙』初重の「心経法」・中川『心経法』は「三世覚母般若尊・十六善神諸眷属」と入句されている。いずれも博士は付されていないが、徴で突由で唱える。大覚寺『般若心経法』は自行の次第であり、勧請はなく発願である。

# 第四章　布　薩

## 第一節　布薩について

### 第一項　布薩とは

布薩とは、poṣadha・upoṣadha・upavasatha の音写で、有部律では褒灑陀、四分律では布薩と音訳される。漢訳では、『仏教大辞典』によると、長養・増長・浄住・断・捨・長浄・善宿・長住・近住・共住・斎・説戒と訳されている。律蔵等によると、布薩の意義を、善法を長養する、功徳を増長する、清浄戒に住する、よく所犯を断じ、よく煩悩を断じ、よく一切の不善法を断ずる、悪不善の法を捨すると説かれている。また、布薩は波羅提木叉《はらだいもくしゃ》（戒本）が説かれ清浄が保たれるから、長浄・善宿・長住・近住・共住・斎・説戒と訳されている。

つまり、布薩とは月に二回、白月（満月）十五日と黒月（新月）十五日に、同一地域（界内）の僧が一堂に集まって、比丘全員の出席（僧伽の和合）が確認されてから、戒経に説く戒条目を読み上げ、戒律を犯しているのであれば、衆中で告白懺悔する集まりをいう。

布薩の日は、大月は十五日と三十日、小月（陰暦で月の日数が二十九日）は十四日と二十九日とされていた。また、後世、在家の人が六斎日（八・十四・十五・二十三・二十九・三十日）に八斎戒を守ることも布薩とされるようになった。

界内とは、布薩に集合する地域をいう。界の広さは、布薩堂に一日で往復できる範囲内で、渡れない河などあってはならない。そして、界内の和合（全員出席）を現前僧伽という。

僧伽には、四方僧伽と現前僧伽の二種がある。現前僧伽とは、同一界内でともに生活し修行する集団をいう。四方僧伽とは、すべての現前僧伽をいう。

したがって、布薩は現前僧伽、すなわち界内の大衆の全員参加が原則であり、欠席は認められない。ただし、急病等で出席できない場合は、どのような決議にも賛成である意志を欲といい、必ず他の比丘に委託する。これを与欲という。同時に自身が清浄で懺悔すべきことがないこともともに届ける。そして、欠席のことづけを委託されることを受欲、大衆に説き告げるのを説欲という。

## 第二項　布薩の歴史

### インドの出家布薩と在家布薩

布薩の詳細は別資料に譲るが、布薩には在家布薩と出家布薩の二があった。

在家布薩は、毎月八日・十五日・二十三日・晦日の四回で、在家信者は一日一夜、八斎戒（不殺生・不偸盗・不淫・不妄語・不飲酒・不非時食・離歌舞観聴香油塗身・離高広大床）を受持し、出家者と同じ清浄な生活を送るのである。

出家布薩は、毎月十五日・晦日の二回で、小乗布薩と大乗布薩の二種があった。

小乗布薩は、律蔵布薩犍度に、半月に一度、戒本を誦し、罪を犯していれば懺悔し、身心を清浄に保つべしと説かれている。律蔵によって異なるが、在家のいる集会では戒本を唱えてはいけないとされ、八日と十四日には在家信者のために説法を行い、十五日だけを比丘たちの布薩の日としたと述べられている。

大乗布薩は、『梵網経』による布薩である。

『梵網経』（大正蔵二四・一〇〇四a）に、「仏、諸の菩薩に告げて言わく。我今半月半月に自ら諸仏の法戒を誦す」と、一か月を十五日ずつに分け、白月・黒月の月末、満月と新月の日に、戒法を誦せよとあり、すなわち布薩を行ぜよと説かれている。

『梵網経』（大正蔵二四・一〇〇五b）の第五軽戒には、「若《なん》じ仏子。一切衆生の八戒五戒十戒を犯し毀禁《きこん》し、七逆八難一切犯戒の罪を見て應に教えて懺悔せしむべし。而して菩薩教えて懺悔せしめず、共住して僧の利養を同じくして、而して共に布薩して同一の衆と住し説戒して、而して其の罪を挙げ教えて悔過せしめずんば、軽垢罪を犯すなり」とある。戒は罪を犯さないように堅く守ることも大切であるが、戒を犯しても自ら速やかに懺悔するとともに、他の人の罪をも懺悔せしめるのも持戒と説かれている。そして、同一界内に住する衆が集まり、布薩においてその罪を懺悔せしめざれば軽垢罪として、布薩の重要性が指摘されている。

また、『梵網経』（大正蔵二四・一〇〇八a）の第三十七軽戒にも、「若し布薩の日は新学の菩薩、半月半月に布薩す。十重四十八軽戒を誦ずべし。時に諸の仏菩薩の形像の前に於いて、一人の布薩は即ち一人で誦じ、若し二人三人乃至百千人たりとも亦た一人で誦すべし」と、説かれている。この第三十七軽戒は、故入難処戒といわれ、頭陀や遊方の時に、難処に入ることを戒めた軽戒であり、それが本義であるが、布薩についても述べられている。すなわち、半月半月に布薩をし、十重四十八軽戒を唱えよと、一人の布薩では一人で唱え、二人、三人、百人、千人の

場合も一人で唱えよとあり、『梵網経』を戒本とする布薩、すなわち十重四十八軽戒による布薩が説かれている。

これらが、『梵網経』を戒本とする布薩、すなわち梵網大乗布薩の典拠である。

## 日本の布薩の濫觴

奈良時代、『日本書紀』等の史書によると、六斎日の布薩の日（毎月八日・十四日・十五日・二十三日・二十九日・三十日）等のほかに、特別な経典読誦・写経・講読や仏像開眼、あるいは仏寺創建の折に斎会が設けられ、行じられていた。これも、現近の布薩から考えると、異論はあろうが、広義の意味では布薩に数えられる人もいる。しかし、本来の布薩とはおよそかけ離れた布薩であったことは勿論である。

鑑真が、授戒伝律の師として、天平勝宝六年（七五四）に招かれ来朝すると、その年の四月には早くも授戒が行われた。

そして、当然布薩も伝えられた。諸法会の起源について書かれている『三宝絵詞』下巻（大日仏全一一一・四四一頁）に、「月ごとの十五日、三十日に寺々に布薩をおこなふ。鑑真和尚の伝え給えるなり」と、布薩は鑑真が伝えられたのであり、月毎に十五日、三十日に布薩が諸寺において執り行われていると記されている。つづけて、「和尚はじめて奏じて布薩を東大寺に行う。こののち所々に弘まれり」と、鑑真が奏上して東大寺において初めて布薩を執り行い、その後に諸寺に伝わっていったと述べられている。

『元亨釈書』巻二二（大日仏全一〇一・四〇六頁）には、天平勝宝八年（七五六）に「秋八月丙寅行布薩于諸寺」と、つづいて東大寺・山階寺・法華寺に田を施納するとある。

したがって、鑑真来朝二年後には、諸大寺において、間違いなく布薩は行じられていたのであるが、どのような

儀則によっていたのかは明らかではない。

ただ、鑑真の弟子の法進に、『東大寺授戒方軌』（大正蔵七四・二四b―二五a）があり、その中に「布薩戒師作法」「大乗布薩作法」「自恣作法」の三作法が収録されている。その題下に割注として、「布薩戒師作法」には「但小乗十四日及二十九日行之」とあり、「大乗布薩作法」には「十五日及晦日行之」とある。

内容は、今の布薩作法のように丁寧なものではなく、簡潔な作法である。

しかし、割注にある如く、半月毎に二日間、この作法により小乗布薩・大乗布薩が行われていたということであり、奈良時代には、毎月十四日・二十九日には小乗布薩が、十五日・晦日には大乗布薩が執り行われていたのである。

## 真言宗の布薩

### 一、古代における布薩

『初例抄』（群類四二五・二七頁）に、「仁和寺布薩始　昌泰二年。始於仁和寺布薩。以益信為戒師。以観賢為維那」と記され、昌泰二年（八九九）に、仁和寺において、益信を戒師とし、観賢を維那とする布薩が行われたとある。厳密に真言宗における布薩かどうか確証はないが、少なくとも右記の如く広沢方・小野方の真言宗を代表する高僧によって行じられた、初めての布薩の初見であるといえる。しかし、『高野春秋』巻三（大日仏全一三一・三八頁）には、昌泰元年七月十五日の條に、「仁和寺被レ始二行布薩一。益信僧都為二戒師維那一（当山後来為レ行二布薩二之根本。）」と、『初例抄』の昌泰二年とは異なり、昌泰元年七月十五日とされている。

『高野春秋』巻六（大日仏全一三一・九四頁）の大治五年（一一三〇）に、「秋七月十五日　始行布薩於金堂」と、平安時代後期に高野山で初めて布薩が始められたとある。布薩の内容は不詳である。

## 二、中世における布薩

叡尊の伝記である『金剛仏子叡尊感身学正記』（西大寺発行）の暦仁元年（一二三八）、三十八歳の項に、「廿九日。四分布薩。如説布薩。再興也覚盛律師説戒。自今至終落涙。布薩後。還僧坊。奉問始終落涙所。以後答曰。我昔十九歳始共布薩。毎唱持戒清浄。思惟我非持戒。毎唱如是。深恐虚言。唯為将来如法布薩之縁歟。然不慮今生行如法布薩。歓喜之餘涙難禁止耳。共以随喜無極矣。卅日。梵網布薩始行之」とある。

叡尊の教誡である『興正菩薩御教誡聴聞集』（西大寺発行）の西大寺結界布薩事にも、嘉禎四年（一二三八・暦仁元年）として、ほぼ同様の文章が収録されている。すなわち、「黒十四日四分布薩、十五日梵網布薩、これを始行す。覚（学）律房等を請じて結界して、五人して如法布薩を始む。即ち某唱白、覚（学）律房説戒、慈禅房唄。覚（学）律房、戒本を誦し始むるより下るるまで一向泣きとをされたり。後に問ひ候へば、我が十九の年に始めて、布薩に合ひて持戒清浄と唱えし時、今生には実に持戒清浄なる事有るまじ、当来の結縁と存じて候ひしに、今生に実の持戒の布薩に合う事よと、貴く思ひ候ひつる間、始めより涙留まらず、と申され候ひき。左様に有難く候ひし時は余りに貴く候ひし也」と記されている。

平安後期以降、戒律も得度式の沙弥戒のみを残し、衰退した時代が度々あった。これを憂えたのが、平安鎌倉にかけては、実範・貞慶・俊芿・叡尊等であり、彼らは、戒律を尊重し戒律の再興に尽力したのである。

嘉禎四年、叡尊が主催をして、西大寺において、叡尊が唱白、学律房が説戒、慈禅房が唄を勧めたとある。『本朝高僧伝』巻五九によると、学律房とは覚盛、慈禅房とは有厳のことである。いずれも南都を代表する律僧であり、その方々により布薩が再興されたとある。また覚盛（唐招提寺）は、現世では実際に持戒清浄のことはないだろう、来世のことと思ってきたので、現世に本当の持戒の布薩によくぞ会ったことよと涙を流したという記述から考えて

も、当時は正しい布薩が絶えていたのであるが、叡尊が法に違わず、法に則った正しい布薩を復興されたとみて間違いはないと思われる。

西大寺では、この叡尊の時代から、布薩が明治時代まで連綿と行われてきたようであるが、明治以降断絶し、近年、若手僧侶の勉強会である興法会により復興されているようである。布薩の『儀則』も、叡尊の時代からのものが数多く伝えられ蔵されている。

唐招提寺の布薩は、江戸時代に絶え、明治晩年に再興されたが、第二次世界大戦で再び断絶し、現在に至っているようである。

高野山では、水原堯栄『金剛峯寺年中行事』首帖に「金剛峯寺年中行事対照表」があり、文永六年（一二六九）、正応四年（一二九一）、慶安三年（一六五〇）、安永七年（一七七八）、享和二年（一八〇二）、現在の年中行事が各月毎に収載されている。

それによると、文永六年・正応四年は、殆ど毎月、十五日と晦日（欠けている日もある）に布薩が行われていたが、慶安三年・安永七年・享和二年・現在（昭和八年・一九三三）には布薩が記録されていない。

『紀伊続風土記』高野山之部・巻一五（続真全三九・一六〇七―一六〇八頁）の「八　廃頽部」に、「金堂　毎月十五日晦日。布薩。申半。鳴鐘。『上』戒師山籠役。維那三昧役。杯膳六人。東西。三人。当座の下﨟上﨟手巾。中﨟水瓶。下﨟手洗云々。右文永正応の両行事に出ず。堂舎建立記云わく。大治五丙午七月十五日之を始む。云々廃会何れの年よりか分明ならず」と、戒師・維那、それに手巾・水瓶・手洗とあり、近年の布薩の小者にあたる配役が文永・正応の両行事に記されているとしているので、文永・正応以後の記録であることに間違いはない。しかし、布薩の廃絶の年はいつの時代であったか、明らかではないとしている。

高野山の布薩の始行は、前述の『高野春秋』『紀伊続風土記』に大治五年（一一三〇）とされているので、叡尊の布薩再興よりも約百年早く、それ以降の記録は文永六年（一二六九）である。したがって、高野山の布薩が大治五年より文永六年までずっと行じられていたのか、あるいは断絶していたのか、絶えていたのであればどれだけの期間であったのかわからない。また、「金剛峯寺年中行事対照表」には、正応四年以降の慶安三年・安永七年・享和二年・昭和八年の行事には布薩が欠けているが、それぞれの時代の間に布薩が行じられていたのかどうか、詳しいことは不明である。ただ、『紀伊続風土記』によると、「廃頽部」を執筆した時代には布薩は廃絶していたというのであるから、『紀伊続風土記』が完成したのは天保十年（一八三九）であるので、その前後の時代には布薩は廃会となっていたのは確かであるといえる。

### 三、近世における布薩

近世において、再び戒律が衰退した時代があった。しかし、安土桃山より江戸時代にかけて、明忍・良永・慈忍・浄厳・慈雲等により、戒律復興運動が起こった。それらはすべて、四分律によるものであった。

それに対し、江戸中期以降、妙瑞・密門・学如・等空による、戒律復興運動が起こった。彼らは、大師の『真言宗所学経律論目録』には、四分律の書物は一冊もなく、有部律の書物のみであることを依拠として、真言末徒は四分律によらず、有部律によるべきであると、強く主張したのである。

爾来、真言宗の受戒は、高野山をはじめ諸山において、有部律が主流となった感があり、実際に有部律によって受戒が行われている。

### 四、近代における布薩

鑁瓊幢編纂『褒灑陀儀則』（以下『鑁瓊幢儀則』とする）明治二十七年（一八九四）は、高見寛恭「布薩儀則の問

題」（『密教学会報』一九／二〇・一一頁）には、淡路の島津隆峰の説をあげ、別所栄厳の勧奨により、従来の儀則が磨滅して使い物にならなかったので、誤字を訂正する程度にして、鑁瓊幢が編作し直したと述べられている。鑁瓊幢は、徳島の儀軌伝授の受者名によると、鳴門撫養・長谷寺住職とあり、仮名は仁雅房、東寺宝菩提院住職でもあったようである。

筆者は、島津隆峰の関係の寺院より『鑁瓊幢儀則』を複写させていただいたが、その裏表紙に、隆峰自筆で、「昭和十二年九月十五日萬霊堂ニ於テ御室大師講員ノタメ始メテ修ス　大本山仁和寺執事　島津隆峰常用」とある。当時、島津隆峰は仁和寺の執事を勤めており、その任期中に断絶していた布薩が復興され、この『鑁瓊幢儀則』が用いられたものと思われる。

## 五、現代における布薩

加賀尾秀忍編纂の『褒灑陀儀則』（以下『加賀尾儀則』とする）は、高見寛恭によると、『鑁瓊幢儀則』を殆どそのまま踏襲したものであるというが、声明の博士等に少し異なりがある。発行年月日は記されておらず不明であるが、少なくとも昭和年間であり、現在、真言宗では高野山をはじめ、有部律の布薩で最も多く依用されている儀則である。

上田霊城編纂の『布薩儀則』（観心寺発行）は、跋文によると、「野中寺所用の布薩儀則に依り西大寺所用布薩儀則並びに南山所用褒灑陀儀則を以て補説して編す」とあり、野中寺所用の儀則を本として、西大寺と高野山所用の儀則も参考にした四分律の儀則である。

現在、真言宗で執り行われている布薩は、四分律によるものと有部律によるものとの二があるが、真言宗では前述のように、江戸期の妙瑞等の戒律復興運動により、布薩といえば、有部律による布薩が主流となっている。

しかし、今も四分律による布薩は河内の延命寺・高貴寺、あるいは奈良の西大寺等で行われており、有部律によ

る布薩は高野山・仁和寺・淡路等の寺院で行ぜられている。

## 第二節　布薩の本尊

布薩の本尊については、『梵網経』（大正蔵二四・一〇〇八a）第三十七軽戒には、「若じ仏子。常に二時に頭陀し、冬夏に坐禅し、結夏安居すべし。常に楊枝・澡豆《そうず》・三衣・瓶・鉢・坐具・錫杖・香炉・漉水嚢《ろくすいのう》・手巾・刀子・火燧《すい》・鑷子《にょうし》・縄床《じょうしょう》・経・律・仏像・菩薩形像を用うべし。而も菩薩頭陀を行ずる時、及び遊方の時、百里千里を行来するに、此の十八種物を常に其の身に随えよ。（中略）若し布薩の日は新学の菩薩、半月半月に布薩す。十重四十八軽戒を誦ずべし。時に諸の仏菩薩の形像の前に於いて、一人の布薩は即ち一人で誦じ、若し二人三人乃至百千人たりとも亦た一人で誦すべし」と説かれている。はじめに、大乗比丘が頭陀や遊方の時に必ず携帯しなければならない十八種物があげられており、その中に仏像と菩薩の形像があり、これは図画と彫刻の二様があったようであるが、いかなる仏像・菩薩像か明らかにされてはいない。つづいて、布薩では、諸の仏菩薩の形像の前において十重四十八軽戒を誦ずべしとあるのみで、これも本尊については特定されていない。おそらくは、その仏菩薩の形像というのは、比丘十八種物の中の仏像・菩薩像であると考えられる。

菩薩戒受戒の本尊については、『梵網経』（大正蔵二四・一〇〇六c）の第二十三軽戒には、「若じ仏子。仏滅度の後。心に好心をもち菩薩戒を受けんと欲する時、仏菩薩の形像前に於いて自ら誓って戒を受くべし。當に七日をもって仏前に懺悔し、好相を見ることを得ば便ち戒を得べし。（中略）若し現前に先に菩薩戒を受けし法師の前に戒を受くる時、要ずしも好相を見ることを須《もち》いず。何を以ての故に。是の法師の師師相授を以ての故に、好相を須い

ず。是を以て法師の前に戒を受くれば即ち戒を得べし」と、釈迦仏滅後に、菩薩戒を受戒するのに、千里以内に戒師のない時に自ら誓いをたてて受戒する自誓受戒と、現前の法師によって受戒する従他受の二があるとしている。そして、自誓受戒は仏菩薩の形像前において好相を得なければならないとされているのみで、『梵網経』においては、受戒本尊は布薩と同じく仏菩薩の形像前と説かれているのみで特定はされていない。

それでは、受戒本尊が釈迦・文殊・弥勒とされるようになった典拠は何かというと、『法華経』の結経である『観普賢菩薩行法経』と『大乗本生心地観経』であるとされている。

『観普賢菩薩行法経』（大正蔵九・三九三c）は、「今釈迦牟尼仏を我が和上と為し、文殊師利を我が阿闍梨と為し、當来弥勒は願わくは我に法を授け、十方諸仏は願わくは我を証知し、大徳諸菩薩は願わくは我が伴と為す」と、『大乗本生心地観経』巻三（大正蔵三・三〇四b）にも、「我、釈迦牟尼仏を請じて菩薩戒和上となすべし。龍種浄智尊王仏を浄戒阿闍梨と為すべし。未来導師弥勒仏を清浄教授師と為すべし。現在十方両足尊を清浄証戒師と為すべし。十方一切諸菩薩を修学戒伴侶と為すべし」と説かれ、いずれも釈迦を戒和上、龍種浄智尊王仏（文殊）を阿闍梨、弥勒を教授としている。

すなわち、小乗戒は三師（戒和上・羯磨阿闍梨・教授阿闍梨）七証（立ち会い証明する七人の比丘）が必要であったが、大乗戒では戒和上として釈迦、羯磨阿闍梨として文殊、教授阿闍梨として弥勒、証明師として十方諸仏、同学伴侶として十方諸菩薩を勧請して自誓受戒することが認められるようになったのである。また、現前の戒師があって受戒することは従他受の作法とされているが、釈迦を戒和上、文殊を羯磨阿闍梨、弥勒を教授阿闍梨として受戒するのであり、厳密にいえば自誓受であるといえる。つまり、現前の戒師は三聖に代わって行うのであって、従他受には非ず、真には自誓受であるとするのが、『観普賢菩薩行法経』『心地観経』の説く真意であると思われる。こ

のことは藤文哲道「授戒の三聖について」（『叡山学報一一』）にも指摘されている。

布薩の本尊については、天台宗『布薩とその作法次第について』（一四頁）には、「梵網経に、布薩説戒の時には諸仏菩薩の形像前において誦ずべしとあるにより、道場正面に授戒時と同じく授戒三聖（和上釈迦、羯磨文殊、教授弥勒）を奉安するが、別して上座文殊の座位を設けるのである」と、布薩の本尊は授戒三聖と同じく中央に釈迦、左に文殊、右に弥勒としている。事実、天台宗の僧侶が受戒する戒壇院は釈迦・文殊・弥勒の三聖であり、平成十八年の天台宗開宗千二百年慶讃大法会特別記念として天台宗務庁所蔵の軸を再現した授戒三聖図も釈迦・文殊・弥勒であり、その中の文殊・弥勒の二菩薩はいずれも僧形である。ちなみに、小乗布薩の本尊は中央に釈迦、左に迦《か》葉《しょう》、右に阿難である。

天台宗では釈迦・文殊・弥勒を授戒三聖とするのは『観普賢菩薩行法経』『心地観経』によるとされているが、布薩の本尊も授戒三聖と同じく釈迦・文殊・弥勒とされているのである。このことは、『布薩とその作法次第について』（三頁）に、「授戒の功用は布薩の励行をもって保持増長されるのであり、わが天台宗においても、円頓授戒に関連して布薩がとくに重んぜられる所以である」と記されている如く、授戒の功用は布薩の励行にあるとしており、布薩と授戒は不離一体の関係にあることから、布薩の本尊も授戒三聖と同じく中央に釈迦、左に文殊、右に弥勒とされているのであろうと推察される。

大山公淳『真言宗法儀解説』（一〇七頁）によると、「先ず戒牌を認めて、本尊段へ向かって右より順次にこれをまつる。一、三聚浄戒波羅提木叉・二、十方一切如来応正等覚・三、十方一切諸菩薩摩訶薩・四、三国伝燈諸大祖師」とあり、本尊をまつり戒牌を立てるという意であると思われるが、本尊については記されていない。

ところが、真言宗等の近年の大方の大乗布薩の本尊は天台宗と異なり、中央に釈迦、左に文殊、右に普賢となっ

ている。古くは天台・高野山（受戒の本尊）と同じく釈迦・文殊・弥勒であったといわれるが、その三聖が変わった理由については寡聞にして知らない。

ただ、私見であるが、強いていえば左記の三による理由が考えられるのではなかろうか。

一は、大乗戒は菩薩戒・仏性戒・仏戒ともいわれ、悟りを獲得することを目標とする。玄広『般若理趣経愚解鈔』巻五（続真全七・四〇八頁）には、『理趣釈』の「一切平等建立如来とは是れ普賢菩薩の異名なり」との経説をあげて、「普賢菩薩を建立如来と名ずくることは衆生の菩提心を建立する故なり。普賢菩薩は一切衆生の心質の中の如来蔵の理なり」と、さらに如来蔵の理の金剛不壊なるを金剛薩埵と名づけ、周遍最妙善の徳を普賢菩薩と号し、普賢菩薩と金剛薩埵は同体なりと説かれている。普賢菩薩は衆生の菩提心を建立する菩薩であり、一切衆生の如来蔵であり、金剛不壊なる清浄な如来蔵即ち菩提心を尊格化せし菩薩であるとの意である。このことは清浄を保ち悟りを成就するための大乗戒布薩の本尊として最もふさわしいといえる。二は、服部英淳「釈迦三尊と弥勒菩薩」（『仏教思想論集』那須政隆米寿記念・九七頁）に、『法華経』『観普賢菩薩行法経』を引き、普賢菩薩は文殊菩薩の提唱する純一妙善なる大乗菩薩行を実践する菩薩であり、普賢菩薩の観普賢の行と懺悔の法を実践すると、兜率天上の弥勒菩薩所に往生できると説かれており、このことから文殊・普賢・弥勒の密接な関係を知ることができると述べられている。したがって、この論文の核心は『法華経』における文殊・普賢・弥勒三菩薩の密接な関係を指摘しているのであり、当然なことであるが布薩本尊が文殊・弥勒から文殊・普賢に変わったことには全く触れられていない。しかし、普賢菩薩は観普賢の行と懺悔の法の実践を教える菩薩であるとの『法華経』『観普賢菩薩行法経』の経説を強く主張されており、このことは懺悔するのも持戒という実践行である布薩の本尊に、まことによく相応しているといえるのではなかろうか。三は、西大寺等の釈迦三尊は釈迦・文殊・弥勒、醍醐寺釈迦堂の本尊も釈

迦・文殊・弥勒（『醍醐寺新要録』巻六・三一七頁）であり、『梵網経』に諸仏菩薩の形像前において布薩を行ずべしと説かれているように、古い時代にはその本尊の前で受戒・布薩が行われていた。しかし、鎌倉時代後期より室町時代に入ると、石像板碑・絵図・木像等の釈迦三尊は釈迦・文殊・普賢が多くなってきた。したがって、時代がたつにつれ、その本尊である釈迦・文殊・普賢の前で布薩が執り行われるようになり、布薩の本尊軸も次第に釈迦・文殊・普賢となってきたといえるのではなかろうか。

ところで、天台宗『布薩とその作法次第について』の文中の上座文殊の座とは、僧衆の理想としての聖僧として、文殊の座を上座に設けるということである。特に、中国・日本の戒壇・食堂・僧堂等には釈迦の化仏を助けるということで、僧形像を例とすると述べられている。また、天台宗では文殊座（左）と対に、比叡山の護法神日吉山王権現の山王座（右）を設けるという。

藤井恵介「醍醐寺における布薩と仏堂」（『中世寺院と法会』一七〇頁）によると、醍醐寺では中世において、上醍醐では毎月十四日・二十九日に准胝堂で、下醍醐では毎月十五日・晦日に金堂で厳修されていたそうであり、儀則の次第も書かれている。詳細は略するが、それによると、入堂し聖僧の文殊（大乗聖僧）・賓頭盧（小乗聖僧）に袖の下で合掌し礼拝し、大導師（戒師か）以下の諸衆は文殊・賓頭盧の前で蹲踞して籌を受け取るとしており、文殊・賓頭盧の聖僧が布薩にとり不可欠な尊像として組み込まれていることに注意したいと記されている。

しかし、天台宗等は、聖僧にかかわらず、授戒三聖の文殊・弥勒も菩薩形ではなく僧形である。このことについては、釈迦成道の後に楞伽山において文殊・弥勒を度し沙弥戒を授ける故に僧形なり等の多くの説があるが、一般には僧衆が守る戒律と日常生活の師表をあらわすための姿とされている。

## 第三節　布薩の式次第

先、告白
次、上座教勅
次、露地偈
次、入堂偈
次、香水偈
次、香湯偈
次、浴籌偈

次、敬白
次、問願行
次、問監護
次、召集凡聖
次、告行籌
次、行籌
次、唱数

次、清浄偈
次、請説戒
次、請唄師
次、陳告
次、説戒師昇高座
次、散華偈
次、梵唄

次、献香偈
次、説戒
次、後唄
次、戒師下座陳詞
次、四快偈
次、唱礼

真言宗の現在における布薩は、四分律・有部律による布薩である。

しかし、四分律、有部律によるといっても、厳密に四分律・有部律の戒本による布薩ではなく、『梵網経』十重四十八軽戒を戒本とする布薩である。すなわち、『儀則』のみ、四分律・有部律の『儀則』を用い、戒本の『梵網経』十重四十八軽戒の箇条を読み上げ、犯していれば大衆の前で告白懺悔する、『梵網経』大乗布薩である。

なお、『梵網経』十重四十八軽戒は左記である。

智顗『菩薩戒義疏』（大正蔵四〇）、明曠『天台菩薩戒疏』（大正蔵四〇）、法蔵『梵網菩薩戒本疏』（大正蔵四〇）、義寂『菩薩戒本疏』（大正蔵四〇）、太賢『梵網経古述記』（大正蔵四〇）等には、各々十重四十八軽戒の条目名が記され

ているが、それぞれ異なる。その中、太賢『梵網経古述記』の十重四十八軽戒の条目名のみあげると、左記である。

【十重戒】

1 快意殺生《けいせっしょう》戒　2 劫盗人物《こうとうにんもつ》戒　3 無慈行欲《むじぎょうよく》戒　4 故心妄語《こしんもうご》戒　5 酤酒生罪《こしゅしょうざい》戒
6 談他過失《だんたかしつ》戒　7 自讃毀他《じさんきた》戒　8 慳生毀辱《けんしょうきにく》戒　9 瞋不受謝《しんふじゅしゃ》戒　10 毀謗三宝《きほうさんぼう》戒

【四十八軽戒】

1 不敬師長《ふきょうしちょう》戒　2 飲酒《おんじゅ》戒　3 食肉《じきにく》戒　4 食五辛《じきごしん》戒　5 不挙教懺《ふこきょうさん》戒
6 住不請法《じゅうふしょうほう》戒　7 不能遊学《ふのうゆうがく》戒　8 背正向邪《はいしょうこうじゃ》戒　9 不瞻病苦《ふせんびょうく》戒　10 畜殺生具《ちくせっしょうぐ》戒
11 通国使命《つうこくしみょう》戒　12 悩他販売《のうたばんまい》戒　13 無根謗毀《むこんほうき》戒　14 放火損生《ほうかそんしょう》戒　15 法化違宗《ほうけいしゅう》戒
16 貪財惜法《とんざいしゃくほう》戒　17 依勢悪求《えせいあくぐ》戒　18 虚偽作師《こぎさくし》戒　19 闘諍両頭《とうじょうりょうず》戒　20 不救存亡《ふぐそんもう》戒
21 不忍違犯《ふにんいぼん》戒　22 慢人軽法《まんにんきょうぼう》戒　23 軽蔑新学《きょうべつしんがく》戒　24 怖勝順劣《ふしょうじゅんれつ》戒　25 為主失儀《いしゅしつぎ》戒
26 領賓違式《りょうひんいしき》戒　27 受他別請《じゅたべっしょう》戒　28 自別請僧《じべつしょうそう》戒　29 邪命養身《じゃみょうようしん》戒　30 詐親害生《さしんがいしょう》戒
31 不救尊厄《ふぐそんやく》戒　32 横取他財《おうしゅたざい》戒　33 虚作無義《こさむぎ》戒　34 退菩提心《たいぼだいしん》戒　35 不発願《ふほつがん》戒
36 不生自要《ふしょうじよう》戒　37 故入難処《こにゅうなんじょ》戒　38 坐無次第《ざむしだい》戒　39 不行利楽《ふぎょうりらく》戒　40 摂化漏失《せっけろしつ》戒
41 悪求弟子《あくぐでし》戒　42 非処説《ひしょせつ》戒　43 故違聖禁《こいしょうきん》戒　44 不重経律《ふじゅうきょうりつ》戒　45 不化有情《ふけうじょう》戒
46 説法乖儀《せっぽうけぎ》戒　47 非法立制《ひほうりっせい》戒　48 自破内法《じはないほう》戒

また、布薩には、広布薩と略布薩とがある。道宣『四分律刪繁補闕行事鈔』説戒正儀篇第一〇（大正蔵四〇・三七b）によると、盛夏厳冬には略説することができるとあり、そのような難儀な時には略布薩を、それ以外には広布薩を行じると説かれている。

慈雲は、『広布薩式』『布薩式略軌』（慈雲全集六・三一六—三三六頁）を編作している。『広布薩式』は、文言に小異があり四分律による儀則であるが、真言宗で行じられている『加賀尾秀儀則』と殆ど同である。『略布薩式』は、入堂偈・説戒（梵網菩薩戒序・梵網経の流通分・後序）・四快偈・唱礼である。なお、天台宗『布薩とその作法次第について』（一二頁）には、「次第に詳略があるほか、説戒段において広布薩は梵網戒本・十重四十八軽戒の全文を誦するのを原則とするが、略布薩には十重禁戒のみとなっている」とされている。したがって、近年、真言宗で執り行われている布薩は、『梵網経』を十重戒しか読誦していないので、天台宗よりみる限りは略布薩、慈雲『広布薩式』『略布薩式』より見ると広布薩に該当するといえる。

## 第四節　布薩の儀則

布薩儀則は、中川善教『展観目録』に、『褒灑陀儀則』一帖折本・親王院蔵（188）の刊本一本のみが収録されており、序尾「元治二歳次乙丑二月白褒灑陀日金剛峯寺沙門慈明謹識㊞㊞」、刊記「金剛峯寺真別処蔵板　彫工栄井」とある。

また、西大寺若手僧侶の勉強会である興法会の研修会用に編纂された、佐伯俊源『布薩参考資料』がある。これは布薩に関する関連文献が数多く収載されており、その中に『西大寺経蔵聖教目録』より戒律関係の聖教も抜粋されており、布薩に関する法則・文献も次の如く収録されている。第二十一箱に、『四分説戒本』（一冊・江戸時代）・『両布薩作法』（一冊・江戸時代・慶応三年安居比丘尊淳書写奥書）。第三十四箱に『布薩儀』（一帖・江戸時代）。第三十五箱に『布薩偈集』（一帖・桃山時代・天文十七年十二月二十五日書写奥書）・『半月布薩式略法』版本（一冊・江戸

時代・天保五年刊記）・『褒灑陀儀則』版本（一帖・明治時代）・『褒灑陀儀則』版本（一帖・明治時代）・『布薩法則』版本（一帖・明治時代）。第四十六箱に『偈並梵網布薩答法』（一帖・江戸中期）・『褒灑陀儀則全』版本（一帖・江戸後期）・『布薩私記』（一帖・江戸中期）・『布薩答法』（一帖・江戸中期）・『受籌偈等』（一帖・明治時代）。第五十三箱に『維那表白』（一巻・江戸時代・享保八年一月二十一日英慶末尾墨書）・『布薩露地事』（一帖・江戸時代・尭恵筆と末尾墨書）・『布薩法則』（一帖・江戸時代）・『布薩法則』（一冊・江戸時代・表紙に寛浩と署名あり）・『布薩法則』（一帖・江戸時代）・『布薩法則』（一帖・江戸時代・嘉永五年三月二十一日高照書写奥書）・『両説戒作法』（一帖・江戸時代・文久三年八月十三日寛浩書写奥書）。第五十七箱に『布薩略式』（一冊・明治時代・明治二十七年）。第五十九箱に『褒灑陀儀則』版本（一帖・明治時代）。第八十箱に『心念布薩法』（一冊・江戸中期）・『布薩之法則』（一冊・江戸後期・寛政十年四月奥書）・『布薩規要記』（一冊・江戸後期）である。

なお、他に鏤瓊幢『褒灑陀儀則』（明治二十七年九月二十六日発行・発行所は藤井佐兵衛）、加賀尾秀忍『褒灑陀儀則』（発行所は高野山経師久五郎・発行年月日は記されていない）、上田霊城『布薩儀則』（平成八年十一月一日発行・発行所は観心寺）がある。

## 第五節　布薩の声明

『褒灑陀儀則』の声明は南山進流一流伝授目録にはないが、布薩は持戒の上で大切な儀式であるので、一流伝授以外の研修会等で伝授されることが多い。

古来、布薩声明は進流固有の声明ではないと伝えられており、その伝承説は奈良・西大寺より伝わったとの説が

有力である。

吉田寛如は、梵唄・後唄は進流のものに非ず奈良のものとの岩原諦信説と、正興寺に伝わる版木の博士から推察しても進流の曲ではないと、吉田寛如『詳解魚山集』解説篇（一七九一頁）に述べられている。しかし、これ以上の論述はない。

金田一春彦「魚山蠆芥集の墨譜の問題点について」（中川善教先生頌徳記念論集『仏教と文化』）には、「叡尊を通して高野山に伝えられたと見られる曲が多くあり、礼文という曲がそれ、布薩という曲がそれ」と記されている。布薩というのは、厳密にいえば布薩に用いられる声明という意であろうと思われる、伝承説として、数説あげられており、その中、二説をあげる。一は、叡尊の外甥にあたる信日が西大寺にいたことがあり、叡尊―信日と声明が伝わった。二は、『声実抄』の巻頭の文章を引き、叡尊より隆然に伝承された。なお、叡尊は覚証より仁和寺の声明を伝えられたとの説をあげられている。すなわち、仁和寺から西大寺、そして高野山に伝わったとの説を展開されている。

新井弘順「声明の記譜法の変遷」（『日本音楽史研究』第一号）によると、西大寺の声明集を『要略集』といい、顕と密の二巻に分かれ、密教声明は相応院流、顕教声明は天台大原流であるが、妙音院流も混じっていると記されている。そして、進流・醍醐・相応院・天台等の多くの譜本の資料をあげ記譜法を考証され、金田一説を批判し、南山進流は相応院流よりも、醍醐流と天台大原流の大きな影響を受け、その伝承を受けたものであると主張されている。

嘉永五年（一八五二）の『西大寺流布薩』と題された布薩儀則の写本を手元に持っているが、『鏤瓊幢儀則』『加賀尾儀則』と譜を比較すると、「露地偈」、「入堂偈」等の諸偈の博士は異譜があるが、ほぼ一致している。しかし、梵唄・後唄は大きく異なっている。

そこで、布薩の声明について、「露地偈」、「梵唄」、「後唄」の三について考証する。

まず第一に偈文、その中「露地偈」について、金田一春彦『四座講式の研究』には岩原の説をあげ、布薩の「露地偈」の譜本に、左記の如く①②の二種があると述べられている。

①は天保十五年（一八四四）の金剛峯寺版『広布薩儀則』であり、②は相応院流『褒灑陀儀則』（『加賀尾儀則』も同）の博士であり、①は②を誰かが覚意の博士に翻譜しなおしたものであると金田一はいう。

すると、初めは高野山に西大寺から②の相応院流の博士が伝わっていたのであるが、高野山で①に改められ、後年さらに②の相応院流の博士が用いられるようになったのか、あるいは①と②の博士が同時に用いられていた時代があったのか、どちらかということになると思われる。さらに、金田一は、②の「降」は相応院流では徴・羽であるが、①の覚意譜では宮・商で、正しく翻譜されているとはいえないという。

なお、厳密にいうと②は西大寺に伝わった声明そのままではなく、改められた譜である。西大寺布薩の声明は③の嘉永五年『西大寺流布薩』「露地偈」の博士（西大寺の儀則も多くあり、時代によって儀則の博士に異なりも多い）であり、②④と対応しているが、全同ではない。

**①天保十五年・金剛峯寺版『広布薩儀則』**

降伏魔力怨　除結無有餘

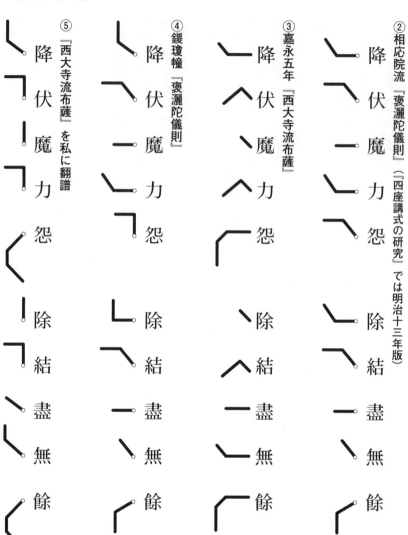

②相応院流『褒灑陀儀則』（『四座講式の研究』では明治十三年版）

降伏魔力怨除結盡無餘

③嘉永五年『西大寺流布薩』

降伏魔力怨除結盡無餘

④鍐瓊幢『褒灑陀儀則』

降伏魔力怨除結盡無餘

⑤『西大寺流布薩』を私に翻譜

降伏魔力怨除結盡無餘

④は『鏤瓊幢儀則』である。

⑤は私に正しく③を進流の博士に改めた譜であり、よく見ると①とも②とも④とも大きく異なる。

また、高見寛恭「布薩儀則の問題」（『密教学会報』）によると、②はこの④をそのまま踏襲しただけであるというが、あくまでも④が②の原本であり、左記の博士の如く、少しだけ改められている。すなわち、「降」は徴・羽であるが②の「降」は角・徴、④の「怨」は羽・角であるが②の「怨」は徴・角、④の「除」は角・羽であるが②の「除」は角・徴と、合わせて三箇所改められている。

第二に、「如来妙色身」の「梵唄」についてであるが、この『西大寺流布薩』の「梵唄」も『金沢文庫資料全書』第八巻（五八頁）の天台系顕密声明譜集の「如来唄」と異なった博士もあるが、ほぼ対応している。

第三に、「所世界如虚空」の「後唄」については、『金沢文庫資料全書』第八巻（三一頁）の天台系顕密声明譜集の「後唄」（聖宣本声明集・聖宣は大原流と妙音院流の声明を受け継いだ興福寺住僧）を見ると、天台系声明と『西大寺流布薩』の博士と異なりは多々あるが、ほぼ一致する。新井師にも直接質問したのであるが、聖宣の譜と『西大寺流布薩』の「後唄」の譜は確かに対応しており、間違いなく天台系声明の博士であるという。そして、その譜は誤りもあるが、譜に付されている琴の番号はしっかりしていると教示を受けた。

結局、『西大寺流布薩』は一流派の声明のみにより成立したのではなく、「露地偈」等の偈文の譜は相応院流、「梵唄」は天台系声明、「後唄」も天台系声明と、複数の声明流派により点譜され成立したといえるのではなかろうか。

最後に、本節の核心である、古義真言宗で現在唱えられている『加賀尾儀則』の成立が、如何なる法脈を経過してきたかである。

②の『加賀尾儀則』の「露地偈」は、③の『西大寺流布薩』を覚意式に翻譜した⑤ではない。一見しただけで、

現在の②と⑤が似ても似つかわしくないことがわかるであろう。②が翻譜したのでないとすれば、③の『西大寺流布薩』の譜と②を注視すれば、よく一致しており、③をそのままに一部分のみを改め②で唱えるようになったのであろうと思われる。

『加賀尾儀則』の「梵唄」「後唄」は、『西大寺流布薩』の「梵唄」「後唄」と博士が大きく異なる。このことにより、『西大寺流布薩』の「梵唄」「後唄」がそのまま伝わったとは、どうしても考えられない。また、醍醐流の唄とも異なる。したがって、現近、用いられている『加賀尾儀則』の「梵唄」「後唄」は、醍醐・相応院流・大原流以外の博士が翻譜されたのか、あるいは独自に作曲されたのか、現状では不明である。

進流声明においては、「定十六大菩薩漢讃」は醍醐進流の譜本に覚意の五音を点譜したといわれ『秘讃集』に収録されており、「阿弥陀讃」は覚法親王点譜の相応院流の声明と伝えられており、さらには仏名会の「切音九條錫杖」は『声実抄』には大原の声明を用いると記されており、醍醐流・相応院流・大原流各流の声明諸曲が混入されている。したがって、近年の布薩声明も、もう少し研究が進まなければわからないが、他の流派の声明が流入して成立したか、一部独自に成立したのか、わからないといえるのではなかろうか。

## 1 告　白

告白《こくびゃく》は、布薩の当日の朝食の時に、某寺本堂・講堂・布薩堂・食堂等において、布薩を執行すると大衆に告げる。

指声あるいは声読みといい、平声・上声・去声・入声の四声を指して読む。

《意訳》

諸の仏子等、心をこめて聴きたまえ。今月（新月・満月）十四（十五）日の昼食後、〇〇〇に集会して、布薩説戒すべし。

## 2 上座教勅

上座が大衆に対し、半月半月に戒を犯したのであれば、布薩において懺悔すべしと戒める。指声で読む。

《意訳》

本日は布薩説戒の日なり。布薩とは半月半月に、身口意の三業を観じて、前の半月より今の半月に至る中間において、戒を犯さざるや。もし犯ぜしことあらば、始めに定めた所において懺悔すべし。仏のたまわく。正法を永続せしめんことを得んとならば、布薩説戒を衰退せざることなり。かるが故に、是は十方の聖なる人が同意するところなり。ならびに、願わくは結界せし地域内の大衆は他縁に心を煩わされ説戒の法をいとう心を生ずることなかれ。

## 3 露地偈

入堂の時、露地で佇立して唱える偈文。

**《意訳》**

人を惑わす魔力を降伏し、煩悩の束縛をすべて除きつくせり。露地に集会の鐘を打たば、比丘たちよ聞けば集まりたまえ。法を聞かんと願う人は、迷いの海を流れ渡れり。願わくは、この妙なる響きをきけば、ことごとくまさに雲の如く集まりたまえ。

潮五頁一行

## 降伏

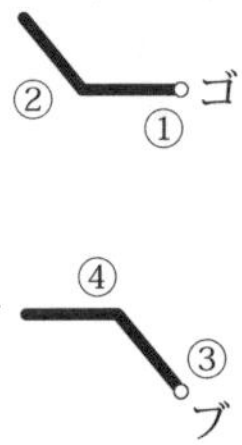


角①より徴②を上げ、さらに徴③の中間をやわらかくソリ上げる如く高く、次に角④を下げる。

潮五頁二行

## 無餘

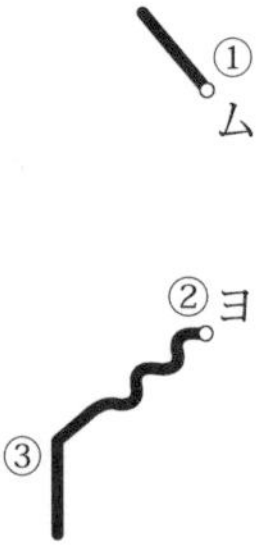


商②宮③の博士の直前の徴①は長く唱え、商②は少し引き、イロではなく、ツヤを二ツとモツ一ツ唱え、宮③を下げる。

潮六頁一行
法
ボゥと唱えるが、ホゥと唱える伝もある。

潮六頁四行
盡
ジムと唱えるが、シンと唱える伝もある。

## 4 入堂偈

布薩の道場に入る時、唱える偈文。

《意訳》
戒を受持すれば清浄なることあたかも満月の如くなり。身と口の行いを清め、汚れや罪もなし。大衆和合し争いもなし。しからば、いざ共々に布薩を勤めん。

潮七頁二行
皎
コオと唱えるが、キョウと唱える伝もある。

潮八頁二行
尓
ニイと唱えるが、ミと唱える伝もある。

## 5 香水偈

布薩の時、香水で掌を洗う時に唱える偈文。

**《意訳》**

八の功徳がある水でもって、諸の塵を清む。水で掌の垢を洗えば心の汚れもともに消え、戒を受持して罪を犯すこともなし。願わくは、一切衆生もその如くあれ。

潮 一二頁三行

**禁　戒**

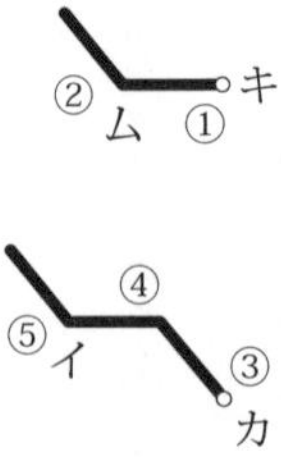


キンカイと唱えるが、コンカイと唱える伝もある。

角①より徴②を上げ、さらに徴③の中間をやわらかくソリ上げる如く高く、次に角④を下げ、また徴⑤を上げる。

## 6 香湯偈

布薩の時、香湯で掌を洗う時に唱える偈文。

《意訳》
香湯で一切の汚れを濯ぐ。法身五分の徳を具足し、般若の智慧で照らし終え、解脱を満足せん。願わくは、衆生が一となり法界と融け合わんことを。

## 7 浴籌偈

布薩の時、籌を洗う時に唱える偈文。
小乗布薩は、「菩薩」を「羅漢」と改める。
《意訳》
菩薩も聖僧も仏子の諸衆も和やかに一人も欠かさず集会和合し、香湯で籌を洗い清め、布薩して衆生を悟らしめん。

## 8 敬　白

所願を大衆に申し述べる文。

指声で読む。

キョウビャクと唱えるが、ケイビャク・キョウバクと唱える伝もある。その中、声をきわめて長く引く箇所がある。師授によるべし。

《意訳》

諸の仏子等、心をこめて聴きたまえ。この南膽部洲大日本国〇〇州〇〇郡〇〇山〇〇寺戒道場において、ひそかに考えると、本師釈迦牟尼仏の遺法の弟子たる出家在家の我等が迷いの世界に長遠なるは、菩薩戒を受くるも守らず修行もせざる故である。もし、この現世において迷界を出離せんとの心をおこさざれば、おそらくは未来永劫に流転せり。この故に、本日、三宝に帰依し、大乗の教えを仰ぎ、説戒の律師を請い招き、大衆のために菩薩戒経を説かしめん。願わくは、この説戒の功徳でもって、天龍八部を利益し威光力を増進せしめ、天皇陛下玉体安穏、皇后陛下ならびに百官の福徳が万世にまで延び、師僧、父母が安寧ならんことを。さらには、戒経を見聞し随喜する輩、前世に造りし障りが氷の如く解け、六道、四生の罪業も霜の如く消えしめん。願わくは、説戒を受けし我等は法界の有情と共に仏国土に生じて、悉く成仏せんことを得ん。

## 9 問願行

誓願の行を問う文。

指声で読む。一説。

《意訳》

諸の仏子等、心をこめて聴きたまえ。各々が今の身から悟りの身を開くまで、その中間において、邪法を捨て、正法に帰依し、悪を止め、善を行い、菩提心をおこし、菩薩戒を守り、菩薩行を行ぜたまうや否や。

## 10 問監護

監護、すなわち手助けする者は誰かと問う文。
指声で読む。三説。第一遍・第二遍は甲（高く）で唱え、第三遍目は乙（低く）で唱える。

**《意訳》**

諸の仏子等、心をこめて聴きたまえ。大衆の中、誰が小者か、護（手助けする）となる小者は出てきたまえ。

潮一二三頁一行

**収護**

「収護」は「攸護」という伝もある。「攸護」はユゴと唱えるが、シュゴと唱える伝もある。『加賀尾儀則』は「攸護」であり、中川善教は「ユゴ」、高見寛恭は「シュゴ」と唱える。しかし、「攸」は漢音は「イウ」、呉音は「ユ」であり、「シュ」の読み様はない。慈雲『広布薩式』、上田霊城『布薩儀則』、天台『大乗広布薩次第』は「収護」であり、『大漢語林』によると「収」は漢音は「シウ」、呉音は「シユ」である。したがって呉音で「シュゴ」と読む。
意味的には、「攸」はトコロとかココニであり、「収」はオサメル、トリタテル、ウケトル等の意味があり、「収」の方を用いるのが妥当か。

## 11 召集凡聖

時間に遅れた者はこの白を聞いて入堂する。外に清浄な菩薩がいれば入堂せられよと唱える文。無断で入堂してはいけない。

指声で読む。三説。

**《意訳》**

諸の仏子等、心をこめて聴きたまえ。外に清浄な菩薩がいませば入堂せられよ。

## 12 告行籌

籌を行《ひ》くことを告げる文。

指声で読む。三説。

**《意訳》**

諸の仏子等、心をこめて聴きたまえ。この大衆の中の小者はすでに護（手助けする者）となり、外の清浄なる菩薩もすでに入堂しおわれり。内外ともに寂静で、諸々の難事もなく、籌を行き布薩をなすこと可なり。我、苾蒭○○、大衆のために籌を行き布薩をなさん。衆よ、一心に布薩をなすと念ぜられよ。願わくは、上座より次第に法の如く籌を受けたまえ。

**《意訳》**

ならびに、嘱（欠席を言付けされた）を受けし人は、嘱を委嘱せし人の籌も受けたまえ。

# 13 行　籌

諸衆が上座より次第に法の如く籌を行《ひ》く。

戒品を具足する時は、七衆の次第で、苾蒭・苾蒭尼・正学女・勤策男・勤策女・近事男・近事女と行く。四分では、呼称が異なるが、比丘・比丘尼・式叉摩那・沙弥・沙弥尼・優婆塞・優婆夷と行く。

**《意訳》**

諸の仏子等、心をこめて聴きたまえ。次に、求寂は籌を行きたまえ。

**《意訳》**

諸の仏子等、心をこめて聴きたまえ。次に、結縁菩薩は籌を行きたまえ。

## 受籌偈

諸衆が籌を受ける時に各々が唱える偈文。「じゅちゅうのげ」と読む。指声では唱えず、普通に読む。

**《意訳》**

金剛の如く無碍なる解脱を獲得せしめる籌を手にするは、今悟りの果を得る難しさ遇う難しさに似たり。我、今いただく歓喜は何物にも代え難し。願わくは、一切衆生もその如くあれ。

### 還籌偈

諸衆が籌を還す時に各々が唱える偈文。「げんちゅうのげ」と読む。指声では唱えず、普通に読む。

《意訳》

清浄を具足しこの籌を受け、清浄を具足しこの籌をかえさん。堅固な喜捨を破り犯すことなし。願わくは、一切衆生もその如くあれ。

## 14 唱 数

籌を受けた苾蒭・苾蒭尼・正学女・勤策男・勤策女・近事男・近事女の人数を覚えておき、各々の人数と合わせての人数を数え唱える文。

四分では、呼称が異なり、比丘・比丘尼・式叉摩那・沙弥・沙弥尼・優婆塞・優婆夷と唱える。

指声で読む。一説。

《意訳》

諸の仏子等、心をこめて聴きたまえ。この一界内の一布薩において、菩薩戒を受け終えし大衆は、苾蒭〇〇人、求寂〇〇人、結縁の菩薩〇〇人、都合〇〇人、各々が仏法に帰依し、清浄に戒を受持し、一人も欠かさず集会和合して布薩を勤めん。上は仏教に順い、中は四恩に報い、下は衆生のために、経律の中の清浄で妙なる偈文を唱えたまえ。

## 15 清浄偈

《意訳》

清浄なること満月の如く、清浄なれば布薩すること可なり。すでに身口が清浄になれり。しからば、共々に布薩をなさん。

潮三五頁二行

**尓**

ニイと唱えるが、ミと唱える伝もある。

## 16 請説戒

授事が上座に対し説戒を請う文。

《意訳》

大徳、慈悲をもって大衆のために戒を説きたまへ。

《意訳》

（もし、説戒に堪えれば）戒を説くこと、我まさになすべし。

**《意訳》**

（もし、堪えざれば）老病のために、言語定かならず。おそらくは、大衆聞き取り難しと悩めり。次座に説戒せしめたまえ。

## 17 請唄師

授事が上座に対し梵唄を請う文。

苾蒭○○は、唄師の実名を入れ唱える。

**《意訳》**

願わくは、大徳、梵唄をなしたまへ。

**《意訳》**

（もし、梵唄に堪えれば）我、苾蒭○○、まさに梵唄をなすべし。

**《意訳》**

（もし、堪えざれば）老病のために、言語定かならず。おそらくは、大衆聞き取り難しと悩めり。次座に梵唄せしめたまえ。

「チンゴウ」と読む。「シンコク」と読む伝もある。大衆に戒師と唄師の実名を述べる文。

《意訳》

諸の仏子等、心をこめて聴きたまえ。大衆が選びし律師○○、大衆のために戒を説きたまえ。梵唄○○。願わくは、律師高座に昇りたまえ。

## 18 陳　告

## 19 説戒師昇高座

説戒師は座を立ち仏前机下に至り三礼し、文を唱え、高座に昇る。

《意訳》

小苾蒭○○頭を下げ礼拝して大衆に白さく。我、大衆に選ばれ、戒を説きしが、誤り有らんかと恐れる。誤りあれば、指授せられよ。

## 20 散華偈

灑水散華の時に唱える偈文。

**《意訳》**

華を散らし荘厳し光明で清め、荘厳せられた宝の華を以て結界と為す。衆は宝の華を遍く十方に散華し、一切の如来に供養したてまつる。

## 21 梵唄

清音をもって三宝を敬礼する声明。

近年用いられている唄は優婆離唄であるが、沙弥布薩の時は、「及法比丘僧」を「及法羅優羅《ろういうろ》」と唱え、梵網大乗布薩の時は「優婆離為首」、「及余身証者」を「文殊尊為首」、「及余菩薩衆」と唱える。

『西大寺流布薩』の梵唄は如来唄であり、「如来妙色身　世間無与等　無比不思議　是故今敬礼　如来色無尽　智恵亦復然　一切法常住　是故我帰依」と中唄と行香唄の八句全てを唱える。また、『西大寺流布薩』には初の四句の右横に細字で出家唄の「毀形守支節　割愛無所親　棄家求聖道　願度一切人」が記されている。おそらくは如来唄八句の代わりに出家唄四句を唱えることも可との意と思われる。

さらに、時にしたがって如来唄あるいは優婆離唄を用いるべしと記されている。

『鑁瓊幢儀則』は本譜で点譜されている。しかし、『加賀尾儀則』はその本譜の下に仮譜が付されているが、そのユリの譜が如何なる流派の仮譜を依用しているのか、理解に苦しむ。おそらくは、『儀則』が小なるため、ユリの三ツの点がつけられず、略されたものと思われる。それ以外考えられない譜であるといえよう。したがって、加賀尾本の本譜と、吉田寛如・中川善教の実唱を校合して、私に博士を点譜させていただいたのである。

**《意訳》**

頭を下げて諸仏と法と僧を礼拝したてまつる。今戒を説き、正法を永劫に住せしめん。文殊菩薩をはじめ諸菩薩も随喜して、戒の要諦を説く。大衆はことごとく聞きたまえ。

潮四二頁一行

## 首　禮

《加賀尾儀則》

《潮本》

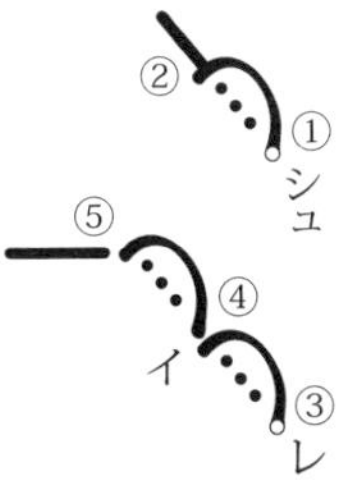


①を呂曲のユリで、②のトメを同音で、③④を呂曲のユリ二ツ、⑤を同音で突く。『加賀尾儀則』の譜はユリをあらわす三ツの点がない。これは前述の如く、『儀則』が小なるため、ユリの三ツの点がつけられず、略されたものと思われる。

また、呂曲のユリは高い音から低い音へ延ばし下げ、その後に、ユリを二ツ半する。ところが、『加賀尾儀則』の仮譜は出発点から右回りしている。これは低い音から高い音に移行しているのであり、五音譜の性格からいえば逆で正しくないといえる。正しくは出発点から左回りをしてユリの点を三ツ書くのが正しく、それが高い音から低い音へ下げ、ユリを二ツ半ユル呂曲のユリの正しい仮譜といえる。

潮四二頁二行

## 法

法は正しくは漢音「ハフ」であるが、吉田はワルで「ハウ」と唱えている。しかし、「ハフ」をワラズに現代人が読むと「ホウ」であり、潮本も「ホウ」と仮名を振った。

なお、中川も「ホウ」と唱えている。

潮四二頁二行

比

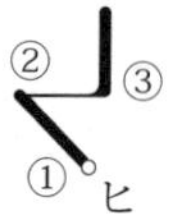


潮四四頁二行

要

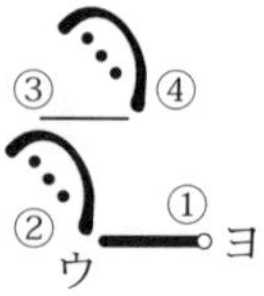


徴①モドリ②羽③の三位ともに同音で唱える。

角①徴②モドリ③徴④の四位をすべて同音で唱える。徴②④は呂曲のユリで唱える。

## 22 献香偈

小者が仏前机下に至り三礼をなし、三度焼香をしおわった後に唱える偈文。

《意訳》

戒と定と解脱の徳のある香を光明の雲となして法界にめぐらし、十方の無量の仏に供養したてまつる。願わくは、見聞せる者にあまねく寂滅を證せしめたまえ。

# 23 説戒

戒師が『梵網経菩薩戒序』を独唱し、終われば、『梵網経』の頭を発音、大衆は助音する。経文を唱え終わると後序を戒師が独唱する。

説戒の中に問答がある。その意訳は左記である。『西大寺流布薩』には、「梵網布薩答法」とある。

**《意訳》**

この中、いまだ菩薩戒を受けざる者あらば道場の外に出でよ。

**《意訳》**

（未受戒者がいれば）いまだ菩薩戒を受けざる者すでに外に出でたり。

**《意訳》**

（未受戒者がいなければ）この中、いまだ菩薩戒を受けざる者なし。

**《意訳》**

布薩に不参を言付けし菩薩幾人ありや。もし有らば与欲《よちょく》（不参の伝言）と清浄を説けよ。

**《意訳》**

この中、欲および清浄を説くことなし。

**《意訳》**

衆よ、今、一人も欠かさず集会和合して何事をなせと願うのか。

《意訳》

褒灑陀説戒なり。

## 24 後　唄

終わりに唱える唄の故に、後唄という。

西大寺『布薩法則』に収録されている後唄は、律の序の末の「神仙五通人」で始まる二偈であるが、「前唄を解せずんば處世界を作すも亦得」と述べられているので、何れの唄を用いるのも可であるという意である。

《意訳》

世界に安住するのは虚空の如く無限であり、蓮華の汚泥に染まらぬ如く、心の清浄さは誰よりも超えたる無上尊に、心より帰依したてまつる。

潮五二頁一行

### 處　世

『加賀尾儀則』のユリの譜は、五音博士の高低の面から見ると、低い音から高い音へソリ上げる譜である。

したがって、潮本の譜の方が理論的であるといえる。

《加賀尾儀則》

二伝あり。

《潮本》

《一》

《二》

潮五二頁一行

## 如

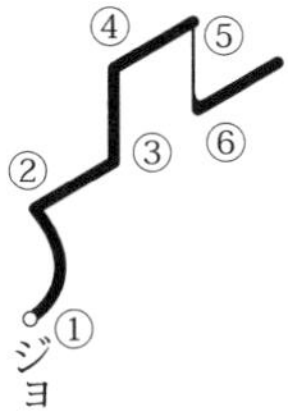


《一》①は伽陀のユリの如く唱える。高い音を少し長く引き、その音からなめらかに少し低い音に下げ、また元の高い音に戻り、押さえる如く突く如く唱える。

②は①と同じ曲節で唱え、一刹那、切音不切息して、徴③は②の最後の音と同音に突く。

《二》徴①はユリカケ切リの如く、しかし初めを太く強く唱えずマワシ下げ、最後は少し太く強く押さえる如く軽々と唱える。

後唄は、九條錫杖（切音錫杖）と同じく、天台系声明により成立したとされるので、この唱え方の方が妥当かと思われる。

羽①をソリ上げ、上げた同音で三重宮②を唱え、羽③を下げ、三重宮④を上げ、さらにモドリ⑤を上げ、⑥を下げる。

潮 五二頁二行

## 蓮

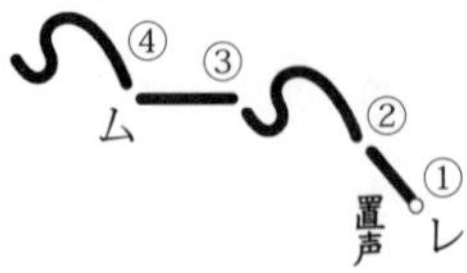


徴①は前の「如」の最後音と同音で「レ」を置く。②は徴①と同音で「処」と同じ音動、角③は下げる。④は②と同じ音にかえり、②と同じ音動で唱える。

潮 五二頁二行

## 水

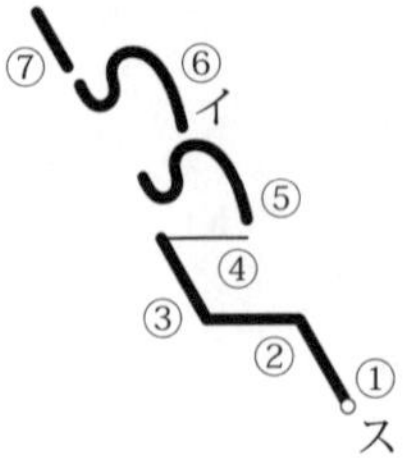


前の「着」の音より、下げて徴①を唱え、角②を下げ、徴③を上げ、モドリ④をさらに上げ、⑤⑥をモドリ④より下げて、「処」と同じ音動、次に⑥の最後音で徴⑦をツクで唱える。

## 25 戒師下座陳詞

戒師が下座し、仏前机下に至り焼香三度、二、三歩退き、左、右、本尊を見て三礼しおわって、陳詞《ちんし》する。指声では唱えず、普通に読む。

《意訳》

小苾蒭〇〇、大衆を敬い足下に至り、大衆に敬い謝す。大衆我を選んで戒を説かしむ。三業をもって修行することと怠惰にして、亡失多くあり。願わくは、衆僧、慈悲にて歓喜の心を布施したまえ。

## 26 四快偈

自ら法に帰依したてまつる。まさに願わくは衆生とともに、経の教えに深く四種の快《よろこ》びを唱える偈文。

《意訳》

諸仏が世に出たるは第一の快びなり。法を聞き法を行じ安穏となるも快びなり。大衆が和合して寂滅となるも快びなり。衆生が苦を離れて安楽となるも快びなり。

# 27 唱　礼

「ショウレイ」と礼を漢音で読む伝もあるが、呉音で「ショウライ」と読む。
仏法僧の三宝に帰依礼拝する。

《意訳》

自ら仏に帰依したてまつる。まさに願わくは衆生とともに、身と心で仏の道を解し、この上もなき悟りを求める心をおこさんことを。

自ら法に帰依したてまつる。まさに願わくは衆生とともに、経の教えに深く入り、智慧が海の如く広大で深くならんことを。

自ら僧に帰依したてまつる。まさに願わくは衆生とともに、大衆をすべてととのえ、何物にもとらわれなき心とならんことを。

# 第五章　引導作法

## 第一節　引導作法について

### 第一項　引導とは

『密教大辞典』、高井観海『密教事相大系』、高見寛恭『真言宗引導作法具書』、上田霊城『真言密教事相概説』等によると、引導には生者引導と死者引導の二があると説かれる。一の生者引導は、『法華経』法師品（大正蔵九・三二b）に、「諸々の衆生を引導して之を集めて法を聞かしむ」と、『大毘盧遮那成仏経疏』巻二〇（大日経疏・大正蔵三九・七八一c）には、「之を引導して正法に入らしむ也」とあり、いずれも現世において衆生を導いて悟りに引き導く引導の義である。二の死者引導は、大師の『大日経開題』（弘全和四・三六頁）に、「牟尼善逝は神通の轝に乗じて以て引導し、大日世尊は本覚の蓮を開いて上居して必ず即心自仏の果を証せしめたまへ」と説かれており、これだけではあたかも即心自仏の生者引導の如く思われるが、はじめに大師『性霊集』巻八と同文の、「孝子、先妣の周忌の為に両部の曼荼羅大日経を図写し供養して講説する表白の文」があり、また、「勧請・懺悔・供養・発

願の力を以て孝子がための先妣の尊霊を荘り奉る」等の前後の文より、いずれも死者を引導する義と説かれているものと思われる。

したがって、引導とは、本来は生者を導く意に用いられていたのであるが、後世、死者を導いて成仏、あるいは浄土に往生せしむる意に用いられるようになったとされている。

## 第二項　真言宗引導作法の歴史

福山乗道『仏事と葬儀』、栂尾祥雲「引導法の研究」（『六大新報』四六〇―四六二）によると、『仏説浄飯王般涅槃経』（大正蔵一四）に、釈尊が父君浄飯王の葬儀の折、棺をかつぐと、天地が六種振動する。その時、四天王が釈尊に代わって棺をかつぐによって、釈尊が香炉をとって棺の前にあって導き引き行くと説かれており、これが引導の濫觴と説かれている。

我が国では、『日本書紀』巻二二（国史大系・一六〇頁）によると、聖徳太子の崩御に際し、高麗の僧恵慈が多くの僧侶を請し、斎を設けた。これが、本朝における僧侶が関わった葬儀の始まりとされている。しかし、これが仏教儀式による葬儀であったかどうか判然としないという。

聖武天皇の崩じられた際に、『続日本紀』巻一九（国史大系・二二五頁）に、華鬘、幡等の仏具を用い、僧侶がこれに参列し梵唄を唱えたとあるので、これが厳密に仏教葬儀による初見であるといわれる。

『性霊集』の中には、葬儀の文はないが、故人の追善法要のための文が、はっきりと三七日忌、七七日忌、一周忌、三回忌、あるいは忌日追善のために法要、講説、料物寄進等が、供養として行われたという御文章が十一文収載されている。

また、忌日があげられていないが、桓武天皇供養のため、伊予親王供養のため、藤原葛野麿供養のため等の多くの願文等が、右記の他に二十五文収載されている。このことから大師は、人の死に対し、尊崇の念をもって、広義の意味における追善供養を執り行い、かつ供養の大切さを高調し弘通せられていたものと考えられる。

さらに、葬儀については直接触れられていないが、弟子智泉・弟子求寂真際等の死を悼む文章もあり、当然、葬儀も厳粛に執り行われていたのであろうと推察される。

「引導法の研究」によると、今のような引導作法はなく、戒名をつけたりすることもなかったようである。もし、大師の時代に戒名を授けていたのであれば、『性霊集』にもはっきりと戒名が記載されていたはずだからである。

左記は、大師の編作されたとされる御流『大師御引導大事』といわれるものである。

引導大事　御流

先如常可授戒名

次智拳印　有口伝

不捨於此身　逮得神境通

遊歩大空位　而成身秘密

同印　阿毘羅吽欠

次仏眼印明布亡者自身　真言七反

次唵字廿一遍

次金剛合掌血脉相承我名下亡者名連

次撥遣如来拳印有口伝吽字　三遍

為無縁者引導廻向如是作法給云々

弘法大師御作可秘云々

「引導法の研究」には、文章の拙いことから、また初めに「如常可授戒名」とあるが、大師の時代は戒名をつけることはなかったので、偽作であることが知れるとされている。しかし、後代の次第と異なり、浄土思想を混ぜず即身成仏為本の立場より成立した真言宗最古の引導法であり、石山の淳祐か誰かにより作られたのであろうと主張されている。

『真言宗引導作法具書』によると、決して偽作といわれる性質のものではなく、すべて経軌に典拠があり、後世の師が大師の意を汲んだ口伝と述べられている。「不捨於此身　逮得神境通　遊歩大空位　而成身秘密」の偈も、『大日経』巻三・悉地出現品第六（大正蔵一八・二一a）にあり、大師御入定の際の浜床にこの偈が彫られ秘重せられた。したがって、凡人も入滅・即身成仏するのに、この偈の功徳が大きいとされ、引導法に収録されていると説かれている。

## 第三項　真言宗の引導作法の歴史

### 一、古代における引導作法

御流『大師御引導大事』は大師の御作と伝わっているが、前述の如く初めに「如常可授戒名」とあり、また文章の拙いことから偽作といわれているが、即身成仏為本の立場で編作された我が宗最古の引導作法といわれている。『密教大辞典』によると、『引導雑集《ぞうじゅう》』も五巻より成り、『引導五部書』とも称される。大師御作とされているが、享禄年間（一五二八～一五三二。室町時代）頃の後人の偽作と記されている。したがって、大師の時代には、仏教葬

が行われていたであろうが、今のような引導作法は成立していなかったと考えて差し支えはないとされている。

成賢（一一六二～一二三一）の『作法集』に、引導法ではなく取葬所事等の「葬法」があり、末文に仁海―覚源―覚俊―厳覚とあるので、仁海（九五一～一〇四六）よりの相承である。さらに、『作法集』に、「亡者曳覆書様」（曳覆はエイフともヒキオオイともいう。経帷子のことである）に、頂上に大宝楼閣真言、左手に決定往生真言の曩莫三満多勃駄喃唵阿蜜哩姤納婆吠莎訶《アミリトウドハンベイソワカ》、右手に即身成仏真言の阿阿暗悪悪《アアーアンアクアーク》、或説には阿鑁覧憾欠、左足破地獄真言、右足滅罪真言、左脇不動一字呪、右脇大威徳真言、臍上正観音真言、背得大勢至真言とあり、末文に「以上雨僧正宇治殿の為に之を書き出だ被る本也」とあり、雨僧正すなわち仁海の記とされ、宇治の関白藤原頼通のために、経帷子を書かれた。右手に即身成仏の真言で即身成仏為本の立場、左手に往生の真言で少し往生浄土の立場が付加されている。したがって、仁海の頃から、真言宗が一般の葬送に関係してきたことが窺え、「引導法の研究」によると、真言宗の引導法の基礎を固められたのは仁海と述べられている。

覚鑁（一〇九五～一一四三）の『引導大事』（興教大師全集下巻・九〇五―九〇六頁）は、護身法・焼香・破地獄印・胎大日印・金大日印・普利衆生印・亡者六大加持の次第で、「引導法の研究」には、導師が成仏し亡者も六大加持によって成仏する完全な即身成仏為本の立場による編作であり、大師『御引導大事』があまりにも簡潔であるため、さらに組織し鮮明にせられたと述べられている。覚鑁上人前後から、引導作法による葬送が始まったとされている。

成賢『作法集』の「無縁葬作法」には、金輪仏頂の三摩地に入り、驚発地神印明・大仏頂印明・金輪印明の結誦、札に鑁字と迷故三界城等の偈を書き墓所の中央に立つ、金剛合掌・金剛網の印明で八方を結界し墓所を密厳浄土と観ずる、最後に心仏及衆生是三無差別等の偈によって死人を加持し死人即仏となる。

「引導法の研究」によると、導師が成仏し、墓所を密厳浄土とし、死人も成仏せしめるという、即身成仏為本の立場に、密教の浄土思想が付加されているという。

## 二、中世における引導作法

「引導作法」は、鎌倉までは即身成仏為本の立場による次第であり、鎌倉以後は即身成仏為本の他に、その時代に信仰された浄土信仰、六地蔵信仰、十三仏信仰等が混入された次第となっている。

室町末期の享禄年間（一五二八〜一五三二）の編作といわれる『引導雑集』（『引導五部書』ともいわれる）は弘法大師の御作と伝わっているが、選者不詳である。五巻の中、巻四「引導作法次第」は七通の印信を骨子とした小野流所伝の引導作法である。弘法―真雅……仁海―覚源―覚俊―厳覚……と相伝しており、『作法集』の「葬法」と同じ血脈であり、さらに血脈から見ると、報恩院流に相伝されてきた七通の印信を本とした引導作法である。

## 三、近世における引導作法

『引導雑集』を底本として、『引導二巻書』（高野版二帖）が江戸中期に編作される。上巻は葬式の作法、支度等で、下巻は引導略作法である。「引導法の研究」を要略すると、いまだ即身成仏為本の思想と往生浄土為本の思想が調和されていなかったのを調和せんと試みられたのが、この「引導略作法」であると述べられている。

『真言密教事相概説』によると、『引導二巻書』の「引導略作法」の葬家の作法は「引導作法次第」によって編作されているので、小野流相承の引導作法、後半の野辺の作法は御流『大師御引導大事』による編作であり広沢流相承の作法であるので、野沢両流の引導作法を合したのが、『引導二巻書』の「引導略作法」であると述べられている。

ちなみに、『引導二巻書』の下巻が「引導略作法」と称されるのは、「引導作法次第」を略出しているからであり、「引導作法次第」の七通の印信の中、五通の要をとっているからである。または、「引導略作法」は、供養法を略しているので略作法ともいわれる。

**四、近代・現代における引導作法**

『真言宗引導作法具書』（一八―二二頁）には、近代・現代における刊行の引導作法については、左記があげられている。

『引導略作法』一帖は葦原寂照編、明治二十五年（一八九二）、太融寺発刊である。

『引導二巻書』二帖一帙（京都版）は、明治四十一年（一九〇八）、京都藤井左兵衛発刊であり、内容は高野版と同である。

『引導作法全集』二帖一帙は宮野宥智編、昭和六年（一九三一）八月、松本日進堂発刊であり、上巻は高野版、京都版の下巻の作法を増補し印図を加え、下巻は高野版、京都版の上巻と全同である。現在、最も多く用いられている次第である。

『無常導師作法』一帖（『真言宗諸経典』所収）は後藤信教編、昭和八年（一九三三）、心鏡社発刊である。

『引導略作法』一帖（『便蒙真言宗檀用経典』所収）は岩原諦信編、昭和十四年（一九三九）、松本日進堂発刊である。

なお、右記の他に、加藤宥雄『引導略作法次第』一帖（『醍醐三宝院方伝授聖教』所収、以下『加藤本』とする）があり、昭和六十年（一九八五）、総本山醍醐寺発行である。

## 第四項　真言宗の引導作法

真言宗の葬儀は、まず死者を出家得度し仏弟子にし、灌頂を授ける次第になっている。

『真言宗引導作法具書』にも、真言宗の引導作法は最高の厳儀たる伝法灌頂の法式に則ったものであるので、全生命を傾注し、遺族の亡者の得脱を願う切実な心になって、懇切丁寧、熱誠をこめて作法すべきと主張されている。なお、授灌頂印明は高見『真言宗引導作法具書』、上田『引導作法口訣』は伝法灌頂の秘印明を、おしみなく授けると説かれている。

『真言宗引導作法具書』『真言密教事相概説』には、宥快『引導口訣秘鈔』を引き、引導師の用心が述べられている。現在においても、留意しなければならない事柄であるので、左記に引用する。

①亡者の引導を頼まれたときは速やかに法名をつけて仏弟子とせよ。これによって亡者に魔性が取り入らない。

②自坊において仏前に香花を備え任意に本尊の供養法を修し、引導作法、血脈を心静かに勤めよ。葬家では外儀が多く心散乱して如法に勤め難いからである。

③導師は無所得の心に任せよ。もし貪瞋等の心をおこせば亡者は地獄に堕す。慎むべし。

④引導作法を知らない時は読経してひとえに帰依の仏に引導を頼み奉れ。帰依仏がなければ地蔵菩薩に頼むがよい。

⑤葬家に至れば家内亡者ともに結界せよ。魂魄を封じ込めておいて引導すれば効果がある。刹那消滅であるから油断してはならない。

⑥死人は早く葬るべし。時移れば受生の恐れがある。引導の用心は専ら受生させないで早く成仏させることにある。

⑦導師の作法に三種がある。上品は導師と表白師と二人で勤める。表白師は別壇にて無常の表白を唱え、導師は

供養法を常の如く行じ散念誦に至り大金剛輪と一字呪を残して　引導作法了って大金剛輪一字以下常の如く行じる。中品は表白と供養法とを導師一人で勤める。作法は前に同じ。下品は供養法を略し、三礼如来唄、表白ばかりで引導作法を勤める。

高井観海『密教事相大系』には、元禄六年写本『引導口訣』を引いているが、右記とほぼ全同である。他に三項目付加されているが、その中の一のみあげる。棺の置き様、小野、広沢の区別あり。印可の時の如し。但し地方の習慣あり、便宜に随って可なりとある。

なお、導師の供養法については、次の三本に各々数種あげられている。一は加藤宥雄『詳説引導作法』（七五頁）で理趣経法・阿弥陀法・不動法、二は『真言宗引導作法具書』（二四頁）で阿弥陀三昧・理趣三昧、三は葦原寂照『乳味鈔』巻一九（五十七丁裏）の「作法集」に「亡者の行法の事」として阿弥陀・光明真言・滅悪趣・理趣法等を最善とするとしている。

### 第五項　真言宗僧家の引導作法

真言宗僧侶の葬儀は、すでに伝法灌頂を終えられているので、不動法か理趣経法の供養法を修し送ると伝えられている。

しかし、『詳説引導作法』には、長文なる故に略述すると、鈴木智弁伝授録を引き、大阿闍梨に甲乙はなく、引導師は師位に立って両部不二の印明を授けるべきである。道場観の本尊はいつも曼荼羅の本位から壇上に降臨し行者と一体となるのに、自分は灌頂を受けているから葬式もいらない、両部不二の印可もいらないというのは増上慢であると主張されている。

加えて、私見であるが、『本朝高僧伝』『伝灯広録』等の中、古来、各法流の血脈の正系に名をつらねる先徳の略歴を見ると、受法の師は一人だけではなく、重受といって多くの方々より灌頂を受けられている。一例をあげると、心覚について、『血脈類集記』第六（真全三九・一六一頁）には、「兼意灌頂資。後値覚印阿闍梨重受」と高野山では兼意・覚印の二師より重受とあり、また他にも醍醐で賢覚・実運より小野法流を受けたとされている。

これらのことから考えると、前述の如く不動法か理趣経法による葬送でもよいであろうが、すでに伝法灌頂を受けられている真言宗僧侶に、重受すなわち両部不二の印明を再び授ける葬送も可であるといえるのではなかろうか。

## 第二節　引導作法の次第

引導作法は、経軌にはないので、師資相承によるべきである。

近年の、『引導作法全集』の「引導略作法」は、大きく、棺前作法、室内作法、行列作法、野辺（墓地・火葬場）の作法、葬送終わっての作法、以上五つの作法で成り立っている。

※次第の中、――線は「引導略作法」にはなく、上田霊城伝授における『引導作法口訣』により付加せしものである。

### 第一項　沐浴入棺作法

護身法・臨終印明・灑水・剃髪・三帰戒・三竟・五戒（あるいは八戒・十善戒等）

## 第二項　室内作法

登礼盤・塗香・護身法・加持香水・招魂・授戒名・開眼・発菩提心授・普賢三昧耶印・外五股印・弥陀来迎印・三尊来迎印・同来迎印・六地蔵総印・不動四大明王印・三身如来説法印・開塔印・閉塔印・普賢三昧耶印・不動灌頂印・法身印・報身印・応身印・不動六道印・色法成仏印・心法成仏印・色心不二成仏印・三礼・表白・神分・仏名・教化・咒願・召請・焼香・読経

右記の「引導略作法」は、『引導雑集』の中の「引導作法次第」の七通の印信の中、五通の要をとっている。上田『引導作法口訣』によると、五通は左記である。

第一通印信　引導の印信（初重）　発菩提心印明～三身如来説法印
第二通印信　死出の山の印信（第二重）　開塔印～普賢三昧耶印
第三通印信　三途の河の印信（第三重）　不動灌頂印～応身印
第四通印信　不動六道の印信（第四重）　不動六道の印
第五通印信　即身成仏の印信（第五重）　色法成仏印～色心不二成仏印

※なお、『引導雑集』の中の「引導作法次第」の略されている印信は、第六通が法華灌頂印信であり、第七通が土葬印信である。

## 第三項　行列作法

行列・六地蔵惣印言・六観音惣印・廻火炉・南方不二之方蹲踞

### 第四項　野辺（墓地・火葬場）の作法

護身法・加持香水等・破地獄印明・持戒清浄印・授菩提心戒・授三昧耶戒・住法界定印・授塗香・灑水・授五股・金剛界普賢三昧耶印明・胎蔵界入仏三昧耶印明・授灌頂印明・大師御引導大事・仏眼印明・血脈相承・授六大之印明・諷誦文・読経・祈願・最極秘印・撥遣

### 第五項　葬送終わっての作法

経畢盛物等供・川払・荼毘帰経一巻讃廻向光明真言（戻り経）

## 第三節　引導作法の声明

引導作法の声明は、三礼・表白・神分・仏名・教化である。

なお、引導作法の声明の中、すでに解説されている声明は省略する。それらは左記であるので参照すべし。

○三礼　第二篇第五章第四節[2]
○表白　第二篇第一章第四節[17]
○神分　第二篇第一章第四節[18]
○仏名　第二篇第五章第四節[3]
○教化　第二篇第五章第四節[4]

# 1 表白

調子は、『声明集略頌』には表白の旋律は示されていないが、師伝によると、中曲黄鐘調と伝えられている。理峯『私鈔略解』（一四五頁）にも、「諸表白。諸祭文。仏名。諸教化皆な悉く中曲黄鐘調也」と指示されている。唱え様は、理趣三昧の表白に全同である。

廉峯『声明聞書』（続真全三〇・二三九頁）に、「表白は時に依り人に依り俄に作るものなれば博士を指すを一大事とす」と、また加藤宥雄『醍醐三宝院憲深方伝授録』第五巻（二二頁）にも、「表白はその場その場で作文すべきものである」と主張されているが、近年は既成の表白文を読むことの方が多い。

したがって、本書では、『引導作法全集』（以下『二巻書』とする）上巻の表白に、仮博士を付させていただいた。しかし、『二巻書』の博士を少し訂正させていただいた。異なる箇所は左記である。

また、表白は甲乙に始まり、最後は丙丁でおさまり、「敬白」で終わる。丙丁、丙丁と続くことは決してないとされているが、『二巻書』には丙ノ句が「厳て」と「燃して」の二箇所続いており、丙丁、丙丁と続くは不可との習いに反する。

表白の文は『二巻書』の文をほとんどそのままに引用、博士は『二巻書』を中心に、『引導略作法次第』（醍醐寺における三宝院流伝授次第）を参照し、少し唱え難き箇所は訂正した。

なお、『引導略作法次第』（以下『加藤本』とする）は師僧の恵秀が総本山醍醐寺における三宝院流憲深方の一流伝授を受法せし折の聖教であり、筆者は師僧より授受せしものである。

# 引導作法表白

敬って。真言教《ケウ》主。大日如来。両部界会。諸尊

聖衆。殊には。極楽化《ケ》主《シュ》。弥陀種《シュ》覚《カク》。当来導師。

弥勒慈尊。坐禅入《ニウ》定。遍照金剛。三国伝《デン》灯《ドウ》。諸

大阿闍梨耶惣じては仏眼所照三宝慈悲

の境界《キョウガイ》に白《もう》して言《もう》さく　夫れ以《オモンミ》れば

機《キ》興《コウ》則《ソク》生《ショウ》之月《ツキ》の光《ヒカ》りは

寂静法性《ジャクジョウホッショウ》の空《ソラ》に耀《カガヤ》き

縁《エン》謝《ジャ》則《ソク》滅《メツ》之華《ハナ》の色《イロ》は

無《ム》尽《ジン》荘《ショウ》厳《ゴン》の薗《ソノ》に薫《クン》ず

生《ショウ》と者《いっぱ》不生の生

滅と者《いっぱ》不滅の滅

生滅共《トモ》に不可得也《トクナリ》

得《エ》て称す可《ベカ》ら不《ざ》る者《モノ》歟《か》

爰《ココ》に今日《コンニチ》の逝者

娑婆《シャバ》の縁尽《ツキ》て既《スデ》に他界に趣《オモムキ》て

南《ナン》浮《ブ》の身《シン》を(ノ)離《ハナ》れて方《マサ》に中有に遷《ウツ》る

仍《ヨ》て今《イマ》

釈《シャク》王《オウ》十《ジュウ》善《ゼン》の遺《ユイ》風《フウ》に任《マカ》せて

泣ゝ《ナクナク》葬《ソウ》送《ソウ》荼《ダ》毘《ビ》の儀式を刷《カイツク》ろい

如《ニョ》来《ライ》有《ウ》応《オウ》の道場を厳《カザ》て

新《アラタ》に聖霊《ショウリョウ》得脱《トクダツ》之引摂を祈《イノ》る

六《ロク》大《ダイ》無《ム》碍《ゲ》之火を燃《モヤ》して

本来不生之躰《タイ》を焼く

伏《フシ》て願《ネガワク》は

諸仏の証明諸聖の誓願《グワン》

速《スミヤ》かに上品《ボン》之蓮台に引摂す

理趣般若之法王《オウ》鮮《アザ》ようして

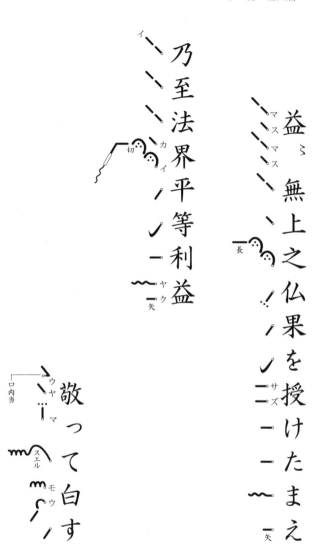

益々《マスマス》無上之仏果を授《サズ》けたまえ

乃至法界《カイ》平等利益《ヤク》

敬《ウヤマ》って白《モウ》す

**弥勒慈尊**

『二巻書』の「慈尊」は徵・徵であるが、「慈」は徵、「尊」は徵・角で甲ノ句のユリで唱える。

**不滅ノ滅**

『二巻書』は「不滅ノ滅」の「滅」は角であるが、徵・角で乙ノ句のユリで唱える。

**理趣般若の法王**

『二巻書』の「法王」は徵・徵であるが、「王」は徵・角で甲ノ句のユリで唱える。

さらに『二巻書』と『加藤本』は文言においても少し異っている。異っている箇所は左記である。

**得て称す可ら不る者歟**

『二巻書』は上記であるが、『加藤本』は「得て称す可ら不る歟」と唱える。

**爰に今日の逝者**

『二巻書』は上記であるが、『加藤本』は「爰に当山先師尊霊（今日の精霊）」と唱える。

## 娑婆の縁尽て既に他界に趣て
## 南浮の身を離れて方に中有に遷る

『二巻書』は上記であるが、『加藤本』は「南浮此土の化縁（往因）既に尽て、弥勒化土（都率浄土）の随従（託生）時至れり」と唱える。

## 釈王十善の遺風に任せて

『二巻書』は上記であるが、『加藤本』は上記の他に「真言加持の教風に任せて」と唱える伝もある。

## 泣く泣く葬送荼毘の儀式を刷ろい

『二巻書』は上記であるが、『加藤本』は上記の他に「葬送呪願之儀則を調え」と唱える伝もある。

## 如来有応の道場を厳て

『二巻書』は上記であるが、『加藤本』は上記の他に「三密加持の法水を洒で」と唱える伝もある。

## 新に聖霊得脱之引摂を祈る

『二巻書』は上記であるが、『加藤本』は上記の他に「新に先師尊霊追慕之丹心を表す」と唱える伝もある。

六大無碍之火を燃して

本来不生之体を焼き

諸仏の証明諸聖の誓願

速かに上品の蓮台に引摂す

理趣般若之法王鮮ようして

益々無上之仏果を授けたまえ

『三一巻書』は上記であるが、『加藤本』は上記の他に「六大無碍之大地を鑁して」と唱える伝もある。

『三一巻書』は上記であるが、『加藤本』は上記の他に「本来不生之体を埋む」と唱える伝もある。

『三一巻書』は上記であるが、『加藤本』は上記の他に「諸仏の証明遮那の誓願」と唱える伝もある。

『三一巻書』は上記であるが、『加藤本』は上記の他に「速に不二之蓮台に引摂す」と唱える伝もある。

『三一巻書』は上記であるが、『加藤本』は上記の他に「理趣般若之功力鮮して」と唱える伝もある。

『三一巻書』は上記であるが、『加藤本』は上記の他に「益々本有果満之月朗なり」と唱える伝もある。

## 2 神　分

神分は、曼荼羅の外金剛部、及び本朝の神祇に法施を分け与える義である。どれほどの大法会でも、諸神の協力がなかったら、悉地成就がおぼつかないので、一座の修法が成就するよう、仏教擁護の諸天善神、日本国中の大小神祇に祈念する。

引導作法の神分については、『乳味鈔』巻一九（五十七丁裏）の「作法集」に「神分　之に用否の二説あり」として、一は全てを除く、二は本朝の諸神祇を除き、余は例の如く唱えるなりとしている。引導作法では、神分を用いるにしても、閻魔大王あるいは五道冥官等に祈念する特殊なものであり、むしろ霊分といっても過言ではないといえるのではなかろうか。

『醍醐三宝院憲深方伝授録』第五巻の「引導作法次第」（二九―三三頁）に、神分の「十三大士」について、「どうして十三大士が冥府に出現するのであろうかと、ただ不思議に思いながら長い日が過ぎてきた。それが、ふと東寺宝菩提院の引導作法に十王大士とある事を発見して引導作法の背景が判明し、十三大士は明らかに十王大士でなければならないということに落ち着いた次第である」と、典拠もあげ、十三大士は十王大士の誤植と主張されている。普通には、大士は mahā-sattva で菩薩のことであるので、十三大士は十三仏と考えがちである。ところが、神分中に「閻魔法王五道冥官等定めて降臨影向給うらん」とあり、つづけて突然に「十三大士冥官冥衆」と、閻魔・五道冥官等の次に十三大士と唱えることになっている。十三大士が十三仏であれば、本地仏の十三仏の方が閻魔等の後になっており、順序が逆で違和感があるといえる。また、厳密にいえば、十三仏の中には菩薩だけではなく、釈

迦・薬師・阿弥陀・阿閦・大日と五の如来もおられる。このことからも、十三大士は十王大士の誤植であり、十王大士の方が正しいかとも思われる。

十王と十三仏の関係は左記である。

初七日は秦広王・不動明王、二七日は初江王・釈迦如来、三七日は宋帝王・文殊菩薩、四七日は五官王・普賢菩薩、五七日は閻魔王・地蔵菩薩、六七日は変成王・弥勒菩薩、七七日は泰山王・薬師菩薩、百ヶ日は平等王・観世音菩薩、一周忌は都市王・勢至菩薩、三回忌は五道転輪王・阿弥陀如来である。

なお、日本では、十王に三王が追加され、七回忌は蓮華王・阿閦如来、十三回忌は慈恩王・大日如来、三十三回忌は祇園王・虚空蔵菩薩となったと伝えられている。

すると、大士は菩薩の訳の他に、偉大な人・衆生・眷属とも訳されるので、十三大士は十三大王を意味すると考えても間違いはないといえる。また、一方では、士は王の誤植であり、十三大士は十三大王の誤りでなかろうかとも考えられる。

引導作法の神分は、表白と同じく『二巻書』の博士を中心に『引導略作法次第』を参照し、少し訂正させていただいた。異なる箇所は左記である。

中院流は、表白、神分ともに博士を付するが、醍醐、随心院等他流の大方は、表白のみ博士を付し、神分は微音に唱えるのを習いとする。

# 神分

抑《ソモソ》も亡魂葬送の庭《ニワ》○滅罪生善往生極楽の
砌《ミギリ》なれば○閻魔法王五道冥《ミヨウ》官《カン》等《トウ》○定《サダ》めて降《ゴウ》
臨《リン》影《ニヨウ》向《ゴウ》し給《タモ》らん○然《シカ》れば則《スナワ》ち○十《ジユウ》三《サン》大《ダイ》士《ジ》冥

官冥《ミョウ》衆《ジュ》部類眷属《ゾク》　併《シカシナガ》ら離《リ》業《ゴウ》得《トク》道《ドウ》の為《おんため》《タメ》に

般若心経《ギョウ》　丁

大般若経名　丁

過去幽魂密厳華蔵の為《タメ》に

摩訶毘盧遮那仏名《ミヨウ》　丁

安養世界上品往生の為《タメ》に

阿弥陀仏名《ミヨウ》　丁

観音宝号《ゴウ》　丁

都率天上内院往生の為《タメ》に

弥勒菩薩名《ミヨウ》　丁

内院外院諸聖衆《ジウ》　丁

随願即得仏土の為《タメ》に

一切三《ム》宝《ボウ》

乃至法界平等利益の為《タメ》に

観自在菩薩《入》名《ミョウ》

金剛手菩薩《入》名《ミョウ》

# 仏名

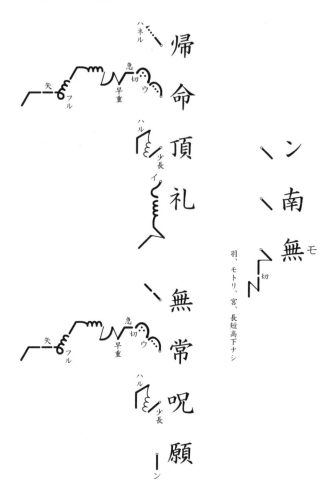

ン南無《モ》

羽、モトリ、宮、長短高下ナシ

帰命頂礼

無常呪願

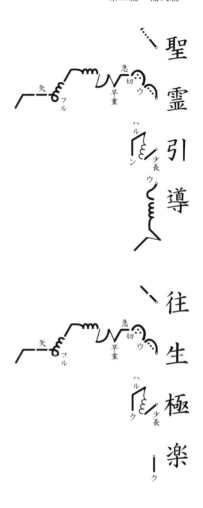

聖霊引導

往生極楽

# 教化

神通乗教の壇上をかざりてそ刹那猟縛の項に正覚をば成ずべかりける凡身即

仏の源底を示してそ当相即道のさとり

をば開発せしめたまうべき物なりける

廻向大菩提

## 抑も

『二巻書』では「ソモソモ」の二字目の「モ」は角であるが、『加藤本』は「モ」は徴・角で角はイロ二ツで唱える。

## 葬送

『二巻書』では「葬送」は角・角であるが、『加藤本』は「葬」を角・徴、「送」は角を流シで唱える。

## 庭

『二巻書』では「庭には」と唱えるが、『加藤本』は「庭」と唱える。

## 生善

『二巻書』では「生善」は角・角であるが、『加藤本』は「生」を角・徴、「善」は角を中下シで唱える。

## 極楽

『二巻書』では「極楽」は角・角であるが、『加藤本』は「極」を角・徴、「楽」は角を中下シで唱える。

## 降臨影向

『二巻書』では「降臨影向」の博士はすべて角であるが、『加藤本』は他の諸神分と同じく「降」は角、「臨」の「リ」はカカリ徴、「臨」の「ン」は徴、「影」は角を中下シで唱える。

## 然れば

『二巻書』では「然れば」は「シカ」は角・角であるが、『加藤本』は「シ」を徴で「火」の注があり、きわめて早く、つづけて「カ」を角で流シで唱える。

## 冥官

『二巻書』では「冥官」は角・角であるが、『加藤本』は「冥」を角・徴、「官」は角を中下シで唱える。

## 併ら

『二巻書』では「シカシナガラ」を全て徴で点譜されているが、『加藤本』の「シ」は「火」で角、「カ」は徴、「シ」は徴・角で角はイロ二ツ、「ナ」はイロ二ツ、「ガ」はイロ三ツ、「ラ」は角で唱える。

## 離業

『二巻書』では「離業」は角・角であるが、『加藤本』は「離」は徴、「業」は角を中下シで唱える。

## 般若心経

『二巻書』では「般若心経」の「般若心」をそれぞれ角・角・徴と唱えるが、『加藤本』は「般」を角・徴、「若」は角で流シ、「心」の「シ」を角、「ン」をイロ三ツで唱える。

過　去

『二巻書』では「過去」をそれぞれ徴・徴と唱えるが、『加藤本』は「過」を徴、「去」の角は流シで唱える。

安　養

『二巻書』では「安」を角・徴、「養」を徴で唱えるが、『加藤本』は「安」を角・徴、「養」は角で中下シで唱える。

阿弥陀仏名

『二巻書』では「阿弥陀」を角・角・角と唱えるが、『加藤本』は「阿弥」をそれぞれ角・角、「陀」を徴で唱える。

観音宝号

『二巻書』では「観音」を角・角と唱えるが、『加藤本』は「観」を角・徴、「音」の角は中下シで唱える。

内院往生

『二巻書』では「内院」を角・角で唱えるが、『加藤本』は「内」を角・徴、「院」を角で中下シで唱える。

弥勒菩薩

『二巻書』では「弥勒」を角・角で唱えるが、『加藤本』は「弥」を徴、「勒」を角で中下シで唱える。

## 内院外院

『二巻書』では「内院」を角・角で唱えるが、『加藤本』は「内」を角・徴、「院」を角で中下シで唱える。

## 随願即得

『二巻書』では「随願即得」を角・角・角・角で唱えるが、『加藤本』は「随」を角・徴、「願」を角で中下シ、「即得」を角・角で唱える。

## 一切三宝

『二巻書』では博士が付されていないが、『加藤本』は「切」を角、「三」を角イロ二ツ、「宝」はカカリ角・商で唱える。

ただし、「一」は唱えない。その理由は左記である。

『魚山精義』に、一切の一の字を唱えないのは、語呂煩わしき故に一の字をいい消すのみとある。岩原諦信『声明の研究』には、唐の歌いものには、歌う上で、愉しんで一字に譜をつけない風があった。「サ」の声を出すのに「イ」を発音する時に近い口形で、「さ」の発音をする。すなわち、「イ」の字を愉しむという。大山公淳「講究会の記（一）」（『高野山時報』）に、この疑問に対し、「遍照光院前官法性権大僧正より答あり。三礼の中の一は二に対し三に対して相対を表わすこととなる。今は絶対を表わして一の声を唱えず」と記されている。

## 乃至法界平等利益

『二巻書』では「乃至」を角・角と唱えるが、『加藤本』は「乃」を角・徴、「至」を角で流シで唱える。また、『二巻書』では「平等」を角・角と唱えるが、『加藤本』は「平」を角・徴、「等」を角で中下シで唱える。

## 観自在

『二巻書』では「観自在」を角・角・角と唱えるが、『加藤本』は「観」を角・徴、「自」は角で流シ、「在」を角で唱える。

## 金剛手

『二巻書』では「金剛手」の「金」を角・徴、「剛」を徴、「手」を角の中下シで唱えるが、『加藤本』は「金」を角、「剛」を徴、「手」を角の流シで唱える。

## 廻向大菩提

『二巻書』では教化の「廻向大菩提」の「大」は宮であるが、『加藤本』は商のソリで唱える。

# 原典資料・参考文献一覧　＊五十音順

## 1. 原典資料

『阿闍梨大曼荼羅灌頂儀軌』（略名『灌頂儀軌』〈大正蔵一八〉）
『阿閦如来念誦供養法』不空訳（大正蔵一九）
『厚造紙』元海記（大正蔵七八）
『阿毘達磨倶舎論』世親造・玄奘訳（大正蔵二九）
『一字頂輪王念誦儀軌』不空訳（略名『一字頂輪王儀軌』〈大正蔵一九〉）
『一法界[illegible][illegible]法』（『中院流聖教』、高野山出版社、一九九四年）
『一法界[illegible][illegible]法　五日三時口決類』三冊、加藤宥雄編（藤井佐兵衛、一九八七年）
『増補印図入引導作法全集』上下、宮野宥智編（松本日進堂、一九三三年）
『引導大事』覚鑁撰（興教大師全集下巻）
『薄双紙』成賢撰（大正蔵七八）
『薄草子口決』頼瑜撰（大正蔵七九）
『叡岳要記』（群類二四）
『奥院興廃記』尚祚撰（大日仏全一二〇）
『奥院通夜行道法則』中川善教編（『弘法大師御入定御遠忌大法会諸法則』、一九八三年）
『音曲秘要抄』凝然述（大正蔵八四）
『音律菁花集』聖尊撰（大正蔵八四）
『覚禅鈔』覚禅集（大正図四）
『過去荘厳劫千仏名経』一巻、闕訳（大正蔵一四）

『仮名付昭和新版　般若理趣経』岩原諦信編（松本日進堂、一八六四年）
『金沢文庫資料全書　歌謡・声明篇』第八巻、神奈川県立金沢文庫編（便利堂、一九八六年）
『観自在菩薩如意輪念誦儀軌』不空訳（略名『如意輪念誦儀軌』〈大正蔵二〇〉）
『紀伊続風土記』高野山之部（続真全三六）
『紀伊続風土記』高野山之部（続真全三七）
『紀伊続風土記』高野山之部（続真全三八）
『紀伊続風土記』高野山之部（続真全三九）
『紀伊続風土記』高野山之部（続真全四〇）
『[illegible]』（別名『胎蔵梵字次第』空海撰〈弘全和六〉）
『魚山私鈔略解』理峯記（続真全三〇）
『魚山六巻帖』復刻版、宗淵編（魚山大原寺実光院、一九八九年）
『魚山六巻帖』重版、中山玄雄編（芝金声堂、二〇〇三年）
『金輪王仏頂要略念誦法』不空訳（大正蔵一九）
『空海僧都伝』真済記（弘全和首巻）
『九條錫杖鈔』亮汰述（『続豊山全書』第五巻、続豊山全書刊行会、一九七八年）
『結縁灌頂声明集』潮弘憲編（真言勧学之会、二〇〇九年）
『結縁灌頂声明集・結縁灌頂乞戒次第』潮弘憲編（種智院大学同窓会、二〇〇八年）
『血脈類集記』元瑜撰（真全三九）
『元亨釈書』虎関師錬撰（大日仏全一〇一）
『賢劫十六尊』一巻、失訳（大正蔵一八）
『現在賢劫千仏名経』一巻、闕訳（大正蔵一四）
『広弘明集』道宣撰（大正蔵五二）

『興正菩薩御教誡聴聞集』長谷川誠編（西大寺、一九九〇年）
『校正大般若法則』霊瑞誌（一七七二年）
『興福寺流記』（大日仏全一二三）
『広布薩式』慈雲著（『慈雲尊者全集』長谷宝秀編纂、思文閣出版、一九七七年）
『弘法大師行化記』藤原敦光著（弘法大師伝全集二）
『弘法大師御行状集記』経範著（弘法大師伝全集一）
『弘法大師御伝』兼意著（弘法大師伝全集一）
『弘法大師御入定勘決抄』済暹著（弘法大師伝全集一）
『弘法大師諸弟子全集』上巻、長谷宝秀編（六大新報社、一九四二年）
『弘法大師諸弟子全集』中巻、長谷宝秀編（六大新報社、一九四二年）
『弘法大師諸弟子全集』下巻、長谷宝秀編（六大新報社、一九四二年）
『弘法大師誕生会法則』潮弘憲編（海福寺、二〇一〇年）
『弘法大師誕生会法則』霊瑞編（経師八佐衛門、一七六六年）
『弘法大師誕生会式』吉田寛如編（『南山進流詳解魚山蠆芥集』、四大徳恩出版会、一九九四年）
『弘法大師伝記集覧』増補再版、三浦章夫編（密教文化研究所、一九七〇年）
『弘法大師年譜』得仁撰（真全三八）
『光明三昧法則』中川善教編（『弘法大師御入定御遠忌大法会諸法則』、一九八三年）
『光明真言加持土砂義』明恵述（真言宗安心全書巻下）
『光明真言句義釈』明恵述（真言宗安心全書巻下）
『光明真言鈔』頼慶撰（真言宗安心全書巻下）
『光明真言土砂勧信記』明恵述（真言宗安心全書下）
『高野雑筆集』空海記（弘全和一〇）

『高野春秋編年輯録』懐英記（略名『高野春秋』〈大日仏全一三一〉）
『高野大師御広伝』聖賢著（弘法大師伝全集一）
『御請来目録』空海著（弘全和一）
『五大虚空蔵菩薩速疾大神験秘密式経』金剛智訳（大正蔵二〇）
『乞戒師法則　胎方』（善通寺宝物館所蔵、目録番号一九二―三九）
『乞戒師法則』（善通寺宝物館所蔵、目録番号九六―三二）
『乞戒声明古草捃拾』真源著（続真全三〇）
『乞戒導師作法　中ー』（善通寺宝物館所蔵、目録番号七二―一二）
『乞戒導師作法』（善通寺宝物館所蔵、目録番号一九二―四〇）
『乞戒導師作法』（善通寺宝物館所蔵、目録番号別六―一五）
『五日三時[illegible]』真雅（弘法大師諸弟子全集中）
『五日三時法』四帖、高見寛恭編（真言宗伝灯会、一九八一年）
『五秘密法』中院流（『中院流聖教』、高野山出版社、一九九四年）
『護摩法略抄』実慧記（弘法大師諸弟子全集上）
『御遺告二十五箇條』空海記（弘全和七）
『金剛界黄紙次第』空海撰（弘全和五）
『金剛界大儀軌』空海撰（弘全和一二）
『金剛界礼懺』不空訳（内題『金剛頂経金剛界大道場毘盧遮那如来自受用身内証智眷属法身異名仏最上乗秘密三摩地礼懺文』
〈大正蔵一八〉）
『金剛寺文書』（大日本古文書、東京帝国大学、一九二〇年）
『金剛手光明灌頂経最勝立印聖無動尊大威怒王念誦儀軌法品一巻略次第』空海撰（略名『不動明王念誦次第』〈弘全和一三〉）
『金剛手光明灌頂経最勝立印聖無動尊大威怒王念誦儀軌法品』不空訳（略名『不動立印ノ軌』〈大正蔵二一〉）

『金剛頂経一字頂輪王瑜伽一切時処念誦成仏儀軌』不空訳（略名『時処軌』〈大正蔵一九〉）
『金剛頂一切如来真実摂大乗現証大教王経』三巻、不空訳（略名『三巻教王経』〈大正蔵一八〉）
『金剛頂一切如来真実摂大乗現証大教王経』二巻、不空訳（略名『二巻教王経』〈大正蔵一八〉）
『金剛頂経瑜伽修習毘盧遮那三摩地法』金剛智訳（略名『金剛頂三摩地法』〈大正蔵一八〉）
『金剛頂勝初瑜伽経中略出大楽金剛薩埵念誦儀軌』一巻、不空訳（略名『大楽金剛薩埵念誦儀軌』〈大正蔵二〇〉）
『金剛頂経大瑜伽秘密心地法門義訣』不空撰（略名『金剛頂経義訣』〈大正蔵三九〉）
『金剛頂瑜伽護摩儀軌』不空訳（大正蔵一八）
『金剛頂瑜伽金剛薩埵五秘密修行念誦儀軌』不空訳（略名『五秘密儀軌』〈大正蔵二〇〉）
『金剛頂瑜伽千手千眼観自在菩薩修行儀軌経』不空訳（略名『千手軌』〈大正蔵二〇〉）
『金剛頂瑜伽中略出念誦経』金剛智訳（略名『略出経』〈大正蔵一八〉）
『金剛頂蓮華部心念誦儀軌』不空訳（略名『蓮華部儀軌』〈大正蔵一八〉）
『金剛峰寺建立修行縁起』作者不詳（弘法大師伝全集一）
『金剛峯寺諸院家析負輯』（続真全三四）
『金剛峯寺諸院家析負輯』（続真全三五）
『金剛峯寺年中行事』首巻―四巻、水原堯栄著（金剛峯寺、一九三四年）
『金剛仏子叡尊感身学正記』叡尊著・長谷川誠編（西大寺、一九九〇年）
『金剛峯楼閣一切瑜伽瑜祇経』金剛智訳（略名『瑜祇経』〈大正蔵一八〉）
『金光明最勝王経』義浄訳（大正蔵一六）
『金堂舎利会法則』中川善教編（『弘法大師御入定御遠忌大法会諸法則』、一九八三年）
『西大寺流布薩』（西大寺所蔵、一八五二年写）
『祭文集』吉田寛如編著（一心社、一九八七年）
『嵯峨天皇壱千壱百年聖諱大法会手鏡』（大本山大覚寺、一九四九年）

『三箇秘韻聞記』寂照記（続真全三〇）
『三教指帰』空海撰（弘全和九）
『参語集』五巻、行遍著（『国文東方仏教叢書』第四巻随筆部、鷲尾順敬等註、国文東方仏教叢書刊行会、一九二六年）
『三宝院流洞泉相承口訣』動潮撰（真全三三）
『三宝絵詞』源為憲著（大日仏全一一一）
『式一貫秘口伝鈔』真亮撰（続真全三〇）
『四座講式』桑本真定編（六大新報社、一九一六年）
『四座講式註解』景義著（続真全三〇）
『四座講式並大師明神両講式』岩原諦信著（松本日進堂、一九三九年）
『四座講式』吉田寛如編（『南山進流詳解魚山蠆芥集』、四大徳恩出版会、一九九四年）
『四座講式』廉峯編（一七五八年）
『実相般若波羅蜜経』菩提流支訳（略名『実相般若経』〈大正蔵八〉）
『悉曇蔵』安然撰（大正蔵八四）
『四分律刪繁補闕行事鈔』道宣撰（大正蔵四〇）
『釈迦譜』僧祐撰（大正蔵五〇）
『釈氏要覧』道誠集（大正蔵五四）
『寂照堂谷響集』泊如運敞撰（大日仏全一四九）
『十一面観自在菩薩心密言念誦儀軌経』不空訳（大正蔵二〇）
『十誦律』弗若多羅・羅什共訳（大正蔵二三）
『受菩提心戒儀』不空訳（大正蔵一八）
『諸阿闍梨真言密教部類総録』安然集（略名『八家秘録』〈大正蔵五五〉）
『長阿含経』仏陀耶舎・竺仏念共訳（大正蔵一）

『声字実相義』空海著（弘全和三）
『声実抄』（続真全三〇）
『成就妙法蓮華経王瑜伽観智儀軌』一巻、不空訳（略名『観智儀軌』〈大正蔵一九〉）
『摂大毘盧遮那成仏神変加持経入蓮華胎蔵海会悲生曼荼攞広大念誦儀軌供養方便会』輸婆迦羅訳（略名『摂大儀軌』〈大正蔵一八〉）
『浄土論』迦才撰（大正蔵四七）
『勝鬘師子吼一乗大方便方広経』求那跋陀羅訳（略名『勝鬘経』〈大正蔵一二〉）
『正御影供法則』中川善教編（『弘法大師御入定御遠忌大法会諸法則』、一九八三年）
『声明愚通集』恵岳記（続真全三〇）
『声明口伝』聖尊撰（大正蔵八四）
『声明口伝』忠我記（続真全三〇）
『声明決疑抄』作者不詳（写本）
『声明源流記』凝然述（大正蔵八四）
『声明聞書』廉峯記（続真全三〇）
『声明集』真源編（一七二六年）
『声明集聞書』作者不詳（別名『文明記』〈続真全三〇〉）
『声明集私案記』作者不詳（続真全三〇）
『声明声決書』慈鏡撰述（続真全三〇）
『声明大意略頌文解』葦原寂照記（続真全三〇）
『東寺創建千二百年慶讃　声明大全解説』（鈴木智弁・加藤有雄声明大全ＣＤ版刊行会、一九九六年）
『声明伝授折紙等類集』（善通寺宝物館所蔵、目録番号九六―三二）
『声明呂律秘伝集』弘栄（写本）

『常楽会法則』改訂版、大平智叡編（切幡寺、一九九三年）
『常楽会法則』第四版、中川善教編（松本日進堂、一九八六年）
『常楽会法則』第二版、中川善教編（高野山住職会、一九八七年）
『常楽会法則』廉峯編（一七六九年）
『昭和改板進流　魚山蠆芥集』岩原諦信編纂（心鏡社、一九四二年）
『昭和改版智山声明大典』第六版、内山正如編（平間寺、一九八二年）
『諸経要集』道世撰（大正蔵五四）
『続日本後紀』藤原良房等撰（国史大系）
『諸講表白甲乙事』蘊善著（続真全三〇）
『諸尊要抄』実運撰（大正蔵七八）
『諸秘讃・録外秘讃』（善通寺宝物館所蔵、目録番号別一五―四四）
『諸仏境界摂真実経』般若訳（略名『摂真実経』〈大正蔵一八〉）
『諸流一座行法撮要』再版、鼎龍暁原編（南山道友会、一九九一年）
『初例抄』（群書類従二四）
『心経会念誦』中川善教編（『弘法大師御入定御遠忌大法会諸法則』、一九八三年）
『心経法』中川善教編（中院流、一九八三年）
『新刻五音仏生会法則』霊瑞編（一七六四年）
『真言宗所学経律論目録』空海撰（略名『三学録』〈弘全和一〉）
『真言宗諸法会儀則集成』稲谷祐宣編著（常楽寺文庫、一九七五年）
『真言諸経典』児玉雪玄編（大本山大覚寺、一九五一年）
『真言付法伝』空海撰（略名『略付法伝』〈弘全和一〉）
『真実経文句』空海撰（大正蔵六一）

『真俗雑記問答鈔』頼瑜撰（真全三七）
『塵添壒嚢抄』（大日仏全一五五）
『進流声明撮要』宥雄記（続真全三〇）
『進流秘讃集私記』（高野山大学図書館、貴重寄託書）
『増一阿含経』瞿曇僧伽提婆訳（大正蔵二）
『贈大僧正空海和上伝記』貞観寺座主記（弘全和首巻）
『続高僧伝』道宣撰（大正蔵五〇）
『即身成仏義』空海撰（弘全和三）
『即身成仏義顕得鈔』頼瑜撰（真全一三）
『大阿闍梨声明系図』（大正蔵八四）
『大阿声明抜書』（善通寺宝物館所蔵、目録番号別一五—四三）
『大阿声明抜書』（善通寺宝物館所蔵、目録番号別七八—二）
『大阿並乞戒声明』葦原寂照編（一九〇八年）
『醍醐寺新要録』義演編（醍醐寺文化財研究所編、法藏館、一九九一年）
『醍醐寺雑事記』釈慶延撰（群類一七）
『太子瑞応本起経』支謙訳（大正蔵三）
『大乗本生心地観経』般若訳（大正蔵三）
『胎蔵界吽字次第』空海撰（弘全和一三）
『胎蔵界念誦次第要集記』杲宝撰（真全二五）
『大通方広懺悔滅罪荘厳成仏経』（大正蔵八五）
『大唐西域記』玄奘訳・弁機撰（大正蔵五一）
『大唐大慈恩寺三蔵法師伝』慧立本・彦悰箋（大正蔵五〇）

『大日経開題』空海述（弘全和四）
『大日経持誦次第儀軌』失訳（大正蔵一八）
『大日経疏演奥鈔』杲宝撰（略名『演奥抄』〈大正蔵五九〉）
『大般涅槃経』曇無讖訳（大正蔵一二）
『大般若波羅蜜多経』玄奘訳（大正蔵七）
『大般若法則』霊瑞編（高野山経師八左衛門、一七七二年）
『大般若法則』中川善教編（『弘法大師御入定御遠忌大法会諸法則』、一九八三年）
『大般若法則・御影供表白』第六版（松本日進堂、一九八三年）
『大悲心陀羅尼修行念誦略儀』不空訳（大正蔵二〇）
『大毘盧遮那経広大儀軌』善無畏訳（略名『広大儀軌』〈大正蔵一八〉）
『大毘盧遮那成仏経疏』善無畏口・一行記（略名『大日経疏』〈大正蔵三九〉）
『大毘盧遮那成仏神変加持経蓮華胎蔵悲生曼荼羅広大成就儀軌供養方便会』法全撰（略名『青龍寺儀軌』〈大正蔵一八〉）
『大毘盧遮那成仏神変加持経』善無畏・一行訳（略名『大日経』〈大正蔵一八〉）
『大毘盧遮那成仏神変加持経蓮華胎蔵悲生曼荼羅広大成就儀軌』二巻、法全集（略名『玄法寺儀軌』〈大正蔵一八〉）
『大方広仏華厳経』八十巻、実叉難陀訳（略名『八十華厳経』〈大正蔵一〇〉）
『大方広仏華厳経』四十巻、般若訳（略名『四十華厳経』〈大正蔵一〇〉）
『大楽金剛薩埵修行成就儀軌』一巻、不空訳（略名『金剛薩埵成就儀軌』〈大正蔵二〇〉）
『大楽金剛不空真実三摩耶経般若波羅蜜多理趣品』不空訳（略名『般若理趣経』〈大正蔵八〉）
『大楽金剛不空真実三昧耶経般若波羅蜜多理趣釈』不空訳（略名『理趣釈経』〈大正蔵一九〉）
『高雄山神護寺蔵灌頂歴名』空海筆・谷内乾岳監修（密教文化研究所弘法大師真蹟研究会、一九八六年）
『沢鈔』覚成記・守覚輯（大正蔵七八）
『沢見抄』覚成記・守覚輯・塚本賢暁訳（国訳密教事相部五）

『陀羅尼集経』阿地瞿多訳（大正蔵一八）
『昭和改版智山声明大典』第六版、内山正如編（川崎大師平間寺、一九八二年）
『中阿含経』瞿曇僧伽提婆訳（大正蔵一）
『中院流聖教』中院流聖教編纂委員会（金剛峯寺、一九九四年）
『中院流理趣経法撮要　金・胎』吉田寛如編著（岩原諦信大和尚十三年忌報恩出版会、一九七七年）
『底哩三昧耶不動尊威怒王使者念誦法』一巻本、不空訳（略名『一巻底哩三昧耶経』〈大正蔵二一〉）
『底哩三昧耶不動尊聖者念誦秘密法』三巻本、不空訳（略名『三巻底哩三昧耶経』〈大正蔵二一〉）
『庭儀結縁灌頂三昧耶戒法則』中川善教編（『弘法大師御入定御遠忌大法会諸法則』、一九八三年）
『庭儀大曼荼羅供戒法則』中川善教編（『弘法大師御入定御遠忌大法会諸法則』、一九八三年）
『天台菩薩戒疏』明曠刪補（大正蔵四〇）
『伝灯広録』祐宝撰（続真全三三）
『添品妙法蓮華経』闍那崛多・笈多共訳（大正蔵九）
『東寺長者補任』（群類五八）
『東大寺縁起』（続群七九二）
『東大寺授戒方軌』法進撰（大正蔵七四）
『東大寺別当次第』快円写（群類五六）
『東大寺要録』釈観厳再編（続々群一一）
『東宝記』杲宝撰（続々群一二）
『土砂加持法則』葦原寂照編（太融寺、一八九二年）
『土砂加持法則』岩原諦信編（心鏡社、一九四四年）
『土砂加持法則』潮弘憲編（五流通用、海福寺、二〇〇一年）
『土砂加持法則』中川善教編（『弘法大師御入定御遠忌大法会諸法則』、一九八三年）

『土砂加持法則一座用』密門亮範編（珠数屋四郎兵衛、一九三四年）
『南山進流　慧十六大菩薩漢讃・南山進流　慧十六大菩薩梵讃』・『醍醐進流　定十六大菩薩漢讃』二帖、真源編（一七三七年）
『南山進流寛保再版　魚山蠆芥集』（高野山経師市兵衛、一七四三年）
『南山進流魚山集仮譜』葦原寂照編（太融寺、一八九一年）
『南山進流声明集　附仮譜』上下、鈴木智弁編（松本日進堂、一九五七年）
『南山進流声明類聚　附伽陀』宮野宥智編（松本日進堂、一九三〇年）
『南山進流常用声明集』吉田寛如編（総本山善通寺、一九四八年）
『南山進流 明治改正　魚山蠆芥集』葦原寂照編（経師木村留松、一八九二年）
『入唐求法巡礼行記』円仁撰（大日仏全一一三）
『日本紀略』（国史大系）
『日本書紀』（国史大系）
『観自在菩薩如意輪念誦儀軌』不空訳（大正蔵二〇）
『仁和寺諸院家記』（群類五九）
『延べ書き　明神講式』中川善教編（松本英太郎、一九六八年）
『博士指口伝事』（続真全三〇）
『般若心経秘鍵』空海撰（弘全和三）
『般若心経秘鍵聞書』杲宝口・賢宝記（真全一六）
『般若心経秘鍵撮義鈔』覚眼述（続真全二〇）
『般若心経秘鍵鈔』宥快口（真全一六）
『般若心経秘鍵信力鈔』宥快口（真全一六）
『般若心経秘鍵問題』成雄口（続真全二〇）

『般若心経秘鍵略註』覚鑁撰（大正蔵五七）
『般若心経法』（大本山大覚寺、一九九二年）
『般若心経法同法則』高見寛恭編（伝灯会、一九八四年）
『般若波羅蜜多理趣経大楽不空三昧真実金剛薩埵菩薩等一十七聖大曼荼羅義述』不空訳（略名『十七尊義述』〈大正蔵一九〉）
『般若理趣経愚解鈔』玄広記（続真全七）
『秘鍵伊呂波聞書』宥快述（続真全二〇）
『秘鍵開蔵鈔』頼瑜著（真全一六）
『秘鍵東聞記』頼宝口（続真全二〇）
『秘讃　折紙三十三帋　目録共　合帖』（海福寺所蔵）
『秘讃録外』（高野山大学図書館・貴重寄託書）
『秘鈔』勝賢記・守覚輯（大正蔵七八）
『秘鈔口決』教舜撰（真全二八）
『秘鈔問答』頼瑜撰（大正蔵七九）
『秘蔵記』空海記（弘全和五）
『秘蔵金宝集』実運輯（『三憲聖教』、太融寺、一九三五年）
『秘密曼荼羅教付法伝』空海撰（略名『広付法伝』〈弘全和一〉）
『白宝口抄』亮禅口・亮尊撰（大正図六）
『広沢西院流八結』（仁和伝法所、二〇〇九年）
『毘盧遮那仏説金剛頂経光明真言儀軌』不空訳（写本）
『不空羂索神変真言経』菩提流支訳（大正蔵二〇）
『不空羂索毘盧遮那仏大灌頂光真言』一巻、不空訳（大正蔵一九）
『布薩儀則』上田霊城編（観心寺、一九九六年）

『豊山聲明大成』第二版、新井弘順 監修・解説（豊山声明大成刊行会、二〇〇八年）
『不断経』中川善教編（松本日進堂、一九六六年）
『仏生会法則・弘法大師誕生会法則』（松本日進堂、一九三六年）
『仏生会法則』中川善教編（『弘法大師御入定御遠忌大法会諸法則』、高野山出版社、一九八三年）
『仏生講式』吉田寛如編（『南山進流詳解魚山蠆芥集』、四大徳恩出版会、一九九四年）
『仏所行讃』馬鳴造・曇無讖訳（大正蔵四）
『仏説観普賢菩薩行法経』曇無蜜多訳（大正蔵九）
『仏説最上根本大楽金剛不空三昧大教王経』七巻、法賢訳（略名『理趣広経』〈大正蔵八〉）
『仏説浄飯王般涅槃経』沮渠京声訳（大正蔵一四）
『仏説諸徳福田経』法立・法炬共訳（大正蔵一六）
『仏説大方広曼殊室利経』不空訳（大正蔵二〇）
『仏説仏名経』十二巻、菩提流支訳（大正蔵一四）
『仏説仏名経』三十巻（大正蔵一四）
『仏説無量寿経』康僧鎧訳（大正蔵一二）
『仏名会法則』野口真戒編（河内住職会、河内真和会、一九九九年）
『仏名会法則』霊瑞編（一七六二年）
『仏母大孔雀明王経』三巻、不空訳（大正蔵一九）
『平成増補大般若法則』吉田寛如編（正興寺、一九八九年）
『別行次第秘記』浄厳撰（高野山八葉学会、一九一一年）
『別尊雑記』心覚抄（大正図三）
『遍照発揮性霊集』空海撰・真済編（弘全和一〇）
『便蒙魚山仮譜』松帆諦円編輯（感応寺中後援会出版部、一九二五年）

『便蒙真言宗檀用経典』岩原諦信編（松本日進堂、一九三九年）
『法苑珠林』道世撰（大正蔵五三）
『褒灑陀儀則』潮弘憲編（海福寺、一九九〇年）
『褒灑陀儀則』加賀尾秀忍編（経師久五郎）
『褒灑陀儀則』鏤瓊幢編（藤井佐兵衛、一八九四年）
『法要集』中川善教編（親王院、一九八六年）
『菩薩戒義疏』智顗説・灌頂記（大正蔵四〇）
『菩薩戒本疏』義寂述（大正蔵四〇）
『法華三昧懺儀』智顗撰（大正蔵四六）
『本朝高僧伝』第二、卍元師蛮著（大日仏全一〇三）
『梵網経』鳩摩羅什訳（大正蔵二四）
『梵網経古迹記』太賢集（大正蔵四〇）
『梵網経菩薩戒本疏』法蔵撰（大正蔵四〇）
『摩訶僧祇律』仏陀跋陀羅・法顕共訳（大正蔵二二）
『曼荼羅供事』宥快（『真言宗諸法会儀則集成』稲谷祐宣編著、常楽寺文庫、一九七五年）
『曼荼羅供懐宝』潮弘憲編（西院流、真言勧学之会、二〇〇五年）
『密宗声明系譜』真源撰（続真全三〇）
『密宗諸法会儀則』霊瑞（『真言宗諸法会儀則集成』稲谷祐宣編著、常楽寺文庫、一九七五年）
『明神講式』吉田寛如編（『南山進流詳解魚山蠆芥集』、四大徳恩出版会、一九九四年）
『明神講法則』（高野山大学図書館・貴重寄託書）
『明神講芳』（中塚栄運刊、一九四三年）
『妙法蓮華経』鳩摩羅什訳（大正蔵九）

『未来星宿劫千仏名経』一巻、闕訳（大正蔵一四）
『無畏三蔵禅要』（大正蔵一八）
『無尽荘厳蔵三昧念誦次第私記御伝』空海口（弘全和一二）
『無量寿如来観行供養儀軌』一巻、不空訳（略名『無量寿儀軌』〈大正蔵一九〉）
『薬師如来観行儀軌法』金剛智訳（大正蔵一九）
『薬師瑠璃光如来消災除難念誦儀軌』一行訳（略名『薬師消災儀軌』〈大正蔵一九〉）
『野山名霊集』明有泰円著・日野西真定編集解説（名著出版、一九七九年）
『遺誡』空海記（弘仁四年〈弘全和七〉）
『遺誡』空海記（承和元年〈弘全和七〉）
『浴仏功徳経』義浄訳（大正蔵一六）
『理趣経開題』三本、空海撰（弘全和四）
『理趣経仮名抄』頼慶撰（真全六）
『理趣経講要』浄厳撰（真全六）
『理趣経秘決鈔』道宝記（日大蔵九）
『理趣経法』上田霊城編（三憲方、一九九六年）
『理趣経法・光明真言法』上田霊城編（三憲方、一源派事務局、一九九六年）
『理趣経法』加藤宥雄編（三憲方、総本山醍醐寺、一九八五年）
『理趣経法』池田龍潤編（随心院流、随心院、一九八四年）
『理趣経法　金胎』稲葉義猛編（専修学院、一九八八年）
『理趣経法』中川善教編（中院流、珠数屋四郎兵衛、一九八二年）
『理趣経法』三井英光編（『諸作法集』、中院流、一心社、一九八九年）
『理趣経法』宮野宥智編（中院流、松本日進堂、一九四一年）

『玉取三日共良法』真寂編（八結第一）
『理趣三昧』川井昌雄編（仁和御流、仁和寺、一九六九年）
『理趣三昧供養法』上田霊城編（西院流、延命寺、二〇〇六年）
『理趣三昧法則』潮弘憲編（五流通用、海福寺、二〇〇〇年）
『理趣三昧法則』中川善教編（『弘法大師御入定御遠忌大法会諸法則』、一九八三年）
『理趣三昧法則』第五版、密門亮範編（松本日進堂、一九四一年）
『理趣釈口決鈔』実範撰（日大蔵九）
『理趣釈訣影抄』浄厳口・妙粋記（続真全七）
『理趣釈秘伝鈔』道範撰（日大蔵九）
『理趣釈秘要鈔』杲宝口・賢宝記（日大蔵九）
『略述金剛頂瑜伽分別聖位修証法門』不空訳（略名『分別聖位経』〈大正蔵一八〉）
『布薩式略軌』慈雲著（『慈雲尊者全集』第六、慈雲著・長谷宝秀編、思文閣、一九七四年）
『略法華三昧補助儀幷序』（大正蔵四六）
『梁高僧伝』恵皎撰（大正蔵五〇）
『両部曼荼羅随聞記』慈雲口・祥瑞記（慈雲尊者全集八）
『類聚国史』前篇（国史大系）
『類聚三代格』前篇（国史大系）
『例時作法』（大正蔵七七）

## 2. 参考文献

葦原寂照『魚山蠆芥集要覧』（太融寺、一八九四年）
葦原寂照『声明大意略頌文解』（続真全三〇）

天納伝中「中国声明の聖地　魚山について」（『叡山学院研究紀要』二四、叡山学院、二〇〇二年）
天納伝中『天台声明概説』（叡山学院、一九八八年）
新井弘順「声明の記譜法の変遷─博士図を中心に─」（上野学園日本音楽資料室研究年報『日本音楽史研究』第一号、上野学園日本音楽資料室、一九九六年）
新井弘順『新義真言声明集成・楽譜篇』（真言宗豊山派仏教青年会、一九九八年）
石田瑞麿『梵網経』三版（大蔵出版、一九七九年）
岩田宗一『声明・儀礼資料年表』（法藏館、一九九九年）
岩田宗一『声明関係資料年表』（平楽寺書店、一九七四年）
岩原諦信「真言声明小談」（東洋音楽学会編『仏教音楽』第二刷、音楽之友社、一九八一年）
岩原諦信『真言宗諸法会作法解説』（松本日進堂、一九六九年）
岩原諦信「土砂加持について」（『密教文化』第一四号、一九五一年）
岩原諦信『南山進流声明教典』（松本日進堂、一九三八年）
岩原諦信『南山進流声明の研究』（山城屋文政堂、一九三二年）
上田天瑞『戒律の思想と歴史』（密教文化研究所、一九七六年）
上田霊城『引導作法の口訣』（一九九四年）
上田霊城『御室相承西院流伝授手控』三巻（総本山仁和寺、一九九一年）
上田霊城『光明真言法・理趣経法口訣　三』（一九九六年）
上田霊城『三宝院憲深方洞泉相承伝授録』上・下巻（法流研究会、一九九〇年）
上田霊城『受戒撮要』（同朋舎、二〇〇三年）
上田霊城『真言密教事相概説』三巻（同朋舎、一九八六年）
上田霊城『秘蔵記講要』（種智院大学、二〇〇二年）
上田霊城『布薩伝授手控』（一九九三年）

上田霊城『理趣経講録』（同朋舎、二〇〇二年）
潮弘憲『土砂加持作法解説』（海福寺、二〇〇五年）
潮弘憲『理趣三昧の解説　声明と作法』（青山社、一九九六年）
潮弘憲『南山進流声明の解説』上巻（総本山仁和寺、二〇一一年）
潮弘憲『南山進流声明の解説』中巻（総本山仁和寺、二〇一一年）
潮弘憲『南山進流声明の解説』下巻（総本山仁和寺、二〇一二年）
潮弘憲『褒灑陀儀則の声明と作法』（種智院大学、二〇一三年）
潮弘憲『保寿院流理趣三昧作法解説』（大覚寺派青年教師会、一九九二年）
潮弘憲『理趣経法の解説』（海福寺、二〇一〇年）
潮弘憲『理趣三昧作法解説』（海福寺、一九八六年）
内山正如「新義声明伝来記」（『昭和改版　智山声明大典』、川崎大師平間寺、一九一七年）
大山公淳「声明講究会の記」（『高野山時報』二〇二一—二一一〇）
大山公淳『仏教音楽と声明——歴史・音律』（大山教授出版後援会、一九五九年）
大山公淳「理趣経」（『大山公淳先徳聞書集成』第二巻〈講伝門〉、東方出版、一九九五年）
大山公淳『真言宗法儀解説』第四版（大山教授記念出版会、一九六八年）
小田慈舟「理趣経の概説」（『小田慈舟講伝録』第二巻、東方出版、一九九〇年）
越智淳仁『密教瞑想から読む般若心経』（大法輪閣、二〇〇四年）
片岡義道「天台声明概説」（『叡声論攷仏教学・音楽学論文集』、国書刊行会、一九八一年）
片岡義道「天台声明」（東洋音楽学会編『仏教音楽』、音楽之友社、一九八一年）
加藤宥雄『詳説引導作法』（心交社、一九八二年）
加藤宥雄『醍醐三宝院憲深方伝授録』（総本山醍醐寺、一九八五年）
加藤宥雄「松永昇道伝授録」（『三宝院憲深方伝授録』、総本山醍醐寺、一九八五年）

加藤宥雄『理趣経講伝録』（真言宗善通寺派青年会、一九九一年）
吉川英史『日本音楽の歴史』（創元社、一九六五年）
吉祥真雄『般若心経秘鍵講義』（山城屋藤井佐兵衛、一九一九年）
金田一春彦「魚山蠆芥集の墨譜の問題点について」（『中川善教先生頌記念論集　仏教と文化』、同朋舎、一九八三年）
金田一春彦『四座講式の研究』（三省堂、一九六四年）
金田一春彦「真言声明」（東洋音楽学会編『仏教音楽』、音楽之友社、一九八一年）
児玉義隆『印と梵字ご利益功徳事典——聖なる象徴に表された諸尊の姿と仏の教え』（学研パブリッシング、二〇〇九年）
児玉雪玄『声明類聚の解説』（六大新報社、一九六五年）
児玉雪玄『南山進流声明類聚の解説』（六大新報社、一九六五年）
五来重『高野山と真言密教の研究』（名著出版、一九七六年）
五来重『葬と供養』（東方出版、一九九二年）
佐伯俊源「布薩参考資料」（『興法会資料』、一九九七年）
坂田光全『般若心経秘鍵講義』（高野山出版社、一九九九年）
佐藤道子『中世寺院と法会』（法藏館、一九九四年）
種智院大学「児玉雪玄略歴」（『密教学』第二号、種智院大学、一九六六年）
総本山仁和寺『西院流法儀解説』（一九九〇年）
添野智譲『西院流庭儀大曼荼羅供の作法について』（勧学之会、二〇〇五年）
染川英輔・小峰弥彦・小山典勇・高橋尚夫・広沢隆之『曼荼羅図典』六版（大法輪閣、二〇〇〇年）
高井観海『密教事相大系』（高井前化主著作刊行会、一九五三年）
高木訷元『弘法大師の書簡』（法藏館、一九八一年）
高見寛恭『真言宗引導作法具書』（真言宗伝灯会印刷部、一九九一年）
高見寛恭『中院流院家相承伝授録』上・下巻（真言宗伝灯会、一九八九年）

高見寛恭『保寿院流伝授聞書』上・下巻（大本山大覚寺、一九九六年）
高見寛恭「布薩儀則の問題」（『密教学会報』一九・二〇、一九八一年）
高見寛恭『理趣法の意得』（高野山出版社、一九七三年）
竹居明男「仏名会に関する諸問題――十世紀末頃までの動向　上」（同志社大学人文学会編『人文学』一三五、一九八〇年）
武内孝善「般若理趣経付加句の付加年代について」（『密教学研究』二二、一九九〇年）
武内孝善『空海伝の研究』（吉川弘文館、二〇一五年）
俵谷和子「天野社と高野四社明神」（神戸女子民俗学会『久里』二二、二〇〇八年）
智山伝法所『常楽会』改訂増補版（智山伝法所、一九九八年）
真言宗智山派教学財団『智山法要便覧』第五版（一九七九年）
天台宗開宗千二百年慶讃大法会事務局『布薩とその作法次第について』第二版（二〇〇五年）
栂尾祥雲「引導法の研究」（『六大新報』四六〇―四六二、一九一二年）
栂尾祥雲『常用諸経典和解』（六大新報社、一九一四年）
栂尾祥雲『秘密事相の研究』（高野山大学出版部、一九三五年）
栂尾祥雲『秘密仏教史』（高野山大学出版部、一九三三年）
栂尾祥雲『曼荼羅の研究』（高野山大学出版部、一九二七年）
栂尾祥雲『理趣経の研究』（密教文化研究所、一九七〇年）
苫米地誠一「大般若経転読会の成立――六国史を中心として――」（智山伝法院『大般若会――その成り立ちと意義――』、
　智山伝法院、一九九九年）
中帯江の風土記編集委員会『中帯江の風土記――倉敷市東部・中帯江の歴史』（中帯江の風土記編集委員会、二〇〇七年）
中川善教「魚山蠆芥集成立攷」（『仏教学論集』、山喜房仏書林、一九七六年）
中川善教『声明展観目録』（松本日進堂、一九二八年）
中川善教「カセットテープ真言宗常用諸経要聚解説」（中川善教録『真言宗常用諸経要聚』、高野山出版社、一九七七年）

中川善教「南山進流　魚山蠆芥集解説」（『南山進流　魚山蠆芥集』テープ、高野山出版社、一九八〇年）
中川善教「南山進流声明概説」（『仏教学論集』山喜房仏書林、一九七六年）（『東洋音楽研究』一二・一三、東洋音楽学会、一九五四年）
中村元『ゴータマ・ブッダ――釈尊伝』（法藏館、一九五八年）
那須政隆『現図両界曼荼羅講伝』（川崎大師平間寺、一九八〇年）
那須政隆『理趣経達意』（文政堂、一九六四年）
服部英淳「釈迦三尊と弥勒菩薩」（大正大学真言学智山研究室編『仏教思想論集――那須政隆博士米寿記念』、新勝寺、一九八四年）
福山乗道『仏事と葬儀』第二版（松本日進堂本店、一九三六年）
藤井恵介「醍醐寺における布薩と仏堂」（佐藤道子編『中世寺院と法会』、法藏館、一九九四年）
藤支哲道「授戒の三聖について」（『叡山学報』一一、一九三六年）
堀内寛仁『理趣経の話』（高野山出版社、一九七八年）
堀内寛仁「百八名讃の注釈的研究」一―三（『密教文化』一一二―一一四、一九七五～一九七六年）
松長有慶『密教経典成立史論』（法藏館、一九八〇年）
松長有慶『密教の歴史』（平楽寺書店、一九六九年）
松長有慶『理趣経講讃』（大法輪閣、二〇〇六年）
松帆諦圓『南山進流魚山小鏡』（六大新報社、一九三〇年）
水原堯栄『中院流三宝院流伝法灌頂教授手鏡』（松本日進堂、一九三四年）
密教文化研究所『弘法大師伝記集覧』増補再版（密教文化研究所、一九七〇年）
守山聖真『文化史上より見たる弘法大師伝』（国書刊行会、一九七三年）
瑜伽教如口・上村教仁筆『魚山精義』（西藏院、一九二〇年）
吉田寛如『南山進流　詳解魚山蠆芥集・解説篇』（四大徳恩出版会、一九九四年）

吉田寛如『南山進流　詳解魚山蠆芥集・五音譜篇上』（四大徳恩出版会、一九九四年）
吉田寛如『南山進流　詳解魚山蠆芥集・五音譜篇下』（四大徳恩出版会、一九九四年）
吉田寛如『南山進流　詳解魚山蠆芥集・資料篇』（四大徳恩出版会、一九九四年）
吉田寛如『南山進流　詳解魚山蠆芥集・洋音譜篇』（四大徳恩出版会、一九九四年）

## 3. 辞典

『鎌倉廃寺事典』貫達人・川副武胤著（有隣堂、一九八〇年）
『声明辞典』横道万里雄・片岡義道監修（法藏館、一九八四年）
『新字源』第三八版、小川環樹・西田太一郎・赤塚忠編（角川書店、二〇〇〇年）
『大漢和辞典』第四刷、諸橋轍次著（大修館書店、一九七四年）
『日本国語大辞典』全二十巻、日本大辞典刊行会編集（小学館、一九七六年）
『角川日本史辞典』高柳光寿等編（角川書店、一九六六年）
『日本史大事典』全七巻（平凡社、一九九三年）
『日本仏家人名辞書』七版、鷲尾順敬編（東京美術、一九八七年）
『秘密辞林』富田斅純編、権田雷斧校（加持世界支社、一九一一年）
『仏教音楽辞典』天納伝中・岩田宗一・播磨照浩・飛鳥寛栗編著（法藏館、一九九五年）
『仏教語大辞典』中村元著（東京書籍一九八一年）
『望月仏教大辞典』増訂版、望月信亨著・塚本善隆増訂（世界聖典刊行協会、一九五四年）
『密教辞典』佐和隆研編（法藏館、一九七五年）
『密教大辞典』密教辞典編纂会編（法藏館、一九八三年）

## 4．テープ・CD

稲葉義猛『南山進流声明集成』全一二巻、CD版（高野山真言宗青年教師会、一九九〇年）
岩原諦信『南山進流声明』永久保存版CD（四季社、二〇一〇年）
岩原諦信『南山進流声明集成』テープ再版（東方出版、一九九〇年）
潮弘憲『南山進流声明集　理趣三昧法会声明』CD版（種智院大学、二〇一二年）
潮弘憲『褒灑陀儀則の声明』テープ初版（海福寺、一九九〇年）
児玉雪玄『児玉雪玄大僧正相伝　南山進流声明類聚』CD再版（河内真和会、一九九七年）
鈴木智弁・加藤宥雄『声明大全』CD版（鈴木智弁・加藤宥雄声明大全CD版刊行会、一九九五年）
玉島宥雅『南山進流声明要集』テープ再版（大坂南山進流声明研修会、一九八〇年）
中川善教『南山進流魚山蠆芥集』テープ初版（高野山出版社、一九八〇年）
吉田寛如『南山進流声明CD大全集』CD版（正興寺、二〇〇五年）

## 5．全集一覧

『大正新脩大蔵経』高楠順次郎（大正一切経刊行会、一九二四～一九三二年）
『大正新脩大蔵経図像部』高楠順次郎（大正一切経刊行会、一九三二～一九三四年）
『興教大師全集』覚鑁著・中野達慧編・富田学純校訂（世相軒、一九三五年）
『群書類従』塙保己一編（経済雑誌社、一八九三～一八九四年）
『大日本仏教全書』高楠順次郎・望月信亨編（有精堂出版部、一九三二年）
『続真言宗全書』続真言宗全書刊行会編纂（高野山大学出版部、二〇〇八年）
『弘法大師全集』祖風宣揚会編（吉川弘文館、一九一〇年）
『続豊山全書』勝又俊教編（続豊山全書刊行会、一九七八年）
『真言宗全書』続真言宗全書刊行会校訂（続真言宗全書刊行会、一九七七年）

『大日本仏教全書』仏書刊行会編纂（大法輪閣、二〇〇七年）
『弘法大師伝全集』長谷宝秀編（六大新報社、一九三四～一九三五年）
『真言宗安心全書』長谷宝秀編（六大新報社、一九一三～一九一四年）
『弘法大師諸弟子全集』長谷宝秀編集（六大新報社、一九四二年）
『国史大系』黒板勝美・国史大系国史大系編修会編（吉川弘文館、一九八〇年）
『国訳密教事相部』塚本賢暁編（国書刊行会、一九七六年）

# あとがき

本書『南山進流　声明大系』は、ひとえに総本山善通寺・総本山仁和寺・種智院大学の一流伝授はもとより、総本山泉涌寺・大本山中山寺での定期的な勉強会、また大本山大覚寺嵯峨伝灯学院・総本山仁和寺仁和密教学院・種智院大学での授業、さらには各地での定期的な播磨声明研修会・京都声明研修会・広沢声明研修会、それから何よりも洲本市・遍照院と私の自坊・海福寺での三十一年間三百五十七会を数える淡路声明研究会等での伝授で、受者の方々と共に学ばせてもらった修学成果であるといえよう。

声明伝授は能礼所礼であり、能化（大阿）も所化（受者）も共に礼拝する、供養し合う、すなわち相互供養、相互礼拝である。大阿は真言密教八祖相承の声明を伝授させていただく勝縁も、実に受者のお蔭であると礼拝する。また、深秘釈においては、『秘蔵記』に自心・已成仏・衆生が本来具足している自性清浄心は最勝最尊である故に本尊というと説かれている如く、師資共に自性清浄心を本具した本尊であると観じ、大阿も受者も共に互いが本尊と観じ、相互に礼拝する。

まさに、この『南山進流　声明大系』が成ったのも、筆者が師事した吉田大僧正の声明道におけるご教導と、能礼所礼すなわち受者の多くの方々のお蔭であると、尊崇の念を表し供養礼拝する次第である。

この書を刊行するにあたり、大本山中山寺長老・種智院大学学長の村主康瑞猊下、仁和寺仁和伝法所所長・添野

智譲先生、豊山派法会儀則委員会委員・新井弘順先生には過分なる推薦文をいただき、さらに添野・新井両先生、ならびに高野山真言宗前法会部長・仲下瑞法上綱には種々貴重なるご教示を賜った。また、総本山善通寺、高野山大学図書館よりは何度も貴重な蔵書を複写させていただき、種智院大学図書館の館員の方々、特に盛重由佳里氏にはいつも資料収集等で便宜をおはかりいただいた。これらの方々のご教導、ご鞭撻に対し、甚々なる感謝の誠を捧げたい。

最後に、本書が上梓できたのも、ひとえに煩雑な博士の作成と校正をしていただき種々貴重なご意見を賜わり監修の役もしていただいた善通寺伝授世話人の三好智秀師、校正と索引作りをしていただいた同じく世話人の小佐野智照師のご尽力と、総本山善通寺さまの全面的なご協力によるものであるといえる。

特に、三好智秀師をリーダーとする、小佐野智照師、鷲尾龍華（千賀子）師、岡本蒼真（かほる）師、資である潮崇弘、今井章圓の六名が、原稿脱落箇所の確認作業、索引用語・文中の用語統一の確認作業、譜例と解説文の整合性の確認作業、資料と引用文の内容が一致しているかどうかの確認作業をそれぞれの自宅で分掌し、さらには海福寺、種智院大学、法蔵館に何度も何度もお集まりいただき、編集会議で原典資料・参考文献も一々確認し校正していただいた。くわえて、法藏館編集長の戸城三千代氏には全てにわたりご教導いただいた。まさに、この方々がいなければ今回の出版はならなかったといっても過言ではない。その三年間という長きにわたる献身的なるご協力を思うと、胸があつくなるのであるが、そのご厚恩に対し、紙上をもち特に衷心より厚く御礼申し上げる次第である。

平成二十九丁酉歳夾鐘二月穀旦

南山進流末資　潮　弘憲　和南